张云 韩洪泉 著

把曾国藩

彻底说清楚

重庆出版集团 重庆出版社

图书在版编目(CIP)数据

把曾国藩彻底说清楚 / 张云, 韩洪泉著. —重庆：重庆出版社，
2011.6

ISBN 978-7-229-04012-3

Ⅰ.①把… Ⅱ.①张… ②韩… Ⅲ.①曾国藩(1811~1872)—
人物研究 Ⅳ.①K827=52

中国版本图书馆 CIP 数据核字(2011)第 080534 号

把曾国藩彻底说清楚
BA ZENGGUOFAN CHEDI SHUQIONGCHU
张 云 韩洪泉 著

出 版 人：罗小卫
责任编辑：罗玉平
责任校对：杨 婧
装帧设计：重庆出版集团艺术设计有限公司·蒋忠智

重庆出版集团 出版
重庆出版社

重庆长江二路 205 号 邮政编码：400016 http://www.cqph.com
重庆出版集团艺术设计有限公司制版
重庆鹏程印务有限公司印刷
重庆出版集团图书发行有限公司发行
E-MAIL:fxchu@cqph.com 邮购电话:023-68809452
全国新华书店经销

开本:787mm×1 092mm 1/16 印张:20 字数:340 千
2011 年 6 月第 1 版 2011 年 6 月第 1 次印刷
ISBN 978-7-229-04012-3
定价：32.00 元

如有印装质量问题,请向本集团图书发行有限公司调换:023-68706683

再读曾国藩（代前言）

2011年11月26日，是晚清重臣曾国藩诞辰200周年纪念日。

人常说"盖棺论定"，但在盖棺139年、诞辰200年后的今天，关于曾国藩，我们仍然难以确切地评价他，难以真切地走近他。

曾国藩研究很"热"，"时人纷纷说曾侯"早已成为一种值得关注的现象。但在纷纭的众说之中，拾人牙慧者多，自出机杼者少，欲探其"术"者多，肯求其"道"者少。现代人想学曾国藩的"术"，却很少有人明白他的成功主要在于"道"；"术"多为"邪术"，所谓"奔走逢迎皆有术，大都如草只随风"是也；"道"则为"正道"，所谓"天若有情天亦老，人间正道是沧桑"是也。更有一些知识性的错讹谬误，鲁鱼帝虎，以野为史，广为流传，尤其不利于对曾国藩的正确认知和客观研究。在一些很畅销的研究曾国藩的专著中，时间的前后倒置、事件的张冠李戴、名词的错讹脱衍等低级错误不一而足，比如赫然把曾氏的爵号"一等毅勇侯"写为"一等勇毅侯"，把他的座师"吴文镕"写为"胡文镕"，"穆彰阿"写为"多隆阿"，等等。

曾国藩

研究历史人物，重在"知人论世"、"入乎其内"。正如治晚清史的专家茅海建所说："历史是人的活动的组合，历史研究就应当切入当时人的内心。"[1]当前，关于曾国藩的资料和作品可以说是汗牛充栋、层出不穷，但真正能"切入当时人的内心"者仍属鲜见。

对于曾国藩，我们在很大程度上只是听了个传说而已。

多彩人生：一段传奇

有人说他会做官。28岁中进士，37岁升至二品大员，十年七迁，职兼五

---

[1]茅海建：《近代的尺度：两次鸦片战争军事与外交》，上海三联书店1998年版，第130页。

1

部——中央六部之中，他曾在礼部、吏部、兵部、工部、刑部任副部长（侍郎），创造了令人惊叹的官场奇迹。及至太平军兴，墨绖出山，组建湘军并成功镇压太平天国起义后，历任两江总督、直隶总督，封侯拜相①，极尽尊荣。有着这样迅捷而煊赫的从政经历，也就无怪乎后人对他的升迁之道大感兴趣了。其实，曾国藩官场得意并不是因为善于钻营、投机圆滑，而在于他耿直勤廉、勇于任事。他在京官任上便以勤、直、廉的风格闻名，为官坚持"五勤"（身勤、眼勤、手勤、口勤、心勤），凡事"躬亲经理"②，又敢于"批龙鳞"，上疏批评皇帝的三大弊病，咸丰盛怒之下"掷其折于地"，"立召见军机大臣欲罪之"③，险些引来杀头之祸。他在统兵期间，也有几次撂挑子、抗圣旨的经历。咸丰几次催他从湖南起兵时，他以士卒不精、船炮未齐而屡召不出，即使咸丰在谕旨中对他冷嘲热讽也不为所动；1857年皇帝让他在奔父丧后再度出山统兵时，他两次上奏拒绝，并吸取以前"事权不一"处处掣肘的教训，公开讨要督抚实职，因此惹恼了皇帝，在家赋闲长达一年多。为官后期，曾国藩功高赏薄，备受疑忌和扼制，抱负难得施展，意见常受打压，对朝廷也逐渐失望，心情抑郁，甚至常生引退之意。他在写给大弟曾国潢的信中说："诸事棘手焦灼之际，未尝不思遁入眼闭箱子之中，昂然甘寝，万事不视，或比今日人世，差觉快乐。乃焦灼愈甚，公事愈烦，而长夜快乐之期杳无音信，且又晋阶端揆，责任愈重，指摘愈多。人以极品为荣，吾今实以为苦恼之境。然时势所处，万不能置身事外，亦惟有做一日和尚撞一日钟而已。"④

有人说他会带兵。蔡锷就对曾国藩、胡林翼的"武功"极为推崇：

咸同之际，粤寇蹂躏十余省，东南半壁，沦陷殆尽。两公均一介书生，出身词林，一清宦，一僚吏，其于兵事一端，素未梦见。所攻之役，所事之事，莫不与兵事背道而驰。乃为良心、血性二者所驱使，遂使其可能性发展于绝顶，武功灿然，泽被海内。按其事功言论，足与古今中外名将颉颃而毫无逊色，得非精诚所感、金石为开者欤？⑤

然而，左宗棠却批评他不懂军事、用兵呆拙，称之为"书憨"⑥；《湘军志》的

①按：清承明制，不设丞相，人们习惯上称大学士为相。曾国藩曾被授予协办大学士、体仁阁大学士、武英殿大学士，因此被称为"曾相"、"侯相"、"爵相"。
②黎庶昌：《曾国藩年谱》，咸丰六年。
③黎庶昌：《拙尊园丛稿》卷3，《曾太傅毅勇侯别传》。
④《曾国藩全集·家书》，《致澄弟》，同治六年六月初六日。
⑤蔡锷辑：《曾胡治兵语录·将才》。
⑥《左宗棠全集·书信》，《答胡润之》，咸丰四年。

作者王闿运评价他："以惧教士，以惧行军，用将则胜，自将则败。"① 显然，指挥作战确实不是曾国藩的强项，溃败于靖港，坐困于江西，遇险于皖南，失利于淮北，他亲自指挥的战事往往不利。后来曾国藩便坐镇后方，不肯亲临一线指挥，自称"用兵十载，未尝亲临前敌"②。作为一名军事家，曾国藩的长处在于治军和战略。他一手编练了湘军，"东至东海，南逾岭南，西辟回部，西南震苗疆"，以其战绩和精神播誉九州。他制定了湘军的营制营规，制定了"高屋建瓴"、"以上制下"、"以活济呆"、"以主待客"、"以静制动"、"以水辅陆"、"结硬寨，打呆仗"等基本战略战术，为湘军的作战胜利提供了根本性、方向性的遵循。他带出了

曾国藩书法

一批人才，"中兴将相，什九湖湘"，被后世称为"湘军集团"，在中国近现代史上发挥了举足轻重的作用。仅从其幕府中走出的督抚高官就有 26 人，分别出任总督、巡抚 47 人次和 87 人次，其中包括左宗棠、彭玉麟、李鸿章、李瀚章、郭嵩焘、刘蓉、唐训方等晚清史上绝对重量级的人物。

有人说他以诚信为本。他向以"公"、"诚"自诩，自以为对人全抛一片心，甚至告诫李鸿章在与外国人交涉中也要坚持一个"诚"字，要"老老实实，推诚相见，与他平情说理"③。时人及后世却经常送他一个"伪"字，指责他机关算尽，虚假造作，口是心非，表里不一。的确，他在事事小心、处处求全的生存状态下，是难以真正做到"诚"的。几次战败后的"自杀未遂"，第二次鸦片战争期间以"按兵请旨，且无稍动"④的办法变相拖延而拒不派兵北援，多次带领曾国荃半真半假地"交疏恳辞"朝廷的任命，审讯李秀成后匆忙将其杀掉并篡改其供词，在供粮发饷时明显偏向曾国荃的吉字营（"它营正在载饥载渴之时，弟处已有苟美苟完之乐"⑤）……如此种种，可见曾国藩被斥为"伪"不是空穴来风，有以致之。

有人说他存仁爱之心。他多次说过，带兵必须"以爱民为第一义"，"于杀人之中，寓止暴之意"⑥，并先后作《爱民歌》、《解散歌》，作为湘军思想教育的重要教材。《爱民歌》强调"军士与民如一家，千记不可欺负他"；《解散歌》要求对太平军俘虏及"伪官"、"胁从者"宽大处理，不可滥杀无辜。然而，人们却送他"曾剃头"、"曾屠户"的称号。不论是在湖南设局审案期间，还是统率湘军征战各地

①王闿运：《湘军志·营制篇》。
②黎庶昌：《曾国藩年谱》，同治三年。
③吴永：《庚子西狩丛谈》卷 4。
④徐宗亮：《归庐谈往录》卷 1。
⑤《曾国藩全集·家书》，《致沅弟》，同治二年四月初八日。
⑥《曾国藩全集·家书》，《致沅弟》，咸丰十一年正月二十八日。

之时，曾国藩都"以菩萨心肠，行霹雳手段"，杀人毫不手软，杀降、杀俘的残暴之举在其湘军中更是屡禁不止，甚至当曾国荃在信中稍示怯意时，他告诫这位九弟："克城以多杀为妥，不可假仁慈而误大事。"[①]又鼓励他："既已带兵，自以杀贼为生，何必以多杀为悔？"同时他也心存愧疚地承认："吾家兄弟带兵，以杀人为业，择术已自不慎……"[②]

有人说他是洋务派的代表人物。建军工，筹海防，开局设厂，译书育才，派遣幼童留学，处置对外交涉，早期的洋务活动曾国藩可以说无役勿与。然而，他在1870年处理天津教案时，外扼于形势，内囿于见识，不得不做出屈辱的让步，并充当了统治者的替罪羊，"'汉奸'、'卖国贼'之声复洋洋盈耳"[③]。他感叹："数月来查讯津案，办理既多棘手，措施未尽合宜，内疚神明，外惭清议。"[④]以"懂洋务"而孚众望的曾国藩名毁津门，受到朝野内外的攻击，骂声不绝于耳，使他生命的最后岁月完全生活在此事罩上的阴影之中，精神和身体每况愈下，直到1872年病逝。

有人说他是晚清最后一尊大儒。近年来人们又给曾国藩戴上三顶桂冠：中国近代文化的发轫者、湖湘文化的典型代表人物、中国传统文化的集大成者。作为思想家和文学家的曾国藩早就得到广泛认可，梁启超就说他即使没有什么"事业"，仅就文章而言亦"可以入文苑传"[⑤]。值得关注的是，曾国藩心归理学，但与那些"平时袖手谈心性，临事一死酬君王"、面对"三千年未有之大变局"仍然空喊"以忠信为甲胄，礼义为干橹"的迂腐理学家们不同，他调和汉宋之争，注重经世致用，体现出宽阔的视野、开明的作风和务实的性格，从而使其思想博采兼通、自成一家。遗憾的是曾国藩在学术方面著述不多，因此他死后王闿运曾作挽联评价其一生长短得失："平生以霍子孟张叔大自期，异代不同功，戡定仅传方面略；经术在纪河间阮仪征之上，致身何太早，龙蛇遗憾礼堂书。"意思是，曾国藩虽然平生以西汉霍光和明代张居正这两位名相自期，但因时代不同，功业相差甚远，将太平天国革命镇压下去之后仅留下一些用兵方略；儒术超过著名经学家纪昀和阮元，而因过早擢升高官，没有写出什么学术著作。相传光绪年间有人向清廷建议将曾国藩从祀文庙，礼部议奏时认为"国藩无著述，于经学亦无发明"[⑥]，并举王闿运的挽词为证，这事因此搁浅。

……

---

① 《曾国藩全集·家书》，《致沅弟》，咸丰十一年五月十八日。
② 《曾国藩全集·家书》，《致沅弟》，咸丰十一年正月二十八日。
③ 徐凌霄、徐一士：《凌霄一士随笔》，《国闻周报》第8卷第50期。
④ 《曾国藩全集·书信》，《致刘蓉》。
⑤ 徐凌霄、徐一士：《凌霄一士随笔》，《国闻周报》第11卷第17期。
⑥ 高伯雨：《中兴名臣曾胡左李》，波文书局1977年版，第34页。

有一千个观众，就有一千个哈姆雷特。

有一千个论者，也就有一千个曾国藩。

为师为将为相。教书教兵教战。立德立功立言。曾国藩是一片海，他的宽广、深邃与丰富，要远远超过后人的想象。

我们只看三个比较，就可以大致知道曾国藩在历史上的定位了：

第一，1853年前后，咸丰皇帝为抵挡太平军的凌厉攻势，一口气在各地任命了43个团练大臣，这些人不乏当时帝国官员中的杰出人物，曾国藩只是其中之一，并不显山露水的一个。机会是均等的，起点是相同的，但真正不负所托、有所建树者，仅一个曾国藩而已。与他长期相知又长期交恶的左宗棠，恃才自傲，睥睨天下，却承认"谋国之忠，知人之明，自愧不如元辅"；权倾中外40年的晚清第一重臣李鸿章，自称对当时的所谓大臣和杰出人物"一扫而空之"，但对曾国藩"启口必称'我老师'，敬佩殆如神圣"，说他"那真是大人先生"①。他被称为"中兴第一名臣"，生前做到武英殿大学士，成为汉人大学士中的领班，可谓位极人臣。

——曾国藩在同时代人中的威望，由此可见一斑。

第二，曾国藩死后谥号为"文正"。据说这是大臣所能获得的最荣耀的谥号，"自非品学德业无愧完人者未足当此"②。纵览整个大清历史，只有8人获此殊荣，分别为汤斌（康熙朝）、刘统勋（乾隆朝）、朱珪（嘉庆朝）、曹振镛（道光朝）、杜受田（咸丰朝）、曾国藩（同治朝）、李鸿藻（光绪朝）、孙家鼐（宣统朝）。其中，汤斌号称"理学名臣"、"第一清官"；刘统勋是乾隆宠臣，"宰相刘罗锅"的父亲，两袖清风，精明干练，被称为"真宰相"；朱珪是嘉庆的老师，道德学问一时无两；曹振镛历仕乾隆、嘉庆、道光三朝，为官长达52年，极受信任；杜受田是咸丰的老师，"一门七进士"、"父子五翰林"，曾直上书房17年，朝夕辅导，并为咸丰争得皇位发挥关键指导作用；李鸿藻是同治的老师，清流领袖，名重天下；孙家鼐是光绪的老师，咸丰状元。在清代士人心目中，这些"文正公"也是分层次的："汤以理学，朱以学问，曾以勋业"，谥"文正"当之无愧，"皆无人訾议"；"李、孙皆以师傅得之，则成惯例矣，其人盖尚无大过"；杜受田为帝师，"相从最久"，"故恤典亦至渥"，也可以接受；曹振镛则被认为是最不合格的，这位被称为"模棱宰相"、"磕头宰相"的重臣有一条广为人知的保官秘诀"多磕头，少说话"，时人又批评他"拘迫文议，挑剔细故，钳制天下人心不得发舒，造成一不痛不痒之

---

① 吴永：《庚子西狩丛谈》卷4。

② 朱寿彭：《旧闻备征》卷3，《古今得谥文正诸人》。也有人指出"文正"为"佳谥之首"并无根据，如小横香室主人编《清朝野史大观》卷6《曹振镛之误清》条："考清《鸿称》册中，所载群臣得之用谥，以忠为第一字，而文为第五字，正为第四十一字，则竟以文正为佳谥之首称，亦似无所据矣。"

天下"①。如此纵横比较一番,可知曾国藩在清代大臣中的综合排名应该是相当靠前的。

——曾国藩在268年清史中的地位,由此亦可见一斑。

青年蒋介石

第三,中国近现代史上的许多重要政治人物,都终生对曾国藩保持高度敬重之情,最有代表性的莫过于毛泽东和蒋介石。这两位政坛和战场上的对手,在对曾国藩的推崇上却有异乎寻常的一致。蒋介石不仅向其子女推荐曾氏家书,更坚信"要救国复兴,就不可不效法曾、胡",表示要把曾国藩当做老师和榜样去学习:"曾氏标榜道德,力体躬行,以为一世倡,其结果竟给变易风俗,挽回颓靡。吾姑不问其当时应变之手段,思想之新旧,成败之过程如何,而其苦心毅力,自立立人,自达达人之道,盖已足为吾人之师资矣。"②毛泽东年轻时曾说过:"愚于近人,独服曾文正。"并认为:"有办事之人,有传教之人……宋韩范并称,清曾左并称,然韩左办事之人也,范曾办事而兼传教之人也。"③蒋介石任黄埔军校校长时,曾亲自编辑《增补曾胡治兵语录》,要求学员"人手一册"。毛泽东常讲"无湘无成军",1943年延安的《八路军军政杂志》曾出版《增补曾胡治兵语录白话句解》,作为官兵的军事读物。

——曾国藩在近现代历史上的影响,由此又可见一斑。

多样毁誉:一路风霜

在晚清的舞台上,他留下了多姿多彩的足印。

在岁月的变迁中,他饱尝了时毁时誉的遭际。

研究曾国藩的专家王澧华教授认为,历史上对曾国藩的研究和评价可以分成5个阶段:19世纪六七十年代的歌功颂德阶段,19世纪末20世纪初的求全责备阶段,20世纪20年代至50年代的大起大落阶段,20世纪最后20年的大红大紫阶段,2000年至今的短暂波谷阶段。④ 这个划分,基本上勾勒出了曾国藩生前身后毁誉交织的轨迹。

1872年3月12日,曾国藩病逝于两江总督衙署。在此前后,不论是在清政

①小横香室主人编:《清朝野史大观》卷6,《曹振镛之误清》。关于曹振镛误清的说法不免偏激。另外,此条目中只记载了7位"文正公",刘统勋未记入。

②彭国栋编:《蒋介石先生嘉言类钞》,商务印书馆1938年版,第397页。

③毛泽东:《致黎锦熙信》(1917年8月23日),《毛泽东早期文稿》,湖南出版社1990年版,第85页。

④王澧华:《曾国藩研究的阶段性回顾与理想化展望》,载《曾国藩研究导报》第16期,第12~14页。

府的上谕中，还是朝野的评议中，对曾国藩的评价基本上是正面的，甚至是歌功颂德、不惜拔高的。究其原因，想来无外乎三点：一是他率领湘军镇压了太平天国起义，对清王朝有"再造"之功，满族统治者不能不怀有感激；二是他为政勤勉，立德谨慎，事事小心，处处求全，努力做一个"古今完人"，无论是公务还是私德上都近乎无可指责，而他居功不傲、恭谨有加、自剪羽翼、避权思退的姿态更是甚合统治者的心意，把他树为高官的楷模；三是他爱才惜才，数十年间培养和荐拔了一大批文武官员，门生故旧、亲戚僚属遍于天下，像李鸿章等

青年毛泽东

人已经执掌要津，成为举足轻重的人物，这些人怀着对曾氏的满腔崇敬与感激之情，莫不交口称赞他的功业、道德、文章。这种歌功颂德的感情与氛围，在人们写给他的挽联中有集中的展现：

　　武乡可拟，汾阳可拟，姚江亦可拟，潇湘衡岳，闲气独钟，四十年中外倾心，如此完人空想象；
　　相业无双，将略无双，经术又无双，蒋阜秦淮，大星忽陨，廿六载门墙回首，代陈遗疏剧悲哀。①

　　迈萧曹郭李范韩而上，大勋尤在荐贤，宏奖如公，半壁东南惊柱折；
　　窥道德文章经济之全，私淑亦兼亲炙，迂疏似我，追随南北感知音。②

　　曾被曾国藩三次严厉参劾的李元度，也赞美曾国藩的功勋业绩超越了历代"贤相"："直举古萧、曹、魏、丙、房、杜、姚、宋、韩、范、富、欧阳之局而一扫空之……汾阳、西平、新建之属，且将畏后贤矣。"③
　　在这些赞歌中，"萧"指萧何，"曹"指曹参，"魏"指魏相，"丙"指丙吉，都是西汉名相；"房"指房玄龄，"杜"指杜如晦，"姚"指姚崇，"宋"指宋璟，都是唐代名相；"韩"指韩琦，"范"指范仲淹，"富"指富弼，"欧阳"指欧阳修，都是宋代名相；"武乡"是大名鼎鼎的武乡侯诸葛亮；"汾阳"指汾阳王郭子仪，"李"指李光弼，"西平"指西平王李晟，都是"手提两京还天子"的大唐功臣，出将入相，风光无限；"新建"是明代的心学大师王阳明，是一代文武全才的大儒，因成功平定宁王朱宸濠之乱而被封为"新建伯"。在时人眼里，即使是这些人物，似乎也比不

---

①梅启照挽联。《曾国藩年谱》，附二：《曾国藩哀荣录·联》。
②自署"小门生"薛福成的挽联。《曾国藩年谱》，附二：《曾国藩哀荣录·联》。
③李元度：《天岳山馆文钞》，《上曾爵相书》。

上曾国藩，因为"郭李无文，韩范不武"①，而曾国藩则是"韩范而武，郭李而文"②，相比之下，先贤们或者略输文采，或者稍逊武功，而曾国藩却是一个文武全才："况崇正学，程朱为俦。经术郑贾，文章韩欧。他人有一，皆足名世。独在我公，犹为馀事。"③

例外的情况是1870年曾国藩处理"天津教案"之后。他因"办理过柔"受到朝野攻击，"一转眼间，钟铭世勋，圣相威严，都变为谤议纷纷，举国欲杀"④，"积年清望几于扫地以尽矣"⑤。湖南同乡甚至烧毁了悬挂于北京湖南会馆中所有曾国藩的"官爵匾额"，并将名籍削去，即不再承认他是湖南籍人，曾国藩闻之引为大恨。由此，"内疚神明，外惭清议"，心情一直很抑郁。但这种声音在他去世后基本消失了，歌颂成为主旋律。

19世纪末20世纪初，"一边倒"的情况有了变化，开始出现另一种声音，对曾国藩的评议进入"求全责备"阶段。黄遵宪在肯定曾国藩是"国朝二百余年，应推为第一流"的"名儒"、"名

曾国藩墓

臣"的同时，指出其学问"皆破碎陈腐、迂疏无用之学，于今日泰西之科学之哲学未梦见也"，"于现在民族之强弱，将来世界之治乱，未一措意"，"欧美之政体，英法之学术，其所以富强之由，曾未考求，毋乃华夷中外之界未尽泯乎"⑥。这种以后来人的优势批评曾国藩落后于时代的观点，

虽然有苛求前人之嫌，毕竟开始站在大历史的坐标上考察曾氏的时代局限性，对全面认识和客观研究曾国藩是大有益处的。比较激进的是当时的一些革命派，他们从"反清排满"的角度出发，指责曾国藩帮助"满人"杀"汉人"，是"汉奸"、"民贼"，如黄兴说他"戕同媚异，得罪国民"；章太炎说他作为"民贼"，"虽孝子慈孙，百世不能改"。最典型的是陈天华在《猛回头》中的结论：

①《曾国藩年谱》，附二：《曾国藩哀荣录·二十九》，吴大廷祭文。
②《曾国藩年谱》，附二：《曾国藩哀荣录·二十五》，周寿昌祭文。
③《曾国藩年谱》，附二：《曾国藩哀荣录·二十九》，吴大廷祭文。
④萧一山：《曾国藩传》，海南国际新闻出版中心1994年版，第22页。
⑤徐凌霄、徐一士：《凌霄一士随笔》，《国闻周报》第8卷第50期。
⑥转引自王澧华：《曾国藩研究的阶段性回顾与理想化展望》，载《曾国藩研究导报》第16期，第13～14页。

列位呵！道光、同治年间，我们汉人有绝好自立的机会，被那全无心肝的人，苦为满洲出力，以致功败垂成，岂不是那湘军大都督曾国藩吗？俺想曾国藩为人也很诚实，只是为数千年的腐败学说所误，不晓得有本族、异族之分，也怪他不得。但可怜曾国藩辛苦十余年，杀了数百万同胞，仅得一个侯爵；八旗的人，绝不费力，不是亲王，就是郡王。而且大功才立，就把他兵权削了，终身未尝立朝，仅做个两江总督，处处受人的挟制，晦气不晦气！若是当日晓得我的世仇万不可不灭的，顺便下手，那天下多久是我汉人的，曾国藩的子孙，于今尚是皇帝；湘军的统领，都是元勋，岂不好得多吗？列位！你道可惜不可惜呢？①

这种论断显然更有苛责之嫌了。其实，即使在革命党中，曾国藩的崇拜者仍然不乏其人，如宋教仁就认为曾国藩"起自布衣书生，而能摧陷大敌，人奉为宗。其是非无足论，观其识度，无忝英雄"②。

这一时期，史学界对曾国藩的评价普遍比较高，最典型的是梁启超的评价："曾文正者，岂惟近代，盖有史以来不一二睹之大人也已"，"岂惟中国，抑全世界不一二睹之大人也已"，并满怀憧憬地说："吾以为使曾文正生今日而犹壮年，则中国必由其手而获救矣。彼惟以天性之极纯厚也，故虽行破坏可也；惟以修行之极严谨也，故虽用权变可也。"③

20世纪20年代以后，对曾国藩的评价开始走向两个极端。国民党统治时期，对曾国藩的评价呈现日益拔高的趋势。许多学者指出：曾氏"在他所生存的时代中是一个出类拔萃的人物"；以其"高尚之道德，轩茂之文章"而"成为中国近代史上一伟大人物，自有其不可磨灭之处也"④；"其丰功伟烈，固有非常人之所能企及者。其所以成功，虽由时势使然，要亦由曾公有独到之处，故能转移风气，改造时势。不然，与曾公处同一时势之下者，不知凡几，胡为类多默默无闻，竟让曾公独擅其美也？"⑤；"曾国藩既能发先圣先王之义蕴，以经世之礼学为依归，他的人格修养、道德学问自有特殊的造诣，绝不是一般汉学家、理学家、文学家所能比拟的。后来他以'汗马勋名，问牛相业'，兼具圣王双层的资格，造成精神事业的领袖，时人称为'圣相'，真可以当之而无愧。"⑥……

与之相反，在解放区包括新中国成立后，对曾国藩镇压农民革命持绝对否定的态度，并冠之以"大汉奸"、"卖国贼"、"刽子手"三顶大帽子。典型的是范

---

①陈天华：《猛回头》，华夏出版社2002年合刊本，第44～45页。

②章太炎：《检论》卷8，《对二宋》。

③梁启超：《饮冰室合集·专集》卷4，中华书局1989年影印本，第134页。

④李鼎芳：《曾国藩及其幕府人物》，文通书局1947年印行，第1页。

⑤何贻焜：《曾国藩评传》，正中书局1937年版，第2页。

⑥萧一山：《曾国藩传》，海南国际新闻出版中心1994年版，第55页。

文澜的结论：

曾国藩是封建中国数千年尤其是两宋以下封建统治阶级一切黑暗精神的最大体现者，又是鸦片战争后百年来一切对外投降对内屠杀的反革命的汉奸刽子手们的"安内攘外"路线的第一个大师。在这一点上，他的确是尽了"继往开来"的任务。①

客观地说，这一时期对曾国藩的评价带有显著的时代特色，并且在很大程度上是服从于政治需要。如国统区的"扬曾"，一定程度上是缘于蒋介石对曾国藩的推崇，也包含了把蒋介石比做曾国藩来阿谀奉承的思想，比如："总裁与曾氏虽时代有先后，而其生平志业行谊则颇相类似。总裁之黄埔建军，是犹曾氏之创立湘军也。而皆遭值世变，秉承中华固

毛泽东珍藏的《曾文正公家书》

有之传统文化，适应现代社会环境之需要……以诚为一世昌。"②马克思主义历史学家对曾国藩的评价，既有反击国民党论调的政治背景，又明显受到对太平天国评价的影响。对此有专家指出："对曾国藩的评价涉及对太平天国的评价。1949年以后，肯定洪秀全否定曾国藩成为主流思想。"③曾国藩以统率湘军镇压洪秀全领导的太平天国而成其大功，对曾、洪二人评价也就必然呈现"此起彼伏"的有趣现象。在那个全面肯定太平天国的年代里，对曾国藩的历史定位基本上也就是全盘否定的了。1957年以后特定的时代背景和政治氛围，"使得学术领域内出现两种不正常的现象：要么是把曾国藩研究看做'禁区'而不敢涉足；要么以政治运动代替学术研究，大搞影射史学"④。这种现象直到20世纪80年代以后才有所改观。

值得说明的是，毛泽东在晚年仍然承认"曾国藩是地主阶级最厉害的人物"。1967年范文澜病重住院，毛泽东派女儿去看望并转达两件事：一是要范先

---

①范文澜：《中国近代史》上册《附录：汉奸刽子手曾国藩的一生》，河北教育出版社2002年版，第336页。

②王德亮：《曾国藩之民族思想》，商务印书馆1946年版，第78页。

③茅家琦：《关于曾国藩评价的几个问题》，载《江苏大学学报》（社科版）2002年第1期，第41页。

④成晓军：《120年来曾国藩研究著作和资料出版述评》，载《近代史研究》1995年第2期，第299～300页。

生安心养病；二是《中国通史》下卷能写完否。其中对曾国藩的评价，可重新商榷。① 这件事情由曾为范文澜秘书的朱东安先生转述，应当是可信的。

20世纪80年代以后，对曾国藩的评价"拨乱反正"、"矫枉过正"，开始进入大红大紫阶段。一方面，对曾国藩的研究开始出现文化上的观照和思想上的启掘，唐浩明先生主持编辑的《曾国藩全集》和潜心创作的长篇历史小说《曾国藩》对掀起"曾国藩热"发挥了无可替代的作用。另一方面，史学界更多地注重实事求是，力求考察史证和得出客观的结论，对于太平天国运动存在的严重缺陷以及其落后的一面，有了勇敢的直面和深入的分析，这在客观上又为曾国藩"平反"提供了机会。冯友兰从文化冲突的角度对曾国藩同太平天国的斗争赋予新的含义，认为太平天国在本质上是一场落后的宗教革命，它所要求建立的西方中古时期神权统治代表着历史的倒

唐浩明著《曾国藩》

退，曾国藩"是不是把中国推向前进是可以讨论的，但他确实阻止了中国的倒退，这就是一个大贡献"②。与此相应，民间也掀起了"曾国藩热"，"从政要读《曾国藩》，经商要读《胡雪岩》"成为许多人的信条，《曾国藩》、《曾国藩家书》成为许多人的案头必备，曾国藩的做人做事做官为父为师为臣之道都被总结了出来，一本接一本的专著，一篇接一篇的论文，一则接一则的逸事，如雨后春笋，铺天盖地涌到眼前来。

进入21世纪，是王澧华先生所说的"下一浪潮到来之前的短暂波谷"阶段。曾国藩研究中心、曾国藩研究会的成立与大量系统性、奠基性工作，《曾国藩全集》的修订再版，曾国藩学术研讨会的举办，一大批功底扎实而富于创新的专家学者的研究成果，都是曾国藩研究"穿过波谷，跃上新的高峰"的动力所在。

多维角色：一把钥匙

曾国藩只有一个，他的人生道路虽不平坦顺遂，但却清晰明朗，为什么后人眼中的曾国藩会出现如此大的反差，"誉之则为圣相，谳之则为元凶"，捧之则达于九天之上，骂之则贬于九地之下？

列宁说："判断历史的功绩，不是根据历史活动家有没有提供现代所要求的东西，而是根据他们比他们的前辈提供了新的东西。"③亨德里克·房龙说"只有

---

①胡卫平：《曾国藩"热"的社会背景》，载《曾国藩研究导报》第14期，第19页。
②冯友兰：《中国哲学史新编》第6册，人民出版社1989年版，第2页。
③《列宁全集》第2卷，人民出版社1959年版，第150页。

再读曾国藩（代前言）

等历史学家变成了心理学家,或者心理学家变成了历史学家"①,才能真正地解释历史和历史人物。袁伟时指出:"超越仅满足于歌颂或谴责某个历史人物的阶段,有益于史学的发展。"②知易行难,真正客观地走近曾国藩谈何容易!

曾国藩属于他的那个时代,他是历史的、丰富的、立体的、多面的,然而很多时候,后人眼中的曾国藩却是苛求的、干瘪的、割裂的、单面的。

余秋雨在《一个王朝的背影》中写道:"无数事实证明,在我们中国,许多情绪化的社会评判规范,虽然堂而皇之地传之久远,却包含着极大的不公正。"③对于曾国藩即是如此。关于他的纷纷纭纭的评价之中,有情绪化的,有政治化的,有从众化的,却少有"个人化"的。因此,人们看到的曾国藩,许多都是"别人的曾国藩",甚至是根据形势需要化妆修饰过的曾国藩。

历史如果仅仅是事件的罗列,无疑将是干瘪的;人物如果仅仅是单面的脸谱,无疑将是失真的。在既定的价值预设中看待历史、铺陈历史甚至是裁剪历史,就更不可取了。

曾国藩,让我们如何走近你? 哪里有一把打开你心扉的钥匙?

曾国藩是一个人,那种把他神圣化和妖魔化的方法都是不足取的;曾国藩又不是一个人,那种把他简单化和脸谱化的方法同样是不足取的。他在晚清的历史天空下,在 62 年的人生舞台上,担负着多重身份,扮演着不同角色,演绎着一个个传奇。

舞台小天地,天地大舞台。他的天地很大,又很小;他的舞台很少,又很多;他的角色很单,又很杂。他是父祖的儿孙,他是后裔的先祖;他是弟妹的长兄,他是妻子的丈夫;他是儿女的父亲,他是僚属的

曾国藩书法

幕主;他是一手创建湘军的大帅,他是残酷杀戮义军的元凶;他是统治者驱之遣之疑而用之的"疆臣",他是朝野敬之仰之清议谤之的"中堂";他是权倾中外决策军机的"爵相",他是功高赏薄处境艰危的"侯爷"……

可以说,多样舞台、多维角色决定了他的多重性格、多彩人生,也决定了他身后的多般毁誉、多番起落。

多维角色,无疑是解读曾国藩人生密码的一把钥匙。

多样舞台与多彩脸谱,无疑是这把钥匙上关键性的解锁密码。

---

① [美] 房龙:《宽容》,连卫、靳翠微译,三联书店 1985 年版,第 356 页。

② 袁伟时:《晚清大变局中的思潮与人物》,海天出版社 1992 年版,第 308 页。

③ 余秋雨:《出走十五年》,云南人民出版社 2002 年版,第 267 页。

家族庭院里,湘军帷幄内,晚清庙堂上,历史长河中……

儿孙、父亲、长兄、丈夫、先祖、鼻祖、涤公、统帅、元凶、幕主、卿贰、疆臣、侯爷、爵相、师友、政治家、军事家、外交家、思想家、文学家……

身处不同的舞台,他错步向前;戴着不同的脸谱,他勉力而为。

角色多维,人生多彩,命运多舛;环境变更,身份变迁,思想变化。变中自有不变,不变中自有变。"男儿未盖棺,进取谁能料?"[1]这是曾国藩的诗句,锐意进取之情见乎词章。"苍天可补河可塞,只有好怀不易开。"[2]这也是曾国藩的诗句,忧愁落寞之意不言而喻。"老夫苦多须,须多老可鄙。二子苦无髭,无髭亦可耻。"[3]这还是曾国藩的诗句("二子"指郭嵩焘和刘蓉),诙谐调侃之趣跃然纸上。

谁能说得清,哪一个才是真正的曾国藩?

舞台影响着演出,脸谱概括着形象,角色意味着责任,细节影响着人生。也许我们还应该关注到这样一个细节:曾国藩是一个"老病号"。在他日记中处处可见得病、治病、养病的记载。最严重的牛皮癣几乎与他如影相随,虽不断求医问药,但一旦情绪有变化此病立即发作,特别是军事不利时,身上便奇痒难耐,常常抓挠得流血不止。在坊间传说中,曾国藩是神蟒转世,蜕皮掉屑正是他"贵不可言"的明证,殊不知他为此痛苦万分,感叹"无生人之乐"。此外,曾国藩1840年在北京时得过一场肺病,几乎不治,幸遇名医相救才捡回一条命。他又多次提到自己身体虚弱,不能苦思久坐,并吐过血。又有耳鸣症,不到50岁眼睛模糊,寸大的字都看不清,到1870年60岁时右眼彻底失明,左眼仅剩微光,办公已经十分困难,加上眩晕症、胃寒症困扰,精神委靡,气血衰败,只得连续请假两月在家调养。然而很快又得到谕旨,奉命去查办天津教案,无奈扶病前往。

如果考虑到这一点,对曾国藩是不是会多一分悲悯与理解,少一分苛责与妄断呢?

应该考虑的,又何止这一点呢?

"庭院深深深几许,杨柳堆烟,帘幕无重数。"且让我们平一平心态,拂一拂烟雾,带上一把钥匙,去轻轻叩打这位历史老人的心扉吧……

---

[1]《曾国藩全集·诗文》,《小池》。
[2]《曾国藩全集·诗文》,《赠吴南屏》。
[3]《曾国藩全集·诗文》,《会合诗一首赠刘孟容郭伯琛》。

Contents 目录

舞台一··家族庭院里

脸谱一：儿孙

在中国传统社会中，独立而率性的个体往往不受欢迎。古人特别是士人，更习惯于把自己看做家族血脉承续和国家兴衰攸关的一分子。深受传统思想濡染的曾国藩就是如此。终其一生，家风的传承，家族的事务，家人的生活，家书的撰写，占用了他的大量精力，也影响了他的人生轨迹。而他，从来是乐此不疲的。

可以毫不夸张地说，曾国藩是先辈的好后代、祖父的好孙子、父母的好儿子，他还是叔叔的好侄子、舅舅的好外甥、岳父的好女婿。

作为儿孙，曾国藩继承了中国社会"孝"的传统，对父祖毕恭毕敬，对家事尽心尽力，在总结和传承耕读家风上用力尤多。他虽然在家事上有不论巨细、过于琐碎的毛病，甚至因此受到过父亲的批评，但其用心与初衷是无可厚非的。毫无疑问，他那种强烈的、真诚的家庭责任感，在任何时候、任何社会都是一种难能可贵的优秀品质。

就让我们一起来看看曾国藩这个"好儿孙"的成长之路吧。

一

据清人笔记记载，曾国藩驻节安庆时，当地一名12岁的诸生名叫孟昭暹，诗文书法无一不精，尤其擅长对对联，曾以"盘庚"对"箕子"，名噪一时。酷爱作对的曾国藩招其面谈，听说其祖父也是生员，就随口出了一句上联"孙承祖志"，孟生未加思索，应声对道："孟受曾传。"曾国藩听后大为赞赏，也非常高兴。[1] 因为下联中的"孟"指孟子，"曾"即曾氏始祖曾参，是孔子的高徒，而孟子是他的再传弟子。同时此联又一语双关，言下之意是指我孟生有幸从小就受到您曾大人的教诲。

曾姓在中国源远流长，是一个古老而又兴旺的姓氏。曾氏后裔以曾参为始祖，而曾参是"轩辕黄帝之英裔，夏禹王（禹姓姒氏）六十三世孙"。自黄帝传至禹，再到禹的五世孙少康封少子曲烈于鄫，始以"鄫"为姓。又五十四传至子巫，

宗圣曾子像

---

[1]小横香室主人编：《清朝野史大观》卷10，《早慧不寿》。另外，薛福成《庸庵笔记》中对此事也有记载。

避乱奔鲁国，将"鄫"去掉耳刀旁"阝"，改姓为"曾"。又五传至曾参，以孝著称，被孔子收为弟子，即《论语》中的曾子。据族谱推算，曾国藩是曾参的第七十代孙。1866 年夏，曾国藩以钦差大臣统军剿捻到达山东嘉祥境内时，曾经特意拜谒宗圣曾子庙和曾子墓林，并"捐银一千两，以助祀产之资"①。

自西汉以降，中国历代封建王朝皆推儒学为正宗，孔子、孟子和颜回的后裔都是世袭的"翰林院五经博士"。曾参虽然名列"孔门四圣"（复圣颜子、宗圣曾子、述圣子思、亚圣孟子），而且子思、孟子分别是其弟子、再传弟子，其后裔却长期未能获此殊荣。至明嘉靖十八年（1539 年），明世宗朱厚熜特封曾参后裔曾质粹为"世袭翰林院五经博士"于江西。清康熙年间，皇帝御赐孔、孟、颜、曾四姓统一辈分派语，以前后贯穿不乱，全国同一，其中曾氏派语为："宏闻贞尚衍，兴毓传纪广，昭宪庆繁祥。"道光年间，又续赐曾氏派语为："令德维垂佑，钦绍念显扬。"②民国初年，袁世凯又以大总统名义续赐曾氏派语为："建道敦安定，懋修肇彝常。蔚文焕景瑞，永锡世绪昌。"③曾国藩兄弟是传字辈，其派名分别为传豫（国藩）、传晋（国潢）、传谦（国华）、传恒（国荃）和传履（国葆）。

曾参之后，十五传至曾据，西汉永光年间受封为关内侯，因不满王莽篡汉，携全族南迁庐陵（今江西吉安）。曾据三十传至曾坝，于南宋年间迁居湖南衡阳唐福。曾坝十三传至曾友近，再四传至曾孟学。清顺治元年（1644 年），曾孟学携家族迁至衡山白果，客居 30 余年，再迁至湘乡荷塘二十四都，最后定居于沙溪石牌熊家湾，是为大界曾氏之始。曾孟学的曾孙曾应贞（族中称为"元吉公"）是曾国藩一族的近祖，他勤于耕作，家境日渐丰裕，开启了大界曾氏繁荣昌盛之象。④应贞生辅臣，辅臣生竞希。嘉庆十三年（1808 年），曾竞希率全家迁至湘乡县城南百余里外的偏僻山村白杨坪，这里就成为曾国藩的老家和出生地。曾竞希生子曾玉屏（族中称为"星冈公"），曾玉屏生子曾麟书（族中称为"竹亭公"），曾麟书生子曾国藩。

曾国藩兄弟后来位列封疆大吏、荣膺侯伯高爵，中外瞩目，于是民间开始流传其祖辈墓地是"风水宝地"的传说。有的说其高祖曾辅臣葬于大界犁头咀，"九龙山龙脉结穴于犁头咀，团山是颗金印"，预示着这块坟地能保佑曾国藩挂帅、封侯。曾竞希葬于荷塘二十四都五区（今双峰县荷叶镇）泥鱼坝大西冲水桐托，据传说其山形酷似一只张开翅膀的金鸡。湘军攻下天京之前，有一年山洪暴发，将坟山前面几十亩水田冲洗为一片沙洲，沙粒色白如大米。风水先生趁

---

①黎庶昌：《曾国藩年谱》，同治五年。
②曾约农主修：《大界曾氏五修族谱》。
③罗绍志、田树德：《曾国藩家世》，江西人民出版社 1996 年版，第 30 页。
④成晓军：《曾国藩家族》，重庆出版社 2006 年版，第 2～3 页。

机说这是"金鸡啄白米",先人葬于此,后嗣"主文",曾国藩考中进士、出将入相,都是山形感应的结果。

《大界曾氏六修族谱》

类似的传说还有不少,但在曾国藩看来,其成功主要得益于世代传承的优良家风。大界曾族累世务农,是典型的耕读世家。其堂屋神龛两侧有一副对联:"奉祖宗一炷清香,必诚必敬;教子孙两条正路,宜耕宜读。"这正是大界曾氏的传家之道。1863年,曾国藩在写给侄子曾纪瑞的一封信中,如此满怀深情地向他诉说曾氏家风:"吾家累世以来,孝悌勤俭。辅臣公以上吾不及见,竞希公、星冈公皆未明即起,竟日无片刻暇逸。竞希公少时在陈氏宗祠读书,正月上学,辅臣公给钱一百为零用之需,五月归时,仅用去二文,尚余九十八文还其父,其俭如此。星冈公当孙入翰林之后,犹亲自种菜收粪。吾父竹亭公之勤俭,则尔等所及见也。"①

曾竞希死于1816年,此时曾国藩6岁,他"哭泣甚哀,执丧若成人"②。由于年幼,他对这位曾祖父的直接印象毕竟是模糊的。父祖之中,对曾国藩影响最大,也是他最为敬重的,还要数祖父"星冈公"曾玉屏了。

二

曾玉屏(1774～1849),号星冈,是曾麟书的父亲、曾国藩的祖父。由于曾国藩、曾国荃兄弟飞黄腾达的原因,先后被清廷诰封为宪政大夫、荣禄大夫;诰赠为光禄大夫、建威将军,武英殿大学士、一等毅勇侯、一等威毅伯,其妻王氏也被诰封为一品夫人,诰赠为一品侯太夫人、一品伯太夫人。当然,这些封妻荫子的"生前身后名"毕竟都是"身外之物"而已。

由于曾玉屏的父亲曾竞希克勤克俭、持家有道,家境逐渐富裕,曾玉屏也因此沾染了不少公子哥的坏习气,不肯读书,游手好闲,"往还湘潭市肆与裘马少年相逐,或日高酣寝",俨然一个纨绔子弟,以致长辈之中"有讥以浮薄将覆其家者"③。族人的讥笑和指斥,使他内心受到很大触动,竟然浪子回头、痛改前非,

①《曾国藩全集·家书》,《寄纪瑞侄》,同治二年十二月十四日。
②黎庶昌:《曾国藩年谱》,嘉庆二十一年。
③王定安:《曾国藩事略》卷1。

从此"终身未明而起",勤于劳作,毫不懈怠。特别是跟随曾竞希迁居白杨坪后,"凿石决壤",艰苦创业,家庭经济条件逐步得到改善,成为殷实人家,为其后辈"半读半耕"的生活奠定了基础。

作为一家之主的曾玉屏,特别注重在别人面前为子孙树立起做人的榜样。他虽然没有读过多少书,但勤俭持家,处事稳重,容止威严,声如洪钟,在家族中有较高的声望,族里和乡间有什么事情常请他去做了断。对于这种左右为难、费力不讨好的事情,他却很乐意为之,而且往往能作出较为客观

曾国藩出生地白玉堂

公正的裁决。他常对儿孙说:"君子居下,出排一方之难;在上,则息万物之器。"①对于周围的贫困乡邻与亲戚朋友,他也能尽自己的努力"随时图之,无不小补"。因此当他去世后,"远近感唏,或涕泣不能自休"。② 曾玉屏早年失学,中年以后"引为深耻",并把刻苦就学的希望寄托在儿子身上,"既令子姓出就名师,又好宾接文士,候望音尘,常愿通材宿儒接迹吾门,此心乃快"③。在他的督促下,儿子、孙子都能努力向学,勤奋用功,而他尊重知识、尊重人才的作风,又使人隐隐感受到后来曾国藩在江南幕府中礼贤下士的先声。

曾玉屏虽然读书不多,但很有见识。比如他有"三不信":"不信医药,不信僧巫,不信地仙。"④"不信医药"是不主张乱食各类补药,"不信僧巫"是不搞迷信活动,"不信地仙"是不信风水之说。在农业生产和操持家务的过程中,他逐渐形成了一套家风,后来曾国藩总结为八个字:书、蔬、鱼、猪、早、扫、考、宝。八字家训是曾国藩在长时间里总结形成的。1859 年以前,他多次在家书中提到"书、蔬、鱼、猪","书"是读书,"蔬"是种菜,"鱼"是养鱼,"猪"是养猪,同时要求家中栽竹。到1860 年在写给大弟曾国潢的信中,才将家风"戏述为八字诀",并对后四个字进行了解释:"早者,起早也;扫者,扫屋也;考者,祖先祭祀,敬奉显考、王考、曾祖考,言考而妣可该也;宝者,亲族邻里,时时周旋,贺喜吊丧,问

---

①《曾国藩全集·诗文》,《大界墓表》。
②《曾国藩全集·诗文》,《大界墓表》。
③王定安:《曾国藩事略》卷 1。
④《曾国藩全集·家书》,《致澄弟》,咸丰十年十二月二十四日。

疾济急,星冈公常曰人待人无价之宝也。"①并强调"星冈公生平于此数端最为认真",又打算用八字诀作一寿屏送给曾国潢夫妇,"使后世子孙知吾兄弟家教,亦知吾兄弟风趣也"。②后来又把顺序改为考、宝、早、扫、书、蔬、鱼、猪。③

曾国藩自幼在祖父身边长大,思想与言行深受其影响,他对祖父的敬佩甚至达到了崇拜的程度,曾说过:"余常细观星冈公仪表绝人,全在一重字。余行路容止亦颇重厚,盖取法于星冈公。"④祖父的生活习惯和养生之道,他也着意模仿:"吾近有二事效法祖父,一曰起早,二曰勤洗脚,似于身体大有裨益。"⑤"眠食有恒及洗脚二事,星冈公行之四十年,余亦学行七年矣。"⑥他还借家乡那些见过曾玉屏的老年人之口,指出:"吾兄弟威重智略,不逮府君(作者按:指曾玉屏)远甚也。"⑦在写给诸弟和子侄的信中,他常常引用星冈公的一些格言,如1866年曾国荃弹劾湖广总督官文,曾国藩在信中劝他"缓图":"星冈公教人常言:'晓得下塘,须要晓得上岸。'又云:'怕临老打扫脚棍。'兄衰年多病,位高名重,深虑打扫脚棍,蹈陆、叶、何、黄之覆辙。自金陵克后,常思退休藏拙","望弟平平和和做一两年,送阿兄上岸后,再行轰轰烈烈做去。"⑧

对于祖父摸索和总结的以"耕读"为本的家风,曾国藩更是深以为然,大力发扬。他说:"吾家代代皆有世德明训,惟星冈公之教尤应慎守牢记。"并特别告诉主持家务的曾国潢:"望吾弟专在作田上用些工夫,而辅之以'书蔬鱼猪早扫考宝'八字。任凭家中如何贵盛,切莫全改道光初年之规模。"⑨

曾玉屏那种老成稳重、坚忍刚强的性格,在曾国藩身上有很明显的体现。曾玉屏多次教导后辈要以"懦弱无刚"四字为耻,曾国藩则以"打脱牙齿和血吞"的"挺"字经为第一要诀,无疑是其具体的发展。1839年,曾国藩金榜题名并进入翰林之列后,曾玉屏冷静地告诫曾麟书说:"宽一(作者按:曾国藩乳名)虽点翰林,我家仍靠作田为业,不可靠他吃饭。"⑩晚年仍坚持下地种菜、拾粪,不弃勤俭家风。曾国藩进京前,毕恭毕敬地向祖父说道:"此次进京,求公教训。"曾玉屏语重心长地说:"尔的官是做不尽的,尔的才是好的,但不可傲。满招损,

①《曾国藩全集·家书》,《致澄弟》,咸丰十年闰三月二十九日。
②《曾国藩全集·家书》,《致澄弟》,咸丰十年闰三月二十九日。
③《曾国藩全集·家书》,《致澄弟》,咸丰十年五月十四日。
④《曾国藩全集·家书》,《谕纪泽》,咸丰九年十月十四日。
⑤《曾国藩全集·家书》,《致澄弟沅弟》,咸丰十年闰三月初四日。
⑥《曾国藩全集·家书》,《致澄弟》,同治五年六月初五日。
⑦《曾国藩全集·诗文》,《大界墓表》。
⑧《曾国藩全集·家书》,《致沅弟》,同治五年八月二十四日。
⑨《曾国藩全集·家书》,《致澄弟》,同治五年六月初五日。
⑩《曾国藩全集·家书》,《致澄弟》,同治五年六月初五日。

谦受益,尔若不傲,便好全了。"①作为一个没有多少文化的农村老人,曾玉屏身上具备的这种甘守寒素、深明大义的品质,的确是难能可贵的。

三

曾麟书(1790～1857),是曾玉屏的长子,派名毓济,号竹亭。因曾国藩兄弟的原因,诰封为光禄大夫,诰赠为建威将军、武英殿大学士、一等毅勇侯、一等威毅伯等。

由于曾玉屏未能在学业上有所成就,就把希望寄托在儿子身上。然而曾麟书资质不高,参加过16次童试都名落孙山,直到43岁那年"始得补县学生员",成为一名老秀才,仅比长子曾国藩中秀才早一年而已。不过这仍然是一件"破天荒"的事情,因为曾氏家族自衡阳到湘乡五六百年中,还没有出过一位秀才,曾麟书已经迈出了可喜的第一步。

自知才短、科举无望的曾麟书,转而设塾教书,并把希望寄托在曾国藩兄弟身上,"发愤督教诸子",这就是曾国藩说的"平生劬劳于学,课徒传业者盖二十有余年"②。曾国藩自7岁起在父亲执教的家塾里读书,直到20岁才离开家乡到衡阳唐氏家塾去求学。他后来这样回忆跟随父亲的读书生活:"自八岁侍府君于家塾,晨夕讲授,指画耳提,下达则再诏之,已而三复之;或携诸途,呼诸枕,重叩其所宿惑者,必通彻乃已。"③曾麟书因为自己学习比较钝拙,因此常对曾国藩等人说:"训告尔辈钝者,不以为烦苦也。"④

曾麟书反复教育曾国藩兄弟,要端正求学态度,明白读书是为了光大曾家门第,为了尽忠报国,为了做一个明理君子,必须专心致志、保持恒心。他要求曾国藩等人只管专心读书,不要为其他事情分心:"临切揣摸墨卷,一心读书,切莫分心外

曾国藩出生地白玉堂修缮后效果图

①《曾国藩全集·家书》,《致沅弟季弟》,咸丰十年九月二十四日。
②《曾国藩全集·诗文》,《台洲墓表》。
③《曾国藩全集·诗文》,《台洲墓表》。另据黎庶昌《曾国藩年谱》,曾国藩6岁上学,7岁起跟随父亲读书,"禀学于庭者凡八年"(《曾国藩年谱》,嘉庆二十二年)。本书从《曾国藩年谱》之说。
④《曾国藩全集·诗文》,《台洲墓表》。

务……心驰于外,则业荒于内,此不可不知所戒也。"①每当儿子在学业上有了进步,曾麟书往往能够因势利导,适时鼓励,如当他听说曾国葆在曾国华的辅导下写文章大有进步时,立即高兴地写信给曾国藩:"读者专斋发愤,教者亦善于引导,可谓兄友弟恭,相与有成。"②儿子们在学业上有所需求,曾麟书都能创造条件予以满足。1836 年曾国藩在"恩科"会试落第后郁郁返湘,船过金陵时在书肆看中一部《二十三史》,为之心动,但此时囊中盘费殆尽,如果买书,即无归乡之盘费,欲离去又恋恋不舍。踌躇之余,曾国藩把自己所带的四季衣裳典当,从而购得了这套书。回到家中,曾麟书问他书的来历,他如实相告,曾麟书说:"尔借钱买书,吾不惮极力为尔弥缝。尔能圈点一遍,则不负我矣。"③曾国藩果然勤奋圈点、研读不辍,一年之内几乎足不出户,并说"间断不孝",终将《二十三史》通读一遍。

由于自己在科举上的不得志,曾麟书痛定思痛,对曾国藩兄弟进行严格的"应试教育",告诫他们一定要讲求"四书五经",讲求"制艺文字",讲求作八股或时文,认为"朝廷立法数百不易者,唯制艺耳","本朝以文章诗赋考言,以字迹端方取士,实属不易之良法"④。甚至要求曾国藩"此后教纪泽读书,定要作八股"⑤。这又反映了他为科举所毒害、困扰的一面。

曾玉屏家法很严,对儿子们要求非常严厉,特别是对长子曾麟书,经常无故责骂甚至当做"出气筒":"往往稠人广坐,壮声呵斥;或有所不快于他人,亦痛绳长子。"对此曾麟书总是默默忍受,"起敬起孝,屏气扶墙,踟蹰徐进,愉色如初"⑥。晚年曾玉屏瘫痪在床,曾麟书兄弟几年如一日,从早到晚服侍父亲。曾玉屏一夜要小解六七次之多,曾麟书常常在夜里静听父亲的动静,适时送上便器。寒冬时候,曾玉屏大便时,曾麟书就用身体为父亲御寒,亲手替父亲洗净弄脏了的内衣内裤。曾氏全家都被他的这种精神所感动,包括曾国藩在内,争着为老人做事,使老人得以安度晚年。

曾国藩做官后,曾麟书谨记曾玉屏的嘱咐,凡事尽量不拖儿子的后腿,使他实心任事于前。1849 年曾玉屏病逝后,曾国藩急欲回家奔丧,曾麟书立即去信阻止:"祖父生前爱尔特甚,以尔受国厚恩,必能尽心报效。尔今日闻讣信,能体祖父此意,即所以孝祖父,毋以感伤之故而更系念于予夫妇也。""努力图报,即

①《湘乡曾氏文献补》,台湾学生书局 1975 年版,第 36 页。
②《湘乡曾氏文献补》,台湾学生书局 1975 年版,第 17 页。
③黎庶昌:《曾国藩年谱》,道光十六年。
④《湘乡曾氏文献补》,台湾学生书局 1975 年版,第 15 页、第 66 页。
⑤《湘乡曾氏文献补》,台湾学生书局 1975 年版,第 15 页。
⑥《曾国藩全集·诗文》,《台洲墓表》。

为至孝,何必作归家之想。"①太平军进入湖南后,曾国藩念及家人安危,又有请假南归之念,曾麟书又告诫他:"官秩是朝廷所颁,职分是己躬所尽。尔今所任礼部侍郎兼署刑部侍郎,礼部位清贵,刑部事繁重,君恩厚矣。唯日孜孜尽力供职,以报塞于万一,即是尽孝之道。""为官者,不问官秩之加不加,只问职分之尽不尽,庶外可以对吾君,内可以对吾亲。"②他这种"僻居穷乡,而志存军国"的精神以及"尽职即是尽孝"的观念,对儿子产生了很大影响。曾国藩在任京官期间以及终其一生所体现出的恪尽职守的品格,与曾麟书的教导有很大关系。

太平军进入湖南后,曾麟书曾与知县朱孙贻等招募乡勇,镇压农民起义。曾国藩因母丧在籍守制期间,接奉上谕要其担任团练大臣,他本想守丁忧之制以尽孝,在曾麟书以及好友郭嵩焘、刘蓉的劝导下才放弃初衷,墨绖出山。此后,曾麟书相继让幼子曾国葆、三子曾国华、四子曾国荃等招募团练,跟随曾国藩投入镇压农民起义的战争。他曾草拟一副对联,命曾国藩书写:

有子孙,有田园,家风半耕半读,但以箕裘承祖泽;

无官守,无言责,世事不闻不问,且将艰巨付儿曹。③

晚年又自撰一联:

粗茶淡饭布衣衫,这点福老夫享了;
齐家治国平天下,那些事儿曹当之。④

这两副对联,可以视为他的"夫子自道"之辞,也是他一生命运的真实写照。

曾麟书本有兄弟三人,因二弟曾毓台早亡,三弟曾骥云就成了唯一的兄弟。曾骥云(1807~1860),字高轩,派名毓驷,因为比曾国藩仅年长4岁,二人幼年时一起读书、砍柴、玩耍,结下了很深的感情。

曾麟书亲撰曾国藩书写的对联

---

① 《湘乡曾氏文献补》,台湾学生书局 1975 年版,第 21~22 页。
② 《湘乡曾氏文献补》,台湾学生书局 1975 年版,第 72~73 页。
③ 《湘乡曾氏文献补》,台湾学生书局 1975 年版,第 1 页。
④ 《双峰文史》第 4 辑,第 57 页。

曾国藩对这位小叔既爱又敬，不论是在清闲的京官任上，还是在戎马倥偬的战争间隙，总不忘关心曾骥云的身体和生活，并寄去辽东参等药物。①特别是在曾国华过继一事上，曾国藩发挥了关键作用。曾骥云18岁时与罗氏结婚，因罗氏长期患病不能生育，很想把侄子曾国华过继给自己做儿子，但曾国藩的母亲江氏坚决不肯。1839年曾国藩从京城回家探亲期间，曾骥云特意委托他促成此事。曾国藩很同情叔父的境遇，于是对母亲江氏"再四劝谐"，做通了母亲的思想工作，曾骥云为此感激不尽。不料，曾国华于1858年在三河镇之役中战死，"白发人送黑发人"，这对曾骥云是个沉重打击，身体状况也急剧下降，于两年后病逝。

曾骥云为人低调，乐善好施，尤其热心家族中公益事业，曾主修《湘乡大界曾氏三修族谱》，倡建高祖元吉公祠堂，又建立"社仓"机构以赈济贫困，因此在族中及乡里有较高的声望和良好的口碑。曾骥云的一生，既未能取得功名，也未能享受天伦之乐，所以曾国藩说他"外面虽处顺境，而暗中却极郁抑，思之伤心"②。1860年，54岁的曾骥云去世，曾国藩深感"哀痛曷极"，决定在闻讣的第二天就"进公馆设位成服，拟素食七日，素服十四日"，并就叔父的丧礼特意叮嘱在家的弟弟："叔生平最好体面，此次一切从丰，两弟自有权衡。"③

四

曾国藩的母亲江氏（1785~1852），是湘乡处士江良济之女，为继配熊氏所生。江氏生于寒素之家，在娘家时就养成了吃苦耐劳、勤俭持家的习惯。在与曾麟书结婚的40多年中，先后生有9个子女，全家十几口人，吃穿用度，负担很重。曾麟书时常为家中人口众多而烦闷，江氏就劝慰他："某业读，某业耕，某业工贾。吾劳于内，诸儿劳于外，岂忧贫哉？"④在这个大家庭中，她苦苦操持，"事舅姑四十余年，馆饔必躬，在视必恪，宾祭之仪，百方检饬"，"尺布寸缕，皆一手拮据"⑤。在曾国藩印象中，母亲"每好作自强之言，亦或谐语以解劬苦"⑥。这种坚强乐观的性格也渗透到了曾国藩的血脉中。曾麟书曾在为岳父所写的墓碑文中，充分肯定了妻子对家庭的贡献："麟书娶公之季女，顺而贤，孝而有礼，与麟书共事高堂四十又四年。攸助于艰难事苦之中，育诸子以成立，筋力亦云

---

①《曾国藩全集·家书》，《致澄弟沅弟》，咸丰九年十二月初五日。
②《曾国藩全集·家书》，《致澄弟沅弟》，咸丰十年二月初八日。
③《曾国藩全集·家书》，《致澄弟沅弟》，咸丰十年二月初八日。
④《曾国藩全集·诗文》，《台洲墓表》。
⑤《曾国藩全集·诗文》，《台洲墓表》。
⑥《曾国藩全集·诗文》，《台洲墓表》。

瘁矣。"①

在湘乡一带流传着许多关于江氏夫人的故事。有一个故事说,她的父亲江沛霖迷信传言,为了防止"只发女家、不发男家"的情况竟然残酷地进行"洗女",也就是要把亲生女儿弄死,出乎意料的是江氏大难不死,后来果然"只发女家",几个儿子出将入相、风光一时。另一个故事说,江沛霖家旁边有一口井,有一天年幼的曾国藩跟外祖母去提水时与表弟相挤掉进了井里,幸亏被及时救了上来。江沛霖从外孙掉进井里险些"浸死"的谐音预言,外孙将来一定会成为"进士"。② 当然,这些传说有太多附会的成分,不足为信。

曾国藩小时候常随母亲去外祖父家,几位舅舅质朴、勤劳的品德使他受益良多。俗话说"娘亲舅大",每当曾国藩出外求学、做官时,都要到外祖父家向几个舅舅道别。1839年冬他准备赴京散馆时,见大舅江永熙"陶穴而居,种菜而食",为之心酸不已。二舅江永燕(曾国藩称他"通十舅")对他说:"外甥做外官,则阿舅来作烧火夫也。"三舅江永薰(曾国藩称他"南五舅")一直送他到长沙,拉着他的手说:"明年送外甥妇来京。"曾国藩说:"京城苦,舅勿来。"三舅说:"然。然吾终寻汝任所也。"③还流下了眼泪。舅舅们那份真挚的感情以及他们贫寒的家境,每每令曾国藩牵挂。在曾国藩发迹之后,经常向舅舅们写信问候,并设法予以周济照顾。1843曾国藩在给弟弟们的家书中写道:"念母舅皆已年高,饥寒之况可想。而十舅且死矣,及今不一援手,则大舅、五舅者又能沾我辈之余润乎?"表示要"恤其妻子",并给二舅补做道场,"以慰逝者之魂而尽吾不忍死其舅之心"④。曾国藩对舅舅们的那份深厚感情,溢于字里行间。

五

曾国藩的一生,受其祖父辈的影响很大。祖父曾玉屏的言行举止和治家之道,他着意模仿、努力发扬。父亲曾麟书、叔父曾骥云对祖父的敬重和孝顺,他们刻苦治学、热心公益的品德,以及母亲坚强乐观的性格,都对他产生了积极的影响。后来,他为祖父撰《大界墓表》,其中写道:"国藩窃观王考府君(作者按:指曾玉屏)威仪言论,实有雄伟非常之概,而终老山林,曾无奇遇重事,一发其意。"又说:"吾兄弟威重智略,不逮府君远甚也,其风采亦可想已。"⑤对祖父的那份崇拜与敬重溢于言表。他又为父亲撰《台洲墓表》,把曾麟书对曾玉屏的孝

①转引自田树德:《曾国藩家事》,江西人民出版社1996年版,第27页。
②田树德:《曾国藩家事》,江西人民出版社1996年版,第27页。
③《曾国藩全集·家书》,《致温弟沅弟》,道光二十三年三月初十日。
④《曾国藩全集·家书》,《致温弟沅弟》,道光二十三年三月初十日。
⑤《曾国藩全集·诗文》,《大界墓表》。

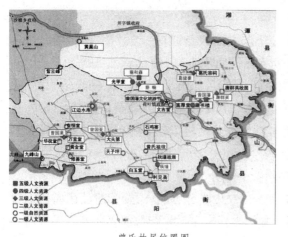

曾氏故居位置图

敬之情刻画得淋漓尽致，又对叔父曾骥云"推甘让善，老而弥恭"的品格大加赞扬。①

作为长子长孙，曾国藩自幼也受到长辈的格外关爱，并被寄予厚望。《曾国藩年谱》中就记载了这样一个说法：1811年11月26日夜，湖南湘乡荷叶塘70多岁的曾竟希老人忽得一梦：一条巨蟒升腾于村庄上空，旋绕于曾宅左右，最后落入户庭，盘桓不去。曾竟希受到惊吓醒来，百思不得其解。就在这时候，家人告诉他，孙媳江氏刚刚为他生下一个曾孙，一推算时间，正是做梦的时候，于是大喜："是家之祥，曾氏门闾，行将大矣。"②这个应梦而生的孩子，就是曾国藩。曾国藩后来不负众望，23岁考入县学，第二年又中乡试36名举人，28岁高中进士，成为家族的骄傲。

在曾国藩身上，有一种强烈的故乡情结和家庭责任感。他长年在外，南北辗转，最爱喝的却是家乡的"永丰细茶"，多次在家书中要求家人给他寄付"茶叶一篓"、"永丰细茶十余斤"等；不论是在总督衙署还是在军营中，他都像祖父那样要求家人、部属垦地种菜，并让儿子曾纪泽等专门从家乡寄来蔬菜种子；他选择湘军将领"思用湘乡人"，以至有"无湘不成军"的说法；在北京任职期间，他主持重修扩建湖广会馆，成为清末民政重要的政治、社会活动场所……对于家人，他更是书信常通、家事常问，大到子侄婚姻、兄弟出处，小到女眷功课、买猪种菜，事无巨细都要说上一说、管上一管，以致父亲曾麟书特意叮嘱他："嗣后写信，只教诸弟读书而已，不必别有议论也。"③几位弟弟在学业上都曾得到他的指点，有的则带到北京在身边悉心调教。对于祖父、父亲传下来的耕读家风，他更是有继承、有发扬，从而奠定了曾氏家族一百多年兴盛不衰的基础。

有儿孙如此，其先辈当可含笑于九泉了。

---

①《曾国藩全集·诗文》，《台洲墓表》。

②黎庶昌：《曾国藩年谱》，嘉庆十六年。

③《湘乡曾氏文献补》，台湾学生书局1975年版，第23页。

脸谱二:父亲

　　曾国藩与欧阳夫人共育有三子六女,长成者共7人(见《曾国藩子孙情况图》),分别是:次子纪泽、长女纪静、次女纪耀、三女纪琛、四女纪纯、三子纪鸿、满女纪芬。因长子曾纪第早夭,曾纪泽在事实上成为曾家的长子。

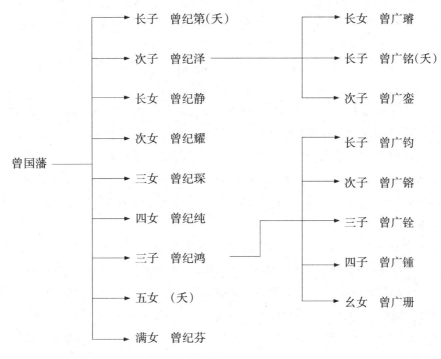

曾国藩子孙情况图

　　"无情未必真豪杰,怜子如何不丈夫。"在子女身上,曾国藩倾注了一位父亲全部的爱。他既是一位严父,更是一位慈父;既继承了祖父辈的教育思想,又体现了可贵的开明作风。在常人看来,曾国藩对子女的教育是成功的,后人纷纷总结他的教子之道,翻阅他的家书家规,试图破解其成功的密码。然而,曾国藩也有其难言的苦衷,特别是女儿的婚事大都不幸,他却爱莫能助。对于儿子,他应该是无怨而无悔的;对于女儿,他却留下了深深的遗憾和愧疚。可是,这种悲剧又岂是他造成的呢?

由于曾国藩在大部分时间里南北宦游、戎马倥偬,他对子女的教育,主要是通过书信的形式进行的。下面,我们从这些家书中选择一封,从中可以窥见曾国藩教育子女的主要特点:

字谕纪泽儿:

余此次出门略载日记,即将日记寄家中。闻林文忠家书即系如此办法。

尔在省仅至丁、左两家,深不轻出,足慰远怀。

读书之法,看、读、写、作四者,每日不可缺一。

看者,如尔去年看《史记》、《庄子》、《韩文》、《近思录》,今年看《周易折中》之类是也。

读者,如《四书》、《诗》、《书》、《易经》、《左传》诸经,《昭明文选》,李杜韩苏之诗,韩欧曾王之文,非高声朗诵则不能得其雄伟之概,非密咏恬吟则不能叹其深远之韵。譬如富家居积,看书则在外贸易,获利三倍者也;读书则在家慎守,不轻花费者也。譬之兵家战争,看书则攻城略地,开拓土宇者也;读书则深沟坚垒,得地能守者也。看书与子夏之"日知所亡"相近,读书与"无忘所能"相近,二者不可偏废。

至于写字,真行篆隶,尔颇好之,切不可间断一日。既要求好,又要求快。余生平因作字迟钝,吃亏不少。尔须力求敏捷,每日能作楷书一万,则几矣。

至于作诗文,则须在二三十岁立定规模;过三十后,则长进极难。作四书文,作试帖诗,作律赋,作古今体诗,作古文,作骈体文,数者不可不一一讲求,一一试为之。少年不可怕丑,须有狂者进取之趣。过时不试为之,则后此弥不肯为矣。

至于作人之道,圣贤千言万语,大抵不外敬恕二字。"仲弓问仁"一章,言敬恕最为亲切。自此以外,如"立则见其参于前也,在舆则见其倚于衡也","君子无众寡,无小大,无敢慢",斯为"泰而不骄";"正其衣冠,严然人望而畏",斯为"威而不猛",是皆言敬之最好下手者。孔言"欲立立人,欲达达人";孟言"行有不得,反求诸己","以仁存心,以礼存心","有终身之忧,无一朝之患",是皆言恕之最好下手者。

尔心境明白,于恕字或易著功,敬字则直勉强行之。此立德之基,不可不谨。科场在即,亦宜保养身体。

余在外平安,不多及。

再,此次日记,封入澄侯书函中寄至家矣。余自十二至湖口,十九夜五更开船晋江西省,廿一申刻即至章门。余不多及,又示。①

从这封信可以看出,曾国藩写给儿子的家书,亲切随意,娓娓道来,纯是一副慈父形象,而绝无板着面孔空洞说教的八股习气。在基本要求上,没有超出其祖父辈"教育子弟做读书明理君子"的范围,但在形式上比他们琐碎,作风上又比他们开明。据此,笔者总结了曾国藩教子的四个主要特点:书信是其主要载体,琐碎是其突出特征,读书是其基本要求,开明是其可贵精神。下面对后三条略作举例分析。

曾国藩对家事的关注向来是事无巨细、不厌其详,对儿子的教育也是如此。从读书、作文、家事、军务到饮食、穿着、用度、娱乐等,无不仔细过问、耐心教诲。他要求长子曾纪

曾国藩家书《谕纪泽》中关于"字中换笔"的答复

泽每次写信都要事事汇报:"详陈一切,不可草率。祖父大人之起居,阖家之琐事,学堂之工课,均须详载"②;"不妨将胸中所见,简编所得,驰骋议论,俾余得以考察尔之进步,不宜太寥寥。"③待到小儿子曾纪鸿长大一点后,又要求"鸿儿亦宜常常具禀,自述近日工夫"④。每当看到儿子在信中请教学问,曾国藩就满心欢喜,耐心地予以解答,并要求儿子在复信中汇报理解和落实情况,如在1858年写给曾纪泽的信中说:"余前有信教尔学作赋,尔复禀并未提及。又有信言涵养二字,尔复禀亦未之及。嗣后我信中所论之事,尔宜一一禀复。"⑤第二年的一封信又提到:"吾前一信答尔所问者三条,一字中换笔,一'敢告马走',一注疏得失,言之颇详,尔来禀何以并未提及? 以后凡接我教尔之言,宜条条禀复,不可疏略。"⑥其琐碎认真之状,跃然于纸上。

与曾玉屏、曾麟书一样,曾国藩要求两个儿子一心向学,做"读书明理君子",这是他教育思想的基本目标。他希望儿子专心读书,不希望他们从军、经商或做官,更不希望他们沾染骄奢淫逸的习气,因此一再叮嘱他们:"当一意读

①《曾国藩全集·家书》,《谕纪泽》,咸丰八年七月二十一日。
②《曾国藩全集·家书》,《谕纪泽》,咸丰六年十月初二日。
③《曾国藩全集·家书》,《谕纪泽》,咸丰八年八月二十日。
④《曾国藩全集·家书》,《谕纪鸿》,同治二年八月初四日。
⑤《曾国藩全集·家书》,《谕纪泽》,咸丰八年八月三十日。
⑥《曾国藩全集·家书》,《谕纪泽》,咸丰九年十月十四日。

书,不可从军,亦不必作官。"①"银钱、田产,最易长骄气逸气。我家中断不可积钱,断不可买田。尔兄弟努力读书,决不怕没饭吃,至嘱!"②"凡仕宦之家,由俭入奢易,由奢返俭难。尔年尚幼,切不可贪爱奢华,不可惯习懒惰。无论大家小家,士农工商,勤奋俭约,未有不兴,骄奢倦怠,未有不败。尔读书写字不可间断,早晨要早起,莫坠曾高祖考以来相传之家风。吾父吾叔,皆黎明即起,尔之所知也。"③他还反复教育曾纪泽,要从走路、说话这些细节做起,培养读书君子的外在气质:"尔走路近略重否?说话略钝否?千万留心。"④"走路宜重,说话宜迟,常常记忆否?"⑤每当儿子有了进步,他就毫不吝惜地鼓励他们,家书中经常可以见到"慰甚"、"可慰可喜"、"勉之"之类字句。

曾国藩对儿子的教育,不像祖父和父亲那样汲汲于科举考试,相反,表现出了相当开明的姿态。他认为:"富贵功名,皆有命定,半由人力,半由天事。惟学作圣贤,全由自己作主,不与天命相干涉。"⑥曾纪泽兄弟身体单弱,曾国藩就要求他们看一些养生、交游之类有用之书,并推荐说:"张文瑞公(作者按:指清康熙年间重臣张英)所著《聪训斋语》,皆教子之言。其中言养身、择友、观玩山水花竹,纯是一片太和生机,尔宜常常省览。鸿儿身体亦单弱,亦宜常看此书。""以后在家则劳养花竹,出门则饱看山水,环金陵百里内外,可以遍游也。算学书切不可再看,读他书亦以半日为率,未刻以后即宜歇息游观。"⑦曾国藩有此开明心态,一方面是出于对儿子健康的关心,另一方面则是由于他对科举制度的弊端有一定的清醒认识。早在1844年他就建议曾国华,如果科考再不中则不必再在这上面浪费精力:"年过二十不算少矣,若再扶墙摩壁,役役于考卷截搭小题之中,将来时过而业仍不精,必有悔恨于失计者,不可不早图也。余当时实见不到此,幸而早得科名,未受其害。向使至今还未入泮,则数十年人事于钓渡映带之间,仍然一无所得,岂不靦颜也哉?此中误人终身多矣!"⑧

作为一个科举制度的幸运儿和受惠者,曾国藩能有如此清醒的认识,这是他的高明之处,也是曾纪泽兄弟能够顺遂心意而学有所成的重要原因。

二

对于身为长子长孙的"少侯"曾纪泽,曾国藩对他寄以厚望,着力培养。曾

①《曾国藩全集·家书》,《谕纪泽纪鸿》,咸丰十一年三月十三日。
②《曾国藩全集·家书》,《谕纪泽纪鸿》,咸丰十年十月十六日。
③《曾国藩全集·家书》,《谕纪鸿》,咸丰六年九月二十九日。
④《曾国藩全集·家书》,《谕纪泽》,咸丰十年十二月二十四日。
⑤《曾国藩全集·家书》,《谕纪泽》,咸丰十一年正月十四日。
⑥《曾国藩全集·家书》,《谕纪鸿》,咸丰六年九月二十九日。
⑦《曾国藩全集·家书》,《谕纪泽纪鸿》,同治四年九月三十日。
⑧《曾国藩全集·家书》,《致澄弟温弟沅弟季弟》,道光二十四年五月十二日。

纪泽果然学有所成，成为近代史上杰出的爱国外交家，不愧为曾氏家庭和中华民族的骄傲。

　　曾纪泽（1839～1890），字劼刚，号梦瞻，袭封为一等毅勇侯。青少年时代，曾国藩对他反复训诲，竭力教导，努力将其培养成为一个能克绍家风的"读书明理君子"。曾国藩对长子的教育主要有三个方面：一是读书成才，二是涵育气质，三是保养身体。在读书方面，如前文所述，曾国藩为曾纪泽总结了"看、读、写、作"四种方法，"看"就是通览经典文选，"读"就是诵读"四书"及诗文，"写"就是坚持练习书法，"作"就是研究写诗作文，并制定了严格的执行标准："看、读"要 5 页纸以上，"写"要写字 100 个，"作"要逢三逢八日作一文一诗。在曾国藩的要求和指点下，曾纪泽的书法及诗文章法严谨，笔法老成，打下了坚实的国学根基。在气质方面，曾国藩教育他要从"厚重"入手，在走路、说话等细节上研磨，远离骄奢浮躁之气，培养稳重踏

曾纪泽

实的风范气度。在养生方面，由于曾纪泽身体单弱，曾国藩深以为忧，不仅经常关切地询问其病情，还耐心地把自己的养生方法传授给儿子："尔体甚弱，咳吐咸痰，吾尤以为忧。然总不宜服药。每日饭后走数千步，是养生家第一秘诀。尔每餐食毕，可至唐家铺一行，或至澄叔家一行，归来大约可三千余步。三个月后，必有大效矣。"①

　　曾纪泽并未株守于旧学、拘束于科举，而能在新学以及外交上大有成就，这主要得益于曾国藩开明的教育方法。1858 年，曾国藩向曾纪泽坦言自己在学问上有"三耻"："学问各途，皆略涉其涯矣，独天文算学，毫无所知，虽恒星五纬亦不识认，一耻也；每作一事、治一业，辄有始无终，二耻也；少时作字，不能临摹一家之体，遂致屡败而无所成，迟钝而不适于用，近岁在军，因作字太钝，废阁殊多，三耻也。尔若为克家之子，当思雪此三耻。"并叮嘱曾纪泽先阅读家中有关天文方面的书籍，"有《十七史》中各天文志，及《五礼通考》中所辑观象授时一种。每夜认明恒星二三座，不过数月，可毕识矣"②。因此，曾纪泽从 20 岁起就在"看、读、写、作"之余，对中西方的科学技术知识着力钻研，对近代西方的数学、物理、化学、天文等，均曾涉猎并颇有心得。他先后写下《几何原本序》、《文法举稿序》、《西学述略序》等文章，对西方的先进科技进行了充分肯定和大力推广。对西学科技著述的中译本，他积极为之做宣传："虽曰发蒙之书，浅近易知，

①《曾国藩全集·家书》，《谕纪泽》，咸丰十年十二月二十四日。
②《曾国藩全集·家书》，《谕纪泽》，咸丰八年八月二十日。

舞台一：家族庭院里

究其所谓深远者，第于精微条目益加详尽焉，讵非涉海之帆楫、烛暗之灯炬欤!"①这在当时士大夫顽固拘泥、以西学为耻的历史环境中，是极其难得的。

1882年曾纪泽率馆员在巴黎大使馆前合影

更为难能可贵的是，曾国藩曾请江南制造局的两位传教士兼翻译史迪文森、傅兰雅在家中指点两个儿子学习英文。1872年曾国藩病逝后，曾纪泽回乡守制，这段时间里他痛感于洋人的欺凌、翻译的拨弄，立志掌握外国语言文字以报效国家。从他留下的日记中可以看到当时学习之艰难：一本字典，两本教材，从26个字母学起，每天规定读6句，后来8句，进而10句，笨拙而艰难；清早起来，一遍遍练习，出门会客，也要坐在轿子里一个人叽里咕噜地说。从长沙到湘潭到双峰到荷叶，湘江上、山路上，他都"诵读不辍"。再次回到北京后，他结交了同文馆总教席丁韪良、医生德约翰等外国友人，口语写作都有精进，不仅能用口语交谈，而且能用英文写作和修改外交文件。因此，1878年他被清廷任命为驻英、法大臣，后又兼任驻俄大臣。连慈禧太后也当面鼓励他："你既然能通语言文字，自然便当多了。"这期间，巴西曾通过英国公使与曾纪泽联系，谋求与中国通商，他在审时度势的基础上，建议朝廷应与之建交通商，开启了中巴建交的先声。

曾纪泽在近代历史舞台上最出色的表演和最卓越的成就，是主持与俄国签订《中俄伊犁条约》，通过外交手段收回新疆伊犁，这在当时被认为是"虎口索食"的壮举。

1871年，沙俄趁新疆动乱，派兵强占了伊犁地区。1878年，左宗棠抬棺西征，率军收复了除伊犁以外的全部领土，解决伊犁问题提上日程。不料，1880年清政府派出的出使俄国大臣崇厚与俄国签订了丧权辱国的《里瓦几亚条约》，伊犁虽在名义上归还中国，但西境、南境大片领土被划入俄国，引起朝野喧哗，崇厚被革职下狱。曾纪泽就是在这样的背景下兼任驻俄大臣前往圣彼得堡与之谈判的，他深知："俄人桀骜狙诈，无端尚且生风，今于已定之约忽云翻异，而不别予一途以为转圜之路，中国人设身处地，似亦难降心以相从也。"然而，他还是

---

①《曾纪泽遗集》，岳麓书社1983年版，第137～138页。

决心"障川流而挽既逝之波，探虎口而索已投之食"①，拼力争回国土，维护国家主权。果然不出所料，谈判的过程异常艰难，俄国人以战争相威胁，甚至要求曾纪泽作出永不索还伊犁的保证。曾纪泽据理力争，毫不退让。由于清政府在军事上做了一定布置，特别是左宗棠、刘锦棠的数万得胜之师虎踞新疆，兵锋正锐，沙俄也不得不有所忌惮。经过半年多的艰苦交涉，1881 年 2 月 24 日曾纪泽与沙俄代理外交大臣吉尔斯在圣彼得堡签订《中俄伊犁条约》和《改订陆路通商章程》。虽然《中俄伊犁条约》仍然是一个不平等条约，并增加了赔款数量，但中国在界务和商务方面争回了一部分主权，特别是从俄国手中收复了伊犁，不能不说是外交史上的一个奇迹。俄国外交大臣吉尔斯也不得不对曾纪泽表示赞赏："我办外国事件 42 年，所见人才甚多，今与贵爵共事，始知中国非无人才。"②

"万国身经奇世界，半生目击小沧桑。"这是曾纪泽的自述之词，也是他外交生涯的生动写照。他远涉重洋历时 9 年，出使英、法、俄 3 大国，"适值多故，忧劳备至，须鬓皆白"③。由于父亲的开明，也由于他个人的经历，使他对西方文明有着较为清醒而客观的认识，成为当时中国能够"睁眼看世界"的先进分子中的一员。他敏锐地认识到，由于中国闭关锁国、抱残守缺，以及殖民主义者凭借着坚船利炮肆意侵略，清政府已经面临着"亘古未有之奇局"④。他对顽固派盲目排洋的论调进行了批驳，指出："吾华清流士大夫，高论唐、虞、商、周糟粕之遗，而忽肘腋心腹之患，究其弊不独无益，实足贻误时机，挫壮健之躯，以成羸尪之疾。"⑤在他看来，对待洋人和西方文明，那种盲目的排外或媚洋的态度都是错误的，"或畏之如神明，或鄙之为禽兽，皆非也"⑥。1885 年，他在伦敦的《亚洲季刊》上发表了著名的《中国先睡后醒论》，将中国喻为"似人酣睡，固非垂毙"，称

曾纪泽书法

①《曾纪泽遗集》，岳麓书社 1983 年版，第 28 页。
②《曾纪泽遗集》，岳麓书社 1983 年版，第 36 页。
③刘建海点校，俞樾撰：《曾惠敏公墓志铭》，载《曾国藩研究导报》第 15 期，第 33 页。
④《曾纪泽遗集》，岳麓书社 1983 年版，第 194 页。
⑤《曾纪泽遗集》，岳麓书社 1983 年版，第 171 页。
⑥《曾纪泽遗集》，岳麓书社 1983 年版，第 194 页。

中国的富强运动意在自卫，其中关于中国"醒狮"的提法后来被广泛引用。在多年的外交实践中，他逐步形成了自己的基本原则，即办理外交事务既不能自高自大，又不能卑躬屈节，必须审时度势、有理有节，"理之所在，百折不回，不可为威力所绌。理有不足，则见机退让，不自恃中华上国而欺凌远人，可许者开口即许，不可许者始终不移，庶交涉之际，稍有把握"[1]。这些宝贵的认识，既吸收了曾国藩办洋务守定一个"诚"字的思想，又结合外交实践而有所发展，在100多年后的今天看来，依然闪耀着智慧的光芒。

作为一个有思想、有作为、有能力的外交家，生逢晚清乱世无疑是曾纪泽最大的悲剧。所谓"弱国无外交"，曾纪泽虽报国有心，却回天无力。在中法战争前后，他对法国的野心和实力均有洞察，作为主战派，他一方面根据自己的切身考察阐述抗法主张，反对妥协退让，并提出"备御六策"；另一方面利用驻法大臣的合法身份，进行了针锋相对的外交谈判。然而，他的主张却遭到清政府的否定，斥之为"多为愤激之谈"，"似是臆度之词"。曾纪泽在国外勉力支撑，在艰难的谈判之际，又设法争取国际同情势力："惟向英、法绅民及新报馆以口舌表我之情理，张我之声威，冀以摇惑法绅，倾其执政。"[2]由于心力交瘁，他旧病复发，"每晨起辄咯血数口，血虽不多，颇形委顿"[3]。当中法签订合约、"法国不胜而胜、中国不败而败"的消息传来时，曾纪泽为之悲愤不已，认为中国之败"实由吾华示弱太甚，酝酿而成"；和议之成，"岂非亘古一大恨事？且非一让即了也，各国之垂涎于他处者，势将接踵而起，何以御？"[4]并认为父亲的得意门生李鸿章签此和约，实在是"数年豪气，一朝丧尽矣"[5]。愤懑之意，情见乎辞。1885年曾纪泽奉命回国，先是帮办海军事务，后被任命为兵部左侍郎，在总理各国事务衙门行走。以他开阔的视野、深远的眼光和先进的思想，不可能见容于顽固不化的清政府高层。5年后，壮志难酬的曾纪泽病逝，年仅52岁。

曾纪泽有两任妻子，元配夫人贺氏因难产早逝，继配为曾国藩好友刘蓉之女。刘氏曾作为公使夫人陪同丈夫在英法8年，一面恪守中国传统，一面学习西方外交礼仪，并向丈夫学习英语、法语，与外国君王、王后见面大方得体。后人称赞她："居海八九年，博识多闻，谙习语言文字，燕见各国君后，受旨进退无忝于仪容，间出议论以佐惠敏（作者按：指曾纪泽，谥惠敏）所不逮。西人皆称

①《曾纪泽遗集》，岳麓书社1983年版，第194～195页。
②《曾纪泽遗集》，岳麓书社1983年版，第201页。
③《曾纪泽遗集》，岳麓书社1983年版，第201页。
④《曾纪泽遗集》，岳麓书社1983年版，第204页。
⑤《曾纪泽遗集》，岳麓书社1983年版，第206页。

之。"①她曾在英国的"手工赛会"上,以古色古香、娴雅万方的茶道表演赢得第2名。又协助曾纪泽创作了中国历史上第一首国歌,初名《华祝颂》,后定名为《普天乐》。虽然曾纪泽呈上的《国乐草案》没有得到清廷批准,但当时在海外已被当做中国国歌来演奏。

三

曾纪鸿(1848~1881),字栗诚,是曾国藩次子,也是曾纪泽唯一的弟弟。他自幼与哥哥一起在父亲教诲下长大,聪明过人,悟性又高,年仅15岁便考中秀才,曾国藩大为高兴,特以400两银子作为其"进学之用"。曾纪鸿本可以在科举考试上有所作为,但曾国藩深谙科举之弊,在这方面并没有对他刻意要求。相反,曾国藩建议他不必读八股文,因为"徒费时日,实无益也"。1864年曾纪鸿去长沙参加乡试时,曾国藩在开考前和发榜前接连两次写信给他,要求他不要凭借家庭因素走后门拉关系:"场前不可与州县来往,不可送条子,进身之始,务知自重。"②"断不可送条子,致腾物议。"③这次乡试曾纪鸿没有考中,直到1870年参加顺天乡试才挑取誊录特赏举人。

曾纪鸿

在父兄的影响下,曾纪鸿自幼对科技方面的学问产生了浓厚兴趣,并最终有所成就。当时在曾国藩的幕府中集中了许多中外科学家,如华蘅芳、李善兰、徐寿、徐建寅以及傅兰雅、林乐知等,翻译了《化学鉴原》、《汽车发轫》、《代数学》、《决疑数学》等科技著作,曾纪鸿有机会与他们结识,并阅读了大量科技书籍。据《曾栗诚公年谱》记载,曾纪鸿自1858年"即喜习算学不辍",1868年曾国藩还要求曾纪泽兄弟写《律吕表》,并"命公(作者按:指曾纪鸿)代算"④。可见,曾国藩对儿子钻研数学和近代科技,是持赞成态度的。1872年曾国藩去世后,曾纪鸿居住于长沙,与算学爱好者丁取忠等相互切磋算学,与各地数学爱好者书信往还、交流心得,并开始着手写作数学方面的著述,先后独自或与人合作完成了《对数详解》5卷、《栗布演草》2卷以及《圆率考真图解》等,都收入《白芙

①吕海寰:《刘侯太夫人墓志铭》,转引自谭剑翔、谢琰:《曾侯刘太夫人小传》,载《曾国藩研究导报》第17期,第37页。

②《曾国藩全集·家书》,《谕纪鸿》,同治三年七月初七日。

③《曾国藩全集·家书》,《谕纪鸿》,同治四年七月二十四日。

④《双峰文史资料》第5辑,第42页。

堂算学丛书》中。当时国际数学界以推算圆周率位数作为数学研究水平高低的一个重要标志,一般算到40多位就难以为继,而曾纪鸿在吸取古今中外先进成果的基础上,巧妙构思,创新算法,推算到100多位,走在了世界前列。英国人李约瑟在其名著《中国科技史》等书中,充分肯定了曾纪鸿在数学史上的重要地位。

　　1877年以后,曾纪鸿在兵部任职,继续保持了科学研究的兴趣并与实践运用相结合,写出了《炮攻要术》6册、《电学举隅》1册等。由于醉心研究操劳过度,加上本就患有咯血症,于1881年4月病逝于北京,年仅34岁。

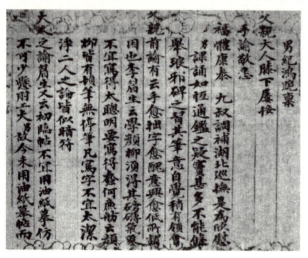

曾纪鸿致曾国藩的家书

曾纪鸿在科技研究上成果突出,其人品、学品更是有口皆碑。有朋友曾问他为何下大力气专攻数学,他说:"此夙志也。"所著《对数详解》一书,他认为与同行的启示和支持有很大关系,不肯贪人之功,就在每卷的卷首把丁取忠的名字署在前面,又把同行的名字署在每卷之后。这种学风与学品,真令人肃然起敬!他的英年早逝,确实令人痛惜。曾纪泽写有《哭栗诚弟二首》,其一为:"题彼脊令飞且鸣,日歌斯迈月斯征。愧余懒惰真无匹,仗汝腾骞绍所生。文字失权鸾翮铩,家门不幸凤楼倾。世无宣圣知颜子,好学谁传死后名。"[1]把曾纪鸿比喻成才高命短的颜回,既贴切又动情。

　　值得一提的是曾纪鸿的夫人郭筠,她不仅在读书治学上受到曾国藩的亲自指点,更在曾纪鸿去世后成为富厚堂的主持人,对延续和光大曾氏家风发挥了承前启后的作用。

　　郭筠(1847～1916),字诵芬,是曾国藩进士同年郭沛霖的女儿。郭氏与曾纪鸿自幼在京城读书,两家往来密切,二人可谓青梅竹马。郭筠聪明好学,自幼接受传统文化教育,诗文俱佳,颇得父亲喜爱。1859年郭沛霖战死疆场后,曾国藩常对郭筠的学习和生活予以多方关照,并于1865年在南京两江总督衙署为曾纪鸿和郭氏主持了婚礼。

---

①《曾纪泽遗集》,岳麓书社1983年版,第288页。

郭筠知书达理,端庄贤淑,深得曾国藩夫妇欢心。作为一位开明的家长,曾国藩鼓励她继续读书,亲自指导她读了《十三经注疏》、《御批通鉴》等。公公去世后,郭筠随曾纪鸿居长沙、进京城,夫唱妇随,积极支持丈夫的研究事业。夫妇俩时常静坐一室,清茶一杯,诗文唱和,恍如神仙眷属。郭筠是当时知名的才女和杰出的女诗人,其书斋名为"艺芳馆",所作诗词编为《艺芳馆诗钞》。1881年曾纪鸿英年早逝,郭筠年轻守寡,又体弱多病,而子女正在年幼,可谓时事艰难。但她没有被困难吓倒,而是振作精神,担负起督教子女的职责。据晚辈回忆,郭筠家教甚严而又注意方法,家中有人犯了错误,"从不大声叫骂,只唤进自己房中轻言教训,撷古比今,总要人自知悔改才止"[1]。因此,她深得儿孙辈的敬重。

郭筠

由于 1872 年曾国藩去世,1874 年主持家务的欧阳夫人去世,曾纪泽夫妇又出使西方达 8 年之久,且归国后直到逝世未回湖南家中,因此郭筠在实际上成了富厚堂曾家的主持人。她谨守曾氏家风,并在曾国藩手订"八本"家训、治家"八诀"的基础上加以发展,订立了《曾富厚堂日程》,作为治家的依据。《日程》共有 6 条:一是男女皆应知习一样手艺;二是男女皆应有独自一人出门之才识;三是男女皆应知俭朴,每月所入必敷每月所出,人人自立一账簿,写算不错;四是男女皆应侠义成性,不要行为有亏;五是男女皆应抱至公无私的心肠,外侮自不能入,而自强不求自至矣;六是我家行之,一乡风化,则强国之根,基于此矣。[2] 其见识和才干从中可见一斑。儿孙辈皆能学有所成,曾氏后裔"代有英才",郭筠的影响和教化之功是不应忽视的。

四

对 5 个女儿,曾国藩同样倾注了一位父亲的关爱,却从不娇惯溺爱。由于女儿众多,他"深以妇女之奢逸为虑",曾指出富贵家庭不勤不俭者,看他们内眷的表现如何就可知道。因此,女儿们虽生长于官宦之家,生活宽裕,衣食无忧,但在"勤"、"俭"二字上要求极严。曾国藩除了按照封建礼教那一套教育女儿要谨守女训外,还亲自为女眷们制定每日功课,如"做小菜点心酒酱"之类的"食事","绣花或绩麻"之类的"衣事","做针线刺绣"之类的"细工","做男鞋或女鞋或缝衣"之类的"粗工",等等。据满女曾纪芬回忆,1864 年全家到南京后,她穿着一件蓝呢夹袄以及已故大嫂贺氏留下的缀青花边的黄绸裤,曾国藩看到后

---

①曾宝荪等:《曾宝荪回忆录》,岳麓书社 1986 年版,第 3 页。
②赵世荣:《女杰之乡——荷叶纪事》,湖南人民出版社 2005 年出版,第 65～66 页。

斥为奢侈,曾纪芬赶紧用三姐的一条绿裤换了下来,而三姐的这条绿裤也是贺氏所遗之物。一件并不算过分的衣服,也要嫂子穿过小姑穿,曾家女眷的勤俭程度由此可见一斑。曾纪芬晚年回忆说:"余等纺纱、绩麻、缝纫、烹调日有定课,几无暇刻。先公亲自验功,昔时妇女鞋袜,无论贫富,率皆自制,余等须为吾父及诸兄制履,以为功课。纺纱之工,余至四十余岁随先外子居臬署时,犹常为之,后则改用机器缝衣。三十年来,此机常置余旁,今八十岁矣,犹以女红为乐,皆少时所受训练之益也。"①曾国藩专门定下家规:女儿出嫁的嫁妆不能超过200两银子。对于曾氏这样的家庭来说,200两实在有些寒酸,到四女儿曾纪纯出嫁时,曾国荃对此不太相信,开箱验看才发现果然如此,大为感叹之下,以叔父名义加送400两。在曾国藩的严格要求下,5个女儿都知书懂礼,温婉贤淑,绝无半点富家女的骄娇之气。

在儿女的婚事上,曾国藩用心颇多,但效果却不尽相同。关于儿女的婚事,他有着自己的原则:"儿女联姻,但求勤俭孝友之家,不愿与宦家结契联婚,不使子弟长奢惰之习。"②特别是女儿的婚事,他更不倾向于同做官的人家联姻,认为"近世人家,一入宦途即习于骄奢",建议选择"俭朴耕读之家,不必定富室名门也"。应该说,在为儿女选择配偶时,他不存功利和势利之心,不看重门第富贵与否而看重家风人品,无疑是一种务实的、对儿女负责的态度。他为儿女们择定的配偶,都出自士大夫家庭,大都是有着很深交情的同乡、同年、同僚的子女,也就是李鸿章所说的"女五人,皆适士族"③。笔者考察其子女婚嫁情况,列出下表:

曾国藩子女婚嫁情况表

子女	配偶	亲家情况
纪泽	贺　氏	贺长龄,学者、高官,湖南善化人。
	刘　氏	刘蓉,学者、高官,至交,湖南湘乡人。
纪静	袁榆生	袁芳瑛,翰院好友,大藏书家,湖南湘潭人。
纪耀	陈松生	陈源兖,进士同年,好友,湖南茶陵人。
纪琛	罗允吉	罗泽南,学者,好友,湘军大将,湖南湘乡人。
纪纯	郭依永	郭嵩焘,学者、高官,至交,湖南湘阴人。
纪鸿	郭　筠	郭沛霖,进士同年,好友,湖北蕲水人。
纪芬	聂缉椝	聂亦峰,咸丰三年进士,湖南衡山人。

①《湘乡曾氏文献》第10册,台湾学生书局出版,第6466页。
②《曾国藩全集·家书》,《禀父母》,道光二十四年五月十二日。
③《曾国藩年谱》,附二:《曾国藩哀荣录·曾文正公神道碑》(李鸿章)。

虽然曾国藩用心良苦,但女儿的婚姻并不如意想中的那样幸福。特别是几个女婿,有的彬彬弱质,英年早逝,有的"小时了了,大未必佳",更有婆母刁蛮、无端欺凌,几个女儿或百般忍耐,或芳华早谢,或郁郁而终,只有满女纪芬婚姻比较幸福。

长女曾纪静(1841~1870),字孟衡,因曾国藩任京官时与同乡的湘潭人袁芳瑛(字漱六)友善,故而主动向袁家提亲,将长女许给袁芳瑛的长子袁榆生(字秉桢)。在曾国藩看来,"漱六尚有品学,其子亦聪明伶俐,与之结姻,谅无不可"。袁芳瑛于1859年去世,曾国藩则于1861年托曾国潢主持了曾纪静与袁榆生的婚礼。不料,长大后的袁榆生品性大变,已经成为一个典型的花花公子,不思上进,游手好闲,连曾纪泽都"极以袁婿为虑",写信向父亲诉说情状。曾国藩感慨"不料其遽尔学坏至此",决定把袁榆生带在自己身边,早晚教诲,希望其"略就范围";他还反过来劝曾纪泽等人"于袁婿处礼貌均不可疏忽",顾其体面,避免他"索性荡然无耻,摒弃不顾,甘与正人为仇,而以后不可救药矣"。[1] 可惜,袁榆生根基已坏,早就是不可救药之徒,又四处招摇撞骗,行事荒唐,时间一长连曾国藩也失去了信心和耐心,由厌恶而憎恨,最终决定与之断绝关系。他在信中向儿子诉说道:"袁秉桢在徐州粮台扯空银六百两,行事日益荒唐。顷令巡捕传谕,以后

曾国藩书法

不许渠见我之面,入我之公馆。渠未婚而先娶妾,在金陵不住内署,不入拜年,既不认妻子,不认岳家矣,吾亦永远绝之可也。"然而他又不让女儿住在娘家:"大女送至湘潭袁宅,不可再带至富圫,教之尽妇道。"[2]作为大家闺秀的曾纪静与这样一个荒唐丈夫生活在一起,其痛苦可想而知。当她想回娘家居住时,曾国藩却要她百般忍耐,谨守"三纲之道",在袁家"侍姑尽孝"。由于夫妻感情不和,袁榆生又在外拈花惹草,曾纪静一直未生育子女,终日郁郁寡欢,年仅30岁就病逝于婆家。

次女曾纪耀(1843~1881),字仲坤,4岁时便由曾国藩做主与陈源兖(字岱云)之子陈松生(字远济)订亲。陈源兖是曾国藩进士同年,陈松生刚满月时母

---

① 《曾国藩全集·家书》,《谕纪泽》,同治元年五月二十四日。
② 《曾国藩全集·家书》,《谕纪泽纪鸿》,同治五年三月二十九日。

亲就去世了，曾国藩安排为他请了乳母并安顿在自己家中，一直带到三四岁才由陈源兖接回身边。由于这重特殊关系，曾国藩对这个女婿疼爱有加，多方关照。1862 年，曾国潢在老家主持了曾纪耀与陈松生的婚礼。过门后，陈家家境贫寒，经济拮据，但曾纪耀谨记父亲的教诲，百般忍耐，努力经营，支撑着贫困的家庭，"委曲顺从，卒无怨色"①。陈松生性情急躁，又患有咯血症，曾纪耀"扶持调护，真能视于无形听于无声"。陈松生的哥哥陈杏生长期在外不归，其妻忧郁成疾，曾纪耀对嫂子非常同情，对其精心照料，毫无怨言。因为她性情温和，贤淑善良，嫂子在临终之前特地把亲生女儿过继给她，后来陈杏生的继室所生的女儿也过继给她，这样终身未育的曾纪耀就有了两个女儿。陈松生是曾国藩女婿中比较成器的一个，才识人品俱佳，1878 年曾纪泽奉命出使英法，陈松生作为驻英二等参赞官偕夫人一同前往。在国外，生活条件比此前要优裕得多了，可惜曾纪耀终因体弱多病，于 1881 年病逝于法国巴黎。曾纪泽非常伤心，为之写下一首情深意切的《仲妹挽词》："迁地本期能养病，离家休憾未生还。西方世界如非妄，近宅灵山鹫岭间。"②仅过了 3 年，曾纪泽的得力助手陈松生因积劳成疾，病逝于英国伦敦。曾纪泽为之感伤不已，在诗中深情追忆了两人的交往："谬持英荡出重洋，同驾轻轺历八荒。百事资君如右臂，六年为我竭衷肠。""往岁伤吾妹仲贯，今哀妹婿比诸昆。岂缘婚媾私增恸，正惜英髦仅有存。"③

　　三女曾纪琛（1844～1912），字凤如，1862 年与罗泽南之子罗允吉（字兆升）结婚。与大姐一样，曾纪琛的婚姻是不幸的。罗兆升"性情乖戾"，"凡事稍不如意，或身体稍有不适辄怒，旁人莫人能劝之者"④。此外，罗允吉的母亲是罗泽南的小妾，"性颇悍厉"，对儿媳百般刁难，曾纪琛每次从娘家回婆家时都视如畏途，"临别悲恋不已"⑤。但曾国藩仍然希望女儿"柔顺恭谨，不可有片语违忤"⑥。有一段时间曾国藩也把罗允吉带在身边调教，罗的表现比大女婿袁榆生要好一些，能够认真读书，接人待物也有所长进。曾纪琛曾生下两个儿女，但儿子早夭，后来亦未生育。罗允吉在陕西做小吏期间，她主动劝罗纳妾洪氏、张氏以延续罗家香火。1888 年罗允吉因病去世，不久洪氏即产下其遗腹子罗长焘。此后，曾纪琛把希望寄托在儿子身上，与洪、张二氏共同把罗长焘抚养成人，并教导儿子要以祖父罗泽南和外祖父曾国藩为榜样，"要忠厚培心，要和平养性，

①曾纪芬：《崇德老人自订年谱》，曾宝荪等：《曾宝荪回忆录》，岳麓书社 1986 年版，第 22 页。
②《曾纪泽遗集》，岳麓书社 1983 年版，第 290 页。
③《曾纪泽遗集》，岳麓书社 1983 年版，第 303～304 页。
④《双峰文史》第 5 辑，第 50 页。
⑤曾纪芬：《崇德老人自订年谱》，曾宝荪等：《曾宝荪回忆录》，岳麓书社 1986 年版，第 13 页。
⑥《曾国藩全集·家书》，《谕纪泽》，同治二年正月二十四日。

要诗礼启后,要勤俭持家"①。可惜罗长薰无意科举,终日与一班同乡青年狩猎于山林,曾纪琛倍感失望又无可奈何。1912 年,她有幸看到了刚刚出生的孙子罗延庆,在忧喜交加中病逝。

四女曾纪纯(1846～1881),1858 年与郭嵩焘长子郭依永(字刚基)订婚,1865 年在湘阴郭家举行了热闹的婚礼。郭依永聪明好学,潜心学问,其诗词成就尤其突出,曾国藩曾予以高度评价:"依永之诗,嵯峨萧瑟,如秋声夜起,万汇伤怀;又如阅尽陵谷千变,了知身世之无足控转者。"②不料,郭依永因体弱多病,结婚 3 年多就英年早逝,曾国藩为之悲痛,更为女儿伤心,亲撰《郭依永墓志铭》,感叹"衰龄而哭子,仁慧而不寿,皆人世所谓不幸"③。曾纪纯年轻守寡本已不幸,偏又与三姐一样,遇到一个刁蛮刻薄的婆母,使她"日食至粗之米,唯以莱菔为肴,月费一缗亦吝而不与,其境遇艰苦可知矣"④。她含辛茹苦抚养两个幼子,终因身心交瘁,36 岁便撒手人寰。

幼女曾纪芬(1852～1935),晚号崇德老人,作为家里的"满妹"自幼就受到父母及哥哥姐姐的疼爱,她的婚姻也是姐妹之中最幸福的。她订婚较晚,1870 年才由曾国藩委托曾国荃做媒与聂缉椝(字仲芳)定亲,1875 年结婚时已经 24 岁,在当时算是"老姑娘"了。聂缉椝熟悉洋务,亦官亦商,官至安徽巡抚、浙江巡抚,与其子

儿孙满堂的满女曾纪芬(前排中间坐者)

聂其杰都是清末民初著名资本家,聂氏家族在上海工商界占有重要地位。曾纪芬虽是一位官太太,生活非常富裕,但她牢记父亲的教导,勤俭持家,廉朴处世,晚年在病中仍口述《廉俭救国说》并由儿子聂其杰整理成文,产生较大社会影响。曾纪芬还是一个思想新潮、颇有见识的知识女性,曾向外国归来的大嫂刘氏以及傅兰雅夫人学习西法为家人织毛线衣裤,又让两个儿子聂其昌、聂其杰向傅兰雅夫人学习英语。曾纪芬一直活到 80 多岁,是曾国藩儿女中寿命最长的,晚年所撰《崇德老人自订年谱》是研究曾国藩家族的重要史料。

---

①《双峰文史》第 5 辑,第 49 页。
②《曾国藩全集·诗文》,《郭依永墓志铭》。
③《曾国藩全集·诗文》,《郭依永墓志铭》。
④曾纪芬:《崇德老人自订年谱》,曾宝荪等:《曾宝荪回忆录》,岳麓书社 1986 年版,第 13 页。

从曾国藩的角度来说,他对女儿的教育不可谓不尽力,对女儿的婚事不可谓不尽心,然而女儿的婚姻却有太多不如意之处,有的是以喜剧开始而以悲剧结束,有的则从一开始就是悲剧。他认真地教育自己的儿子,人品学识均有所成,然而好友的儿子却不一定如此;他严格地要求自己的女儿,要她们谨守"三纲之道","孝顺翁姑,敬事丈夫","夫虽不贤,妻不可以不顺",并让曾纪泽"谆劝诸妹,以耐劳忍气为要"①;又多次告诫女儿千万不要"重母家而轻夫家"②。然而当女婿为非作歹、女儿在婆家遭受欺凌时,他又无力施以援手。虽然他贵为封疆大吏、一等侯爷,但在封建道德礼教的束缚之下,他也爱莫能助、无可奈何。曾国藩的心中,一定充满了矛盾、痛苦和困惑。当然不能说他毫无责任,但处在当时的社会历史背景之中,我们又能苛责他什么呢?除了感慨造化弄人,只能浩叹一声"吃人的封建礼教"!

---

①《曾国藩全集·家书》,《谕纪泽》,同治二年正月二十四日。
②《曾国藩全集·家书》,《谕纪泽》,同治二年八月初四日。

脸谱三：长兄

1820年，曾国藩的大弟曾国潢出生时，祖父曾玉屏逗他说："汝今有弟矣。"并以"兄弟怡怡"为题，让10岁的曾国藩作一篇文章来纪念此事。文章很快写就，曾麟书读后大喜："文中有至性语，必能以孝友承其家矣！"[①]

曾麟书和江氏有子女9人，除幼女早夭外，长成的有8人，依次为：长女国兰，长子国藩，次女国蕙，三女国芝，次子国潢，三子国华，四子国荃，五子国葆。其中曾国华因曾骥云无子，被过继给叔父。

曾国藩作为家中长子，几十年中对几位弟弟教诲提携，不遗余力。弟兄5人中，有4人死后被清廷授予谥号：曾国藩谥文正，曾国华谥愍烈，曾国荃谥忠襄，曾国葆谥靖毅，再加上曾纪泽谥惠敏，一家数人得谥，这在有清一代是极为罕见的。[②] 因为按清代制度，授谥极为严格，只有一品以上大臣去世才能请示皇帝决定是否授谥，一品以下官员除非特旨不得授谥。曾门有此无上光荣，曾国藩可以说是功不可没，他为几个弟弟的成长和成功，花费了大量心血，发挥了巨大作用。

一

纵观曾国藩一生中对其弟弟们的言行，可以发现他具有很强烈的"老大哥情结"。究其原因，一方面祖父和父亲多次明确要求他，要对弟弟们不辞辛苦认真教诲，"以孝友承其家"，尽到长兄的责任；另一方面，作为长子的曾国藩在兄弟中间年龄明显偏大，年长国潢9岁、国华11岁、国荃13岁、国葆17岁，又在科举道路上比较顺遂，从秀才而举人而进

曾国潢　　曾国华　　　曾国荃　　　曾国葆

曾国藩的弟弟们

士，而后仕途顺利，名满天下，多少年来一直是弟弟们心目中的榜样和楷模。"老大哥情结"，早就内化为他的一种责任意识和心理需求。比如，他在写给父母的信中说："兄弟和，虽穷氓小户必兴；兄弟不和，虽世家宦族必败。"[③]"若一

①黎庶昌：《曾国藩年谱》，嘉庆二十五年。
②朱寿彭：《旧闻备征》卷3，《一门数人得谥》。
③《曾国藩全集·家书》，《禀父母》，道光二十三年二月十九日。

家之中，兄有言弟无不从，弟有请兄无不应，和气蒸蒸而家不兴者，未之有也；反是而不败者，亦未之有也。"①他在给弟弟们的信中则一再向他们表白："大凡做官之人，往往厚于妻子、薄于兄弟；私肥于一家，而刻薄于亲戚族党。"②表示自己"生平于伦常之中，推兄弟一伦抱愧尤深"③，愿与弟弟们一起努力，"兄弟怡怡"，光耀门楣。

曾国藩说到做到。对几位弟弟，他在成长上关心之、学业上教诲之、生活上扶助之、仕途上提携之、为官上点拨之，终其一生，毫不懈怠。在《曾国藩全集·家书》中，写给弟弟们的书信最多。因为曾国潢字澄侯、曾国华字温甫、曾国荃字沅甫、曾国葆字季洪，曾国藩在家书中分别称他们为"澄弟"、"温弟"、"沅弟"、"季弟"；有时又称为"四弟"、"六弟"、"九弟"、"季弟"，则是根据族中的大排行而称呼的。

在生活和学业上，曾国藩对弟弟们的关心照顾从来都是不厌其烦、不厌其细。他中翰林任京官期间，四个弟弟都曾先后到北京求学，当面聆听"大兄"的教诲，这就是曾国荃在祭曾国藩文中提到的："忆我髫龄，相从京国。"④弟弟得了病，曾国藩陪在床前，侍汤喂药，不肯稍离，等到病好，他又高兴得不知所以。弟弟回家后，他不时想念，写下《寄弟》、《忆弟二首》、《寄弟三首》等诗词表达别离之痛："无端绕室思茫茫，明月当天万瓦霜。可惜良宵空兀坐，遥怜诸弟在何方。纷纷书帙谁能展，艳艳灯花有底忙？出户独吟聊妄想，孤云断处是家乡。"⑤"日归曰归岁月暮，有弟有弟天一方。大壑高崖风力劲，何当吹我送君旁！"⑥在"有弟有弟天一方"的日子里，曾国藩就通过写信的方式继续履行对弟弟们的教导之责，从交友、读书、习字等方面现身说法，介绍自己的经验，希望弟弟们能像他一样学有所成，出人头地。写给弟弟们的信往往都很长，而弟弟一旦有长信回复，曾国藩更是大为高兴："吾每作书与诸弟，不觉其言之长，想诸弟或厌烦难看矣。然诸弟苟有长信与我，我实乐之，如获至宝，人固各有性情也。"⑦并鼓励弟弟们向他详细汇报学习情况："此后写信来，诸弟各有专守之业，务须写明，且须详间极言，长篇累牍，使我读其手书，即可知其志向识见。凡专一业之人，必有心得，亦必有疑义。诸弟有心得，可以告我共赏之；有疑义，可以问我共折之。

①《曾国藩全集·家书》，《禀父母》，道光二十三年正月十七日。
②《曾国藩全集·家书》，《致澄弟温弟沅弟季弟》，道光二十九年三月二十一日。
③《曾国藩全集·家书》，《致澄弟温弟沅弟季弟》，道光二十二年九月十八日。
④《曾国藩年谱》，附二：《曾国藩哀荣录·二十三》，曾国荃祭文。
⑤《曾国藩全集·诗文》，《忆弟二首》。
⑥《曾国藩全集·诗文》，《早发武连驿忆弟》。
⑦《曾国藩全集·家书》，《致澄弟温弟沅弟季弟》，道光二十二年十月二十六日。

且书信即详，则四千里外之兄弟不啻晤言一堂，乐何如乎？"①对诸弟的缺点，他批评起来毫不客气："温弟则谈笑讽刺，要强充老手，犹不免有旧习，不可不猛省，不可不痛改。闻在县有随意嘲讽之事，有怪人差帖之意，急宜惩之。"②如果弟弟向他虚心求教，他就会满心欢喜："送王五诗第二首，弟不能解，数千里致书来问，此极虚心，余得信甚喜。若事事勤思善问，何患不一日千里？"③

可惜，几个弟弟在学业上进步不明显，科举之路并不顺利，连一个举人都没出过，似乎曾家的"祖泽"已经被他一人占尽，后来者难分一杯羹了。在这时曾国藩就好言宽慰："接得家书，知四弟六弟未得入学怅怅然。科名有无迟早，总由前定，丝毫不能勉强。吾辈读书，只有两事：一者进德之事，讲求乎诚正修齐之道，以图无忝所生；一者修业之事，操习乎记诵词章之述，以图自卫其身。"并向弟弟传授自己的治学经验："求业之精，别无他法，日专而已矣。谚曰'艺多不养身'，谓不专也。吾掘井多而无泉可饮，不专之咎也。诸弟总须力图专业，如九弟志在习字，亦不必尽废他业，但每日习字功夫，断不可不提起精神，随时随事，皆可触悟。四弟六弟吾不知其心已有专嗜否？若志在穷经，则须专守一经；志在作制艺，则须专看一家文稿；志在作古文，则须专看一家文集；作各体诗亦然；作试帖亦然。万不可以兼营并骛，兼营则必一无所能矣。切嘱切嘱，千万千万。"④

曾国藩还要求弟弟与他互相箴劝勉励，做"良友益友"："诸弟能常进箴规，则弟即吾良友益友也。"⑤1858年曾国华殁于三河镇之役，他在痛定之余对兄弟关系做了反思："去年兄弟不和，以致今冬三河之变，嗣后兄弟当以去年为戒。凡吾有过失，澄沅洪三弟各进箴规之言，余必力为惩改；三弟有过，亦当互相箴规而惩改之。"⑥对于弟弟们在书信中的规劝甚至批评，曾国藩也能摆出虚心的架势，但言词间往往流露出不以为然之意，并长篇大论地为自己作辩解，大有"诚恳接受，坚决不改"的做派，归根结底，还是"死要面子"的"老大哥情结"在作怪。如1843年曾国华在信中对曾国藩"重明理有用、轻博雅多闻"的观点进行了批驳，曾国藩在肯定弟弟"所见极是"的同时，为自己辩解说："兄前书之意，盖以躬行为重，即子夏'贤贤易色'章之意，以为博雅者不足贵，推明理者乃有用，特其立论过激耳。六弟信中之意，以为不博雅多闻，安能明理有用，立论极

①《曾国藩全集·家书》，《致澄弟温弟沅弟季弟》，道光二十二年九月十八日。
②《曾国藩全集·家书》，《致沅弟》，咸丰八年三月初六日。
③《曾国藩全集·家书》，《致澄弟温弟沅弟季弟》，道光二十五年二月初一日。
④《曾国藩全集·家书》，《致澄弟温弟沅弟季弟》，道光二十二年九月十八日。
⑤《曾国藩全集·家书》，《致澄弟温弟沅弟季弟》，道光二十五年三月初五日。
⑥《曾国藩全集·家书》，《致澄弟沅弟季弟》，咸丰八年十一月二十三日。

精。但弟须力行之,不可徒与兄辩驳见长耳。"①曾国潢在信中批评曾国藩"待人不恕",在不了解情况的前提下对弟弟们一味苛责,"月月书信徒以空言责弟辈,却又不能实有好消息,令堂上阅兄之书,疑弟辈粗俗庸碌,使弟辈无地可容",曾国藩读后"不觉汗下",在回信耐心地替自己解释道:"我去年曾与九弟闲谈云:为人子者,若使父母见得我好些,谓诸兄弟仅不及我,这便是不孝;若使族党称道我好些,谓诸兄弟仅不如我,这便是不弟。何也? 盖使父母心中有贤愚之分,使族党口中有贤愚之分,则必其平日有讨好之意,暗用机计,使己得好名声,而使其兄弟得坏名声,必其后日之嫌隙由此而生也。刘大爷、刘三爷兄弟皆想做好人,卒至视如仇雠,因刘三爷得好名声于父母族党之间,而刘大爷得坏名声故也。今四弟之所责我者,正是此道理,我所以读之汗下。但愿兄弟五人,各各明白这些道理,彼此互相原谅,兄以弟得坏名为忧,弟以兄得好名为快。兄不能使弟尽道得令名,是兄之罪;弟不能使兄尽道得令名,是弟之罪。若各各如此存心,则亿万年无纤芥之嫌矣。"②

待到曾国藩墨绖出山、统率湘军之后,几个弟弟先后追随他带兵打仗,曾国藩又耳提面命地向他们传授带兵经验和为官之道:"大抵欲言兵事者,默揣本军之人才,能坚守者几人? 能陷阵者几人? ……"③"观人之法,以有操守而无官气,多条理而少大言为主。……尤以习劳苦为办事之本,引用一班能耐劳苦之正人,日久自有大效。"④"带勇之法,以体察人才为第一,整顿营规,讲求战守次之。"⑤为了指导曾国荃写出第一流的奏折,曾国藩专门写了一本《鸣原堂论文》,选择历代有代表性的奏章详加批点,供曾国荃学习借鉴。这就是曾国荃所说的:"公虑其昧所择也,选古今名臣奏疏若干首,细批详评,命之曰《鸣原堂论文》。国荃受而读之。"⑥对于主持家务的曾国潢,曾国藩反复写信告诫他要谦虚谨慎、勤俭持家,特别是不要仗势欺人、为害乡里,更不要干预地方政务:"吾家与本县父母官,不必力赞其贤,不可力抵其非,与之相处,宜在若远若近、不亲不疏之间。渠有庆吊,吾家必到;渠存公事,须纳上助力者,吾家不出头,亦不躲避。渠于前后任之交代,上司衙门之请托,则吾家丝毫不可与闻。"⑦

可以毫不夸张地说,咸丰、同治年间曾氏家族的荣耀和曾氏兄弟的成功,完全是曾国藩一手造就的结果。作为长兄,他虽然有琐碎、苛责的缺点,但对弟弟

---

① 《曾国藩全集·家书》,《致澄弟温弟沅弟季弟》,道光二十三年正月十七日。
② 《曾国藩全集·家书》,《致澄弟温弟沅弟季弟》,道光二十三年正月十七日。
③ 《曾国藩全集·家书》,《致沅弟》,咸丰十年九月初十日。
④ 《曾国藩全集·家书》,《致沅弟季弟》,咸丰十年七月初八日。
⑤ 《曾国藩全集·家书》,《致沅弟》,咸丰七年十二月十四日。
⑥ 《曾国藩全集·诗文》,《鸣原堂论文·序》(曾国荃)。
⑦ 《曾国藩全集·家书》,《致澄弟》,同治元年九月初四日。

们来说,得兄如此,实在是他们人生之大幸。

二

1860 年,曾国藩在给曾国潢的书信中动情地写道:"余敬澄弟八杯酒,曰'劳苦最多,好心好报'。"①这是曾国藩对曾国潢在家族中作用所下的评语,也是他的肺腑之言。

曾国潢(1820～1886),原名国英,字澄侯,族中排行第四。因曾国藩较早外出求学做官,作为次子的曾国潢责无旁贷地担当起帮助父亲料理家务的重任。后来兄弟们陆续出山带兵,曾国潢则成为留守湘乡的"后勤部长",在湖南老家全力主持家务。当然,这种"革命分工"并不是曾麟书从一开始就有此设计,而是机缘巧合、逐渐形成的。

曾国潢早年也曾锐意科举,曾麟书也希望曾国潢以下兄弟都能像曾国藩一样科举成名,光宗耀祖。然而,曾国潢天分不高,又要照顾祖父母和协助父亲持家,因此学业进步不大,科举之路蹭蹬。1842 年,23 岁的曾国潢决意离开家乡到外地边教书边治学,从而集中精力习科举之业,并写信向曾国藩诉说此事。对此曾国藩表示了不同意见,他在肯定曾国潢"发奋自励之志"的同时,认为到外地的目的在于求得清净,如果专心从师问学的话倒是如此,但如果边教书边治学,则耽搁尤甚,不利于学业;问题的关键在于,一个人如果能发奋自立,那么"家塾可读书,即旷野之地、热闹之场亦可读书,负薪牧豕,皆可读书;……何必择地? 何必择时? 但自问立志之真不真耳!"②过了几个月,曾麟书在曾国藩的求情下,同意曾国潢与曾国葆到衡阳从师问学。曾国藩又在书信中反复叮咛:"但求明师之益,无受损友之损也";"此事断不可求速效,求速效必助长,非徒无益,而又害之";求学必须"如愚公之移山,终久必有豁然贯通之候;愈欲速则愈锢蔽矣③。"曾国潢在大哥的指点下,苦心孤诣研习举业,并在诗词方面用功较勤,可惜在科举考试中落第未中。

为了让弟弟们有个安定的学习环境并且能朝夕辅导,曾国藩与父亲商量让

曾国潢手迹

①《曾国藩全集·家书》,《致澄弟沅弟》,咸丰十年正月二十四日。
②《曾国藩全集·家书》,《致澄弟温弟沅弟季弟》,道光二十二年十月二十六日。
③《曾国藩全集·家书》,《致澄弟沅弟季弟》,道光二十三年六月初六日。

四个弟弟中的一两人到北京去,由他亲自调教。这样,1845年10月下旬,曾国潢和曾国华一起来到京城,在曾国藩身边待了一年时间。期间曾国藩全力为两个弟弟创造良好的学习条件,家务事情则"独任其劳"。次年11月,曾国藩因朝廷有"诰轴用宝",定让曾国潢亲自将诰轴送到湖南家中。曾国潢不愿放弃温习举业的大好时机而南归,于是曾国藩依照曾国华捐纳国子监生之例,为其捐此资格,"以此打发四弟"。曾国潢"欣然感谢,且言愿在家中帮堂上大人照料家事,不愿再应小考",曾国藩也"颇以为然"①。

分析起来,大约经过一年多的朝夕相处,久历科场的曾国藩看出天分不高的曾国潢在科举路上难有发展,所以才有捐监遣归之举。曾国潢也不乏自知之明,他南归后不再醉心于科举之业,捐监生出身也就成了他的"最高学历"。

1851年1月太平天国金田起义后,影响很快及于湖南,曾国潢曾协助曾麟书组织乡团;1853年初,曾国潢随曾国藩赴长沙练勇,兼治饷糈之事,后又随军到衡州练兵,因办事老练细致,曾国藩深感得力:"澄弟自到省帮办以来,千辛万苦,巨细必亲。在衡数月,尤为竭力尽心。"②后因曾麟书中风瘫痪,曾国潢只得离开军营回家侍奉老父。1857年曾麟书去世后,他遂全面主持家务,半耕半读,克勤克俭,督教子侄,谨守家风,使得在外领兵的兄弟们减少了后顾之忧。这期间,曾国藩写下大量家书,耐心指导和劝诫曾国潢以身作则、克绍家风,甚至到了琐屑啰唆的地步,如:

"家中之事,望贤弟力为主持,切不可日趋于奢华。子弟不可学大家口吻,动辄笑人之鄙陋,笑人之寒村,日习于骄纵而不自知,至戒至嘱。"③

"推各家规模,总嫌过于奢华。即如四轿一事,家中坐轿者太多,闻纪泽亦坐四轿,此断不可,弟曷不严加教责?即弟亦只可偶一坐之,常坐则不可。蔑结轿而远行,四抬则不可;呢轿而四抬,则不可入县城、衡城,省城则尤不可。湖南现有总督四人,皆有子弟在家,皆与省城各署往来,未闻有坐四轿者。余昔在省办团,亦未四抬也。以此一事推之,凡事皆当存一谨慎俭朴之见。"④

"湖南作督抚者,不止我曾姓一家。每代起一祠堂,则别家恐无此例,为我曾姓所创见矣。沅弟有功于国,有功于家,千好万好;但规模太大,手笔太阔,将来难乎为继。吾与弟当随时斟酌,设法裁减";"以后望弟于俭字加一番工夫,用一番苦心,不特家常用度宜俭,即修造公费、周济人情,亦须有一俭字的意思。总之爱惜物力,不失寒士之家风而已。莫怕寒村二字,莫怕吝啬二字,莫贪大方

①《曾国藩全集·家书》,《禀父母》,道光二十六年十月十五日。
②《曾国藩全集·家书》,《致澄弟温弟沅弟季弟》,咸丰四年四月二十日。
③《曾国藩全集·家书》,《致澄弟》,咸丰十年四月二十四日。
④《曾国藩全集·家书》,《致澄弟》,同治二年十月十四日。

二字,莫贪豪爽二字,弟以为然否?"①

"家事有弟照料,甚可放心。但恐黄金堂买田起屋,以重余之罪戾。则寸心大为不安,不特生前做人不安,即死后做鬼也是不安。特此预告贤弟,切莫玉成黄金堂买田起屋。弟若听我,我便感激尔;弟若不听我,我便恨尔。但令世界略得太平,大局略有挽回,我家不怕没饭吃。若大局难挽,劫数难逃,则田产愈多指摘愈众,银钱愈多抢劫愈甚,亦何益之有哉? 嗣后黄金堂如添置田产,余即以公牍捐于湘乡宾兴堂,望贤弟千万勿陷我于恶。"②

"吾家现虽鼎盛,不可忘寒士家风味。子弟力戒傲惰,戒傲以不大声骂仆从为首,戒惰以不晏起为首。吾则不忘蒋市街卖菜篮情景,弟则不忘竹山坳拖碑车情景。昔日苦况,安知异日不再尝之? 自知谨慎矣。"③

……

在曾国藩近乎唠叨的叮嘱提醒下,曾国潢深知责任重大,家中诸事尽力按照大哥的要求去做。对此,曾国藩深感宽慰:"近与儿女辈道述家中琐事,知吾弟辛苦异常,凡关孝友根本之事,弟无不竭力经营。"④曾氏后裔特别是曾纪泽兄弟一辈,能够各有专长而不失耕读家风,成为对国家民族有用的人才,与曾国潢的认真督教是分不开的。因此,1886 年曾国潢去世后,曾纪泽专门作《挽仲父》长联,表达了这种感激之情:

为昆季兼综家政,无限心情,乃今已矣,乡邻亡矜式,亲串失依归,更余白发阿咸,涕零三万七千里航海梯山以外;

喜儿孙克绍书香,寄声弟侄,尚益勉旃,儒术缵前徽,农经传世业,别有青灯旧塾,手录五百四十部说文解字之编。⑤

三

曾国华(1822~1858),字温甫,族中排行第六,后被过继给叔父曾骥云。曾国藩认为他是几个弟弟中悟性较高的一个,多次在家书中说他"天分本高"、"天分较诸弟更高"、"天分本甲于诸弟"。但他又是诸弟中最让曾国藩操心的一个,因为他自恃聪明,做事不专,汲汲于功名而又不肯发奋苦学,加上性格急躁、贪

①《曾国藩全集·家书》,《致澄弟》,同治二年十一月十四日。
②《曾国藩全集·家书》,《致澄弟》,咸丰十年十月初四日。
③《曾国藩全集·家书》,《致澄弟》,同治六年正月初四日。
④《曾国藩全集·家书》,《致澄弟》,同治二年十月十四日。
⑤转引自黄鹤鸣:《曾纪泽挽仲父》,载《曾国藩研究导报》第 10 期,第 26 页。

图享乐,多次受到曾麟书的严厉批评,曾国藩也批评他"牢骚太多,性情太懒"①。1843年秋,曾国华与曾国潢、曾国荃被父亲送往长沙城南书院读书深造,并委托正在那里设馆任教的罗泽南加以督教。曾国藩还专门给三位弟弟每人写了一封信,向他们传授读史、学诗、习字的经验和心得,并给曾国华写了《温甫读书城南寄示二首》,其一曰:

> 十年长隐南山雾,今日始为出岫云。
> 事业真如移马磨,羽毛何得避鸡群。
> 求珠采玉从吾好,秋菊春兰各自芬。
> 嗟我蹉跎无一用,尘埃车马日纷纷。②

诗中表达了对弟弟珍惜求学机会、努力研习举业的殷切期望。然而,曾国华依旧不肯专心向学,本已结婚的他竟然私自做主将女婢纳为小妾,受到家人的一致反对和批评。他在写给大哥的信中巧言辩解说:"内子柔懦无威可畏,弟坐是沉沦二十年,今拟增置一妾。"③曾国潢、曾国荃、曾国葆三人都写信给曾国藩,对曾国华的作为表示担忧,曾骥云更是亲自赶到书院进行劝阻,据曾国葆在信中透露:"叔父大人即于二十四在家起身,二十七早到书院,和颜悦色,婉言劝温兄不宜买丫头作妾。"④但曾国华不为所动,依然我行我素,终致荒废学业,应试时名落孙山。对此,曾国藩多次去信,或严厉批评,或婉转开导,可惜都没有多大效果。

1845年,再次应考落榜的曾国华与二哥曾国潢一起来到京城,在曾国藩的亲自督导下,学业有所长进。次年5月报捐国子监监生,得到参加乡试的资格,但在乡试中再次落第,未能考取举人。曾国藩认为他这是初次下场,来日方长,不必过于挂怀。不过曾国华急躁懒惰的老毛病一直没有改掉,在举业上用功不够,又"时存牢骚抑郁之意",1848年再次应考不中后,遂于11月14日离开曾国藩返回湖南家中。此后虽又参加过几次科考,仍然未能如愿,于是经常怨天尤人。曾国藩认为曾国华的抱怨毫无道理:"温弟所处,乃读书人中最顺之境,乃动则怨尤满腹,百不如意,实我之所不解。"⑤并一再劝导曾国华反躬自省,痛改前非。30岁以后,曾国华对科举失去信心,为人处世也平和了不少。

———————————

①《曾国藩全集·家书》,《致澄弟温弟沅弟季弟》,咸丰元年九月初五日。

②《曾国藩全集·诗文》,《温甫读书城南寄示二首》。

③《湘乡曾氏文献补》,台湾学生书局1975年版,第366页。

④《湘乡曾氏文献补》,台湾学生书局1975年版,第537页。

⑤《曾国藩全集·家书》,《致澄弟温弟沅弟季弟》,咸丰元年九月初五日。

把曾国藩彻底说清楚

太平军兴,曾国华先是协助曾国潢在家乡组织团练,后曾参与镇压湘乡、衡阳交界地区的零星农民起义。1855年后,曾国藩坐困于江西,"一夕数惊",形势危急。所谓"打仗亲兄弟,上阵父子兵",曾国华得知消息后,立即从湖南赶到湖北胡林翼处,请求胡拨派援兵救助。他在写给父母的信中说:"男自揣本无带勇之材,而此次之冒昧任事,实因胡中丞、李都转之勤恳。而大兄在江西适逢警急,男若故为安坐,殊失急难之义。"[①]1856年春,曾国华亲任统领,率5000人马出湖北、进江西,连克咸宁、蒲圻、崇阳、通城、新昌、上高等地,于8月进驻瑞州城外,9月初赴南昌大营与曾国藩相见,兄弟二人"喜极而悲,涕泣如雨"[②]。1857年3月曾麟书去世后,曾国华与曾国藩一起回籍奔丧,因曾国

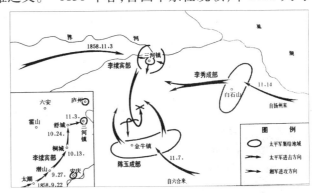

三河镇之战示意图

华先前已出抚曾骥云,所以在次年3月复出,随其亲家、湘军大将李续宾转战赣皖,赞襄军务。1858年11月,在三河镇之战中与李续宾一起全军覆没,兵败身亡,曾国藩为之恸哭不已。

曾国华早年性情高傲,行事不羁,因此曾国藩让他以"温甫"作为表字。兄弟二人在江西相见时,曾国华性格与早年相比已有大的转变,"相亲相友,欢欣各畅",令曾国藩大感欣慰。等到曾国华英年早逝,曾国藩有感于其生前科举之路蹭蹬,死状又极为惨烈,历经多日才收殓到一具无头尸骸,故而非常痛心。他写下了《母弟温甫哀词》一文,表达痛悼之情,其结尾"哭词"写道:

一朝奋发,仗剑东行;提师五千,往从阿兄。何坚不破?何劲不摧?跃入章门,无害无灾。塥麂鼓角,号令风雷;昊天不吊,鲜民衔哀。见星西奔,三子归来。弟后季父,降服以礼。匝岁告阕,靡念苞杞。出陪戎帷,匪辛伊李。既克浔阳,雄师北迈。划潜剡桐,群舒是嗁。岂谓一蹶,震惊两戒!李既山颓,弟乃梁坏。覆我湘人,君子六千。命耶数耶?何辜于天!我奉简书,驰驱岭峤。江北江南,梦魂环绕。卯恸抵昏,酉悲达晓。莽莽舒庐,群凶所窟。积骸成岳,熟辨弟骨。骨不可收,魂不可招。峥嵘废垒,雪渍风飘。生也何雄,死也何苦!我实

①《湘乡曾氏文献补》,台湾学生书局1975年版,第379~380页。
②《曾国藩全集·诗文》,《母弟温甫哀词》。

负弟,茹恨终古。①

四

曾国荃(1824~1890),字沅甫,号叔纯,又名子植,族中大排行第九,因此曾国藩称之为"沅弟"、"九弟",部属则尊称其为"九帅"。

诸弟当中,若论与曾国藩相处时间之久、关系之密切,曾国荃远远超出他人之上。不妨来看一个有意思的比较:在《曾国藩年谱》中,曾国荃(沅甫)的名字出现 83 次之多,仅次于鲍超的 84 次,居第二位;在《曾国藩事略》中则出现 70 次居第一位,远多于鲍超的 33 次,同时曾、鲍两人远远多于李鸿章、左宗棠等人。②

曾国荃绣像

曾国藩早就看好这位很有天赋的九弟。早在 1840 年底他携带家眷自湖南进北京时,就带上年仅 17 岁的曾国荃一道前往。从当时的日记中可以看出,曾国荃在北京的一年半时间里,曾国藩每天都要花费大量时间为他点书讲书、修改诗文,曾国荃虽因生病和想家而有所耽搁,学业仍然大有长进。1842 年 8 月他离京南返时,曾国藩送到城外卢沟桥,作诗为别,诗中写道:"辰君平正午君奇,屈指老沅真白眉。"③因为曾国潢生于庚辰年,曾国华生于壬午年,曾国荃字沅甫,故有"辰君"、"午君"、"老沅"之称。又据《三国志·蜀书·马良传》记载,东汉末年马良兄弟五人,表字均有一个"常"字,而且都才华过人,其中以眉间有白毛的马良最为优秀,乡里人都说"马氏五常,白眉最良"。曾国藩此诗,对"老沅"的鼓励与喜爱之情洋溢行间。曾国荃果然不负众望,于 1847 年考入湘乡县学,1855 年又考取优贡生,成为曾国藩之后曾氏兄弟中科举考试成绩最好、最有前途的一个。

天下动荡的局势,特别是太平天国农民起义的冲击,使得曾国荃没有在科举道路上继续前行。1856 年 10 月,他应吉安知府黄冕之邀,招募一支军队赴江西作战,以解曾国藩坐困江西之危,兵锋直指吉安,号为"吉字营"。行前,他慷慨陈词:"方吾兄战利,吾从未至营相视,今坐困一隅,义当往赴。吾当自立一军,赴国家急。"④自此,曾国荃一鸣惊人,迭克名城,成为湘军后期的得力大将。攻吉安、克安庆,曾国荃率部立下首功,特别是安庆一战,关系全局,中外瞩目,

---

①《曾国藩全集·诗文》,《母弟温甫哀词》。
②张云、韩洪泉:《曾国藩与湘军》,辽宁人民出版社 2008 年版,第 22 页。
③黎庶昌:《曾国藩年谱》,道光二十二年。
④梅英杰等撰:《湘军人物年谱》,岳麓书社 1987 年版,第 470 页。

陈玉成亲自率军救援,也未能打破曾国荃包围安庆的营垒。曾国荃如铁桶一般的围城战法,为他赢得了"曾铁桶"的称号。随后曾国藩主持全局,六路进军天京,当其他五路行动迟缓或者顿兵坚城的时候,曾国荃已经孤军深入,"风利不泊,径抵石头"①。在天京城下,曾国荃顿兵两年之久,先是迎来了李秀成、李世贤等率几十万大军暴风骤雨般的轮番进攻,特别是著名的四十六天鏖战,湘军死伤惨重,营垒几经易手、失而复得;随后又赶上瘟疫流行,全军战斗力下降,能战者寥寥无几。不过"曾铁桶"再一次显示了他治军的有方和围城的有力,在天灾人祸面前坚挺不倒,终于迎来了最后的胜利——1864年7月,曾国荃率所部湘军攻入天京城,克复了这座"东南第一大都",曾国荃因此"首功"与李鸿章、左宗棠等一样被封为伯爵,后加号"威毅"。

有这样一个既能分忧又很争气的弟弟,曾国藩很是满意。1858年他奉命复出率军救援浙江,在给曾国荃的信中提到了这样一件往事:曾麟书年轻时曾到南岳衡山烧香,抽到一支签上写着:"双珠齐入手,光采耀杭州。"于是高兴地说:"吾诸子当有二人官浙。"曾国藩勉励弟弟说,"如今我们兄弟赴浙作战,难道是50年前已经有预示了吗?"②后来,曾国藩两任两江总督,曾国荃也曾任浙江巡抚、两江总督,似乎更进一步印证了曾麟书的抽签结果。

公务中是上下级关系,私下里是亲兄弟之谊,这样的关系很引人注目,也就很难处理好。人是自私的动物,曾国藩岂能例外?虽然他读圣人之书,讲义理之学,但并不迂腐。古往今来,绝对的公平从来就是不存在的,曾国藩虽然以公允自许,但在军事上对自己的弟弟却有诸多偏向,在发饷上吉字营待遇向来较其他部队优先和优厚。这在曾国藩写给弟弟的信中多有体现:"弟军之视鲍、张、朱、唐各军已极优矣。"③"饷银于前解二万之外,续解三万,本日又解三万。米粮昨解三千石,本日禹志涟到,又买得四千石。它营正在载饥载渴之时,弟处已有苟美苟完之乐。"④"昨日接少荃公文,又解九万金,专指鲍营。余已飞咨止之,令其专解弟营。弟得此项,如贫儿暴富,可过好节矣。"⑤对此彭玉麟、鲍超等将领都极为反感,甚至提出抗议。

兄弟两人带兵、为官、处事有着完全不同的观念。一个谨言慎行,一个大刀阔斧;一个主张"盛时要做衰时想,上场当念下场时",一个则主张大胆进取,并认为当下是"势利之天下,强凌弱之天下"⑥。在为官上,曾国藩以廉洁自律,曾

①《曾国藩年谱》,附二:《曾国藩哀荣录·二十三》,曾国荃祭文。
②《曾国藩全集·家书》,《致沅弟》,咸丰八年六月初四日。
③《曾国藩全集·家书》,《致沅弟》,同治元年八月二十一日。
④《曾国藩全集·家书》,《致沅弟》,同治二年四月初八日。
⑤《曾国藩全集·家书》,《致沅弟》,同治三年四月二十四日。
⑥《曾国藩全集·家书》,《致沅弟季弟》,咸丰元年五月十八日。

岳麓书社版《曾国荃全集》

国荃则得了一个“老饕”的贪名。曾国藩一方面反对弟弟得贪财之名和出手阔绰、“规模太大”，另一方面又不得不承认弟弟以自己的贪名为家庭作出了贡献：“家事承沅弟料理，绰有余裕。”[①]又对儿子们说：“吾兄弟姊妹各家，均有田宅之安，大抵皆九弟扶助之力。我身殁之后，尔等事两叔如父，事叔母如母，视堂兄弟如手足。”[②]他感慨地对幕僚赵烈文说：“（曾家）亲族贫困的甚多，虽始终未一钱寄妻子，但多年为官，心中不免缺憾。有幸九弟手头宽裕，将我分内应做之事一概做完，他得贪名，而我补偿夙愿，都是意想不到的。”[③]对于这位素有“贪名”的九弟，曾国藩曾多次劝导：“良田美宅，来人指摘，弟当三思，不可自是。吾位固高，弟位亦实不卑；吾名固大，弟名亦实不小。而犹沾沾培坟墓以永富贵，谋田庐以贻子孙，岂非过计哉？”[④]此时的曾国荃羽翼已丰，“兄裁以义，翻不谓然”[⑤]，他已经听不进大哥陈腐的规劝了。

然而，曾国藩、曾国荃两兄弟的深厚感情却是始终不渝的。特别是曾国藩对九弟，处处关心爱护，事事百般体贴。曾国荃攻占天京后，功高赏薄，反受打压，曾国藩一再写信开导：“弟中怀抑郁，余所深知。”[⑥]又写下13首七言绝句《沅甫弟四十一初度》，其第一首赞其功业：“九载艰难下百城，漫天箕口复纵横。今朝一酌黄花酒，始与阿连庆更生。”第十首则劝其释怀：“左列钟铭右谤书，人间随处有乘除。低头一拜屠羊说，万事浮云过太虚。”[⑦]真可谓百般宽慰，用心良苦。1866～1867年间，曾国荃在湖北巡抚任内剿捻无功，又与湖广总督官文发生冲突，郁郁不得志而被开缺，曾国藩又以自己当年的失败为例宽慰他：“弟已立大功于前，即使屡挫，识者犹当恕之，比之兄在岳州、靖港败后栖身高峰寺，胡文忠在奓山败后舟居六溪口，气象犹当略胜。高峰寺、六溪口尚可再振，而弟今不求再振乎？此时须将劾官相之案、圣眷之隆替、言路之弹劾一概不管，袁了凡所谓从前种种譬如昨日死，从后种种譬如今日生，另起炉灶，重开世界。安知此

①《曾国藩全集·家书》，《致沅弟》，咸丰十年四月二十六日。
②《曾国藩全集·家书》，《谕纪泽纪鸿》，同治九年六月初四日。
③史林：《曾国藩和他的幕僚》，中国言实出版社2003年版，第245页。
④《曾国藩全集·家书》，《致沅弟季弟》，同治元年七月初一日。
⑤《曾国藩年谱》，附二：《曾国藩哀荣录·二十三》，曾国荃祭文。
⑥《曾国藩全集·家书》，《致沅弟》，同治三年八月初五日。
⑦《曾国藩全集·诗文》，《沅甫弟四十一初度》。

两番之大败,非天之磨炼英雄,使弟大有长进乎? 谚云'吃一堑,长一智',务须咬牙励志,蓄其气而长其志,切不可恭然自馁也。"①

1872 年曾国藩去世后,曾国荃写下了堪称当时所有祭文中最长的一篇,深切缅怀乃兄的不世业绩,追思"兄弟怡怡"的悠悠往事,不胜生死别离之痛。其中写道:

> 自闻兄讣,今逾三月。哭不成声,恸斯次骨。……
> 哀我父母,生我五人。弟性顽顿,兄志如神。爱怜诸弟,白首若新。……
> 死休生阔,谁其我知? 放声一哭,莫此哀词。②

五

曾国葆(1828~1862),字季洪,后更名贞幹,字事恒。他虽在兄弟行中年龄最小,但自幼谦虚谨慎,落落大方,读书尤肯用功,常常写信向长兄曾国藩请教读书之法、做人之道,深得曾国藩喜爱,称赞他"天分绝高,见道甚早,可喜可爱"③。1848 年 8 月,曾国葆参加府试考取第 9 名,取得诸生身份。但从此以后厌弃举业,不肯继续入学深造,而是在家中一边自学经史、作诗写字,一边侍奉老人、照料家务。1851 年 9 月曾参加过一次院试,但成绩不佳。此后,他主张自学修身,反对读死书、死读书,认为"人不可不常看圣贤之书,以为持身处世之本"④,得到曾国藩的支持。

1853 年初,曾国藩奉命在长沙办理团练时,曾国葆就随同前往,并率练勇赴常德、宁乡等地镇压会党起义。曾国藩避走衡州编练湘军时,杨载福、彭玉麟皆为曾国葆部下,他极力推荐杨、彭二人"英毅非常",而"己愿下之"。1854 年 4 月,湘军兵败岳州,曾国葆承担失败责任,"黯黯归去"。后来杨、彭都成了湘军水师统领,"老上级"曾国葆却在家赋闲。这段时间里,曾国葆在一些朋友的劝说下,在家乡做起了小本生意,往来经营于衡阳、湘乡、湘潭、长沙等地。深受儒家思想浸染的曾国藩认为做生意容易使人心术变坏,希望小弟放弃经商致富的道路,多次劝诫他:"此后不宜再做,不宜多做,仍以看书为上。"⑤

1858 年,曾国华的战死给曾国葆以极大震撼,他决计弃商从军,替兄报仇。

---

①《曾国藩全集·家书》,《致沅弟》,同治六年二月二十九日。
②《曾国藩年谱》,附二:《曾国藩哀荣录·二十三》,曾国荃祭文。
③《曾国藩全集·家书》,《致沅弟》,咸丰十年七月初八日。
④《湘乡曾氏文献补》,台湾学生书局 1975 年版,第 584 页。
⑤《曾国藩全集·家书》,《致澄弟季弟》,咸丰八年七月二十日。

曾国藩明确告诉他,若要出山,必须选好去向,认为只有胡林翼、左宗棠可与共事。曾国葆遂于1859年春投入胡林翼麾下,亲率1000人马自黄州转战潜山、太湖。后又入曾国荃大营,率所部参加安庆会战,设计招降太平军将领程学启,

又与彭玉麟水师扼守菱湖,断绝太平军粮道。1861年9月攻克安庆后,曾国葆因功授同知衔;次年又率军与曾国荃分进合击,会师于天京城下,因功被清廷授予"迅勇巴图鲁"称号。此时曾国葆身染重病,准备奏请回籍养病,旋因太平军援军赶来,双方在天京城外展开恶战,只得带病上阵。解围之后,晋升为知府衔,任命未及下达而病逝于军中。

曾国葆致曾国藩的书信

这是第二位兄弟亡于军中了,曾国藩强压悲痛写下《季弟事恒墓志铭》,其铭词曰:

> 智足以定危乱,而名誉不并于时贤;忠足以结主知,而褒宠不逮于生前;仁足以周部曲,而妻孥不获食其德;识足以祛群疑,而文采不能伸其说。鸣

呼予季! 缺憾孔多。天乎人乎? 归咎谁何? 矢坚贞而无怨,倘弥久而不磨。①

又为他写下两副挽联:

大地干戈十二年,举室效愚忠,自称家国报恩子;
诸兄离散三千里,音书寄涕泪,同哭天涯急难人。

英名百战总成空,泪眼看河山,怜予季保此人民,拓此疆土;
慧业多生磨不尽,痴心说因果,望来世再为哲弟,并为勋臣。②

曾国葆与夫人一直没有生育子女,曾国潢把次子纪渠送给他做嗣子,曾国藩则把四女纪纯、幼女纪芬都过继给他做女儿。1862年初曾国葆的夫人因病去世,纪纯、纪芬回到欧阳夫人身边。到了年底,小弟又以35岁英年早逝,令曾国藩十分伤心。

---

①《曾国藩全集·诗文》,《季弟事恒墓志铭》。
②《曾国藩全集·诗文》,《挽季洪弟》。

六

对于几位姐妹,曾国藩虽不像对弟弟们那样时时关心、处处点拨,却同样关注着她们的生活。可惜的是,一姐三妹命运不济、生活多蹇,时常让曾国藩为之担心忧愁。①

大姐曾国兰生于1808年,比曾国藩年长3岁。她从小喜爱劳动,不到10岁就是母亲的好帮手,深得江夫人喜爱。1830年她嫁给了同乡贺家坳村的私塾先生王国九,由于勤俭持家,先后买了几亩田,曾国藩闻讯后高兴地说:"兰姊买田,可喜之至。"然而,后来夫妇俩经常生病,两个儿子都是不学无术的花花公子,特别是1862年王国九得了精神病,家境更为艰难。此外,曾国兰心胸狭隘,待人刻薄,经常与邻居吵架,与嫁在同村的大妹曾国蕙也不和睦,经常为一些小事争吵不休。曾国藩多次给弟弟写信,要求他们设法劝解大姐:"惟与人同居,小事要看轻些,不可一再讨人恼。"②"兰姊、蕙妹两家不睦,将来不宜在一处居住,即田地毗邻,亦非所宜。"③

大妹曾国蕙生于1814年,比曾国藩小3岁。在姐妹和姑嫂当中,曾国蕙被

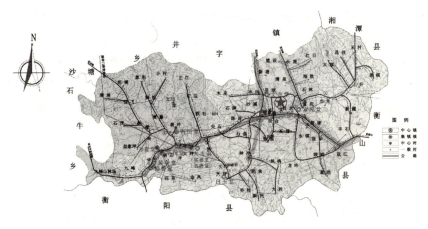

曾氏十堂位置示意图

公认为心灵手巧,针线活最好,曾国藩也最爱穿大妹做的布鞋。1837年,曾国蕙嫁给了贺家坳出身于没落书香门第的王待聘。婚后夫妻二人"食租新窑",想通过勤俭创业摆脱生活的困境,不料王待聘不仅体弱不能"习劳",游手好闲甚至嫖娼,夫妇屡屡发生争吵。1844年,王待聘没有同国蕙打招呼,便带着从弟王仕四到北京找曾国藩,希望能借助内兄之力在北京考一个"供事"之类的书吏,以

---

①本节主要参考田树德:《曾国藩家事》,江西人民出版社2008年版,第150~154页。

②《曾国藩全集·家书》,《致澄弟温弟沅弟季弟》,道光二十五年三月初五日。

③《曾国藩全集·家书》,《致澄弟温弟沅弟季弟》,咸丰元年八月十三日。

此养家糊口。王氏兄弟二人自长沙搭船到汉口，又一路步行到北京，"遍身衣裤鞋袜皆坏"，曾国藩见状觉得可怜，立即为其添置了新衣服。王待聘在北京住了3个月，曾国藩耐心地向他说了自己无力帮助的情况，好言劝慰他与妻子"勤俭守旧"复兴家业，临别送以白银十两、零钱五千，并作诗《送妹夫王五归五首》相赠。然而好景不长，1854年王待聘暴病身亡，曾国蕙生活更加艰难，而且疾病缠身，于1864年51岁时去世。曾国藩曾多次在家书中表达了对大妹的关切和担忧："兰姊蕙妹，家运皆外。兄好为识微之妄谈，谓姊犹可支撑，蕙妹再过数年，则不能自存活矣。同胞之爱，纵彼无缺望，吾能不视如一家一身乎？"[1]

二妹曾国芝生于1817年，比曾国藩小6岁，曾国藩在书信中称她为"四妹"。由于上有两个姐姐一个哥哥，所以父母很少让她分担家务。1838年，她由曾国藩的好友朱尧阶做媒嫁给了湘乡梓门桥的朱咏春。曾国芝在4个姐妹中是唯一能识字作文的，同时也是比较懒惰的一个，甚至在结婚后也是如此，曾国藩为此专门嘱咐弟弟们教育她："又闻四妹最晏，往往其姑反服侍他，此反常之事，最足折福，天下未有不孝之妇而可得好处者。请弟必须时劝导之，晓之以大义。"[2]但她能尊老爱幼，热情待人，和睦上下，因此受到众人称赞。不幸的是，她自1842年生下第一个孩子后便体弱多病，后来又小产一次，身心更受打击。1846年秋终因难产而卒，去世时年仅30岁。

排行最小的满妹生于1830年，于1839年患痘病夭折，曾国藩的长子曾纪第也因同样病症于第二天夭折。曾国藩在两天之内连丧两位亲人，满怀悲痛写下《哭亡妹亡儿》。数年后，曾国芝又英年早逝，曾国藩有感于新悲旧痛，撰写了一篇情深意切的《满妹碑志》，其文曰：

满妹，吾父之第四女子也。吾父生子男女凡九人，妹在班末，家中人称之满妹，取盈数也。生而善谑，旁出捷警，诸昆弟姊妹并坐，虽黠者不能相胜。然归于端静，笑罕至矧。道光十九年正月晦日，以痘殇。明日，吾儿子祯第相继亡。妹生于世十岁，儿三岁也。即日瘗诸居室之背，高嵋山之麓。吾母伤弱女与冢孙，哭之绝痛。间命诸子曰："二殇之葬也，无碑以识之，即坟夷级陵，谁复省顾者？"国藩敬诺。亡何，系官于朝。公有执，私有濡，久不得卒事。越八年，而适朱氏妹徂逝。以其新悲，触其凤疢。怆然不自知何以为人也。于是粗述一二，遗家人植石墓北，且缀之辞，使有垂焉。铭曰：
去家不能三百武，二殇相依宅兹土，狐兔安敢侮！[3]

①《曾国藩全集·家书》，《致温弟沅弟》，道光二十四年三月初十日。
②《曾国藩全集·家书》，《致澄弟温弟沅弟季弟》，道光二十二年十二月二十日。
③《曾国藩全集·诗文》，《满妹碑志》。

脸谱四：丈夫

人常说：每一个成功的男人背后，总有一个伟大的女人。曾国藩一生中有两个女人，一位是欧阳夫人，一位是小妾陈氏。陈氏进门较晚，又因病早逝，陪伴曾国藩的时间只有一年半左右。与曾国藩相伴一生的欧阳夫人，具有传统社会中贤妻良母的典型品质，她恪守勤俭家风，又配合曾国藩教育子女，使他绝无后顾之忧，从而成为他的贤内助。

作为一个丈夫，曾国藩的表现同样颇有可圈可点、可亲可爱之处，由于其身份地位和性格特点，还留下了一些扑朔迷离的难解之谜，让后人费尽思量。

一

欧阳夫人（1816～1874），湖南衡阳县水口乡五马冲村人，她的父亲欧阳凝祉是曾麟书的同学加好友、曾国藩的业师。在《曾国藩家世》、《曾国藩家事》等书中，都记叙了一个民间流传的欧阳先生"移花接木"把女儿许配曾国藩的故事，颇具传奇色彩，但作者也指出"虚构甚多"，"显然是不真实的传说"①。由于欧阳凝祉与曾麟书交好，又很赏识曾国藩的聪明才学，两家顺理成章地在1830年为长子和长女定了亲。1833年，23岁的曾国藩考中了秀才，又与欧阳氏完婚，"洞房花烛夜，金榜题名时"，真可谓"双喜临门"。

欧阳夫人出身于书香之家、"贞节之门"②，淑静端庄，勤劳俭朴，是曾国藩理想的伴侣。过门后，她作为长子长媳，上敬老人，下和弟妹，相夫教子，任劳任怨，受到长辈的喜爱和家人的敬重。在她嫁到曾家不

欧阳夫人

久，曾国藩的祖父曾玉屏就身患重病长年卧床不起，这数年间，欧阳夫人与婆母江氏一起精心照料老人，还要忙里忙外、养猪种菜、缝衣做饭，其劳碌可想而知。据曾纪泽回忆，在曾玉屏卧床的3年里母亲"未尝得一安枕"，是乡亲们公认的贤妻良母和"本地无双的好孙媳"③。

婚后几十年里，欧阳夫人与曾国藩时聚时散，很长时间里独自在家支撑。

①田树德：《曾国藩家事》，江西人民出版社2008年版，第131页。
②《曾国藩全集·诗文》，《欧阳府君墓志铭》。
③田树德：《曾国藩家事》，江西人民出版社2008年版，第132页。

45

她先后生育 9 胎、长成 7 人，都是亲自接生、断脐，一手抚育成人。她早年在湖南湘乡家中，直到 1840 年才带曾纪泽进京与曾国藩团聚。在北京的 12 年中，先后生下 5 个女儿——纪静、纪耀、纪琛、纪纯、纪芬，以及第三个儿子纪鸿。1852 年曾国藩离京，欧阳夫人带领子女回到老家，在乡下持家教子 10 余年，直到 1863 年才随居曾国藩官邸。

据说，1868 年曾国藩调任直隶总督时，慈禧在养心殿召见时特意问到欧阳夫人："汝夫人在家做何事？"曾国藩随口回答："臣之夫人在家做些七七八八。"慈禧听不懂曾国藩的湘乡土语，反问："七七八八是什么？"曾国藩意识到说话太土，机智地解释道："'七'指柴、米、油、盐、酱、醋、茶；'八'指孝悌、忠信、礼义、廉耻。"慈禧连连点头称赞："好个'臣之夫人'，大事管那么多，小事管那么细。"

曾国藩与欧阳夫人挂像

欧阳夫人长期主持家务，督课子女，做的正是这些"七七八八"的事情。她的持家风格，不外"勤俭"二字。虽然丈夫是封疆大吏，权倾一方，她自己也先后被清廷封为一品夫人、一品侯夫人、一品侯太夫人，但她的俭朴却令常人难以相信。曾纪芬回忆说：父亲在军中时，她们随母亲在老家居住，由于曾国藩"以廉率属，以俭治家，誓不以军中一钱寄家用"，欧阳夫人手中竟没有零钱可供支配。拮据到这种地步，外人都不会相信，认为督抚大帅之家不应窘乏至此。"其时，乡间有言：'修善堂杀一猪之油，仅供三日之食；黄金堂杀一鸡之油，亦须食三日。'"[①]——修善堂是曾国潢家居住，黄金堂是欧阳夫人和孩子们居住。当时曾国潢主持本地团练，又是地方上的头面人物，交往应酬较多，开支较大。但由此也可以看出欧阳夫人持家的节俭程度。作为堂堂总督夫人，欧阳夫人终生"无珍玩之饰"，她全部的"奢侈品"，就是曾国藩的部下黄翼升执意拜她为义母时，"献翡翠一双，明珠一粒；某年太夫人（作者按：指欧阳夫人）生辰，又献纺绸帐一铺"[②]。

说到勤劳，欧阳夫人更是为家人和儿女做出了榜样。无论是在湘乡老家，还是随丈夫南北辗转，她都坚持带领弟媳及女儿、媳妇一起纺纱、绩线、织布、做鞋，曾国藩曾高兴地写信给弟弟说："家中妇女大小皆纺织，闻已织成六七机，可

---

①曾纪芬：《廉俭救国说》，曾宝荪等：《曾宝荪回忆录》，岳麓书社 1986 年版，第 60 页。
②曾纪芬：《崇德老人自订年谱》，曾宝荪等：《曾宝荪回忆录》，岳麓书社 1986 年版，第 14 页。

为欣慰。"①在安庆、南京的两江总督官署中，欧阳夫人也坚持不懈，婆媳、母女、姑嫂一同纺织，不觉劳苦，其乐融融。曾国藩的好友欧阳兆熊记载了这样一件趣事：

在安庆时，欧阳夫人每晚与曾纪泽之妻刘氏一同纺棉，每晚不少于四两，到二更后就休息，有一天不知不觉已"加班"到三更，曾纪泽已经睡了，欧阳夫人就讲了一个笑话：有一家婆婆带着儿媳妇纺棉到深夜，儿子发牢骚说纺车声音太大吵得睡不着，要把纺车打碎，父亲在隔壁房中说道：我也睡不着啊，"吾儿可将尔母纺车一并击之为妙"。第二天曾国藩把这个笑话讲给众幕僚听，"坐中无不喷饭"。②

二

曾国藩年轻时，似乎有过一段风流不羁的经历。他晚年曾告诉曾国荃："余于道光二十五、六、七、八等年遍身癣毒……疑为杨梅疮而医之，终无寸效。"③"杨梅疮"即"梅毒"，是一种比较常见的性病。当时他得了皮肤病，大夫诊断为杨梅疮，如果他没有风流经历，应该不会心存犹疑而配合治疗。曾国藩后来苦练修身功夫，甚至偶尔跟朋友讲荤段子、见到朋友纳了美妾而动心，也要在日记中自骂"真禽兽"④，显然是"浪子回头金不换"了。在《曾国藩全集》的《诗文》卷中，有这样两副对联：

挽伎春燕
未免有情，对酒绿灯红，一别竟伤春去了；
似曾相识，怅梁空泥落，何时重见燕归来。

挽伎大姑
大抵浮生若梦；
姑从此处销魂。

这两副对联都很见功底，并运用了集句、嵌字的手法。至于对联背后的故事，则鲜为人知，清人笔记中所记又多不可靠。不过，有这样一个朦胧的效果，岂不更好？感谢这两副对联，它们给文正公耀眼的光环上涂抹了一点粉色，从

---

① 《曾国藩全集·家书》，《致澄弟温弟沅弟季弟》，咸丰五年九月三十日。
② 欧阳兆熊、金安清：《水窗春呓》上卷，《夫人俭朴》。
③ 《曾国藩全集·家书》，《致沅弟》，同治三年八月十四日。
④ 《曾国藩全集·日记》，道光二十二年十二月十六日。

而使后人心目中曾国藩的形象一下子鲜活灵动起来。在唐浩明的历史小说《曾国藩》中，根据《挽伎春燕》塑造了一个"陈春燕"的形象，原型就是曾国藩的小妾陈氏。

曾国藩书法

曾国藩出身于耕读传承之家，从高曾祖辈至其父辈，均未见有人纳妾的记载。他持身严谨，不恋女色，但到了晚年却因为疾病困扰而添置一妾。1861 年，曾国藩在致曾国潢的信中说到这样一件事：由于癣疾困扰，常常彻夜难眠，许多人劝他买一小妾"代为爬搔"，曾国葆已经帮助代买了一个婢女，"余意尚未定"①。他在 4 天后的日记中写道："前季弟代买一婢，在座船之旁，因往一看视，体貌颇重厚，特近痴肥。"②因为嫌其肥胖，曾国藩没有接纳这名姓詹的女子。后来营官韩正国帮他物色到了一位湖北的陈姓女子，订纳为妾并接入公馆，曾国藩也在日记中记载了这件事："申刻接入，貌尚庄重，习字一纸。中饭后，陈妾入室行礼。"③陈氏被曾国藩纳为妾后，耐心服侍，善解人意，使他减轻了病痛困扰，此后几天的日记中都有二更后安然入睡的记载。然而这种办法对曾国藩的癣疾之痒并非根本治疗之方，而且陈氏患有肺病，入府第二年初便开始吐血，一年半后就去世了，年仅 24 岁。曾国藩在这一天的日记中记载道：

四更五点闻号哭之声，则陈氏妾病革，其母痛哭。余起入内室省视，时已沦逝，时五月初一日寅初刻也。妾自辛酉十月入门，至是十九阅月矣。谨守规矩，不苟言笑。内室有前院后院，后院曾到过数次，前院则终未一至，足迹至厅堂帘前为止。自壬戌正月初三吐血后，常咳嗽不止，余早知其不久于世矣。料理各事，遂不复就寝。妾生以庚子十二月初四日辰刻，至是年廿四。④

20 天后，陈氏被安葬于安庆城外十五里茅岭冲山中。

①《曾国藩全集·家书》，《致澄弟》，咸丰十一年十月初四日。
②《曾国藩全集·日记》，咸丰十一年十月初十日。
③《曾国藩全集·日记》，咸丰十一年十月二十四日。
④《曾国藩全集·日记》，同治二年四月二十九日。

关于曾国藩纳妾一事，各种资料所载不一，黎庶昌《曾国藩年谱》、李鸿章《曾文正公神道碑》、郭嵩焘《曾文正公墓志铭》等均讳言其事，而坊间传说又多不可靠。关于欧阳夫人对待此事的态度也有不同说法，有的说"欧阳氏及诸弟都劝他纳妾"，代为搔痒"有裨于癣病"；也有的转引曾国藩长孙曾广钧的说法：祖父曾国藩纳妾一事"诚有之，吾家人皆习知。……欧阳夫人闻之，亟自湘乡来，将至，文正急遣姬由后门去"①。如果按照这种说法，则说明曾国藩纳妾是背着欧阳夫人进行的，欧阳夫人对此应该不是同意的。

笔者考察这一时期曾国藩的家书，发现他在写给曾国潢的信中有 5 次提及陈氏妾之事（其中一封信致曾国潢、曾国荃二人），内容涉及陈氏的病情、丧事的处理、对陈氏的评价等；在写给曾纪泽兄弟的信中则从未提起此事，这是可以理解的；在这一时期的日记中，关于陈氏的记载不到 10 处，内容无外乎陈氏入室、病重、去世、安葬的情况，用语十分简略。据此我们可以推断，曾国藩纳妾一事并没有对家人遮遮掩掩，他告诉了主持家务的曾国潢，欧阳夫人应该是知道的。欧阳夫人对此事的态度，在曾国潢写给曾国藩的信中应该有所记载，其中细节就有待于新史料去披露了。

对于曾国藩纳妾的初衷，笔者赞同于唐浩明先生的结论，即"主要是出于服侍而不是出于情欲"②。时人及后人批评曾国藩，主要是他纳妾的时机不对：陈氏于十月二十四日(11 月 26 日)过门，距咸丰帝七月十七日驾崩只有 97 天。根据大清律例，帝、后去世后百日内不得办婚嫁之事。一生谨慎的曾国藩为何违禁而在大丧期间纳妾？是出于一时的疏忽大意还是为疾病所困急需人爬搔？这确实是一个令人费解之谜。

出于地位、性格等方面的因素，曾国藩在家书和日记中没有留下关于陈氏的更多记载。从现存的只言片语中可以看出，他对陈氏"谨守规矩"的性格还是比较满意的。纳妾 20 天后他写信告诉弟弟："陈妾入室已二十日，尚属安静大方。"③后来陈氏病重，其父母都前去照顾，曾国藩发现陈母"贪而且狠"，对此很不满意。陈氏去世后，他对曾国潢诉说了自己的看法："此女性情尚属平和，惟其母贪而且狠。因女病常住此间，若渐染母教太久，亦必变成狠性，殆非吾家之福。今女既物故，母之技亦无所施矣。"④以常理来推断，陈母的"贪狠"，可能是希望作了大官小妾的女儿能给娘家以经济上的帮助，但曾国藩为官清廉，显然难以满足她的这种愿望，二人的矛盾大概因此而来。我们还可以看到，曾国藩

①转引自田树德：《曾国藩家事》，江西人民出版社 2008 年版，第 133 页。
②唐浩明：《唐浩明评点曾国藩家书》下册，岳麓书社 2002 年版，第 64 页。
③《曾国藩全集·家书》，《致澄弟沅弟》，咸丰十一年十一月十四日。
④《曾国藩全集·家书》，《致澄弟》，同治二年五月初四日。

没有参加陈氏的大殓、出殡、下葬，日记和家书中对陈氏的记述都十分冷淡和简略，而陈氏也没有迁葬湘乡祖坟，是出于礼制的顾虑、道学的虚伪，还是由于陈氏过门时间短暂而又长期染病，两人之间并无深厚感情可言？这同样是一个令人费解之谜。

三

欧阳夫人是曾国藩治家之道的支持者、襄助者和力行者。曾国藩写给她的家书，现仅存两封，都是娓娓道来，在琐琐碎碎的絮叨中自见一份深情。特抄录1867年他在金陵写的一封信于下：

欧阳夫人左右：

自余回金陵后，诸事顺遂，惟天气亢旱，虽四月二十四、五月初三日两次甘雨，稻田尚不能栽插，深以为虑。

科一出痘，非常危险，幸祖宗神灵庇佑，现已痊愈，发体变一结实模样。十五日满两个月后，即当遣之回家，六月中旬可以抵湘。如体气日旺，七月中旬赴省乡试可也。

余精力日衰，总难多见客。算命者常言十一月交癸运，即不吉利。余亦不愿久居此官，不欲再接家眷东来。

夫人率儿妇辈在家，须事事立个一定章程。居官不过偶然之事，居家乃是长久之计。能从勤俭耕读上做出好规模，虽一旦罢官，尚不失为兴旺气象。若贪图衙门之热闹，不立家乡之基业，则罢官之后，便觉气象萧索。凡有盛必有衰，不可不预为之计。

望夫人教训儿孙妇女，常常作家中无官之想，时时有谦恭省俭之意，则福泽悠久，余心大慰矣。

余身体安好如常，惟眼蒙日甚，说话多则舌头蹇涩，左牙疼甚，而不甚动摇，不至遽脱，堪以告慰。顺问近好。①

《湘乡曾氏文献》中所存的欧阳夫人写给曾国藩的家书也是两封。下面照录一封：

妾欧阳氏敬禀夫子大人福座：

刘得一到家，接到所赐丸药、折扇等件，知目疾尚不十分碍事，欣喜之至。

---

① 《曾国藩全集·家书》，《致欧阳夫人》，同治六年五月初五日。

服九药甚相安,然妾近日身体颇好,再做一丹亦不甚易,应留自用。家中各宅平安,诸事泽儿信中想写得详晰。即请福安。妾谨呈。①

从信中可以看出,欧阳夫人对曾国藩十分尊重,语气非常恭谨,这是封建时代"夫为妻纲"背景下的特色。同时,书信十分简短,语言极其平实,据此唐浩明先生指出:"可见欧阳夫人的书写能力不强。这说明她的书读得不多,平时用得也少。……看来,欧阳夫人不属于才女之列。"②

"居官不过偶然之事,居家乃长久之计",这是曾国藩与夫人探讨最多的话题。至于一些家中琐事,他也常常一再叮嘱:"家中遇祭,酒菜必须夫人率妇女亲自经手。祭扫之器皿,另作

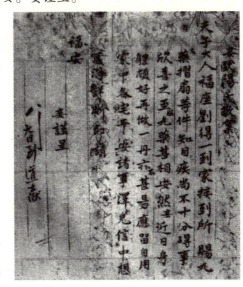

欧阳夫人致曾国藩的家书

一箱收之,平日不可动用。内而纺绩做小菜,外而蔬菜养鱼,款待人客,夫人均须留心。吾夫妇居心行事,各房及子孙皆依以为榜样,不可不劳苦,不可不谨慎。"③他认为欧阳夫人"性急而好体面",担心她"顺境太久,必生波灾"④。在写给儿子的信中,他又对欧阳夫人主持家务的重要性作了总结:"家道兴衰,全系乎内政之整散。尔母率二妇诸女,于酒食纺织二事,断不可不常常勤习。目下官虽无恙,须时时作罢官衰替之想。"⑤

在一些家庭事务特别是涉及子女婚姻大事时,曾国藩对欧阳夫人的意见非常尊重。在长子曾纪泽的婚事上,曾国藩一直很慎重,经过朋友的劝说和长期的考虑,他决定与著名经世学者贺长龄联姻。但是,欧阳夫人作为一名传统女性,非常看重"嫡出庶出之分",即是否元配夫人所生,听她听说贺家女儿"实系庶出"时,心中很不愿意。曾国藩对她做了耐心的说服工作,但又没有固执己见,认为夫人的担心也不无道理,就托弟弟转告父母此事"尚需斟酌,暂缓订盟为要",因为"惟婚姻百年之事,必先求姑媳夫妇相安,故不能不以此层上渎"⑥。经过一段时间的仔细考虑,特别是由于其父曾麟书的坚持,曾国藩才最终决定

①转引自唐浩明:《唐浩明评点曾国藩家书》上册,岳麓书社 2002 年版,第 370 页。
②唐浩明:《唐浩明评点曾国藩家书》上册,岳麓书社 2002 年版,第 370 页。
③《曾国藩全集·家书》,《致欧阳夫人》,同治五年十二月初一日。
④《曾国藩全集·家书》,《谕纪泽》,同治七年十二月十七日。
⑤《曾国藩全集·家书》,《谕纪鸿》,同治五年十一月初三日。
⑥《曾国藩全集·家书》,《致澄弟温弟沅弟季弟》,咸丰元年十月十二日。

"即行与贺家订盟"①。

对于家中的女儿、儿媳等女眷,曾国藩除了要求夫人模范带头、严格管理外,有时也亲自出面或以书信形式进行教诲。他写信告诉弟弟:"新妇始至吾家,教以勤俭:纺绩以事缝纫,下厨以议酒食,此二者,妇职之最要者也;孝敬以奉长上,温和以待同辈,此二者,妇道之最要者也。但须教之以渐,渠系富贵子女,未习劳苦,由渐而习,则日月变化,而迁善不知,若改之太骤,则难期有恒。凡此祈诸弟一一告之。"②又要求长子曾纪泽:"新妇初来,宜教之入厨作羹,勤于纺绩,不宜因其为富贵子女,不事操作。""大二三诸女已能做大鞋否? 三姑一嫂,每年做鞋一双寄余,各表孝敬之忱,各争针台之工;所织之布,做成衣袜寄来,余亦得察闺门以内之勤惰也。"③1868 年,曾国藩专门给儿媳和未嫁的幼女纪芬写信,亲自制定了家中妇女每日"功课":

家中妇女每日立定功课。吾家男子于"看读写作"四字缺一不可,妇女于"衣食粗细"四字缺一不可。吾已教训数年,总未作出一定规矩。自后每日立定功课,吾亲自验功:食事则每日验一次;衣事则三日验一次,纺者验线子,绩者验鹅蛋;细工则五日验一次;粗工则每月验一次。每月须做成男鞋两双,女鞋不验。

早饭后

做小菜点心酒肴之类

食事

巳午刻

纺花或绩麻

衣事

中饭后

做针线刺绣之类

细工

酉刻过二更后

做男鞋女鞋或缝衣

粗工

右验功课单,谕儿妇、侄妇、满女知之。甥妇到日,亦照此遵行。

①《曾国藩全集·家书》,《致澄弟温弟沅弟季弟》,咸丰元年十二月二十二日。

②《曾国藩全集·家书》,《致澄弟温弟沅弟季弟》,咸丰六年二月初八日。

③《曾国藩全集·家书》,《谕纪泽》,咸丰六年十月初二日。

家勤则兴,人勤则健。能勤能俭,永不贫贱。①

　　把家中妇女所做事务分为食事、衣事、细工、粗工,并定期验收,确实是曾国藩的一大创举。这类事情虽显琐碎,但古往今来败覆其家者,许多都是家眷骄奢、后院起火,这样的教训可谓不胜枚举。在曾国藩的时代,妇女的活动仍然局限于他所列举的那些日常家务,曾国藩不辞辛苦亲自验收她们的功课,使她们保持勤劳俭朴的家风,避免骄奢淫逸的习气,无疑体现了他的治家智慧和远见。

四

　　欧阳凝祉(1784～1869),初名鳌,又名沧溟,字福田,是欧阳夫人的父亲,曾国藩的业师和岳父。欧阳凝祉祖籍江西吉安,明代万历年间始迁至湖南衡阳与湘乡交界的五马冲,与湘乡大界白玉堂(曾国藩出生地)毗邻,相距不过5公里左右。

　　欧阳凝祉的曾祖父欧阳席珍、祖父欧阳玉光、父亲欧阳惟本寿命都比较短,更为巧合的是,欧阳玉光去世时儿子欧阳惟本才3岁,妻子蔡氏28岁;欧阳惟本去世时儿子欧阳凝祉也是3岁,妻子蔡氏也是28岁,加上曾祖母刘氏,一门孤儿寡妇,生活之艰难是可想而知的。令人敬佩的是,她们没有向命运低头,而是打起全部精神支撑家门,含辛茹苦抚养儿孙。曾国藩曾撰文形容当时的情形说:"节一朝之命,分之二日;并三人之事,责之一手。""入则泣血柴立,茹蘖自盟;出则抱子奉姑,怡声盫盫。益屏去华饰,先姑意之未发而从事。……土无寸旷,人无晷暇;俯拾仰取,宾

欧阳夫人出生地——欧阳故宅

祭有经;猪鸡肥硕,蔬果怒生。""先鸡鸣而兴,豫其未至;后斗转而息,补其阙遗。"②她们照顾年老生病的婆婆,极尽孝道;抚养尚在幼年的孤儿,不辞劳苦,节孝的好名声远近皆知。刘氏以及蔡氏婆媳3人分别活到了90岁、96岁、83岁的高寿,在当时也是很少见的。1839年曾国藩在礼部任职时,根据她们的事迹写下《欧阳氏姑妇节孝家传》上报朝廷,获准旌表。

　　在祖母和母亲的关心爱护和严格督导下,欧阳凝祉自幼好学上进,刻苦用

---

①《曾国藩全集·家书》,《谕儿妇满女》,同治七年五月二十四日。
②《曾国藩全集·诗文》,《欧阳氏姑妇节孝家传》。

功,23 岁时就因人品端正、学识渊博被地方人士聘请设馆课徒。他先在家乡设馆教学 40 多年,名声远播,"远近归仰,交币迎致"①,晚年又应邀主讲莲湖书院 10 余年。前后 50 年间,培养出学生"有功名者"数百人,其中就包括曾国藩。曾国藩于 1824 年被欧阳先生收入门下,因敦厚的人品和刻苦的精神受到赞赏。欧阳凝祉认为他"前途功名福泽无量"②,并把女儿许配给他。

曾国藩对欧阳凝祉非常敬重,认为他和汪觉庵是对自己影响最大的两位老师。欧阳凝祉因"夙债甚多",家境并不宽裕,曾国藩回忆道:"其母丧,不能稍隆厥礼。岳母送余时,亦涕泣而道。"③因此他任京官时就在经济上大力帮助岳父一家,"赠之独丰"。1853 年曾氏在衡州练兵时,经常就近到岳父家中休憩、读书、谈经论道,如今衡阳市湘江东路的"欧阳故居"已经成为一个文化旅游景点。1869 年欧阳凝祉病逝后,曾国藩亲撰《欧阳府君墓志铭》,并题写挽联:"梁案尚齐晖,庆洽孙曾,世泽长垂湘水;莲湖曾侍坐,宦游南北,遥天痛说岳云。"表达了对这位恩师和岳父的沉痛思念。

①《曾国藩全集·诗文》,《欧阳府君墓志铭》。
②罗绍志、田树德:《曾国藩家世》,江西人民出版社 1996 年版,第 121 页。
③《曾国藩全集·家书》,《致温弟沅弟》,道光二十三年三月初十日。

脸谱五：先祖

孟子有一句名言："君子之泽,五世而斩。"民间也有"富不过三代"的说法。对此,曾国藩有清醒的认识,也有深切的忧虑。在他看来,官宦之家只能延绵一两代,商贾之家而勤俭者能延绵三四代,耕读之家而谨朴者能延绵五六代,孝友之家则可以绵延十代八代。他在写给弟弟们的信中说："吾乡显宦之家,世泽绵延者本少。……望后世子孙读书教品,略有成立,乃不负祖宗培植之德。吾自问服官三十余年,无一毫德泽及人,且愆咎丛积,恐罚及于后裔。老年痛自惩责,思盖前愆,望两弟于吾之过失,时寄箴言。并望互相切磋,以勤俭自持,以忠恕教子,要令后辈洗净骄惰之气,各敦恭谨之风,庶几不坠家风耳。"①在写给次子曾纪鸿的信中,他更进一步提出了对子孙后代的期望："凡人多望子孙为大官,余不愿为大官,但愿为读书明理之君子。勤俭自持,习劳习苦,可以处乐,可以处忧,此君子也。"②

由于曾国藩的谆谆教诲和殷勤培育,曾氏半耕半读、克勤克俭的家风得到了很好的延续。100多年来,曾国藩兄弟及其家族后裔中人才辈出,早已成为引起广泛关注的社会历史现象,越来越多的人们希望从曾氏的家教、家风中汲取营养、借鉴经验。正如曾国藩研究专家成晓军先生所指出的："像曾国藩家族这样有用人才之多,分布行业之广,影响程度之深,在中国历史上是不多见的,是值得后人加以梳理、考察和总结的。"③

一

或许与曾国藩早得科名、久历戎行又屡经宦海浮沉的经历有关,他对其中利弊得失看得比较透彻,在对后代的期望方面,他希望他们读书明理,而不苛求他们在科举考试中取得好成绩,更不希望他们带兵或做官;希望他们靠勤劳俭朴而持盈保泰,而不希望他们安享富贵而骄奢淫逸。他谆谆告诫儿子："吾不望代代富贵,但愿代代有秀才。秀才者读书之种子也,世家之招牌,礼仪之旗帜也。"并要求后代"莫作代代做官之想,须作代代做士民之想"④。他多次对弟弟们表示了对子侄辈的担心:

①《曾国藩全集·家书》,《致澄弟沅弟》,同治十年三月初三日。
②《曾国藩全集·家书》,《谕纪鸿》,咸丰六年九月二十九日。
③《曾国藩家族》,重庆出版社 2006 年版,《新版前言》。
④《曾国藩全集·家书》,《谕纪泽》,同治五年十二月二十三日。

位不期骄禄不期侈，凡贵家之子弟，其矜骄流于不自觉，凡富家之子弟，其奢侈流于不自觉，势为之也。欲求家运绵长，子弟无傲慢之容，房室无暴殄之物，则庶几矣。

咸丰十一年六月十四日示纪泽纪鸿　国藩诚于安庆府次

曾国藩家书中关于家风的要求

"余在外无他虑，总怕子侄习于骄奢逸三字。家败离不得个奢字，人败离不得个逸字，讨人嫌离不得个骄字。弟切戒之。"①

"余家后辈子弟，全未见过艰苦模样，眼孔大，口气大，呼奴喝婢，习惯自然，骄傲之气入于膏肓而不自觉，吾深以为虑。"②

"两弟不深信，犹能自省自惕；若以傲字告诫子侄，则俨然不解。盖自出世以来，只做过大，并未做过小，故一切茫然。不似两弟做过小，吃过苦也。"③

又亲自写信给侄子曾纪瑞，进行耐心的教诲：

"今家中境地虽渐宽裕，侄与诸昆弟切不可忘却先世之艰难，有福不可享尽，有势不可使尽。勤字功夫，第一贵早起，第二贵有恒。俭字功夫，第一莫着华丽衣服，第二莫多用仆婢雇工。凡将相无种，圣贤豪杰亦无种，只要人肯立志，都可做得。侄等处最顺之境，当最富之年，明年又从最贤之师，但须立定志向，何事不可成？何人不可作？愿吾侄早勉之也。"④

可见，在曾国藩看来，"骄奢逸"三字是败家之道，"勤俭"功夫则是传家之本。他敏锐地认识到，子孙后代的成长环境已经与他们兄弟当年大不同，曾国藩与曾国潢小时候还有"蒋市街卖菜篮"、"竹山坳拖碑车"的经历，但到了曾纪泽兄弟以下，生长于官宦之家，不知晓生活艰辛，很容易沾染上骄奢习气。他认为，"银钱、田产最易长骄气逸气，我家中断不可积钱，不可买田，尔兄弟努力读书，决不怕没饭吃"；"大约世家子弟，钱不可多，衣不可多，事虽至小，所关颇大"。⑤ 高官厚禄是一时的，勤俭家风则是长久的，家族的兴旺或者衰落主要在于后世子弟的贤与不肖，"家中要得兴旺，全靠出贤子弟"，而"子弟之贤否，六分本于天生，四分由于家教"，据此曾国藩得出结论："凡家道所以可久者，不恃一时之官爵，而恃长远之家规；不恃一二人之骤发，而恃大众之维持。""凡人一身，

①《曾国藩全集·家书》，《致沅弟季弟》，咸丰十年九月二十四日。
②《曾国藩全集·家书》，《致澄弟》，同治五年六月初五日。
③《曾国藩全集·家书》，《致沅弟季弟》，咸丰十年九月二十四日。
④《曾国藩全集·家书》，《谕纪瑞》，同治二年十二月十四日。
⑤《曾国藩全集·家书》，《谕纪泽》，同治元年五月二十四日。

只有迁善改过四字可靠；凡人一家，只有修德读书四字可靠。此八字者，能尽一分，必有一分之庆；不尽一分，必有一分之殃。"①

曾国藩所主张的家风，其要旨无外乎上面提到的"勤俭"、"耕读"、"谨朴"、"忠恕"、"孝友"等基本内涵，并有许多具体的阐述和规定，最主要的是曾玉屏一手创立、曾国藩为之总结的"八宝"（考、宝、早、扫、书、蔬、鱼、猪）。此外还有"五箴"："一曰立志，二曰居敬，三曰主静，四曰谨言，五曰有恒。""三致祥"："孝致祥，勤致祥，恕致祥。"1870 年他奉命前往处理天津教案，行前抱定必死之心，在写给儿子的遗嘱中要求他们要"克勤克俭，不忮不求"，认为修身持家之道"千言万语，而要以不忮不求为重。忮者，嫉贤害能，妒功争宠，所谓'忌者不能修，忌者畏人修'之类也。求者，贪利贪名，怀土怀惠，所谓'未得患得，既得患失'之类也"，并专门为他们写了《忮求诗二首》。② 其后又在南京两江总督任上总结自己的修身持家之道，又归纳为"慎独则心安"、"主敬则身强"、"求仁则人悦"、"习劳则神钦"四条，作为教育子侄的重要家训，要求两个儿子"各自勖勉"，"每夜以此四条相课，每月终以此四条相稽"，"以期有成焉"。③

八本堂匾

"八本"是曾国藩总结的最重要的家风之一，曾富厚堂正厅即名为"八本堂"，匾额由曾纪泽手书：

读书以训诂为本，作诗文以声调为本，事亲以得欢心为本，养生以戒恼怒为本，立身以不妄语为本，居家以不晏起为本，作官以不要钱为本，行军以不扰民为本。④

曾国藩不仅在书信中指点曾家子弟不忘修身齐家，更是在实践上模范带头。他告诉儿子，"吾忝为将相，而所有衣服不值三百金"⑤；又说，"余服官二十

---

①《曾国藩全集·家书》，《致澄弟》，同治五年六月初五日。
②《曾国藩全集·家书》，《谕纪泽纪鸿》，同治九年六月初四日。
③黎庶昌：《曾国藩年谱》，同治九年。
④《曾国藩全集·家书》，《致澄弟》，咸丰十一年二月二十四日。
⑤《曾国藩全集·家书》，《谕纪鸿》，咸丰元年五月二十七日。

年,不敢稍染官宦习气,饮食起居,尚守寒素家风,极俭也可,略丰也可。太丰则吾不敢也"①。曾国藩在前线,惟恐其弟在家为他买田置屋,坏了他的勤俭之风,"则寸心大为不安,不特生前做人不安,即死后做鬼也是不安",并特意给国潢交代:"弟若听我,我便感激尔;弟若不听我,我便恨尔","望贤弟千万无陷我于恶。"②1867 年,当他听说家中修整宅第用度铺张的消息后,在日记中写道:"接腊月廿五日家信,知修整富厚堂屋宇用钱共七千串之多,不知何以浩费如此,深为骇叹! 余生平以起屋买田为仕宦之恶习,誓不为之。不料奢靡若此,何颜见人! 平日所说之话全不践言,可羞孰甚! 屋既如此,以后诸事奢侈,不问可知。大官之家子弟,无不骄奢淫逸者,忧灼曷已!"③

二

曾国藩的直系后裔中,曾纪泽一脉,元配贺氏因难产而死,未留子嗣,刘氏育有三子,二人夭折,由纪鸿过继的广铨及次子广銮传递香火。广銮有抚子昭揆,昭揆有抚子宪文;广铨之子昭榭(即曾约农)则终身未婚。曾纪鸿一脉,郭筠育有五子,其中一人出抚纪泽,一人夭折,广钧、广镕、广钟均有子嗣流传,并各有专长与成就。

曾国藩手书"八本"家训

曾国藩的 4 个弟弟一共有 6 个儿子、14 个孙子、41 个曾孙。曾氏五兄弟的后裔中成名成功者颇多,除曾纪泽、曾纪鸿兄弟外还有:光禄大夫、建威将军曾纪官、曾广銮,清末翰林曾广钧,资政大夫曾广江,刑部员外郎曾广镕,著名女诗人曾广珊,教育家曾约农、曾宝荪,翻译家曾宝葹,高教部副部长、化学家曾昭抢,教授曾昭枚,考古学家、博物馆学家曾昭燏,湖南广播电视台工程师曾昭棉,湖南大学电机系主任、教授曾昭权,北平交通博物馆主任曾昭亿,原农业部办公厅主任、园艺学家曾宪朴,全国妇联副主席曾宪植,3 位中国人民大学教授曾宪楷、曾宪柱、曾宪森,轻工部造纸研究所研究员曾宪榛,出版家曾宪元,画家曾厚熙(宪杰),导演曾宪涤等。④ 曾国荃的玄孙女曾宪植是叶剑英元帅的夫人,也是曾氏后裔中第一位中国共产党党员。

---

①《曾国藩全集·家书》,《谕纪鸿》,咸丰六年九月二十日。
②《曾国藩全集·家书》,《致澄弟》,道光二十九年十月初四日。
③《曾国藩全集·日记》,同治六年二月初九日。
④李宗陶:《曾国藩家族》,载《南方人物周刊》2009 年第 14 期,第 34 页。

　　曾氏后裔大多秉承了曾国藩的教诲和家风,为人规矩、老实、谨慎、勤奋。曾国藩的直系后裔,目前国内能访到的约有十多位,分布在长沙、北京、济南、洛阳和大同等地,多为"宪"字辈,包括现居长沙的曾宪华(曾纪鸿曾孙、曾昭棉之子,字小岑)和曾宪琪(曾纪鸿曾孙女、曾昭楗三女)两位老人。曾氏后裔中的许多女性专注于事业而终身未嫁,如开办长沙艺芳女校的曾宝荪、考古学家曾昭燏以及曾宪琪,按照荷叶镇富坨村的习俗,后辈称呼她们为"伯伯"、"爷爷"。

　　曾国藩的家风对后裔都产生了深远的影响。曾宪琪如此理解曾家祖训:"不求为官,远离争斗,但求做一个读书明理的君子,做一个于社会有用之人。"①"我们家族的孩子有个不成文的规矩,你可以调皮捣蛋,你可以犯各种各样的错误,但唯独不可以不读书,或读不好书。"②曾家第三代、第四代中,大多数留学海外,潜心学术的很多,做官经商的很少。当有人对曾国藩的第五代、第六代未能出一个显达人物表示惋惜时,曾宪华说:"可是,曾家那么多代,你找不出一个坏人。"他的大女儿曾梦佳也认为:"曾家人的性格和素养,让他们对权力和财富的欲望没有那么强烈。"③

　　对于先祖曾国藩,后辈既满怀敬仰,又能客观看待。曾宪琪说:"这一百多年里,对文正公的评价反反复复变了好几次,我认为现在的比较接近历史真相。作为曾国藩的后代,我觉得欣慰。"④"我不愿意时刻笼罩在祖先的光环之下,我愿意,我觉得,自己本身就是一个发光体,那来自久远的,历史的光源,不过是淡淡的一抹衬托。"⑤作为名人之后,他们感觉有一分愧,也有一分累,"在愧与累的交替过程中,我们逐步得到了提升。可以告慰祖

曾氏后裔中的杰出人物

先的是,如您所愿,您的后代中,没有一个不肖子孙。他们或是国家的栋梁,或是一颗小小的螺丝钉,但都是社会有用之人才"⑥。

　　值得注意的是,中国古代名门望族、世家大姓通婚联姻的特有文化现象,在

　　①曾宪琪:《名人之后的愧与累》,载《曾国藩研究导报》第17期,第35页。

　　②曾宪琪:《继承先辈业绩 再领时代风骚——在曾国藩、曾宝荪、曾约农铜像揭幕仪式上的讲话》,载《曾国藩研究导报》第17期,第39页。

　　③李宗陶:《曾国藩家族》,载《南方人物周刊》2009年第14期,第36页。

　　④李宗陶:《曾国藩家族》,载《南方人物周刊》2009年第14期,第36页。

　　⑤曾宪琪:《我的血统观》,载《曾国藩研究导报》第21期,第45页。

　　⑥曾宪琪:《名人之后的愧与累》,载《曾国藩研究导报》第17期,第35页。

19 世纪中后期以至 20 世纪中期，仍在曾氏家庭后裔中顽强地延续着。在晚清至民国时期，曾国藩家族与陶澍、贺长龄、贺熙龄、左宗棠、罗泽南、郭嵩焘、刘蓉、李续宾、李续宜、李鹤章、刘瑞芬、易良干、魏光焘、谭延闿、俞明颐、王东原、席宝田等著名政治、军事和文化教育界人物，或是直接的儿女亲家，或是第三代、第四代甚至第五代儿女亲家。由婚姻关系牵涉到的外围社会关系就更为丰富而复杂，如著名同盟会员、南京临时政府成立后为力争女权大闹总统府的唐群英是曾国藩堂弟曾传纲的妻子，她的姐姐唐希范则是曾国藩堂侄曾纪和的妻子；蔡和森、蔡畅的母亲葛健豪的婶娘是曾国藩的亲侄女；曾纪鸿女儿曾广珊是著名历史学家陈寅恪之父陈三立（同光体诗的主要代表人物）的儿女亲家；曾广珊的孙子俞扬是蒋经国女儿蒋孝章的丈夫；北洋政府时期曾任代理国务总理的朱启钤，是曾国藩次女曾纪耀的次女婿；曾国藩重孙女曾昭楣的小姑谭祥，是国民政府要员陈诚的妻子。[①] 这是研究曾国藩家族发展时应该关注到的一个现象。

三

曾国藩的孙辈即"广"字辈中，人才辈出，各有所长，其中有代表性的包括曾广钧、曾广铨、曾广钟、曾广镕、曾广河、曾广珊等。

曾广钧（1866～1929），字重伯，号环远、约思，又名佋安，是曾纪鸿的长子、曾国藩的长孙，自幼深得祖父喜爱。他出生时，曾国藩正在剿捻前线，"军事棘手，衰病焦灼之际，闻此大为喜慰"[②]。他在祖父、父亲以及母亲郭筠的严格教导之下，从小就打下了扎实的学问基础，决心专意科举，洗雪父亲未能考中进士的耻辱。由于天资聪颖，又能勤学苦读，终于在 1889 年中进士、点翰林，年仅 24 岁，是当时翰林院中最年轻的一个，而且比祖父曾国藩的 28 岁还提前了 4 年。1894 年中日甲午战争爆发后，清政府启用湘军旧将魏光焘、陈湜、李光久等募兵北上，并号召湘军宿将及其后裔从军出征，曾广钧被任命为刚武军统领，率所部5000 人奔赴前敌，旋因中日讲和，未经大战而撤归。后被分发广西任知府，但他的兴趣不在做官而在于做学问，1900 年后便退出政界不问时事。曾广钧学识渊博，对书法、诗词、算学以及声光化电等科技知识，均有涉猎，其中成就最高的是诗词。受祖父曾国藩、母亲郭筠影响，曾广钧的诗词创作既有家学渊源，又能自成一帜，在声调铿锵、对仗绮丽之外更注重有感而发，不作无病呻吟，在当时极负盛名，著名诗人陈三立等都曾与他互相唱和、切磋诗艺，秋瑾曾拜其为师学习作诗，梁启超则把他列为"诗界八贤"之一。1900 年他写下悼念光绪帝妃子的

①《曾国藩家族》，重庆出版社 2006 年版。
②《曾国藩全集·家书》，《谕纪泽纪鸿》，同治五年八月二十二日。

《庚子落叶词》12 首,广为传唱,极受时人称赞。与祖父曾国藩不同的是,特殊的家庭背景、优裕的成长环境以及诗人的浪漫气质,造就了曾广钧放荡不羁、风流潇洒的性格。他一生娶了 5 位夫人,可谓妻妾成群,兼之性情豪放,不拘小节,可以说是一位典型的花花公子,被称为晚清湖南四公子之一。因此,他不仅与祖父曾国藩所期望的立身处世标准大有差距,在家族之中口碑也不太好,其胞妹曾广珊就说他:"幸亏文正公未做皇帝,如做,到了第三代,皇位如果传给他那个擅长诗词、爱搞女人的孙儿,那就会做李后主或宋徽宗了。"①他的优点是思想开明,对儿女的婚姻、信仰等从不横加干涉,女儿曾宝荪回忆说:"我父亲是一个极其维新的人。……他对我的一生有三次大帮助。第一件事是不许缠足;第二件事是不为女儿定幼时婚姻;第三件事是允许女儿加入基督教及出洋留学。"曾宝荪幼年时,一位族中老人对曾广钧说:"你的女儿都快九岁了,怎么还不给她订婆家呢? 将来大了就只能给人家当姨太太了。"曾广钧回答说:"我要征得她的同意才能定亲。"那人问:"她一个年幼的小女孩,有什么知识,能够同意由她自己选择婆家吗?"曾广钧笑着回答:"等到她有了知识的时候,能够自己选择婆家和丈夫了,就让她自己去选择,我同意就是了。"②他的开明作风显然颇得祖父曾国藩的真传,但又比曾国藩走得更远、更为理性。

曾广铨(1871～1940),字靖彝,号敬怡,本为曾纪鸿四子,他出生时曾纪泽的儿子曾广铭刚刚夭折,夫妇俩为之悲痛不已,郭筠便主动提出将曾广铨过继给兄嫂,并说"俟异日得子再行退还"。曾国藩表示同意此事,并特意强调不必日后退还。后来曾纪泽又添了两个儿子,曾纪鸿夫妇曾提出废抚之约,曾纪泽夫妇坚持父亲有言在先不同意废抚,因此曾广铨一直是曾纪泽的长子。8 岁时曾广铨随父母到英、法、俄等国生活了 7 年之久,领略各国风土人情,奠定了中西兼备的文化优势。1890 年曾纪泽去世后,他承父荫由正二品荫生特赐主事员外郎、兵部武选司、兵部主事、兵部员外郎等职,1904 年至 1906 年任二品衔钦差出使韩国大臣,其间以俭养廉,不失国体,被清政府誉为"良臣"。回国后曾任福建兴泉永兵备道、云南迤西兵备道、云南粮储道等职,1911 年辛亥革命爆发后辞官归乡,凭借其早年具备的英、法、德等外语及满文基础,研究西方科技及清代典籍,在学术世界中自得其乐,再未涉足政界。抗日战争爆发后,他颠沛流离,先逃归湖南,又携侄女曾宝荪、儿子曾约农等卜居南宁、避往香港,1940 年春病逝在那里。侄女曾宝荪等特作一长联,对其一生进行了概括:"幼继大宗,长承庭训,缟带使重洋,不辱君亲,暮年心痛碎裂河山,荆棘竟能戕永寿;既失庭辉,

①罗尔纲:《太平天国史》第 4 册,中华书局 1991 年版,第 2064 页。
②曾宝荪等:《曾宝荪回忆录》,岳麓书社 1986 年版,第 13 页。

又燔杏花,寄尘来百粤,更倾诚命,今日目睹飘零屦杖,竹林从此有余哀。"①

曾广钟(1875~1923),字君融、季融,又号葆光,曾纪鸿第五子。他的早年生活与曾广钧一样,养尊处优,风流潇洒,唱戏、习武、下棋、赌博无所不好,而且"样样在行"。②他虽然没有参加科举考试,却承父荫以正一品荫生特用为同知,统领忠、恕两营,1894年因哥哥曾广钧带兵北上抗日,他也奉命率忠、恕两营出关接应,中日讲和后撤回。不久以候补道分发浙江,在杭州等地做官多年,1911年后退出政界。他见闻广博,思想开明,积极主张儿孙辈进入新式学堂及出国留学,曾宝荪认为他"可以说是我们家里最信新教育的",又说:"七叔对于我们教育贡献很大。"③值得一提的是,曾广钟于1911年加入基督教会,成为曾氏后裔中第一位基督徒,1918年在长沙创建教堂传教,还开办过明诚小学。曾宝荪这样总结他的一生:"由花花公子一变而成一个极其虔诚的基督徒;由极图享受者一变而成一个极耐劳的工作者。"④曾广钟还在入教后用7天7夜的时间,以极大的毅力戒除了鸦片烟瘾,其速度与力度,都比当年有"烟棍"之称的曾国藩的戒烟(水烟)过程要高出许多。

曾广珊(1872~?),是曾纪鸿的独生女,晚年自号心杏老人、辉远老人。她在母亲郭筠的教育和影响下,自幼遍览古籍,多才多艺,在诗词方面颇有天赋,

曾广珊

郭筠的《艺芳馆诗钞》中就存录了她的20多首作品。从现存的资料来看,曾广珊曾与母亲郭筠、兄长曾广镕、姻亲陈寅恪等以诗词唱和,展现了诗词方面的过人才华。如陈寅恪所作《海棠感旧》诗为:"今年病榻更无春,独对繁枝一怆神。世上已枯流泪眼,天涯宁有惜花人。雨过锦里愁泥重,酒醒黄州讶雪新。梦里旧京何处所,青阳如海隔兵尘。"曾广珊所作《和寅恪六甥咏海棠感怀原韵》诗为:"闭户兼旬负好春,海棠犹是旧风神。东华已付沧桑梦,西蜀长饥志气人。病里转怜腰更瘦,愁中偏觉句常新。追忆往事都惆怅,留得琴书劫后尘。"⑤曾广珊与丈夫俞明颐育有子女10人,或功成名就,或与官宦世家有姻亲关系,如儿子俞大维曾任国民党政府"国防部长",儿子俞大绂、女儿俞大缜以及俞大綱、曾昭抡夫妇都是知名的专家学者,女儿俞大彩的丈夫是著名学者傅

①罗绍志、田树德:《曾国藩家世》,江西人民出版社1996年版,第269页。
②曾宝荪等:《曾宝荪回忆录》,岳麓书社1986年版,第270页。
③曾宝荪等:《曾宝荪回忆录》,岳麓书社1986年版,第19页。
④曾宝荪等:《曾宝荪回忆录》,岳麓书社1986年版,第181页。
⑤赵世荣:《女杰之乡——荷叶纪事》,湖南人民出版社2005年版,第239页。

斯年,孙子俞扬则是蒋经国之女蒋孝章的丈夫。①

　　曾国藩兄弟孙辈中,还包括曾任署湖北按察使的曾广镕、爱国化学专家曾广铸、为变法维新以身殉志的曾广河、"孝于家、义于乡"的曾广江、教子有方的曾广祚等等。

四

　　曾国藩的曾孙辈以下同样人才辈出,如"昭"字辈的曾约农(昭榴)、曾宝荪、曾昭抡、曾昭燏以及"宪"字辈的曾宪植、曾宪楷等。

　　曾约农(1893~1986),是曾纪鸿之子曾广铨的长子。幼年时期,因曾广铨任驻英使馆参赞,曾约农随父母客居英国伦敦达6年之久,打下了很好的中英文基础。回国后,他广泛涉猎儒家典籍、诗词歌赋,成为一名博通今古、学贯中西的饱学之士。1909年,16岁的曾约农再赴英国,先上中学,再考入伦敦大学,主修矿冶,兼及教育和文史诸科。1917年底回到祖国后,他全力协助堂姐曾宝荪创办艺芳女子学校,出任教务主任兼英文、算术、物理和化学老师,培养了一大批优秀的女性人才。抗日战争初期,曾约农曾出面联络田汉、茅盾、徐特立等人,组织成立湖南抗敌总会宣传委员会,积极投身抗日救亡运动,做了大量有益的工作,表现出了爱国知识分子的良知。后与曾宝荪等家人一道,携带部分曾氏家藏手稿和抄本避难于香港,香港沦陷后又潜归老家荷叶。1944年湘乡沦陷后,他把主要精力放到家乡的抗日斗争中,8月间湘衡交界各路游击司令齐集富厚堂开会,商讨抗日斗争问题,曾约农不仅设宴款待,还从中协调,消除了各路抗日武装间的误会,使大家一致对敌。抗战胜利后,他曾应湖南省长之邀筹建省立克强学

湖南长沙田家炳实验学校(原艺芳女校)内的曾国藩、曾宝荪、曾约农铜像

院,并应邀参加在印度召开的世界和平大会。1951年冬,曾约农应蒋介石电邀及专使孙沂芳之请,由香港到台湾定居,并于1955年出任东海大学第一任校

①成晓军:《曾国藩家族》,重庆出版社2006年版,第182页。

长,以卓越的办学成就赢得师生的钦敬,成为知名教育家。曾约农终身未婚,晚年把很大一部分精力花在曾氏家藏手稿和抄件的整理工作上。1974年,他在《湘乡曾氏文献补》一书前言中说:"近岁以来,屡经丧乱,一部分已经散失,幸尚有一部分间关转运来台,珍藏二十余年。民国五十四年曾就其中择先曾祖文正公之家书、家训及手稿,先叔曾祖兄弟澄侯(讳国潢)、忠襄(讳国荃)、靖毅(讳国葆)三公,先祖兄弟惠敏(讳纪泽)、中宪(讳纪鸿)二公及先祖姑崇德老人(讳纪芬)之家书,都为一编,交台湾学生书局就原件影印,名曰湘乡曾氏文献,以供历史学者之参考。……续将余一部分未刊遗稿整理成篇,名曰湘乡曾氏文献补,仍交台湾学生书局就原件影印,以存此真。"①他的这一工作,为后人研究曾国藩兄弟及曾国藩家族提供了宝贵的第一手史料。

曾宝荪(1893～1978),字平芳,号浩如,是曾纪鸿长子曾广钧之女。在祖母郭筠的督教下,她从小接受了严格的传统文化教育,奠定了扎实的基础,培养了广泛的兴趣。11岁以后进入新式学堂学习,开始接受新式教育。1911年,她在七叔曾广钟支持下,征得父母及祖母同意后在杭州接受圣公会洗礼,正式加入基督教,成为一名虔诚的基督教徒。第二年又赴英国留学,在5年多的时间里,先获伦敦大学理学学士学位,又进入牛津大学和剑桥大学深造,并参与过宗教改革运动。1914年寒假期间,她与同在英国学习的堂弟曾约农除夕守岁,"便立志贡献自己为国家、为世界致用,约定互相努力,互相帮助,以求达到这目的"②。回国后,她于1918年7月在长沙创办了艺芳女子学校,"艺芳"二字取自祖母郭筠的馆名,以纪念祖母对她的教育和影响。艺芳女校培养了一大批优秀人才,其中包括曾氏后裔曾昭燏、曾宪楷以及张惠雅、徐少英、袁恬莹等。曾宝荪立志教育救国,抱定独身主义终身未嫁,她在金陵女子大学演讲后该校学生提问:"请问曾先生为何要抱独身主义?如果您结了婚,定是位非常良好的母亲。"她回答道:"如果我结了婚,至多只能做数人的好母亲,而我现在则可做无数人的好母亲。"③1951年曾宝荪与曾约农等应邀到台湾,受到宋美龄和陈立夫夫人的盛情欢迎,并被任为中华民国妇女工作委员会委员等职。曾宝荪晚年的主要工作是整理曾氏家藏手稿,她认为:"这些都有中国近代史的真实记录。可说不是我们曾氏一家之宝,乃是国家之宝。"④她与曾约农等共同努力,先后整理和影印出版了《湘乡曾氏文献》等资料。1972年2月,经过曾宝荪、曾约农等曾氏族人

①曾约农:《湘乡曾氏文献补·前言》,台湾学生书局1975年版。
②曾宝荪等:《曾宝荪回忆录》,岳麓书社1986年版,第53页。
③台湾湖南同乡会编:《湖南文献》,转引自成晓军:《曾国藩家族》,重庆出版社2006年版,第202页。
④曾宝荪等:《曾宝荪回忆录》,岳麓书社1986年版,第220页。

的讨论,共同决定把曾氏家藏手稿捐赠给台湾故宫博物院寄存。

曾昭抡(1899~1967),字隽奇,又字振鋆,号俊奇,又号叔伟,父亲曾广祚,祖父曾纪梁,曾祖曾国潢。他自幼接受传统家塾教育,曾赴美国留学6年,获化学博士学位,是曾氏后裔"昭"字辈中学历最高的人之一。1937年抗日战争爆发后,曾昭抡到著名的昆明西南联合大学任教,是有名的进步教授之一,并于1944年加入民盟。抗战胜利后因反对内战遭到国民党特务的严密监视,为避祸而出走美国,在麻省理工学院任教,1949年9月全国第一次政治协商会议正式召开之前应邀回到北京。新中国成立后,先后担任北京大学教务长兼化学系主任、教育部副部长、高教部副部长、中国科学院学部委员等职务。1957年被错划为"右派"后,晚年忍辱负重,在武汉大学执教10年,为祖国的化学事业作出了积极贡献,是新中国化学学科的奠基人之一。1967年12月,曾昭抡在武汉不幸逝世。1981年3月,中共中央、国务院、全国人大常委会、全国政协在北京八宝山革命公墓礼堂为他举行追悼大会,公开平反昭雪,恢复名誉。曾昭抡的妻子俞大纲也是他的堂表妹,早年留学英国,是北京大学英国语言文学系一级教授。

曾昭燏(1909~1964),是曾昭抡的胞妹。她自幼在曾氏家塾受教,后入艺芳女校、南京中央大学接受新式教育,1935年自费留学英国伦敦大学研究院专攻考古学并获硕士学位,相继担任过德国柏林大学研究员、英国伦敦大学助教等职。1938年回国后,应聘于中央博物院筹备处,在云南、四川等地进行考古发掘工作,成就斐然。1949年南京解放前夕,她极力反对将出土文物运往台湾,并亲自写信给中央博物院筹备处主任杭立武:"运出文物,在途中或到台湾之后,万一有何损失,则主持此事者,永为民族罪人。职对此事原无责任,然为本院保管文物已七八年,对于诸物有浓厚之感情,知有种种危险,岂可缄默。"并在上海联合有关专家公开呼吁把运往台湾的文物收

曾昭燏

回。时任南京博物院副院长的赵青芳高度评价:"如果说南博知识分子有骨气和事业心,人们忘不了曾昭燏女士。"[1]新中国成立后,她长期担任南京博物院院长,痴心研究,深入一线,为国家考古事业的发展作出了巨大贡献,是中国博物馆学和考古学的奠基人之一。曾昭燏不仅是一位著述丰富的学者,还是一位才华横溢的诗人,其诗词不仅内容丰富、对仗工整,而且思想深刻、见解独到,如《读李秀成自述手迹》二首之一:"一火金陵万屋墟,焚身犹欲救池鱼。百年心事分明在,试读名王自白书。万家春树感深思,巷哭江南尽泪痕。身后是非谁省

①《双峰文史资料》第3辑,第94页。

识，欲从遗墨共招魂。"①她曾作《祭诸葛亮》联，别具才思："收二川，摆八阵，七擒六出五丈原，点四十九盏明灯，一心只想酬三顾；平西羌，征南蛮，东和西拒中军帐，按金木土爻卦，水面偏能用火攻。"无怪乎学者如此评价："昭燏先生熟悉历史典故以及她豪放的想象力与细腻淡雅的文笔，由此可见一斑。"②1964 年的冬至日，曾昭燏在南京紫金山跳灵谷塔自尽，留下了无尽的遗憾和感伤！2009 年，曾昭燏诞辰百年之际，南京博物院举行了高规格的系列纪念活动，对其地位作出高度定位："我国文博界的先贤、典范与标志性人物，最杰出的博物馆学家与考古学家。"③

20 世纪 50 年代初合影（右起：叶剑英、曾宪朴、曾宪植、柯林，中间为童年叶向真、叶选宁）

曾宪植（1910～1989），是曾国荃的玄孙女，也是曾氏后裔中第一位中共党员。她于 1916 年入长沙古稻田附小读书，开始接受新式教育。1923 年考入古稻田师范学校读中学，学习期间受革命思想影响，毅然走上革命道路。1927 年春，曾宪植趁家人赴亲戚家吃喜酒之机，离家出走考入中央军事政治学校武汉分校女生队学习。她曾参加了广州起义，失败后赴香港在廖承志领导下从事海外华侨联络工作。1928 年春，在白色恐怖最严重的时期，19 岁的曾宪植毅然加入中国共产党，并赴上海地下党留守机关工作，曾两度入狱。1937 年抗战爆发后，她随叶剑英、李克农等在国统区开展统一战线工作，并与叶剑英结婚。1939 年春，她将刚出生 8 个月的儿子叶选宁改名曾庆馨，送到湘乡托家人抚养，自己继续从事革命工作。新中国成立后，曾宪植长期担任全国妇联领导职务，为妇女工作作出了卓越贡献。同为湖南人且崇拜曾国藩的毛泽东，亲切地称她为"阿曾"，并同她开玩笑说："阿曾，你那支娘子军，怕是打不过曾文正公的湘军吧。"在她去世后，中央文献出版社出版的纪念文集即名为

①赵世荣：《女杰之乡——荷叶纪事》，湖南人民出版社 2005 年版，第 178 页。
②赵世荣：《女杰之乡——荷叶纪事》，湖南人民出版社 2005 年版，第 180～181 页。
③后湖：《魂断紫金山中 安息祖堂山下——金陵城吊曾昭燏先生》，载《曾国藩研究导报》第 21 期，第 8 页。

《怀念阿曾同志》。在"文革"中,曾宪植遭到无端迫害,始终不向恶势力低头。1978年,她在第四次全国妇女代表大会上当选全国妇联副主席,并重新担任党组副书记。1989年10月,曾宪植病逝于澳门,全国妇联在广州为她举行遗体告别仪式和隆重的追悼大会,充分肯定了其革命的一生和为妇女运动作出的杰出贡献。

曾国藩后裔中的杰出人物,还有曾家第一个女医学博士曾宝荫、誉满海内外的画家曾厚熙(宪杰)、杰出的文史专家曾宪楷,等等。

舞台二：湘军帷幄内

脸谱六：鼻祖

曾国藩的生前功业、身后声名，说到底都与湘军息息相关。在很大程度上，他的勋名由此而来，骂名也由此而来。

因此，研究曾国藩，绕不开湘军；研究湘军，更避不开曾国藩。曾国藩并不是湘军的始作俑者；但是，湘军之所以成为湘军，他所起的作用居功至伟、无可替代，他是真正意义上的湘军的鼻祖。湘军由不起眼的团练勇起步，经曾国藩之手而成为国家经制兵之外一支举足轻重、战功显赫，让统治者既忌讳防范又不得不仰仗依赖的特殊武装力量，并直接影响了晚清半个世纪的历史走向，不能不说是一个奇迹。《湘军志》的作者王闿运如此描绘湘军之盛："南至交趾，北及承德，东循潮汀，乃渡海开台湾，西极天山、玉门、大理、永昌，遂度乌孙，水属长江五千里，击柝闻于海。自书契以来，湖南兵威之盛未有过此者也。"①

曾国藩一手创建了湘军，并依靠湘军镇压了太平天国起义，使清王朝的腐朽统治得以延续。同时，湘军与湘淮军政集团的崛起也改变了晚清政治体制和权力格局，埋下了满清颠覆的诱因。早在民国时期就有人指出："湘军演变而有淮军，淮军演变而有北洋军。湘军崛起为满汉势力消长之关键，迨至北洋军，即与革命军合力推翻满清。"②

这种结局，大概是作为湘军鼻祖的曾国藩始料所不及的了。

一

湘军在 19 世纪中叶的湖南应运而生，具有历史的必然性。

整个 19 世纪，大清王朝治下的中国都处在前所未有的动荡变化之中。八旗铁骑的骁勇，康乾盛世的富庶，都在严重的内部消耗和严峻的外来威胁中如烟飘逝，成为一页残存于记忆中的历史。嘉庆皇帝从乾隆这位"十全老人"手中接过来的，已是一副艰难沉重的担子和一片危机四伏的江山，川楚农民起义又使大清这只纸老虎的虚弱暴露无遗，皇宫受到义军冲击，嘉庆也只能发出"从来未有事，出在大清朝"的悲凉感叹。道光皇帝更是一位"苦命天子"，江河日下的大清，如狼似虎的外寇，由来已不止一日，而割地赔款的苦果，却由他来品尝。这些年来，大清帝国一直在闭着眼睛走路，一步步落后于世界，只有到了道光二十年，西方人驾着坚船携着利炮光临这片古老的东方土地时，老大帝国的外强

---

① 王闿运：《湘军志·湖南防守篇》。
② 王德亮：《曾国藩之民族思想》，商务印书馆 1948 年版，第 73 页。

中干才真正为世人所知也为自己所知。沿海水师的舢板被"开花大炮"炸成碎片,八旗绿营的密集队形在排枪的交响中一片片倒下,总兵提督乃至巡抚总督或者兵败如山或者饮恨自裁,钦差大臣追赶着侵略者的舰队去签署那屈辱的城下之盟……百年痛史,从此开端!

九州风气,万马齐喑。鸦片战争之后的中国,真可谓"雨过忘雷,文恬武嬉",落后之状,每况愈下,惨痛的教训似乎在鸦片烟气的氤氲中被淡忘了。"苟利国家生死以,岂因祸福避趋之"的林则徐早已被发配新疆,写出了《海国图志》的魏源,手捧书稿怀抱利器却报国无门,这部在中国少人关注的洋洋巨著,倒是在流传东瀛后受到重视,成为日本近代化的重要启蒙读本。外则有众多强敌的日益逼近,内则有百姓不堪忍受的腐败与压迫,清政府注定要为它的麻木不仁和不记教训,再次付出惨重的代价。

1851 年 1 月 11 日,金田起义爆发。很快,在太平军凌厉的攻势面前,再一次映照出了清政府的腐朽没落,特别是经制兵的不堪一击。

八旗和绿营是清代的经制兵,简称"旗、绿"。当年入关时横扫千军如卷席的八旗铁骑,早在平定三藩之乱时就已经显出了朽势;而在平定三藩中表现不凡的绿营,其腐朽衰落更甚于八旗,在镇压白莲教起义的战斗中已是不堪使用,反倒是地方团练武装出力甚巨。第一次鸦片战争期间,八旗约 20 万人,绿营约 60 万人,80 万国家正规军却在 1 万多英国侵略军面前无能为力,接敌者一败涂地,援助者牵延畏缩,任凭敌军往来纵横。除去兵力集中的困难、武器装备的差距,军队内部的严重腐败更是重要因素。长期以来,经制兵员额空缺、训练不精、素质低下、倾轧严重,已经腐朽到了根子上。绿营兵增援前敌时,很多不忘带上烟枪,更有甚者连路都不愿走,雇人抬着走,这样典型的"老爷兵"何以能战?又以何能战?

绿营兵

曾国藩对此有着清醒的认识和深切的忧患。在兵部侍郎任上,他曾经很认真地研究兵事、分析形势,把"人才"、"财用"和"兵力"作为"天下之三大患",多次"具疏言之",其中包括有名的《议汰兵疏》。当然,这在当时不可能引起统治者的重视。待到太平军兴,前敌各路清军扰民有术,作战无方,往往闻风而溃、一败涂地,曾国藩耳闻目睹,为之愤慨不已:

今日之兵极可伤恨者在"败不相救"四字。彼营出队，此营张目而旁观，侈口而微笑，见其胜则深妒之，恐其得赏银，恐其具获保奏，见其败则袖手不顾，虽全军覆没，亦无一人出面援手拯救于生死呼吸之顷者。以仆所闻，在在皆然。①

他进而分析了造成这种情况的原因："近时所调之兵，天涯一百，海角五十，卒与卒不习，将与将不和，此营既败，彼营掉臂而不顾，侈口而微笑，各营习见。夫危急之际，无人救应。谁肯向前独履危地，出万死之城，以搏他人之一微笑？"②据此，他认为现有旗绿兵制已经腐朽不堪，不做一番彻底改革是难有改观的："就现在之额兵练之，而化为有用，诚为善策，然习气太盛，安能更铸其面目荡涤其肠胃？恐岳王复生，半年可以教成其武艺，孔子复生，三年不能变革其恶习。"③

在这样的形势下，太平军横空出世。他们虽然没有经过多少正规化的训练，也没有西方列强那样的"坚船利炮"，但这些昨天还在耕田砍柴、挖煤撑船的劳动者们，一旦被一种模糊混沌却又令人向往的宗教信仰武装起来，被建设人间"小天堂"的目标鼓动起来，被从书本上学来的古老的办法组织起来，就突然有了巨大的势不可当的冲击力量。他们拿着简陋的兵器，用着陈旧的战术，甚至用笨拙的办法，一次次打败了清政府派来的正规军。1852年，他们攻桂林、出广西、入湖南、围长沙、取岳州、下武昌、克九江、夺安庆，以惊人的推进速度于1853年3月攻克东南第一大都南京，改称天京，定为国都，形成了与清政府对峙的局面。

在太平军的进攻下，清军畏敌如虎，丑态百出。在广西时，只有乌兰泰和向荣尚敢一战，不久乌兰泰受伤死去，向荣所部屡遭挫败，只敢远远地对太平军进行监视、围困或尾追。1852年7月太平军围攻长沙时，在城内外指挥作战的官员有大学士1人、总督2人、提督3人、总兵10多人，各路人马有六七万之众，仍然让不足6万人的太平军悄悄撤离，顺利北上。

1853年初，曾国藩对清军两年来的作战状态有一番一针见血的评论："自军兴以来二年有余，时日不为不久，糜饷不为不多，调集大兵不为不众，而往往见贼逃溃，未闻有与之鏖战一场者；往往从后尾追，未闻有与之拦头一战者。"④

太平军兵锋最锐的时候，曾国藩正在湖南老家守制。1852年7月，他奉上谕充任江西主考官，行至安徽太湖县境内小池驿时得到母亲病故的消息，于是

---

①《曾国藩全集·书信》，《与文希范》，咸丰三年九月初二日。

②《曾国藩全集·书信》，《与文希范》，咸丰三年九月初二日。

③《曾国藩全集·书信》，《与魁联》，咸丰三年二月。

④王闿运：《湘军志·曾军篇》。

易服奔丧,回籍守制。在天下大乱的动荡时期,曾国藩没有能够按照惯例守制 3 年,而是被皇帝诏令"夺情"复出,开始了全新的人生之旅。在一份由湖南巡抚张亮基传达的上谕中,咸丰皇帝作了这样的指示:"前任丁忧侍郎曾国藩籍属湘乡,于湖南地方人情自必熟悉,着该抚传旨,令其帮同办理本省团练乡民搜查土匪诸事务,伊必尽力,不负委任。"①

洪秀全

对于这一任命,曾国藩一开始犹豫不决。因为当时士人对丧亲守制一事十分重视,曾国藩以理学家自居、以孝悌自许,而且就在一年之前他还写信给江忠源,劝他不要丧中受命出山带兵,只是江忠源没有听他的劝告,率 500 楚勇前往广西参加对太平军作战并屡立战功。然而曾国藩又是一个渴望建立功业的人,乡情所关,君命所至,自然不肯错失这样一个出山机会。这时,好友郭嵩焘风尘仆仆地赶来开导他:"本有澄清天下之志,今不乘时而出,拘于古礼,何益于君父?且墨绖从军,古之制也。"②同时,好友刘蓉也致书敦促,父亲曾麟书亦表示支持,加上张亮基又因武昌失守、形势紧急而派人持信来请,曾国藩也就不再犹豫,以"勉竭愚忠,稍分君父之忧"的姿态,墨绖出山③,投身于镇压太平天国的使命中了。

二

在咸丰二三年间,皇帝一口气任命了 43 个团练大臣,最终成其大功的,只有曾国藩。他成功的主要原因就是没有完全贯彻朝廷的意图,而是"改弦更张",按照自己的想法走出了另外一条路。

从一开始,曾国藩的想法就与朝廷完全不同。

满清统治者的初衷,是把团练当作一剂应急药物来服用的。虽然他们也深知旗绿部队的无用,但八旗绿营制度由来已久,改革祖宗之制阻力既大,又非短时之功,习惯了"急来抱佛脚、雨过忘雷声"的满清政府,在扑灭川楚白莲教起义的战争中看到团练的力量,认定了这只"佛脚",寄希望于它在国家有事时可以招之即来,天下太平时又可以挥之即去,不用担心经济上的负担,不用顾虑军事

①《曾国藩全集·奏稿》,《敬陈团练查匪大概规模折》,咸丰二年十二月二十二日。
②朱孔彰:《中兴将帅别传》卷1,《曾文正公国藩传》。
③绖,旧时用麻做的丧带,系在腰上或头上。如《礼记·檀弓上》:"孔子之丧,二三子皆绖以出。"墨绖在此处借指放弃终制出山带兵。

上的失控，真是一举多得！岂不知，面对组织严密、战斗力强大、建立了牢固根据地、进退自如的太平天国起义军，传统意义上的团练只靠"保甲相连"、"坚壁清野"的老办法，已经难以发挥作用。八旗和绿营的改造既然一时难以实现，那么，在传统团练的基础上训练一支介于两者之间的勇营队伍，革除旗绿之弊端，练成能战之锐旅，才不失为明智之举。曾国藩就是在这一历史时刻敏锐地抓住了问题关键的那个人。

湘军成功了，它从不起眼的地方团练而成为当时中国战斗力最强、清廷疑忌而又不得不依赖的部队。这支成功交响乐，由"三步曲"乐章构成：另起炉灶，促练大团；避走衡州，练成劲旅；独当一面，席卷两湖。

另起炉灶，促练大团。曾国藩奉命进驻省城时的任务有二，一是"团练乡民"，二是"搜查土匪"。与练兵有关的是"团练乡民"，而这个团练，原来不过是以各府县团练为基础，以保甲地方、维护治安为主要任务，距离一支能够独立作战部队的要求相去甚远。曾国藩在受命之初，就决心另起炉灶，按照自己的想法带出一支全新的部队来。他在写给朋友的信中明确阐述了自己的目标："鄙意欲练勇万人，呼吸相顾，痛痒相关，赴火同行，蹈汤同往。胜则举杯酒以让功，败则出死力以相救。"[1]为此，他在初到长沙后的一份奏折中，就有意把"团"与"练"区分开来："团练二字宜分开看，团即保甲之法，清查户口，不许留容匪人，一言以尽之矣。练则制械选丁，请师造旗，为费较多"，并提出自己的建议："于省城立一大团，认真操练，就各县曾经训练之乡民，择其壮健而朴实者招募来省。参仿前明戚继光、近人傅鼐成法，但求其精，不贵其多；但求有济，不求速效。"[2]按照惯例，团练本应该于各个地方就近训练和执行任务，省城防卫和重大军事行动仍然靠绿营，曾国藩提出在省城组建大团，实际上就是在省防绿营之外另起炉灶，组建一支新军，这显然与朝廷的初衷相背。但病急乱投医的满清统治者似乎没有注意到两者之间的不同，批示道："知道。悉心办理，以资防剿。"[3]于是乎，罗泽南、王鑫等各地团练队伍陆续来到长沙，在曾国藩的指导下，开始了正规化的训练，并不断派出部队到各地攻剿会党、农民起义。1853年春夏间，江忠源部楚军会同湘军，先后在常宁、阳山、衡山、永兴、茶陵等地参加对起义军作战。到1853年7月下旬，曾国藩负责编练的湘军，已有罗泽南的中营、王纮的左营、邹寿璋的右营、塔齐布的辰营，以及周凤山、储玫躬、曾贞干等各自统带一营，兵员总数由初设大团时的1000余人扩大到4000人左右。

避走衡州，练成劲旅。一个古今中外通用的规律是，肯办事者总是要惹出

①《曾国藩全集·书信》，《与文希范》，咸丰三年九月初二日。
②《曾国藩全集·奏稿》，《敬陈团练查匪大概规模折》，咸丰二年十二月二十二日。
③《曾国藩全集·奏稿》，《敬陈团练查匪大概规模折》，咸丰二年十二月二十二日。

很多麻烦,要想办成事,就必须善于处理各种麻烦。曾国藩放弃守制,出山办事,正是踌躇满志大展手脚的时候,颇有一股"了却君王天下事,哪管闲人论短长"的味道。在省城长沙,他一方面办"大团"、练新军,一方面设"审案局"、查"土匪"。事实上,他这个团练大臣的职责是很模糊的,可伸可缩,可大可小,"圣谕"没有明确地细化,全靠自己在办事中把握。问题在于,湖南地方既有巡抚、布政使、按察使等管理行政、财务、刑事,又有提督等负责军事,曾国藩设局审案、动辄杀人,难免与地方官吏引起冲突。张亮基、潘铎先后任湖南巡抚时,都能大力支持曾国藩放手做事,不久张亮基调离、潘铎回籍,原巡抚骆秉章回任,徐有壬、陶恩培任布政使、按察使,都对曾氏的做法不以为然,对其侵权越俎的行为心怀不满。曾国藩又组织绿营与湘勇合训,三八会操,酷暑不停,绿营的"老爷兵"自然难耐其苦,提督鲍起豹则怨其越职侵权。偏偏曾国藩使出强梁作风,以为自己一心办事,对于那些因循守旧、无所作为而又阻拦改革的贪官庸吏大加弹劾,越过湖南巡抚骆秉章,弹劾了副将清德,使其被革职拿问,又保举心向湘军的绿营参将、旗人塔齐布。以上矛盾日渐积累,终于导致绿营和湘军的正面冲突不断,特别是永顺兵(隶属镇算镇,是临时从永顺府抽调来长沙的绿营部队)与塔

湘勇

齐布的辰勇发生械斗,提督衙门的绿营兵则吹号扛旗,列队声援。曾国藩决心从重处置,将辰勇肇事者绑送提督衙门,并要提督衙门同样将绿营肇事者送交审案局处理。绿营兵在鲍起豹的支持下包围曾公馆闹事,弄到难以收场的地步。在"永顺兵事件"中,对曾国藩心怀不满的骆秉章先是隔岸观火,继而偏袒绿营、压制湘勇,布政使以下官员也认为此次事件是由于曾国藩的过激行为所致。在这种情况下,曾国藩终于下定决心离开长沙,以"就近剿匪"的名义,移军衡州专事练兵。至于为什么没有向皇帝告状,他自己粉饰说:"为臣子者,不能为国家弭乱,反以琐事上渎君父之听,于心未安也。"①实际的情况是,长沙是矛盾丛生之地,曾国藩与地方军政大员的关系已难以为继,要继续练兵,矛盾仍然不会减少,与其在矛盾的中心挣扎,不如退居边缘专心练兵,以求有所成效。事实证明曾国藩避走衡州一着棋是走对了,在衡州他打着为江忠源添练兵源的旗号,扩招勇丁,统一编制,勤加训练,又花大力气筹建了湘军水师。半年后,湘军北上作战时,水师已有大小战船360余号,水陆官兵及丁夫等共计17000余

---

① 黎庶昌:《曾国藩年谱》,咸丰二年。

人①,军容严整,令长沙诸公耳目一新。

独当一面,席卷两湖。曾国藩不但善于避开矛盾、专心办事,更善于通览全局、把握关键。他敏锐地观察到绿营兵不可用,必须在绿营之外单练一支新军;要消灭太平军,必须浮江东下,必须面对太平军的水营,因此也就必须建立一支强大的湘军水师与之对抗;主张湘、鄂、皖、赣四省联防,先后推江忠源、吴文镕主持大局。当太平军西征取得辉煌战果时,江忠源、吴文镕先后战死,长江中游的绿营主力已经或败或散,放眼两湖,能战的生力军舍曾国藩其谁? 1854 年 2月 25 日,当年在长沙受尽屈辱的曾国藩,终于在皇帝三番五次的催促下,在长沙军民望之如甘霖倚之如长城的渴盼中,威风凛凛地率军北上了。经过近一年互有胜负的征战,湘军席卷两湖、进军皖赣,收复了武昌等大城市和田家镇等要地,给屡屡战败的清政府打上了一剂强心针。这时的湘军,已经羽翼丰满,成为与南京城外的江南大营、江北大营并列的主力部队了。

"三步曲"是湘军成功的总体背景,在具体过程中,曾国藩则是摸着石头过河,重点参照戚继光、傅鼐的练兵经验,加上自己的想法,针对作战对手(太平军)的特点,逐步练成了一支迥异于经制兵和各地团练的新式队伍,用曾国藩自己的话来说就是"改弦更张,别树一军"。作为一支从无到有、另起炉灶的新军,湘军的特色主要体现在四个方面:慎选兵将,合理编制,勤加训练,厚给奖赏。

慎选兵将。绿营兵之所以不堪使用,一个重要原因就是兵员素质低下,作风散漫,视训练为儿戏,甚至雇人代训、冒名当兵,许多将领更是勇于私事、怯于战阵,军事无术,盘剥有方,上下怨望,官兵关系紧张。曾国藩以绿营之弊为恨事,也以绿营之弊为镜鉴。他选择了"书生领山农"的模式,以"忠义血性"的儒生为将,"朴拙少心窍"的山农为兵。曾国藩认为,绿营中武官"无一人不丧尽天良",所以决计不用营兵,也不用镇将,而是"赤地新立"、"别开生面",统领、营官、哨官等将领主要以士绅、生童充任。选择勇丁的标准是:"须择技艺娴熟、年轻力壮、朴实而有农夫土气者为上。其油头滑面,有市井气者,有衙门气者,概不收用。"②募勇时,"须取具保结,造具府县里居、父母妻子名姓、箕斗清册各结附册,以便检查"③。招募士兵往往以县籍分营,兵由将选,关系密切;各营最初又有各种名称,如湘乡勇、新宁勇、平江勇等。此外,曾国藩还规定湘军的募建与扩编采取层层选募的办法,大帅挑选统领,统领挑选营官,营官挑选哨官,哨官挑选什长,什长挑选士兵。他认为,这样的招募和编组方式可以有效控制官兵,由于勇丁之间是同乡、同族、亲戚等密切的关系,而且勇丁感念营官挑选之

---

①《曾国藩全集·奏稿》,《报东征起程日期折》,咸丰四年二月初二日。

②《曾国藩全集·诗文》,《营规》。

③《曾国藩全集·诗文》,《营规》。

恩，从而能够在作战时"齐心相顾，不肯轻弃伴侣"①。在选将和驭将上，曾国藩用心更多，笔者将在"涤公"一节中予以详述。

合理编制。湘军在衡州扩招后，各类兵丁达到近两万人，有陆师也有水师，有步兵也有马队，有刀矛弓箭等冷兵器，也有抬枪鸟铳等火器，如果不能合理编组，很容易折戟沉沙。曾国藩在湘军确立"营"为基本单位，每营的人数，由最初的 360 人改为衡州训练时的 500 人，设营官 1 名，营官亲兵 60 名，亲兵什长 6 名。每营 4 哨，哨设哨官 1 名，哨长 1 名，护勇 5 名，什长 8 名，正勇 84 名，另有伙勇 42 名，每营长夫 180 名，随营行动；营官有亲兵 6 队，即劈山炮 2 队，刀矛队 3 队，小枪队 1 队；每哨有刀矛队 4 队，抬枪队 2 队，小枪队 2 队，共计

勇丁

8 队。② 水师编制则依据大型快蟹、中型长龙、小型三板的战船区分，编制大营和小营，初期以大营为主，后期则重视小营，以适应长江（内湖）水战的现实需要。湘军营制，重视武器装备的搭配，如冷兵器与火器的搭配，大小战船的搭配，以便在战斗中充分发挥各自长处，同时注意随着武器装备的改进和实战的需要而不断更新编制③，这也是它在同太平军作战中屡败而不溃、愈战而愈强的重要因素。

勤加训练。曾国藩曾自称"训练之才，非战阵之才"，他也确实在湘军的训练上花了很大工夫。湘军的训练包括两个方面，"训"是思想政治教育，"练"是军事技术训练，所谓"自古节制之师存乎训练，训以固其心，练以精其技"④。曾国藩注重训、练并举，并特别重视"训"的作用，自称"每逢三八操演，集诸勇而教之，反复开说至千百语"，"虽不敢云说法点顽石之头，亦诚欲以苦口滴杜鹃之血"⑤。曾国藩规定的"训"包括"训家规"和"训营规"两种，他认为太平天国以异国邪说迷乱士民，只有对官兵强化教育，使他们对朝廷忠心、对敌军憎恨、对

---

①《曾国藩全集·书信》，《复刘蓉》。

②《曾国藩全集·诗文》，《营制》。

③如龙盛运《湘军史稿》中提到，曾国藩曾对陆营中冷热兵器的配备比例进行过三次调整，先将抬枪一杆改为 4 人，进一步提高其射速和命中率，又为每哨添加火器两队，使部队远距离的攻击能力大大增强，后又在营官直辖的亲兵中增设劈山炮 2 队，从而形成了远程用劈山炮、中程用抬枪、近处用小枪、近身用冷兵器肉搏的火力配系。参见该书第 75 ~ 76 页。

④袁世凯：《训练操法详晰图说》，《中国兵书集成》第 50 册，解放军出版社、辽沈书社 1992 年版，第47 页。

⑤王闿运：《湘军志·曾军篇》。

民众爱护,并服从严明的军纪,才能使招募来的"朴实山农"都成为"尊上而知礼"的敢死之卒,才能对抗具有牢固宗教信仰的太平军。但是,他反对把思想教育弄成空洞无物、泛泛而谈的无聊说教,而要求各级将领以父兄教子的方式,以爱护士卒的姿态,结合勇丁的切身利害进行教育,比如"训作人,则全要肫诚,如父母教子,有殷殷望其成立之意,庶人人易于感動"①。对于"练",曾国藩强调"治军以勤字为先",要求各级将领和全体官兵勤于练兵,强化技艺、枪法和阵式。他曾专门访求武师和猎户,请他们帮助教授湘军勇丁军事技能,有时亲自组织单兵军事技能考核,并亲笔记下,某勇"善扒墙跳沟",某勇"善打火毬"②。对于劈山炮等重火器,曾国藩更为重视,并曾写信给带兵的曾国荃,要求他"将各营亲口教之,亲眼验之,乃不失劈山炮之妙用也"③。他还亲自制定了《初定营规二十二条》、《营规》等,从招募、行军、扎营、训练都做了严格规定,使湘军的训练从一开始就走上了制度化之路。

厚给奖赏。兼任过兵部侍郎的曾国藩知道,以往绿营兵饷分为"行饷"和"坐饷",其弊端在于,平时薪饷太低,不足以调动官兵的训练热情,而不敷养家糊口之用的月饷,又促使绿营士兵走出军营行商坐贾,以求自谋生路,战时薪饷虽然高出许多,但平时养成的低下的战斗力又非一时可以改观,虽有重赏却无真正能战之兵。湘军的饷章,考虑到了两种军饷形式的不足,顾及了湘勇"吃粮当兵"、"赚钱养家"的现实需要,采取了"厚薪养兵"办法,比如湘军正勇的月饷初定为 4 两 2 钱,虽然略低于绿营月饷与行粮的总和,但远高于其月饷,同时又是当时湖南一带农民种田收入的三四倍,从而吸引了大批青壮农民投入湘军。对于军官,曾国藩则采取物质激励与精神激励相结合的办法,既保证其高额薪水,又保证其立功后的升迁,不仅在战斗中有功的中下级将领升迁很快,而且像胡林翼、李续宾等人,仅仅几年时间便被保举到了巡抚、布政使一级的位置。对于那些在作战中牺牲的湘军官兵,曾国藩还要向朝廷请示为他们建昭忠祠,亲自为他们写记立传,歌功颂德,并给他们的家属以很高的政治待遇和经济偿付。这样,敢战者有优厚薪饷,立功者有光明前程,牺牲者有死后哀荣,三管齐下,使湘军的训练、战斗积极性非常高,湖南各地农民投军的积极性也空前高涨,真可谓"前仆后继"、源源不断。

别具特色的湘军就是这样练成的。它取经于成法(戚继光等人的经验)、脱胎于旧制,又能在实战经验的积累中不断发展革新,以适应战场需要。同时,它也有许多创举,比如独特的营制、行粮与月饷合并的饷章、定期进行集体政治教

---

① 《曾国藩全集·批牍》,《韩进春禀招勇抵省立营管带由》。
② 《湘乡曾氏文献》第 4 册,台湾学生书局 1965 年版,第 2355 页。
③ 《曾国藩全集·家书》,《致沅弟》,同治元年十月初八日。

育的制度等。为了避免绿营兵祸害百姓的恶劣影响,湘军中编制了为数众多的"长夫",这是一个近似后勤保障部队的兵种,从而避免了骚扰百姓,提高了供给效率。这支部队从创建初期就注重把一些规定如营制、营规、饷章等问题规范化,用法规和章程的形式固定下来,所以后来湘军虽然分散作战,但都能保持曾国藩手创的基本制度和湘军队伍的特色。

三

曾国藩创建了湘军,更重要的是开启了一个湘军的时代。直到几十年后,湖南才子杨度还在其《湖南少年歌》中以充满激情的语句描绘湘人从军的盛况:

父兄子弟争荷戈,义气相扶团体结。
谁肯孤生匹马还,誓将共死沙场穴。
一奏军歌出湖外,推锋直进无人敌。
水师喷起长江波,陆军踏过阴山雪。
东西南北十余省,何方不睹湘军帜?
一自前人血战归,后人不叹无家别。
城中一下招兵令,乡间共道从军乐。
万幕连屯数日齐,一村传唤千夫诺。
农夫释耒只操戈,独子辞亲去流血。
父死无尸儿更往,弟魂未返兄逾烈。
但闻嫁女向母啼,不见当兵与妻诀。
十年断信无人吊,一旦还家谁与话?
今日初归明日行,今年未计明年活。
军官归为灶下养,秀才出作谈兵客。
只今海内水陆军,无营无队无湘人。①

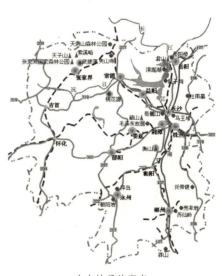

人杰地灵的湖南

湘军的产生和发展,经历了一个由"练"到"团"、由"勇"到"军"的过程。先有李续宾、王鑫及曾麟书、曾国潢父子发其端,继而有湘乡县令朱孙贻以及罗泽南承其绪,再后则有曾国藩总其成,终使"湘勇"一变而为"湘军",揭开了在近代历史舞台上的辉煌一页。

不过当时对湘军的称谓与概念并不一致。在皇帝下达给曾国藩的上谕中,用过"楚勇"的称号,江忠源早年所率之勇营以及左宗棠自统一军时皆称"楚

①《杨度集》,湖南人民出版社1986年版,第92页。

79

舞台二:湘军帷幄内

勇"、"楚军"，曾国藩则经常使用"湘军"、"湘勇"等名称。"楚"是湖南的别称，"楚勇"、"楚军"之称的侧重点是指湖南省派出作战的军队，胡林翼曾称自己在湖北统率的部队为"鄂军"，即是与之相对应。郭嵩焘说1854年"立水陆各十营，号曰湘军"，则是认为从一建军便称湘军。在这期间，湘军各主要领导人对所统之军尚无统一和公认的名称，他们所称的"湘军"只是后来意义上的湘军中的一支。至于把曾、左、胡等人所统之部队统称为湘军究竟始于何时，尚待进一步探求，至少王闿运在光绪初年撰写《湘军志》时，确已这样做了。① 梁绍辉指出，"湘军"之名始于《清代大事年表》所记载的"咸丰三年七月，曾国藩遣湘军驰援江西"，也就是说湘军因为出省作战，为了区别于他省军队，才被称之为"湘军"。② 这一观点已经得到了广泛认同。

关于湘军的派系归属和发展演变，历来众说不一。王闿运的《湘军志》18篇，除最后两篇《营制篇》、《筹饷篇》外，前16篇大致以作战时间为序勾画了湘军发展的脉络，即："湖南防守篇"、"曾军篇"、"湖北篇"、"江西篇"、"曾军后篇"、"水师篇"、"浙江篇"、"江西后篇"、"临淮篇"、"援江西篇"、"援广西篇"、"援贵州篇"、"川陕篇"、"平捻篇"。王定安的《湘军记》显

然参考了《湘军志》，而更侧重于战史，全书20篇除最后的《水陆营制篇》以及3篇分为上下之外，也有16篇专述湘军征战沿革史："粤湘战守篇"、"湖南防御篇"、"规复湖北篇"、"援守江西篇"（上、下）、"规复安徽篇"、"缓辑淮甸篇"、"围攻金陵篇"（上、下）、"谋苏篇"、"谋浙篇"、"援广闽篇"、"援川陕篇"、"平黔篇"、"平滇篇"、"平捻篇"、"平回篇"（上、下）、"戡定西域篇"。其后诸人著述如郭振墉的《湘军志平议》等，都没有超出二王的范畴。王盾先生在近著《湘军史》中，则是从军系沿革的角度入手把湘军划分为16个系统，即：老湘军、楚军、霆军、吉字营、左宗棠军、骆秉章援川陕军、罗李军、多隆阿军、刘岳昭援川平滇军、席宝田援赣援闽军、田兴恕虎威营、陈士杰广武军、刘蓉援川陕军、李元度平江勇（安越军）、李孟群援皖军和湘军水师。③ 朱东安先生从军政集团的视角出发，认为可以分为5

湘军之母罗泽南

个系统：曾国藩系统、胡林翼系统、左宗棠系统、李鸿章系统和江忠源系统（或称江刘系统），而在多年征战的过程中，各系统的主要将领和部队又不可避免地有

①龙盛运：《湘军史稿》，四川人民出版社1990年版，第56页。
②梁绍辉：《曾国藩评传》，南京大学出版社2006年版，第550页。
③参见王盾：《湘军史》，湖南大学出版社2007年版，第33～57页。

流动、转隶与交叉现象。曾国藩系统的主要将领有塔齐布、罗泽南、杨载福、彭玉麟、鲍超、曾国荃、张运兰等,胡林翼系统的主要将领有罗泽南、李续宾、李续宜、多隆阿、鲍超、金国琛、余际昌等,左宗棠系统的主要将领有蒋益澧、刘典、杨昌濬、刘松山、刘锦棠及王开化、王文瑞等王鑫家族弟兄,李鸿章系统的主要将领有程学启、刘铭传、张树声、周盛波、周盛传、潘鼎新、刘秉璋、丁汝昌及郭松林、杨鼎勋、藤嗣林、藤嗣武、韩正国等,江忠源系统的主要将领有刘长佑、刘坤一、江忠义、李明惠、席宝田、江忠浚、江忠济、江忠信、江忠泊、邹汉勋等。①

笔者通过对湘军的考察,认为除了在横向上按派系对湘军作分类外,还可以采取纵横结合的方式,把近代史上的湘军划分为四个层次:"湘湘军"、"湖湘军"、"大湘军"、"泛湘军"。

所谓"湘湘军",指湖南湘乡一县所出之湘军,这是湘军的源起,是曾国藩等人述及湘军时的主要对象,也是为许多学者认可的真正意义上的湘军,所谓"湘军原称湘勇,本以来自湘乡县之勇丁而得名"②是也。谭伯牛指出,湘军之始创就是曾国藩、罗泽南、王鑫这"三个性格迥异的湘乡人"携手合作的产物。③ 湘军的主要将领罗泽南、王鑫、李续宾、李续宜、曾国荃、曾国葆、萧启江、刘腾鸿等,都是地道的湘乡人。由于曾国藩认为"同县之人易于合心",所以广泛利用同乡、同族和亲友关系招募勇丁;曾国荃则更进一步,不独尽用湘乡人,而且尽量用屋门口周围 10 余里之人,一乡一地成群入伍,一家一族数代从戎,在湘乡县蔚然成风。此后数十年间,凡是湘军出省作战,湘乡籍将领大多回乡募兵。据《湘乡县志》记载,到 1856 年,湘乡参军者已逾 2 万之众;自 1851 至 1871 年间,阵亡于疆场的士卒共有 21335 人,平均每年有 1000 余人。④ 据曾国荃统计,在 30 多年中从军的湘乡人先后有 20 余万。⑤ 曾国藩曾感慨说:"一县之人,征伐遍于十八行省,近古未尝有也。"⑥胡卫平先生认为,湘乡一县之湘军又分为罗(泽南)李(续宾)湘军、王鑫老湘军、曾国荃吉字营 3 个系统。湘乡籍湘军将领中,仅《清史稿》立传者就有 44 人,官至督抚高位者(含追赠)就有曾国藩、李续宜、刘岳昭、蒋益澧、杨昌濬、刘蓉、刘锦棠、李续宾、罗泽南、曾国荃等 10 人,不能不称之为奇迹。⑦

①参见朱东安:《曾国藩集团与晚清政局》,华文出版社 2007 年版,第 147~170 页。

②张朋园:《湖南现代化的早期进展》,岳麓书社 2002 年版,第 351 页。

③谭伯牛:《战天京:晚清军政传信录》,中国工人出版社 2003 年版,第 4 页。

④转引自刘铁铭:《略论湘军之劲旅——湘勇》,载《曾国藩研究导报》第 20 期,第 28 页。

⑤《曾国荃全集·文集》,岳麓书社 2006 年版,第 36 页。

⑥《曾国藩全集·诗文》,《湘乡昭忠祠记》。

⑦参见胡卫平:《湘军立名及其发展考述》,载《曾国藩研究导报》第 17~20 期;《湘军源流记》,载《曾国藩研究导报》第 15 期。

所谓"湖湘军",指湖南、湖北两省之湘军。湖南湘军主要是包括"湘湘军"在内的湖南籍将领带出之部队以及江刘系统湘军,包括曾国藩体系的塔齐布之陆师和杨载福、彭玉麟之水师等,也包括左宗棠系统的全部湘军。湖北湘军主要是胡林翼系统湘军。胡林翼是湖南益阳人,但他长期担任湖北巡抚,以湖北为基地练兵东征,又得罗泽南、李续宾所部主力,得以自成体系,却与湖南湘军唇齿相依、休戚与共,与曾国藩密切配合、协力作战。

所谓"大湘军",指晚清时期自湖南招募、派出的湘军,在各省任职的湘籍将领编练的湘军,非湘籍将领按照湘军之法编练的勇营以及与湘军配合作战的非勇营武装等。李鸿章的淮军,不仅在创建之初借鉴了湘军的营制、训练和战术,而且其成军时的主力部队和重要将领如程学启、郭松林等都是从曾国藩湘军中划拨,因而其前期也可视为"大湘军"的一部分。这一时期,各省中非湘军集团的督抚也从湘军战胜太平军的经验中尝到了甜头,纷纷委任湘军将领到湖南招募勇营,按湘军之制编成新军以为本省作战之用,如河南巡抚郑元善曾令李续宾募勇6营,继任张之万令葛承霖招募4营,再继任吴昌寿也命人募4营,甚至河南团练大臣毛昶熙也称所部5000人中只有湘勇1500人"尚称得力";又如山东巡抚谭廷襄在捻军打击下无勇可调,清政府命湘军设法募勇援救,曾国藩认为两地相距太远,募勇行军所费太多,但清廷不依,最后只得命长沙知府丁宝桢升任山东按察使,募勇2000前往。龙盛运先生认为:"这些军队也应该视为湘军的一部分。"[①]沈葆桢在江西、刘蓉在四川和陕西、田兴恕在贵州等地所统率的部队,以及后来左宗棠、刘锦棠"老湘营"在西北,中法战争中王德榜"恪靖军"在广西,甲午中日战争中刘坤一、吴大澂等部等在东北,也属于"大湘军"范畴。

《湘军记》(江南书局光绪十五年刻本)

所谓"泛湘军",指曾国藩创建湘军直到新中国成立近100年历史上,湖南籍将领所组建和统率的军队。对此,唐浩明先生在为《天下湘军》一书所作序言中有一段精彩的分析:

对于湘军的脉络,单纯地以时间为序,可以按照这本书的做法,将湘军分为三个部分:清末湘军,辛亥革命和第一次国内革命战争时期的湘军,走向共和时

---

①龙盛运:《湘军史稿》,四川人民出版社1990年版,第288页。

期的湘军。我认为,如果从时间和湘军的性质来划分,是更科学的做法。具体地讲,湘军的发展呈现三个明显的体系。

第一个体系,从曾国藩到左宗棠到刘坤一,湘军由民兵组织(也可以叫民众组织)转为经制之师,这时期的湘军维护的是一个封建王朝,湘军由兴起而强盛到衰败,脉络明显。大的战事有镇压太平天国、平捻、平回、平新疆、中法战争、甲午中日战争,最后,湘军在东北几乎全军尽没。

第二个体系,从黄兴、蔡锷到谭延闿、赵恒惕、唐生智、程潜,大的战事有辛亥革命、护国运动、护法运动、军阀混战,一直到湖南和平解放,这是以国民党为体系的国民革命,这时期的湘军总体上讲都是吃皇粮的,也是经制之师。

第三个体系,以毛泽东、彭德怀、贺龙等人为主要人物的新湘军体系,他们都是从湘军阵营中走出来,是一群以共产主义革命来探索中国命运的湖南人。这时期经历的大的战事有第一次国内革命战争、第二次国内革命战争、抗日战争和第三次国内革命战争。新湘军体系由反正的旧军人与信仰共产主义的湖南人组成。这一阶段湘军的概念可以这样叙述:由造反的民众组织逐渐成为国家正规部队的核心力量。因此,总体而言,湘军,是一支来自三湘四水的力量,是一群庞大的湖南人。[1]

这种以长镜头审视历史的思路,对于人们更好地认识曾国藩与湘军无疑是有启发的。

---

[1]唐浩明:《谈湘军》(唐徵《天下湘军》序),海南出版社2004年版,第2~3页。

脸谱七：涤公

以前有一种比较流行的观点：曾国藩一手创建的湘军开了近代军阀割据的先河，而他则是中国近代第一个大军阀。

诚然，曾国藩在国家经制兵之外独树一帜，对上有很大的自主权，特别是在人事安排和后勤供应上，中央也不得不下放一部分权力，这在满清入主中原以来的200年间是从未有过的；对下有很大的领导权威，即使他暂时离开了军营，前敌将领仍然在心目中把他视为真正的统帅。

然而，只要看一看曾国藩一生的遭际就可以发现，他既未长期真正"拥兵"，也未挟军以"自重"，更未裂土以"割据"，一点也不具备军阀做派。倒是清政府对他既用又疑、既防又忌、既宠又压，使他常生忧惧、屡萌退意。

不过这并不影响曾国藩在整个湘军体系中的绝对领导地位。后世一提到湘军，都以他为实际统帅；同时代的人，都视他为湘军领袖；湘军中的将领，更是对他敬佩有加、生死相随，"唯涤公马首是瞻"（曾国藩号涤生，故部下尊称其为"涤公"）。1857年曾国藩因父丧回籍守制，福兴奉旨赴江西会办军务，但"福兴至瑞州视师，诸将泛以客帅待遇之。……福兴等征调，置不睬省。得国藩一纸，千里赴急"[1]。朝廷派来的会办军务大臣都调动不灵，而得到赋闲在家的曾国藩一纸命令却可以"千里赴急"，"唯涤公马首是瞻"的状况由此可见一斑。

曾国藩的驭将之道，确实值得深入探究。

一

若从"大湘军"的角度来看，虽然曾国藩直接统率的部队屡走屡调、旋得旋失，甚至在曾国荃的"吉字营"急剧壮大之前一直没有建立起自己稳定的嫡系部队，但他的领袖地位却是无人能动摇的。在曾国藩有生之年，遍观整个湘军集团之中，无论胡林翼、左宗棠还是李鸿章，其声望和威信都未超过曾氏。1872年曾国藩去世后，李鸿章、左宗棠以及刘坤一在淮军、湘军中的领袖地位才得以突出出来。对此，朱东安先生曾做过这样的界定：

就曾国藩集团的主干首脑人物而言，与其所经历的各个时期相适应，大概可勾画为"曾→胡、左→曾、胡→曾、左、李→李、左→李、刘"这样一条线索，其相

---

① 王闿运：《湘军志·江西篇》。

把曾国藩彻底说清楚

应的时间段大约为咸丰元年至五年,咸丰六年至八年,咸丰九年至十一年,同治元年至十一年,同治十二年至光绪十一年,光绪十二年至光绪二十七年。①

在湘军初创时期,堪为统帅者主要有3个人:江忠源、吴文镕、曾国藩。江忠源虽然发迹较晚,但在官场上素有"知兵"的名声,蓑衣渡对太平军一战又使他一举成名,从而成为政坛上一颗冉冉升起的明星,在两三年间便升至安徽巡抚的高位。曾国藩在衡州练兵时,打出的旗号便是为江忠源补充兵源。可惜江氏"其兴也勃,其亡也忽",到巡抚任上仅3个月,就于1854年1月兵败自杀,验证了曾国藩早年对他所做的"当以节烈死"的预言。吴文镕是曾国藩的座师②,在曾国藩初练湘军时他任湖广总督,是湘军的有力靠山,却于1854年2月战死于湖北黄州,其时曾国藩正统率湘军水陆大军从衡州启程北上。江、吴相继死难,不仅使曾国藩所率的湘军成为两湖地区的主力部队,也使曾国藩成为湘军体系中无可争议的头号人物。③早在回籍守孝之前,他就在六部中的五个部任过侍郎,现在又是皇帝钦命的团练大臣,论资历,论声望,湘军之主都非他莫属。罗泽南、王鑫虽然是湘勇的创立者,但其地位低,资历浅,显然难负重任。正因为如此,吴文镕在出兵黄州之前专门写信给曾国藩,称:"东南大局恃君一人,务以持重为意,恐此后无有继者。"④

我们再从这一时期曾国藩与后来湘军其他首脑人物的比较中来看这一必然性。按朱东安先生的划分,曾国藩集团可分为首脑人物、骨干分子和一般成员三类,其中首脑人物有5人:曾国藩、胡林翼、左宗棠、江忠源、李鸿章。⑤ 此时,江忠源已经战死。胡林翼本由吴文镕奏调率300黔勇自贵州援鄂,1854年初到达岳州后却惊闻吴文镕败死黄州,太平军已占武汉。在他进退失据、孤苦无依之际,曾国藩将其奏留湖南,并向皇帝极力夸赞胡的才干:"谓其才胜臣十倍,可倚平寇。"⑥胡林翼拨归曾国藩部下后,曾氏对他极为器重,胡林翼得以迅速发展,并成为江忠源之后湘军领袖中第二个获得巡抚高位者。左宗棠此时还是湖南巡抚骆秉章的幕僚,虽勇于任事、掌握实

左宗棠

①朱东安:《曾国藩集团与晚清政局》,华文出版社2007年版,第125页。
②曾国藩1838年会试时,吴文镕为副总裁(正总裁为穆彰阿),故二人有师生之谊。
③张云、韩洪泉:《曾国藩与湘军》,辽宁人民出版社2008年版,第58页。
④转引自唐浩明:《唐浩明评点曾国藩奏折》,华夏出版社2009年版,第79页。
⑤朱东安:《曾国藩集团与晚清政局》,华文出版社2007年版,第53页。
⑥严树森:《胡林翼年谱》,咸丰四年二月。

权,毕竟才高运蹇、有实无名,几年后又恃才获罪险些掉了脑袋,最落魄的时候正是曾国藩在皇帝面前保举他:"左宗棠刚明耐苦,晓畅兵机,当此需才孔亟之际,或饬令办理湖南团防,或简用藩、臬等官,予以地方;俾得安心任事,必能感激图报,有裨时局。"①朝廷很快便任命左宗棠以四品京堂候补随同曾国藩襄办军务。这段时期,向来睥睨天下的左宗棠在曾国藩面前仍然十分恭谨:"以初领军,亦益谨事国藩。当补太常卿,有陈谢,犹不敢自上奏。凡有军谋,咨而后行,自比于列将。"②左宗棠扶摇直上、故态复萌,与曾国藩大闹意气,则是后来的事情了。至于曾国藩的得意门生李鸿章,这一时期正跟着吕贤基、福济等在安徽办团练、打游击,在与太平军作战中屡战屡败、无所作为,直到4年后曾国藩第二次出山他才投入幕府,并深深感慨:"从前历佐诸帅,茫无指归,至此如识南针,获益匪浅。"③自此在曾国藩的调教下迅速成长,数年后靠曾的大力扶助得以筹建淮军,别开门户,成为朝野举足轻重的人物。

可见,即使同为湘军领袖级人物的胡、左、李之辈,在同一时期不仅人微言轻、附草依木,而且正是靠了曾国藩的大力推荐、提携、帮助,才得以发挥才干、一展抱负。他们以下的湘军将领,自然不足具论。"涤公"的领袖地位,显然是无人可及的。

1854年曾国藩率军北进、东征,先是一帆风顺,出湖南、克武汉、围九江,不料后来坐困江西、屡遭挫折,加上客寄虚悬、诸事掣肘,遂于1857年借父亲病故之机委军奔丧,并与统治者索要实职,讨价还价,竟至赋闲在家一年零四个月之久。这段时间里,胡林翼坐镇湖北,稳步推进,左宗棠留守湖南,统筹调度,使湘军的东征取得重大胜利,李续宾率军攻克江西重镇九江,胡、左二人则成为湘军事实上的领军人物。然而,就是在这样的形势下,胡林翼以下众将领仍然牵挂着曾国藩,把他视为湘军的灵魂,积极为他的复出而奔走呼号。李续宾专门给胡林翼写信催促他向朝廷说情,帮助曾国藩复出,又给曾国藩写信,表达了攻克九江后更盼"涤公"复出的心情:"或剿皖省,或援豫章,先生不出,咏公不来,续宾何敢独行前往?""愿先生有以教之。盖蒙先生挈我出山,仍当恳带我归里。"④胡林翼对曾国藩复出一事最为用心,他对李续宜说:"涤公忠良第一,然而闲居山中,令人生感。"⑤早在1857年11月,胡林翼就上奏朝廷请求让曾国藩赴九江统率水师,但遭到拒绝;1858年石达开率军攻入浙江,他又借机奏请起用曾

---

① 《曾国藩全集·奏稿》,《复奏未能舍安庆东下并恳简用左宗棠折》,咸丰十年四月十三日。
② 王闿运:《湘军志·浙江篇》。
③ 薛福成:《庸庵笔记》卷1,《李傅相入曾文正公幕府》。
④ 江世荣编注:《曾国藩未刊信稿》,中华书局1959年版,第305~306页。
⑤ 杜春和、耿来金编:《胡林翼未刊往来函稿》,岳麓书社1989年版,第62页。

国藩率军援浙，加上骆秉章、左宗棠也有此请，朝廷很快同意。曾国藩复出领军途经李续宾营地附近时，李不仅赶来与曾国藩作长谈，还特意选调精锐的朱品隆、唐义训两营，拨归曾国藩作为亲兵。

　　湘军系统的将领大致可分为三种类型。第一种是满人（旗人）将领，如塔齐布、多隆阿等。塔齐布是满族旗人，原为绿营参将，因支持曾国藩在长沙练兵而被保荐，后来与罗泽南同为湘军陆师中主力大将。曾国藩同塔齐布的关系非常密切，遇到联名上奏、举功请赏等事情都让塔齐布的名字排在前面，其实是一种打消清政府疑忌的伎俩。塔氏在江西战死后，曾国藩评价他"大勇却慈祥"，"至诚相许与"①，并把他比做古代名将郭子仪、曹彬。第二种是曾国藩从中下层将弁中提拔起来的将领，如鲍超、杨载福、刘松山等。第三种也是最主要的一种，是与曾国藩有密切渊源的师友及其子弟、亲眷等，概括起来说就是"四同"：一是同乡，如曾国藩、胡林翼、左宗棠、江忠源等主要将帅都是湖南人，而又以湘乡人最为集中。二是同族，包括同一家族及延伸出来的姻亲关系，典型的如曾氏兄弟，江忠源家族，王鑫家族，李续宾、李续宜兄弟，刘坤一、刘长佑叔侄，刘松山、刘锦棠叔侄；曾国藩与罗泽南、郭嵩焘、李续宾、刘蓉又有亲家关系，对此本书第一章中已经述及。三是同门，即师生关系，如李瀚章、李鸿章兄弟曾在曾国藩门下受业，李榕、钱应溥、庞际云等为曾国藩所取士，王鑫、李续宾、李续宜、蒋益澧、杨昌濬、刘腾鸿等都是罗泽南的学生。四是同年，如毛鸿宾、胡大任、刘于浔、李沛苍等都是曾国藩的同年，此外还有著名的"丁未同年"，包括李鸿章、沈葆桢、郭嵩焘、何璟、李宗羲、刘郁膏、陈蒲、李孟群、姚体备等。在素有重人情轻法度传统的社会环境中，这样一个以地缘、血缘、亲缘、学缘等特殊关系结合起来的群体，无疑具有一种先天的强大维系力。

　　曾国藩居于这个群体的中心，当然不完全是由他的职位决定的，其学养、声望、品格等因素也起了重要作用。在以"书生

彭玉麟书画

①《曾国藩全集·诗文》，《挽塔忠武公齐布》。

领山农"为基本结构的湘军中,浓郁的学术氛围、优雅的儒将风范是一道别具特色的亮丽风景,恰恰曾国藩的学识和声名足以领率群伦,而且综合衡量起来,也只有他具备这个资格。

钱基博曾在《近百年湖南学风》一书中描绘过曾、胡、左等人带兵打仗的奇特景观:胡林翼行军必讲《论语》,曾国藩在奔赴前敌的路上仍坐在轿子里读杜甫、韩愈的诗文,左宗棠在"跃马横戈"中"得暇即亲六籍"①。这实在是当时情景的实录。被称为"湘军之母"的罗泽南,本是博闻多知的"湘乡第一教书先生","凡天文、舆地、律历、兵法,及盐、河、漕诸务,无不探其原委,真可以坐言起行,为有用之学者",带兵后仍每晚在军帐中读"四书",别人问他制胜之道,他答道:"无他,熟读《大学》'知止而后有定,定而后能静,静而后能安,安而后能虑,虑而后能得'数语,尽之矣。《左传》'再衰三竭'之言,其注脚也。"②真是举重若轻、尽显风流。李续宾、李续宜兄弟是罗泽南的学生,在军中"上马杀贼,下马讲学"③,颇得老师的真传。罗泽南最得意的学生王鑫,简直把军营变成了私塾一般:"所部壮丁,习刀矛火器之暇,以《孝经》、《四书》转相传诵,每营门夜间扃,书声琅琅出壕外,不知者疑为村塾也。"④曾国藩的爱将彭玉麟更是诗画双绝,攻下小孤山时以诗向曾国藩报捷:"书生笑率战船来,江上旌旗耀日开。十万貔貅齐奏凯,彭郎夺得小姑回。"⑤用了唐诗"神女生涯原是梦,小姑居处本无郎"之典,一时传为名句。曾国藩大笑:"彭公似周郎,小乔初嫁了,应该雄姿英发。"并吩咐将此诗刻到山石上以示纪念。据说有一位提督为此大发牢骚:"可惜我不会做诗,更可惜我不姓彭。当我收复小孤山三日,彭雪琴尚未到也。"⑥

值得一提的是,湘军中号称最能战的鲍超虽除自己名字之外大字不识,却因善于带兵打仗深受曾国藩器重。清人笔记中有一个"鲍超求救"的笑话:

方被围于九江也,将遣人赴祁门大营,诣曾国藩求援。嘱幕客某撰禀牍,移时不至。鲍焦极不能耐,自往促之。见幕客方握笔构思,鲍顿足曰:"此何时耶?安用此文绉绉为者?"呼亲兵,以白麻一幅至,自操管于幅中,大书一"鲍"字,旁作无数小圈围绕之,亟封函递去。众不识其意,问之。鲍曰:"大帅自能知其故。"递至祁门,曾之幕中人拆视,亦莫知何事。持示曾,曾大笑曰:"老鲍又被围

---

①钱基博:《近百年湖南学风》,中国人民大学出版社 2004 年版,第 46 页。

②欧阳兆熊、金安清:《水窗春呓》卷上,《罗忠节轶事》。

③刘体智:《异辞录》卷 1。

④小横香室主人编:《清朝野史大观》卷 8,《王壮武公不愧儒将》。

⑤俞樾编:《彭刚直公诗集》卷 2,《攻克彭泽夺回小姑山要隘》。

⑥小横香室主人编:《清朝野史大观》卷 10,《刚直能诗善书》。

矣。"乃急檄多隆阿往援,围始解。①

　　另一个故事则讲到,有一天胸无点墨的鲍超心血来潮,"提笔欲作字",憋了半天只写了一个"门"字,写完后一位幕僚提醒他"门"字右边一竖应该有钩,鲍超打了对方一个嘴巴,指着大门说:"若试视门下可有钩耶?"恰好墙上悬挂着一副曾国藩手书的对联,上面也有个"门"字,幕僚就指给他看:"曾文正写'门'字亦有钩。"鲍超平生最信服曾国藩,看后连忙给幕僚磕头认罪:"先生恕吾武人。"②

　　这两个故事杜撰的成分很大,但曾国藩对鲍超的器重以及鲍对曾的敬重,却是不争的事实。而在书香浓郁的"涤公"帐下,不学无术的鲍超算得上是比较另类的一个了。

二

　　自带兵之始,曾国藩就深知"千军易得,一将难求"的道理,在访寻将才、笼络将才、培育将才方面花费了很多心血。1853年他在致朋友的信中有这样一段论述:"窃尝以为无兵不足深忧,无饷不足痛哭,独举目斯世,求一攘利不先,赴义恐后,忠愤耿耿者,不可亟得;或仅得之;而又屈居卑下,往往抑郁不伸,以挫以去以死;而贪饕退缩者,果骧首而上腾,而富贵,而名誉,而老健不死,此其可为浩叹者也。"③在曾国藩心目中,将才的标准无外乎四条,一是"才堪治民",二是"不怕死",三是"不急急名利",四是"耐受辛苦",而最重要的还在于"忠义血性"四字:"大抵有忠义血性,则四者相从以俱至;无忠义血性,则貌似四者,终不可恃。"④1858年在与曾国荃探讨时,又指出:"凡将才有四大端:一曰知人善任,二曰善觇敌情,三曰临阵胆识,四曰营务整齐。吾所见诸将,于三者略得梗概,至于善觇敌情,则绝无其人。"⑤对于这样的将才,他"梦想以求之,焚香以祷之,病中无须臾或忘诸怀"⑥。一旦遇到可心之才,他又成为善于发现、使用和培育良将的高手。长期跟随曾国藩的幕僚薛福成认为,曾氏最成功之处在育人用人之道:

　　自昔多事之秋,无不以贤才之众寡,判功效之广狭。曾国藩知人之鉴,超侪

---

　　①汪诗侬:《所闻录》,《鲍超求救书》。
　　②小横香室主人编:《清朝野史大观》卷7,《鲍忠壮敬文士》。
　　③《曾国藩全集·书信》,《复彭申甫》。
　　④《曾国藩全集·书信》,《与彭洋中曾毓芳》。
　　⑤《曾国藩全集·家书》,《致沅弟》咸丰七年十月二十七日。
　　⑥《曾国藩全集·书信》,《与彭洋中曾毓芳》。

古今，或邂逅于风尘之中，一见以为伟器；或特色于形迹之表，确然许为异材。平日持议，常谓天下之大，事变至殷，绝非一手一足之所能维持。故其振拔幽滞，宏奖人杰，尤属不遗余力。尝闻曾国藩目送江忠源曰："此人必名立天下，然当以节烈称。"后乃专疏保荐，以应求贤之诏。胡林翼以臬司统兵，隶曾国藩部下，即奏称其才胜己十倍。二人皆不次擢用，卓著忠勤。曾国藩经营军事，亦赖其助。其在籍办团之始，若塔齐布、罗泽南、李续宾、李续宜、王鑫、杨岳斌（作者按：即杨载福，后因避同治帝载淳之讳，改名岳斌）、彭玉麟，或聘自诸生，或拔自陇亩，或招自营伍，均以至诚相与，俾获各尽所长。内而幕僚，外而台局，均极一时之选。其余部下将士，或立功既久而浸至大显，或以血战成名，临敌死馁者，尤未易以悉数。最后遣刘松山一军入关，经曾国藩拔之列将之中，谓可独当一

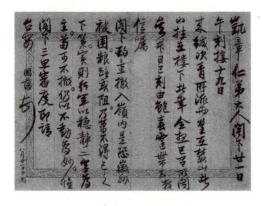

曾国藩致部将张运兰书

面，卒能扬威秦陇功勋卓然。曾国藩又谓，人才以培养而出，器识以历练而成。故其取人，凡于兵事、饷事、吏事、文事，有一长者，无不优加奖励，量才录用。将吏来谒，无不立时接见，殷勤训诲。或有难办之事，难言之隐，鲜不博访周知，代为筹划。别后则驰书告诫，有师弟督课之风，有父兄期望之意。非常之士与自好之徒，悉乐为之用。①

　　曾国藩指出："古来名将得士卒之心，盖有在于钱财之外者；后世将弁、专恃粮重赏优，为牢笼兵心之具，其本为已浅矣。是以金多则奋勇蚁附，利尽则冷落兽散。"②这里说的是带兵，又何尝不是在谈论驭将之道。笔者考察曾国藩多年治军和带兵的经验，认为"涤公"的驭将之道主要有四点：晓之以理，动之以情，束之以法，用之以长。

　　所谓晓之以理，就是平时反复教育，遇事耐心说服，通过循循善诱的思想工作，使部属明善恶、辨是非、知法度、晓进止。曾国藩在营之日，对于所部将官，在身边的则接见面谈，在外作战的则书信往还，极尽辅导训诲、说服教育之能事，因此湘军将领大都视其如师长，比如李续宾就口口声声称他为"先生"。1866 年 11 月，他在给皇帝的奏折中对此颇为自得："臣昔于诸将来谒，无不立时接见，谆谆训诲，上劝忠勤以报国，下戒骚扰以保民。别后则寄书告诫，颇有师

①薛福成：《庸庵文编》卷4，《叙曾文正公幕府宾僚》。
②《曾国藩全集·书信》，《与王鑫》，咸丰三年十月初八日。

弟督课之象。其余银、米、子药搬运远近,亦必计算时日,妥为代谋,从不诳以虚语。各将士谅臣苦衷,颇有家人父子之情。此臣昔日之微长也。"①李鸿章在带领淮军初到上海的7个月里,发出的重要信件有101封,其中写给曾国藩的就有44封,曾国藩写给他的决不少于这个数字。在这些书信中,曾国藩在训练部队、指挥作战、对外交涉等方面,详细询问,细致点拨,帮助李鸿章在江苏站稳脚跟、打开局面,李对老师的教诲之功非常感念。在徽州作战时,朱品隆、唐义训二人素不相能,唐义训竟在朱品隆与太平军对垒时按兵不动、坐观成败,曾国藩闻讯后大怒,对唐进行了严肃批评:"湘军之所以无敌者,彼此相顾也。湘军将虽有仇,临陈未尝不相援,故有晨参商而夕赴救者。私怨,情也;公事,义也,尔独不闻知乎?朱镇危急,三促出军而不肯应,是乱湘军之制,而湘军由此败坏也。不急改者,将谁容汝?吾行军十年,视将士如子弟,至于执军法以诛败类,必有余矣。"又写信向朱品隆追问始末缘由。二人"惭惧相悔谢",一起上疏请罪,表示今后一定辑睦一心、密切配合,并很快合兵解了徽州之围。②

所谓动之以情,就是既讲大道理,又讲小道理,既重礼法,又重感情,以诚心实意去关心人、理解人、打动人、感化人。在《水师得胜歌》中,曾国藩有如此自白:"我待将官如兄弟,我待兵勇如子侄,你们随我也久长,人人晓得我心肠。"③后来曾国藩率淮军北上剿捻时,李鸿章没少从中掣肘,又向老师求情不让他的弟弟在前敌作战,曾国藩耐心地开导他:"以私事而论,君家昆仲开府,中外环目相视,必须有一人常在前敌担惊受苦,乃足以折服远近之心";"以公事而论,目下淮、湘诸军剿捻,颇似秀才考经策两场之时,视之无关得失,潦草塞责。若非仆与阁下提振精神,认真督率,则贼匪之气日进日长,官兵之气日退日消,若淮勇不能平此贼,则天下更有何军可制此贼?大局岂复堪问!""吾二人视剿捻一事,须如李家、曾家之私事一般。"④镇压东捻军时,刘铭传功高赏薄,对李鸿章颇为不满。1868年西捻军东进威胁北京,刘称病不出,李鸿章无可奈何并受到革职留用处分。曾国藩为此去信劝解刘铭传:"追剿数省唯君最劳且速,大捷数次唯君最劲且精,甚至波折叠生唯君始终不挫,屡军滥竽唯君侃直不阿,卒能扫除剧寇,成此奇勋。虽劳浮于赏,中枢或不深察,而全功出于阁下一人,则远近皆知。""张逆盘旋保定、河间一带已逾一月,彼苍玉成豪杰,安知不留此难题,历试群将帅所不能,而后逾显君下之能乎?"⑤语气真像一位长辈在安慰受了委屈的

---

①《曾国藩全集·奏稿》,《病难速痊请开各缺仍留军中效力折》,同治五年十月十三日。

②王闿运:《湘军志·曾军后篇》。

③《曾国藩全集·诗文》,《水师得胜歌》。

④《曾国藩全集·书信》,《复李鸿章》,同治五年十月初八日。

⑤《曾国藩全集·书信》,《与刘铭传》,同治七年三月十六日。

孩子。刘铭传读后深受感动,立刻投袂而起,再赴疆场。

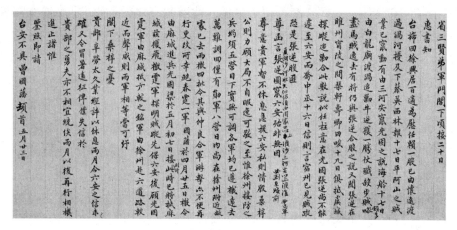

曾国藩致刘铭传书

所谓束之以法,就是不施小恩小惠,不讲小仁小义,整肃法纪,赏罚严明,使部将知所遵循、有所畏惧。曾国藩认为"将帅之道,亦以法立令行整齐严肃为先","用恩莫如仁,用威莫如礼,仁者,即所谓欲立立人,欲达达人也。待弁勇如待子弟,常有望其成立、望其发达之心,则人知恩矣。礼者,即所谓无众寡,无小大,无欺慢,泰而不骄也"[1]。曾国藩待部将,侧重于以血性忠义相凝聚、以道德礼义相砥砺、以法度规章相约束,不施小仁义、小恩惠,并指出"小仁者,大仁之贼","宽纵不可以治军"[2]。有一次鲍超请假回家,曾国藩因战事紧急,"以檄促之",鲍超走到半路向曾国藩请求"借发两千金寄家",曾狠狠斥责了他,"谓时事孔亟,毋得迟迟其行,今且未立一功,而先谋家室,将何以服前敌军心"? 在对待同一件事情上,胡林翼就采取了完全不同的做法,先是"手书二十六封,令速返",当听说鲍超在曾国藩那里借钱碰了钉子后,就"自寄三千金赠之",于是鲍对胡"深感激,致死力焉"[3]。再比如对待李元度的问题,虽然曾国藩与李元度有着很深的私交,但当李失守徽州、逗留不归,后又欲改换门庭投奔王有龄时,曾国藩不惜对其一参再参,毫无留情,以致晚年对此颇为后悔。

所谓用之以长,就是注重发挥部下的优点和长处,不求全责备,不纠缠细节,即使对那些"问题将领",也要"责其过,劝其善,用其才",力求扬长避短、改过迁善、育成人才。比如鲍超贪财好利、军纪最坏,却英勇善战,号称湘军第一悍将,曾国藩认为统军将领"以能战为第一义"[4],因而用其长处,终使其成就大

---

[1]《曾国藩全集·日记》,咸丰六年六月初四日。

[2]《曾国藩全集·诗文》,《笔记二十七则》。

[3]方宗诚:《柏堂师友言行记》卷2。

[4]《曾国藩全集·家书》,《致沅弟》,咸丰八年五月初六日。

功。并非湘军系统的李世忠和陈国瑞，是当时最为桀骜不驯的两个混世魔王，曾短期隶属曾国藩麾下。即使对他们，曾国藩也颇费心思，耐心开导，以期"玉成名将"。剿捻期间，陈国瑞在长沟向刘铭传挑衅，被刘一战生俘、极尽凌辱后又向曾国藩告状。曾国藩在了解情况后，深知其怙恶不悛，理应重处，又念及他"打仗耐久，不肯收队"，特意写了一个长批，论今讲古，苦口婆心，好言规劝，既严肃地指出其斑斑劣迹，又表扬他"骁勇绝伦"、"不好色，亦不甚贪财"等优点，表示自己"怜该镇之本有可为名将之质而为习俗所坏，若再不猛省，将来身败名裂而不自觉"，并与他约法三章，"一曰不扰民，二曰不私斗，三曰不梗令"，希望他"细心领会"，以"保天生谋勇兼优之本质，改后来傲虐自是之恶习"，"玉成一名将，亦本部堂之一功也"①。对李世忠这个反复无常、横行不法的太平军降将，曾国藩在致曾国荃信中如此述说：

李世忠辈暴戾险诈，最难驯驭。投诚六年，官至一品，而其党众尚不脱盗贼行径。吾辈待之法，有应宽者二，有应严者二。应宽者：一则银钱慷慨大方，绝不计较，当充裕时则数十百万掷如粪土，当穷窘时则解囊分润，自甘困苦；一则不与争功，遇有胜仗，以全功归之，遇有保案，以优奖笼之。应严者：一则礼文疏淡，往还宜稀，书牍宜简，话不可多，情不可密；一则剖明是非，凡渠部弁勇有与百姓争讼而适在吾辈辖境及来诉告者，必当剖决曲直，毫不假惜，请其严加德治。应宽者，利也，名也。应严者，礼也，义也。四者兼全，而手下又有强兵，则无不可相处之悍将矣。②

曾国藩想法虽好，可惜陈、李之流毕竟不同于他一手调教出来的湘军诸将，两人积习难改，到1871年6月，更发展到二虎相争、私自斗杀，在扬州大闹一场。此时已回任两江总督的曾国藩经过调查，上折参奏，奏请将李世忠即行革职并勒令回籍，交地方官严加管束，陈国瑞以都司降补并勒令速回湖北原籍。后来两人仍旧横行不法，陈国瑞被贬往黑龙江并死于戍所，李世忠则于1881年被安徽巡抚裕禄奏请朝廷下诏诛杀，理由之一就是曾国藩当年所参奏折中的"如再怙恶，当即处以极刑"③之语。

三

说到曾国藩的成功和湘军的发展，不能不提及湘军的第二号领袖——胡

①《曾国藩全集·批牍》，《批浙江处州陈镇国瑞具禀暂驻归德并饷项军火如何筹措等情》。
②《曾国藩全集·家书》，《致沅弟》，同治元年四月十一日。
③《曾国藩全集·奏稿》，《李世忠陈国瑞寻仇构衅据实参奏折》，同治十年六月二十八日。

林翼。

胡林翼(1812～1861),湖南益阳人,与左宗棠同岁而比曾国藩小一岁。曾、左、胡三人相交很早,并且渊源深厚。曾国藩在 1841 年的日记中记有"胡送余《陶文毅公集》二部"①之语,"陶文毅公"即陶澍,道光年间著名湘籍大臣,曾任两江总督,因赏识左宗棠而与之结为儿女亲家(左之女嫁给陶之子),而胡林翼是陶澍的女婿,因此被曾国藩讥为"辈分不合"。胡林翼的父亲胡达源是嘉庆二十四年的探花,因此他家学渊源,科举顺利,1836 年即考中进士,比曾国藩还早了两年。胡林翼早年落拓不羁,放浪形骸,野史中记载了他的许多风流韵事。1840 年因江南乡试主考官舞弊案(当时他是副主考)受到降级处分,次年因父

胡林翼

丧回籍守制,在家赋闲达 5 年之久。1846 年至 1854 年在贵州任知府及道员,因镇压当地农民起义而声名鹊起。因此,湖广总督吴文镕于 1854 年初奏调他率数百黔勇经湖南赶往湖北金口,参加对太平军作战。当他于 2 月上旬兼程赶到金口时,吴已于黄州兵败自杀,胡林翼只好退踞岳阳。在他无所归依的时候,曾国藩向朝廷建议他留在湖南,并称赞他:"其才胜臣十倍,可倚平寇。"②。需要说明的是,曾国藩的这封奏折原稿已失,这一记载见于严树森撰《胡林翼年谱》,1861 年胡林翼病逝后,曾国藩在所上《沥陈前湖北抚臣胡林翼忠勤勋绩折》中写道:"臣与该抚共事日久,相知颇深,咸丰四年,曾奏推胡林翼之才胜臣十倍。"③由此可以推断,曾国藩确实对胡林翼有知遇之恩。咸丰帝同意胡林翼率军随从曾国藩行动,从此曾胡携手,揭开了湘军发展史上的新篇章。

从 1854 年入湘开始,胡林翼在短短的 7 年间为湘军的发展和清王朝的"中兴"立下了汗马功劳,成为湘军中仅次于曾国藩的第二号领袖人物。1854 年夏,胡林翼升任四川按察使,旋改湖北按察使;1855 年春率部攻入江西,因功升布政使,两个月后又署湖北巡抚,升迁之快实属罕见。1857 年曾国藩委军奔丧,暂退幕后,胡林翼则成为湘军的实际领袖,在前台支撑。1858 年曾国藩复出后,曾、胡联兵进图安徽,于 1861 年 9 月 5 日攻克安庆,胡林翼受太子太保衔,加骑都尉世职。9 月 30 日,胡林翼病逝于武昌,终年 50 岁,诏加总督,谥文忠,极尽哀荣。在此前后,胡林翼的亲信僚属先后有罗遵殿出任浙江巡抚、庄受祺出任福建按察使、严树森出任湖北巡抚、阎敬铭出任山东巡抚等,也显示出胡林翼一系名望

---

①《曾国藩全集·日记》,道光二十一年七月十四日。
②严树森:《胡林翼年谱》,咸丰四年二月。
③《曾国藩全集·奏稿》,《沥陈前湖北抚臣胡林翼忠勤勋绩折》,咸丰十一年十月十四日。

声势之隆。如果不是早逝,胡林翼的政治前景当不在曾国藩之下。

这7年中,曾、胡的紧密团结成为湘军发展壮大的一个重要原因。甚而至于在相当长的时间里,曾国藩退居于幕后或次要位置,由胡林翼全力支撑大局,维系着湘军的存在,协调着湘系集团的内外关系。

胡林翼势力的增长来自曾国藩的鼎力支持。咸丰五六年间,曾国藩先派罗泽南、李续宾部陆师援湖北,又将杨载福所部长江水师归胡林翼指挥,从而使胡林翼部湘军从入鄂不久的6000余人发展到1856年底的1.5万余人。胡林翼以此为基础,采取"长堑围困之计"围困武汉,终于在这一年的11月攻陷武昌,并乘势攻黄州、克兴国、复蕲州、下广济,于12月收复湖北全境。随后挥师东进,于1857年克小池口、湖口,至1858年终于攻下太平军长期据守的九江重镇,实现了他制定的"会合江西内湖一军,以全师之全力制贼"的战略预想。然而,1858年11月李续宾全军覆没于三河,湘军受到重创,战局因而牵动,胡林翼深感"先剪枝叶、后除根本"的重要性,与已经复出的曾国藩商定四路进兵安庆之策:一路以曾国藩1.5万人及杨载福部水师6000人,沿江进围安庆,为南路;一路以多隆阿、鲍超、蒋凝学1.5万人,攻太湖、潜山,进取桐城,为中路;胡林翼领余际昌等部出英山、霍山,以取舒城,为北路;李续宜由松子关北顾商、固,南保黄、麻,确保鄂东安全,为后路策应之师。此后太平军据守的安庆终因救援不力、战略失当而失陷。胡林翼在安庆攻克之后不久死去,曾国藩则继续领湘军攻克金陵,完成了胡的遗愿。

纵观湘军与太平军的作战,湘军是自上而下、沿江东征,基本是沿着"武汉—九江—安庆—天京"的路线展开攻势,太平军在战争的中后期则是步步退防、步步被动,最终失败。在湘军一方,曾国藩的第一次东征虽然席卷两湖、收复武汉,却顿兵九江城下,坐困江西境内,又眼睁睁地看着武汉再度被太平军攻占,直到1857年曾国藩因父丧离开江西前线始终没有再打开局面。在曾国藩离开军营的一年多中,胡林翼不仅再度克复武汉,而且在第二次东征中收复湖北全境,打下湖口和九江,使湘军转危为安。曾国藩复出后,两人定下围攻安庆之计,合力拿下了这个天京以西最关键的战略重镇。单从这一段历史来看,胡林翼的军功并不在曾国藩之下,战略思想、全局观念甚至略胜曾国藩一筹。比如他在湘军中较早地提出"以上制下"的战略设想:"古今谋吴、楚,必争上游,盖取高屋建瓴之势,千里江陵,一日可至。如王濬、杨素之造舟于蜀是也。又如秦之破楚,必先

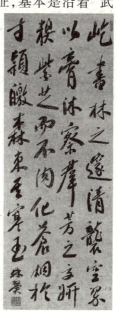

胡林翼书法

取巴蜀,方舟而下,以出扞关是也。"①故有人指出,"诸所措置,曾不及胡"②。

　　曾国藩承认,胡林翼在处理官场关系以维系湘军大局方面也要比自己高明得多,在处理与湖广总督官文的关系上尤其如此。官文是满人,才干平庸又贪权自负,湘军将领很少有能与他合得来的。胡林翼审时度势,决意用权术结交官文,以面子换取里子,"凡吏治、财政、军事,悉听林翼主持,官文画诺而已","湖北富强,实基于此"③。在湘军内部,由于曾国藩治军甚严,对将领要求颇高,在早期与湖南官场、江西官场势如水火,与湘军创始人之一王鑫决裂,后期与左宗棠交恶,又严劾李元度,即使与罗泽南、多隆阿、鲍超等湘军将领,都曾有过摩擦和误解,其间多赖胡林翼曲意弥缝、好言劝慰,从而维护了湘军的团结局面。

　　从前文所述的"鲍超要钱"一事就可以看出,胡林翼的驭将策略比曾国藩要灵活得多,尤其善于调和诸将。彭玉麟、杨载福有一段时间素不相能,关系很僵,两人同归胡林翼指挥时,胡决心劝解他们和好:

　　乃致书杨公、彭公,请其会商要事。杨公先至,欢谈,而彭公至,杨公即欲出,文忠强止之,彭公见杨公在座,亦欲出,文忠又强止之,两人相对无语。文忠乃命设席,酌酒三斗,自捧一斗,跪而请曰:"天下糜烂至此,实赖公等协力支撑,公等今自生隙,又何能佐治中兴之业耶?"因泣下沾襟。于是彭、杨二公皆相呼谓曰:"吾辈负宫保矣!如再有参差,上无以对皇上,下无以对宫保。"遂和好如初。④

　　对于湘军将领的生活困难,胡林翼都能"体其隐衷而匡其不逮,或家在数千里外,辄馈资用",并且"具饷必丰,奖荐愈隆"。李续宾、李续宜兄弟的父母年岁已大,兄弟二人在前方带兵打仗,"以不能归省为憾",胡林翼"为迎养其父母,晨昏定省,如事父母。日发书致二李,二李皆感激,愿尽死力"。金国琛"以贫乞返",胡"立馈千金";鲍超的母亲生病,胡"时致参药"。因此,湘军将领"感激其遇,而服其公,莫不乐为之用"⑤。胡林翼系统的将领以多隆阿、鲍超最善战,时人称为"多谋鲍勇"、"多龙鲍虎"。多隆阿自恃出身和战功,极为轻视汉族将领,与鲍超闹意气,与湘军诸将不和,"虽曾国藩不能驭",但胡林翼却能居中协调,努力化解多隆阿与鲍超以及湘军诸将的矛盾,并"以权术笼络之":"时夸多

　　①《胡林翼全集·书牍》,《致官文》,咸丰九年五月初六日。
　　②左舜生:《万竹楼笔记》。
　　③《清史稿·胡林翼传》。
　　④方宗诚:《柏堂师友言行记》卷2。
　　⑤佚名:《咸同将相琐闻》,《叙益阳胡文忠公御将》。

以愧鲍，时誉鲍以激励多，如孺妇播弄口舌，阳怒阴讥，皆寓使用。其精诚贯金石，其妙算如鬼神，其心迹如青天白日，微论左、李望尘不及，即曾侯亦不能不却步矣。"[1]曾国藩在奏折中也指出，胡林翼对湘军将领能够"以国士相待，倾身结纳"，"或分私财以惠其室家，寄珍药以慰其父母"，"人人皆有布衣昆弟之欢"，因此"外省盛传楚师协和，亲如骨肉"，实在是"胡林翼之苦心调护"的结果。[2]一个明显的例子就是多隆阿只肯听从胡林翼指挥，对曾国藩却不大买账。胡林翼去世后，多隆阿于第二年夏自请统兵入陕防卫关中，与湘军分道扬镳。

最为可贵的是，在湘军内部胡林翼始终竭力维护曾国藩的领袖地位。曾国藩虽是湘军创始人，但长期得不到清廷信任。1854 年收复武昌后咸丰命他署理湖北巡抚，仅 7 天即收回成命，此后多年，再不肯赋予督抚实职。胡林翼是湘军中继江忠源之后第二个位列封疆的大人物，集湖北政、财、军大权于一身，曾国藩旧部李续宾、杨载福、鲍超等皆隶其部下，使他在湘军内部俨然具备了与曾国藩分庭抗礼甚至取而代之的条件。然而胡林翼始终把曾国藩推到湘军实际领袖的位置。在曾国藩赋闲的一年多时间里，胡林翼联络官文、骆秉章等督抚大员多方疏通，为其复出做了大量工作。曾国藩奉命再次统带湘军后，胡、骆于 8 月再次奏请朝廷派其入川防堵石达开部太平

曾国藩致胡林翼的书信

军，有暗为曾氏谋求四川总督之意；当发现清廷只让曾带兵前往而无意授其四川总督实权时，又通过官文上疏，"改议留国藩合谋皖"[3]。可见，曾国藩能有后来的地位与权势，胡林翼实在是"与有力焉"。对此薛福成评价说："公名位既与曾公并，且握兵饷，所以事曾公弥谨，馈饷源源不绝。湖北既清，乃遣诸将还江西，受曾公节制，军势复大振。"[4]

曾胡一体，不论对于曾国藩、胡林翼二人还是对于湘军，其影响都是深远的。胡林翼在曾国藩暂时退出一线的关键时刻顶替上去，维持了湘军的存在、促进了战局的扭转；两人在治军思想、处事方法、性格特点等方面的互补，又为

①胡思敬：《国闻备乘》卷 1，《胡文忠权变》。
②《曾国藩全集·奏稿》，《历陈前湖北抚臣胡林翼忠勤勋绩折》，咸丰十一年十月十四日。
③王闿运：《湘军志·曾军后篇》。
④薛福成：《庸庵文编》卷 4，《叙曾文正公幕府宾僚》。

湘军争取了特别顺畅的内外环境。1861年胡林翼去世后,曾国藩发出了这样的感慨:"从此共事之人,无极合心者矣。"①曾、胡都是不世出的英杰,他们的密切合作也因此显得尤其可贵。从某种意义上说,"二把手"比"一把手"更难当,当"一把手"需要能力,当"二把手"除了能力之外,更需要胸怀和艺术。古往今来那些翻了船的"二把手"们,有不安于做的,更多的是不善于做的。在湘军体系中,胡林翼这个"二把手"实在做得很出色。

脸谱八：统帅

曾国藩不仅是使湘勇脱胎换骨的"鼻祖"、令诸将心悦诚服的"涤公"，也是这支部队的最高军事指挥员——"统帅"。这一身份，既是时人尽知的不争事实，也得到了朝廷的明文确认。

关于湘军的指挥体制，《湘军记》中有如此记述：

> 初立三百六十人为一营，已而改五百人为一营。营分四哨，哨官四人，统以营官。自两营迄十营、数十营，视材之大小而设统领焉。统领径隶大帅。故营、哨官所辖有定数，而统领所辖无定数。钦差、督抚，皆大帅也。帅欲立军，拣统领一人，檄募若干营。统领自募营官，营官拣哨官，以次而下，帅不为制。故一营之中，指臂相联。弁勇视哨、营，哨、营视统领，统领视大帅，皆如子弟之事其父兄焉。或帅欲更易统领，则并其全军撤之，而令新统领自拣营官如前制；或即其地募其人，分别汰留，遂成新军，不相沿袭也。①

曾国藩长期以前侍郎身份任钦差大臣，后来又总督两江、节制四省，完全符合营制中"大帅"的标准。更重要的是，湘军主要将领都是他一手提拔的老部下，只有他指挥起来才能得心应手。1858年6月，湖南巡抚骆秉章奏请曾国藩复出带兵援浙时，就向朝廷指出曾氏统兵实是众望所归："现在授江西各军将领，均前侍郎曾国藩所深知之人，非其同乡，即其旧部，若令其统带赴浙；则将士一心，于大局必有所济。且江、浙本属泽国，利用舟师，杨载福、彭玉麟两军，皆系曾国藩旧部。"对于这一点，皇帝也表示同意："东南大局攸关，必须声威素著之人员会率各军，方能措置裕如。曾国藩开缺回籍，计将服阕。……前谕者龄饬令萧启江、张运兰、王开化等驰援浙江。该员等皆系曾国藩旧部，所带兵勇，得曾国藩调遣，可期得力。"②

太平军二破江南江北大营后，湘军成了清政府镇压太平天国的主力，皇帝一再下诏要求曾国藩"统筹东南全局"，以钦差大臣督办江南军务，并节制苏、赣、皖、浙四省军务。同治初年，皇帝在上谕中多次出现"曾国藩身为统帅，全局

①王定安：《湘军记·水陆营制篇》。
②黎庶昌：《曾国藩年谱》，咸丰八年。

在胸"①、"曾国藩身为统帅,责无旁贷"②之语,这标志着曾国藩作为湘军以及东南地区最高军事指挥官的地位,已经得到了清政府的认可和支持。

一

作为统帅,曾国藩在建军之初就已经具备了胸怀全局的见识和魄力,这一点是湘军其他将帅所远不能及的。

1853 年下半年,曾国藩在衡州练兵时,皇帝以安徽战场形势危急,屡屡催调他率军出征。曾国藩不为所动,他认为所练湘军是未来战场上的主力而不是经制兵的帮手,"剑戟不利不可以断割,毛羽不丰不可以高飞",决不能在枪炮未齐、训练未精的情况下以乌合之众草率出兵,即使"蒙糜饷之讥,获逗留之咎,亦不敢辞"。曾国藩这种公然抗旨拖延的行为让咸丰皇帝大为恼火,他提出的"四省联防"的建议在皇帝看来是越俎代庖,咸丰在一道朱批中对他进行了一番冷嘲热讽:"现在安省待援甚急,若必偏执己见,则太觉迟缓。朕知汝尚能激发天良,故特命汝赴援以济燃眉。今观汝奏,直以数省军务一身克当。试问汝之才力,能乎?否乎?平时漫自矜诩,以为无出己之右者。及至临事,果能尽符其言甚好;若稍涉张皇,岂不贻笑于天下?着设法赶紧赴援,能早一步,即得一步之益。汝能自担重任,迥非畏葸者比。言既出诸汝口,必须尽如所言,办与朕看。"③令咸丰意想不到的是,仅仅过了几年,这个受他轻视遭他挖苦的曾国藩及其湘军,果然成了他不得不依赖的"剿匪"主力。

然而,面对英勇善战的太平军,曾国藩及其湘军的每一场战斗都极为惨烈,每一次胜利都极为艰难,其间更经历了多次失败和危境。曾国藩曾在晚年总结一生中处境最为困难的三个时期,一是刚出征时的靖港之败,一是兵败湖口与坐困江西时期,一是祁门大营遇困前后。作为军事统帅,这是曾国藩视为耻辱的三次遭遇。

靖港之役是曾国藩亲自指挥的第一场战斗。1854 年 2 月 25 日,曾国藩率湘军水陆大军自衡州启程,到湘潭集结,准备正式与太平军作战。出征之际,曾国藩发表了著名的《讨粤匪檄》,表明"卧薪尝胆,殄此逆凶"的决心,以"大兵一压,玉石俱焚"④之势向进攻湖南的太平军示威。不料出师不利,湘军先是大败于岳州,继而逃奔至长沙,太平军则乘胜于 3 月上旬占领湘阴、靖港、宁乡等地,前锋距长沙仅 50 多里,并在林绍璋部援军到来后对长沙形成了包围态势。羞

---

①同治三年五月初八日上谕。
②同治四年七月初九日上谕。
③咸丰三年十二月十六日朱批。
④《曾国藩全集·诗文》,《讨粤匪檄》。

愧之余,曾国藩上了一道《岳州战败自请治罪折》,并与湘军将领讨论决定,先集中主力攻湘潭,以打破包围、收复湖南。急于打胜仗的曾国藩在主力部队出发后,率领剩余人马进攻近处的靖港,试图以多胜少,驱除眼前威胁,一洗战败之辱,也体会一下亲临战阵大获全胜的快意。

今日曾国藩故居的湘军军旗

投入靖港之役的湘军计有水师5营,陆师 800 人,大小战船 40 余只,在实力上占了优势。但湘军缺少实战经验,曾国藩也是第一次临阵指挥,反而被久经战阵的太平军以少胜多,打得大败。战斗一开始,太平军就从岸上用炮火猛烈轰击,又出动 200 余只小船,对湘军行动不便的大战船发起攻击,将这些战船或者击毁或者俘获,水勇纷纷上岸逃命,陆勇见状也纷纷溃退。曾国藩仗剑督战,"立令旗岸上曰:'过旗者斩。'士皆绕从旗旁过,遂大奔"①。眼见大势已去,曾国藩羞愧无地,跳水自杀,被其随从章寿麟救起。

这是曾国藩出兵以来的第一次大败仗,虽然战斗规模不大,损失也不是很惨重,但他却很难接受。他痛恨绿营兵的"见敌即溃"、"败不相救",这种现象却在他的军队中上演了。他身为统帅,临阵即败,又何以向朝廷交代、何以面对长沙城中的大小官员? 这段时间省城的一些官员们也确实大为解气,他们忌恨曾国藩在长沙时的越职侵权行为,眼见湘军之败,纷纷要求上报朝廷解散湘军。曾国藩内外交困、一筹莫展,向皇帝写下遗折准备自杀,在奏折中称:"臣愧愤之至,不特不能肃清下游江面,而且在本省屡次丧师失律,获罪甚重,无以对我君父。谨北向九叩首,恭折阙廷,即于某日殉难。"②不过这封遗折并没有发出,幸有湘潭方面胜利的捷报传来:塔齐布、彭玉麟、杨载福等大败太平军,其水军船只被毁,被迫撤退。湘潭大胜总算冲散靖港失败的阴影,挽回了湘军的体面,曾国藩也因此不再自杀,打起精神来迎接新的战斗。

坐困江西是曾国藩人生中的一大低谷,直接原因则是湘军在这里碰到了太平天国最善战的将领——石达开。曾国藩在靖港失败后经过一番整顿,很快席卷两湖,锐不可当,相继于 1853 年 10 月占领武汉,12 月攻占田家镇,次年 1 月水陆大军已经杀到九江城下。此时翼王石达开奉命主持西征,已将指挥部由安庆移至湖口,在组织加强九江、湖口两城防御工事的同时,为弥补两城相距六七

①王闿运:《湘军志·曾军篇》。
②《曾国藩全集·奏稿》,《靖港败溃后未发之遗折》,咸丰四年四月十二日。

十里、中间被鄱阳湖入江水道隔开的缺陷,在湖口对面西岸梅家洲兴筑木城两座,由名将罗大纲防守,并加强了驻守兵力。这样就使三地联为一体,形成了可以相互支援的防御体系。在战术指挥上,石达开等既注意加强内线防御,又不时以灵活的方式进行主动出击,并积极寻求和捕捉战机,以求抓住湘军的弱点取得战略性突破。

被胜利冲昏了头脑的曾国藩和湘军,没有意识到当面之敌的这些变化,他们认为江西战事会像在湖北那样顺利,"破竹势成,无难立堕"①。等到进攻受挫,曾国藩又采取了不适当的分兵,留塔齐布继续攻九江城,抽调罗泽南、胡林翼军移攻梅家洲,水师则策应两处,并相机进入鄱阳湖追击太平军。1月29日,湘军水师中性能灵活的长龙、三板120余艘入湖追击时,被太平军封锁湖口,堵在湖内,湘军水师由此被分割为外江、内湖两支,外江水师多为不甚灵活的大

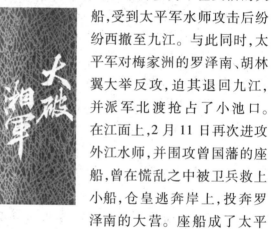

船,受到太平军水师攻击后纷纷西撤至九江。与此同时,太平军对梅家洲的罗泽南、胡林翼大举反攻,迫其退回九江,并派军北渡抢占了小池口。在江面上,2月11日再次进攻外江水师,并围攻曾国藩的座船,曾在慌乱之中被卫兵救上小船,仓皇逃奔岸上,投奔罗泽南的大营。座船成了太平

连环画《大破湘军》

军的战利品,湘军的文卷册籍,以及粮台的银两,全都落入太平军手中。曾国藩在罗泽南营中神思恍惚,羞愧无比,准备效法春秋时晋国元帅先轸,策马赴敌以求死,被罗泽南、刘蓉等人劝住。

太平军并没有给湘军喘息的机会。就在曾国藩收缩部署,集中力量进攻九江的时候,石达开已经在湖口之战的同时派出秦日纲、陈玉成、韦俊等人,趁清军后方空虚之机,由安徽宿松、太湖一带反攻入鄂,连克黄梅、广济、黄州,并于4月3日再次占领武昌,重新控制了湖北大片地区。太平天国的西征反攻达到了鼎盛局面,而湘军第一次大规模东征所取得的成果却丧失殆尽。此时的曾国藩,既不能攻下九江,又不愿回援武汉,只能坐困于江西。采取了几次军事行动,又都不能打开局面。8月30日,塔齐布病死于九江城下,不久罗泽南又率5000陆师精锐西援武汉,曾国藩在江西的形势就更加困难。罗泽南率军西行

---

①唐训方:《从征图记》。

时,刘蓉对曾国藩说:"公所以赖以转战者,塔、罗两君。今塔公亡,诸将可恃独罗公,又资之远行,脱有缓急,谁堪使者?"曾国藩说:"吾固知其然,然计东南大局宜如此。今俱困江西无益,此军幸克武昌,天下大势犹可为,吾虽困犹荣也。"[1]塔死罗走,坐困江西,军事上难有突破,又在粮饷等问题上与江西地方官闹得不可开交,曾国藩与他的湘军似乎到了山穷水尽的地步。他在给皇帝的奏折中诉说当时的情形是:"每闻春风之怒号,则寸心欲碎;见贼帆之上驶,则绕屋彷徨。"[2]直到1857年3月,曾国藩因父亲病故,离开江西军营回籍奔丧,才算离开了这个是非之地。直到1858年5月李续宾攻克九江,湘军才走出了低谷。

祁门遇险则是在安庆会战期间。1858年7月曾国藩再度出山,1860年8月被任命为两江总督、钦差大臣,督办江南军务。这一时期,曾国藩与胡林翼联手指挥安庆会战,以曾国荃等部湘军围攻安庆,负责打援的多隆阿、李续宜等部湘军也分别到达指定位置,湘军在对太平军的战事中逐渐取得了主动。然而就在这样的大好形势下,曾国藩又一次陷入了困局之中。

1860年7月28日,曾国藩留曾国荃等继续围困安庆,自己率湘军万余人渡长江入皖南,进驻祁门。9月下旬,太平天国发动了以救援安庆为目的的第二次西征。9、10月间,南路部队杨辅清、李侍贤部相继占领宁国府、徽州府城。11月,忠王李秀成的主力部队由江苏进入皖南,兵锋直指祁门地区,大劫难的阴影笼罩在祁门大营上空。曾国藩集结在祁门附近的部队,有鲍超一军6000人,朱品隆和唐义训部2000人,杨镇魁部1000人,以及从湖南调来的张运兰部4000人,共计13000余人,兵力远少于在皖南的太平军,而此时在他身边的仅有3000人,因此祁门大营中的人们免不了一夕三惊。果然,很快就传来了消息:李秀成的部队攻占羊栈

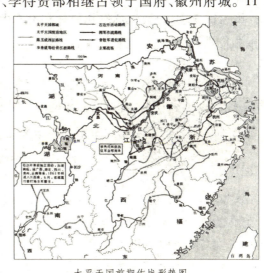

太平天国前期作战形势图

岭,攻克了距离祁门只有80里的黟县,只要一天路程就能打到祁门。曾国藩的幕僚们已经开始收拾行李,随时准备逃跑,曾国藩也写好了遗嘱,但他还是故作镇定,对大家宣布,凡有想离开祁门的,他负责发给路费,等危险过去了可以再

①王定安:《曾国藩事略》卷1。
②《曾国藩全集·奏稿》,《统筹全局折》,咸丰五年二月二十七日。

回来。人心惶惶之际，接到曾国藩命令的鲍超与张运兰部赶来了，在黟县与李秀成部大战并将太平军击败，李秀成撤兵南下，进入浙江。12月，新的危机又一次降临。太平军大将黄文金部2万多人攻破建德，切断了祁门大营与皖北安庆等地的联系，李世贤和刘官芳两部又分别从东、北两个方向对祁门大营发动了进攻。曾国藩在家书中用"奇险万状，风波迭起"形容这段时间的凶险。幸而有鲍超带着他的"霆军"拼死救援，才又一次渡过了危机。1860年4月，曾国藩主动出击，组织湘军对徽州城发动攻击，反被太平军劫营，22营中竟有8营完全溃散，全军败退祁门。如果太平军追踪而至，祁门大营势难保全，绝望中的曾国藩开始准备后事，并给两个儿子曾纪泽和曾纪鸿写下了遗嘱，总结了自己一生的经验教训，告诫两个儿子长大后"切不可涉历兵间"①。幸好正在赣北一带转战的左宗棠率部向李侍贤侧后猛击，4月22日两军大战于乐平城外，左军力战获胜，进占德兴等地，使祁门大营转危为安。

曾国藩在祁门驻扎了10个月，其间凶险万状，屡屡败绩，但他坚守不退，牵制了太平军大量兵力，保证了皖北安庆战场的胜利。1860年9月4日，湘军攻入安庆城，胜利的砝码又一次加在了曾国藩一边，战场态势进一步朝着有利于湘军的方向发展。

曾国藩去世后，江苏巡抚何璟在上奏中，用大量篇幅描述了曾国藩几次战败和危机的情况：

方其初败于岳州，再挫于九江，兵几不振，穷且益坚。迨江西困厄之时，事势非顺，动多触忤。一钱一粟，非苦心经营则不能得；一弁一勇，非苦口训诫则不能战。于困苦难堪之中，立坚忍不拔之志，卒能练成劲旅，削平逋寇。上慰先帝在天之灵，辅佐圣世中兴之业。……逮咸丰十年，初膺江督，进驻祁门，正值苏常新陷，浙省再沦，皖南皖北十室九空，人烟稀少。军饷则半菽难求，转运则一夫难雇。自金陵以至徽州八百余里，无处无贼，无日无战。徽州之方陷也，休、祁大震，江、楚皆惊。或劝移营江西省城以保饷源，或劝移江干州县以通粮路，而仍不出江督辖境。曾国藩曰："吾初次进兵，遇险即退，后事何可言？吾去此一步，无死所也。"群贼既至，昼夜环攻，飞炮雨集。曾国藩手书遗嘱，帐悬佩刀，犹复从容布置，不改常度。死守兼旬，直待鲍超率霆军自山外来，始得以一战驱贼出岭。以十余载稽诛之狂寇，曾国藩授钺四年，次第荡平，皆以祁门初基不怯，有以寒贼胆而壮士气也。②

①《曾国藩全集·家书》，《谕纪泽纪鸿》，咸丰十一年三月十三日。
②《曾国藩年谱》，附二：《曾国藩哀荣录·江苏巡抚查明事迹疏》（何璟）。

二

曾国藩不是常胜将军,湘军也不是所向无敌的常胜之师,在与太平军的对垒中,他们打了许多败仗,有时甚至是惨败。狭路相逢,英勇者胜;逆境困顿,坚忍者成。曾国藩能成为最后的胜者,在于他一贯推崇的"挺"字经,即所谓"乱极时立得定,才是有用之学"。此外,湘军特殊的组织体制和编练特色,使它对勇丁具有控制力、对乡民具有吸引力,从而使它在被击败后而不溃散,溃散后也能迅速地重新组织起反击的力量,这也是它在与太平军的对垒中取得最后胜利的重要军事因素。

对于自己的军事才干,曾国藩深有自知之明,认为自己是"训练之材,非战阵之材"。由于亲自指挥的几场战斗接连受挫,因此他在后期的作战中基本坐镇后方,不肯亲临一线指挥,自称"用兵十载,未尝亲临前敌"①。王闿运评价他:"以惧教士,以惧行军,用将则胜,自将则败。"②左宗棠对曾国藩的指挥能力不敢恭维,笑他是"兵憨"。胡林翼也认为曾国藩不善治兵,经常自入窘境,"恐德足以入文庙,功必不足入太庙","异日稗官野史,将蒙千古之忧"③。然而,作为湘军之主的曾国藩自有其过人之处,胡、左、李等人在战略、战役、战术思想上都从他那里学到许多经验,总体上也对他的统帅地位非常尊重。清政府在众多将帅中独独选中曾国藩"统筹东南全局",对他的一系列战略思想和战役计划大都予以肯定和支持,足以从事实上说明一切。对于曾国藩的军事指挥艺术,笔者将在"军事家"一节中予以详述。

值得一提的是,由于性格、阅历、地位的不同,曾国藩、左宗棠、李鸿章三人在治军用兵上表现出完全不同的作风,其迥然作风之间的差异与矛盾、合作与分工,是晚清军事舞台上一个颇有趣味的现象。若简而言之,可概括为曾国藩之"土气"、左宗棠之"大气"、李鸿章之"洋气"。

曾国藩之"土气",不是"土包子"、"土老帽"的"土",而是指他用兵稳健,"务求踏实",又善于从传统兵学中取经寻宝,以为当世之用。"论者谓国藩所订营制、营规,其于军礼庶几近之(作者按:指戚继光)。"④在作战中,他一旦定下决心,则他人很难左右,即使皇帝下旨也难以干扰。他这样向曾国荃谆谆传授经验:"进兵时须由自己作主,不可因他人之言而受其牵制。非特进兵为然,即寻常出队开仗亦不可受人牵制。应战时,虽他营不愿,而我营亦必接战;不应战

①黎庶昌:《曾国藩年谱》,同治三年。
②王闿运:《湘军志·营制篇》。
③杜春和、耿来金编:《胡林翼未刊往来函稿》,岳麓书社1989年版,第27页。
④《清史稿·曾国藩传》。

时，虽他营督促，我亦且持重不进。若彼此皆牵率出队，视用兵为应酬之文，则不复能出奇制胜矣。"①

作为军事统帅的曾国藩，最主要的贡献是为湘军制定了正确的战略方针和战役战术原则。早在建军之初他就认识到："今之办贼，不难于添兵，而难于筹饷；不难于募勇，而难于带勇之人；不难于陆战，而难于水战。"②在此认识基础上编练的湘军水师，对于后来的一系列胜利功不可没。他最早提出"谋金陵者必踞上游，法当舍枝叶图根本"③的战略构想，建议"五省联防"、"以上制下"，逐步推进，包围天京。后来的战争发展完全印证了曾国藩的判断，让人不能不佩服他的战略眼光。在战役战术上，他主张以活济呆、稳慎徐图，以主待客、奇正结合、以水辅陆、密切协同，强调"结硬寨，打呆仗"，掘壕以自固，围城以打援，都成为湘军将领指挥作战所遵循的基本原则，也是湘军不断取得胜利的保证。关于这些内容将在后文述及，此处不作展开。

左宗棠书法

左宗棠之"大气"，指其用兵纵横开合，善于造局布势、抓大放小、奇正结合、妙算破敌。孙子曰："兵者，诡道也。"西方"兵圣"克劳塞维茨也说："一切行动都是或多或少地以出敌不意为基础的。"自古用兵，以正合，以奇胜，奇正结合，方能百战不殆。曾国藩用兵重正而舍奇，谨慎有余而机变不足，所以被左宗棠耻笑为拙于兵事。相比之下，左氏用兵不同于曾国藩，于奇正结合中更显巍为大气。他主张用兵要有"视天下事若无不可为"的坚定信心，并把作战比作下棋，认为若"举棋不定，不胜其祸矣"。左宗棠的"楚军"以老湘军为班底，人数并不多，后来所部渐多但来源较杂，在装备和财源上又没有李鸿章淮军的便利条件，他最终能成就大事，主要还是靠指挥得力。在浙江对太平军作战时，他不急于攻下省城，既"前瞻"杭州，又"回顾"后方，把手中的数万部队调拨得井井有条，不计一城一池之得失，而侧重于消灭太平军的有生力量，并造成必胜的态势，最终实现了收复全省之功。随后他奉命北上"剿灭"捻军和西北回民起义，在分析形势后确定了"先捻后回、先秦后陇"的战略指导方针。收复新疆一战是他最为得意之作，此战之所以势如破竹、一气呵成，主要在于他定下的"先北后南、缓进急战"的战略方针的正确。两个八字方针，赢得两场大战的胜利，无怪乎后人极赞他："历古以来，书生戎

---

①《曾国藩全集·家书》，《致沅弟》，咸丰七年十月初十日。

②黎庶昌：《曾国藩年谱》，咸丰三年。

③《曾国藩年谱》，附二：《曾国藩哀荣录·曾文正公神道碑》（李鸿章）。

马,而兵锋所指,东极于海,西尽天山,纵横轶荡,未有如宗棠者也。"①

左宗棠为人狂傲不羁,用兵却从不大意。他好算、能算,善于料敌决胜,认为:"不同兵情,因贼势而生";"用兵一事,先察险夷地势,审彼己情形,而以平时所知将士长短应之,乃能稍有把握。其中有算至十分而用之七八分已效者,有算至七八分而效过十分者。"故而他自称"每发一兵,须发为白"②。曾国藩也认为,左宗棠用兵谋划缜密,临机果断,指挥能力超出自己与胡林翼之上。

李鸿章之"洋气",指其重视新式武器装备的作用和新式训法、战法的学习,得风气之先,成军事之功。曾国藩虽注重在湘军中使用和制造新式枪炮,但对武器装备的作用重视不够,认为:"制胜之道,实在人而不在器。……将士之真善战者,岂必力争洋枪洋药乎?"③李鸿章虽出身科举,但思维开放、头脑灵活,勇于接受新鲜事物,长于思考军国远略。他带领淮军到上海后,与西方人频繁交往,并参观驻沪外军的操演,深感新式装备的锐利可用,认为洋枪洋炮实为战争利器,与之配套的洋操也可效法。他写信告诉曾国藩,如果采用西方火器,并仿效西式练军方法训练"洋枪队","平中国之贼"是绰绰有余的。据此,李鸿章进行了大胆的改革,仅过半年时间,所部中原来的小枪队已经全部改为洋枪队,逐日按西法训练,同时成立了春字营炮队。到次年夏天,所部陆营洋枪已多达一万五六千支。1865 年春,每营之中洋枪已有 400 余支,少的也有 300 余支,基本达到了人手一枪,炮队也有很大发展。因为新式武器均从西方引进,结构复杂,李鸿章特意雇用一批外籍军官指导武器使用和士兵操练。1862 年冬天春字营炮队中已有了法籍现役军人,以后程学启、郭松林、刘铭传等军均雇有外国教官,抚标亲军炮队则多达 13 个英国人。李鸿章深知枪杆子中出胜利也出权力,到任后即大力扩充所部军队,一年之内淮军即扩至 4 万人,到攻下苏州时,已有水陆 7 万余人,成为仅次于曾国藩直辖湘军的第二大军事力量,若以战斗力论,已经明显超过了后者。

淮军以新式火器为主的装备,与湘军以冷热兵器并存的装备形式不同,也就必然导致编制上的革新。李鸿章的淮军之中,大大改变了湘军旧有营制,使其编组形式初步西化以适应武器装备变化的需要,战斗力则大大提高,"临阵时一营可抵两营使用"。同时,各部军中大都有洋炮队,并建立了巡抚直辖的巡标亲兵炮队,这种与步兵分离、归统帅直接掌握的炮兵部队,与现代军队中的炮兵旅、炮兵团相仿。这在中国军事史上,恐怕也是前所未有的④。因此,李鸿章的

①钱基博:《近百年湖南学风》,中国人民大学出版社 2004 年版,第 40 页。
②钱基博:《近百年湖南学风》,中国人民大学出版社 2004 年版,第 43 页。
③《曾国藩全集·家书》,《致沅弟》,同治元年九月十一日。
④龙盛运:《湘军史稿》,四川人民出版社 1990 年版,第 318 页。

淮军虽脱胎于湘军,却又有所扬弃和发展,在战斗力上更明显超出了后者。曾、左所部之湘军攻城,多用围城打援之法,常常旷日持久,如李续宾克九江用了16个月,曾国荃克安庆用了17个月,顿兵天京城下时间更久;淮军攻城一般要迅速得多。这种差距主要是由武器装备决定的,湘军中的重武器劈山炮在攻城时"不堪大用",而淮军的"开花大炮"在攻城中往往发挥着决定性作用。1864年,清政府眼见曾国荃部攻天京进展缓慢,特意发来上谕,指出"李鸿章所部兵勇攻城夺隘,所向有功,炮队尤为得力",要求他"迅调劲旅数千及得力炮队前赴金陵,会合曾国荃相机进取,速奏肤功"①。志在"克复金陵"首功的曾国荃闻讯后肝火旺盛,"煎迫致疾",率"吉字营"日夜拼命攻城。幸亏李鸿章有让功之心,故意拖延敷衍,并写信向曾国荃表明心迹:"以我公两载辛劳,一篑未竟,不敢近禁脔而窥卧榻。"②曾国藩

李鸿章

兄弟深感"少荃意在助吾兄弟成功,而又不敢直言,其意可敬"③,为此对李鸿章感激不尽。

三

曾国藩在草创湘军之初,就对它的优缺点有客观评价:"湘勇佳处有二:一则性质尚驯,可以理喻情感;一则齐心相顾,不肯轻弃伴侣。其不佳处亦有二:一则乡思极切,无长征久战之志;一则体质薄脆,不耐劳苦,动多疾病。"④在与各地义军特别是太平军的对阵中,湘军并不具有特别的优势,罗尔纲先生就指出:"湘军陆军远非太平军对手,曾国藩自己也承认他的陆军'全不能战',太平天国的败亡,实洪秀全'自惹而亡'。"⑤且看:

曾国藩和湘军注重"以上制下",太平天国也注重控制上游,多次西征并三占武汉;曾国藩等人注重"借一方之良锄一方之莠",稳固和建设两湖地区为其巩固的后方基地,太平天国也注重吸收占领地的农民入伍,石达开在安徽、李秀成在苏福也进行过卓有成效的政权建设;曾国藩注重建设水师,太平天国也注重发展"水营",进行过与湘军争夺长江水道的努力;曾国藩及其湘军掘壕自固、围城打援的战法使其立于不败之地,并迫使太平军在不利条件下与己作战,太

<hr>

①王定安:《曾国藩事略》卷3。

②《李鸿章全集·朋僚函稿》,《复曾沅帅》,同治三年五月初八日。

③《曾国藩全集·家书》,《致沅弟》,同治三年六月初十日。

④《曾国藩全集·书信》,《复刘蓉》。

⑤罗尔纲:《困学觅知》,浙江人民出版社2000年版,第125页。

平军围魏救赵、纵横开合的战法也常常使清军无所适从、阵脚大乱；湘军中曾国藩、胡林翼、左宗棠、李鸿章、李续宾、鲍超等都不失为杰出的将帅之才，太平军中则有杨秀清、石达开、陈玉成、李秀成、李侍贤等在中国军事史上熠熠生辉的名字……

应该说，单从军事上论，湘军的胜利、太平天国的失败并不带有绝对的必然性。太平天国的失败，主要还应该归因于它的诸多政治、军事失误，一些积极的政略、战略没有坚持下来，一些消极的乃至错误的政略、战略却每况愈下、愈演愈烈，并招致了最终的失败。拿破仑说过："有一句确切不移的作战格言，便是不要做你的敌人所愿望的任何事情——理由极简单，就是因为敌人如此愿望。"对于太平天国来说正是如此。

从某种意义上来说，曾国藩和湘军的成功，恰是太平天国"成全"和"帮助"的结果，这种"成全"和"帮助"既有客观上的，也有主观上的。

从客观上来说，首先，太平天国起义的爆发以及它不同于以往农民起义的特点促成了湘军的产生，从以往保甲地方的团练一跃而成为具有野战部队性质的勇营武装。其次，太平军在长江中下游地区对绿营主力部队的毁灭性打击，则使它从战略助攻部队变成了战略主攻部队。

从金田起义开始，一直到江南江北大营第二次被打破，绿营始终是追击和围困太平军的主力，也是与太平军精锐交战的急先锋。1853 年太平军定都南京后，江南大营、江北大营一直集中了绿营最为精锐的部队，太平天国在北征、西征时，都不得不对两肋插上的这两把利剑有所忌惮。直到 1860 年，这股威胁才被彻底清除。这年春，太平天国的领袖们为了彻底解除清军对天京的包围，组织了第二次攻破江南大营之役。洪秀全亲自召开了军事会议，与干王洪仁玕、陈玉成、李秀成等共同商定破敌之策。会后，李秀成依据干王制定的"围魏救赵"之计，千里奔袭杭州，攻敌必救，诱使江南大营分兵救援。清军果然中计，派兵往救杭州。不料李秀成已经星夜间道返回天京，与陈玉成等部太平军乘敌之虚发起猛烈进攻，一举攻破江南大营，使这把插在天京近边的利剑灰飞烟灭。清军主将和春自杀，张国梁落水丧生，江苏巡抚徐有壬自杀身亡，两江总督何桂清被革职拿问。一时间，数万绿营官兵或死或降，清政府寄予厚望的绿营主力一夜之间损失殆尽。

在此之前，曾国藩的湘军在长江中游取得一系列胜利

太平军北伐图

后，虽然受到清廷的重用，但它作为"体制外的军队"，始终没有被清政府纳入最可依赖的范围。清政府的如意算盘是，由湘军在长江中游与太平军鏖战，而让绿营在南京地区集结，这场硬仗由湘军来打，胜利果实由绿营来摘取。不料，湘军虽然是"后娘的孩子"，中游的战事也几经曲折，但能打硬仗的湘军终于越打越强，逐渐占了优势；绿营虽然由国家大力供养和扶持，却是扶不起的阿斗、糊不上墙的烂泥，江南、江北大营两次被太平军击破，特别是这一次江南大营惨败，清政府已经很难迅速组织起有力的反攻力量，只能把镇压太平天国的希望寄托在湘军身上。曾国藩和左宗棠、胡林翼等人也都敏锐地意识到了这一点。左宗棠在湖南听说这一消息后，禁不住感叹："天意其有转机乎！"身边人问他原因，他说："江南大营将蹇兵罢，万不足资以讨贼，得此一彻底洗荡，而后来者可以措手。"至于"谁可当之"，胡林翼明白无误地指出："朝廷能以江南事付曾公，天下不足平也。"①

果然，朝廷很快发来了上谕，任命曾国藩署理两江总督，全权负责东南战事。由此，曾国藩带领湘军步入了一个全新的发展阶段。

至于主观上的"成全"和"帮助"，主要是指太平天国一次又一次地由于它本身的失策、失和、失误、失政而为曾国藩和湘军提供了发展、喘息、调整、进攻的绝好时机。这种失误既有军事上的，又有政治上的，既有战术上的，又有战略上的，既有前线的，又有朝中的。

曾国藩书法

前文提到，1855 年之后，曾国藩带领的湘军在江西遇到了石达开，两强相争，翼王技高一筹，先是在湖口、九江一带连破湘军，还俘获了曾国藩的座船，逼得曾险些自杀，同时派军乘虚西进，第三次占领武昌，使湘军第一次东征的成果完全丧失。曾国藩领着湘军坐困于江西，进退失据，先是塔死罗走，后又有马继美死于南昌，周凤山兵败被革职，只有刘于浔率领湘军水师驻守南昌、临江，也是师久无功勉强盘踞而已。太平军中到处传唱着这样一首顺口溜："破了锣（罗），倒了塔，杀了马，飞了凤，徒留（刘）一个也无用。"一位封建文人忧虑地写下了这样的诗句："破锣倒塔凤飞洲，马丧人空一个留。此语传闻真可叹，斯时寇盗大堪忧。"到 1856 年 4 月 4 日，江西太平军已经控制了江西 13 府中的 8 府 54 个州县，而曾国藩和他的湘军被困在南昌和南康

---

① 朱孔彰：《中兴将帅别传》卷1，《曾文正公国藩传》。

两府间的狭小地带,难以打开局面,湘军的使命似乎要宣告终结了。

就在太平天国在军事上达到鼎盛局面的时候,一场严重的内讧发生了,这就是天京变乱。在胜利面前,太平天国的当家人东王杨秀清被冲昏了头脑,越来越骄傲任性、不知收敛,甚至利用自己"代天父传言"的特权杖责天王洪秀全,逼迫洪秀全封他为"万岁"。1856年9月2日,北王韦昌辉突然率部从江西前线赶回天京,杀死杨秀清及其众多部属(大都是为天国出生入死的"老兄弟")。后来韦昌辉滥杀过多,为洪秀全所杀,石达开被召回天京主持大局。但经此一变的洪秀全已经不再相信异姓兄弟,石达开忠而见疑,负气出走,先是到安庆,最后于1857年10月率10余万太平军远征,脱离了天朝体系。

天朝的变乱直接影响了战局,更为湘军"突出重围"创造了机会。死于内讧的数万太平军将士中,既有功勋卓著、能征惯战的大将,更多则是从广西跟出来的"老兄弟们",是太平军的精锐。石达开率部出走,使太平天国少了一位智勇双全、德高望重的翼王,也使曾国藩和湘军失去了最为惧怕的对手。石达开率所部10多万人独立行动后,再也没有发挥出他那杰出的军事天才,始终没有打开局面,最后在四川大渡河畔兵败被杀。就在天京变乱的当年年底,胡林翼率湘军重占了武昌;就在石达开率军出走的当月月底,江西湘军攻陷湖口,内湖水师得以冲出鄱阳湖与外江水师会合。1858年5月19日,李续宾督率湘军攻克九江,林启荣与17000余名守城将士全部战死,江西战场的主动权落入湘军手中。

如果把太平军与湘军的争战分为三个时期的话,前期的争夺围绕着九江,中期的争夺围绕着安庆,后期的争夺则是围绕着天京。三座城市,沿着长江自上而下,恰好印证着曾国藩所提出的"踞上游之势"破竹而下的战略设想。曾国藩设计虽妙,太平军斗志更坚,每一次争夺战都让湘军付出了惨重的代价,而每一次最后的失败又都是由于太平天国的战略性失误帮了湘军的忙。安庆之战尤其如此。

天国后期的战略方向始终未能统一,从而导致了军事决策上的犹豫不定和朝令夕改。忠王李秀成和英王陈玉成是天王军事上的左膀右臂,陈玉成一直主张集中力量解安庆之围,遏制湘军在上游的攻势,李秀成则主张先进攻苏州、杭州、上海,等到东南的战局稳定之后再回师西援。直到1860年9月下旬,太平天国才意识到形势的严峻,组织各路太平军进行第二次大规模的西征。如果太平军集中主力在皖北战场决战,以部分兵力在外围进行牵制作战,还有希望打破湘军对安庆的包

李秀成

围,但他们在军事行动上却一误再误。李秀成在皖南攻祁门不下,便转道入浙江,又经江西打往湖北,牵延了时日,也错失了消灭曾国藩总部的绝好机会。陈玉成先是试图直接救援安庆,与多隆阿部接战不利后又绕道西进,直扑武汉。这本来是湘军特别是胡林翼最为担心的(胡当时任湖北巡抚,有守土之责),但陈玉成在黄州遇到了英国水师提督何伯和参赞巴夏礼,他们声称进攻武汉会妨碍英国的商业利益,警告陈玉成不要这样做。陈玉成便停止了向武汉的进攻,转向鄂北一带作战。这样并不足以牵动湘军回援,对于安庆战局是徒劳的,陈玉成不得不在转战数月后于 1861 年 4 月底重新回到安庆集贤关内外,开始直接进攻围城的曾国荃部。这时李秀成已经从江南杀入湖北,进逼武昌,使曾国藩和胡林翼惶惶难安,曾的幕僚赵烈文判断:"兵至鄂省南境,更进则武昌动摇,皖围解矣。"①可惜李秀成只在鄂城逗留了一段时间,并未继续向武昌进攻。当他听说李世贤部在江西乐平打了败仗,陈玉成则在两个月前从湖北撤退时,便移兵东进杭州经营他的苏福省去了。湘军上下虚惊一场,太平天国解救安庆之围的最后机会已经失去。同年 9 月,安庆失陷,次年 5 月,英王陈玉成被俘后牺牲,天国的日子更加艰难了。太平天国失败后,洪仁玕总结说:"如果英王不死,天京之围必大不相同,因为若彼能在江北活动,令我等常得交通之利,便可获得仙女庙及其附近诸地之源源接济也。英王一去,军势军威同时坠落,全部瓦解,清军便容易战胜。"②

　　1860 年以后,清军对太平天国的作战逐渐形成了三个主战场:曾国藩直接领导的西线战场,李鸿章部淮军开辟的苏南战场,左宗棠部楚军开辟的浙江战场。这样就从战略上形成了对天京的包围态势。太平军各部只有集中兵力,密切配合,才有希望打破包围、争取主动。可是通观这一时期的作战,太平军留给我们的印象是,一方面内部意见不一致,难以形成统一的战略行动和密切的战役配合,一方面被敌人牵着鼻子走,东征西进,在疲于奔命中消耗实力、坐失战机。湘军围攻安庆、打天京,都靠的是一股"乱极时站得定"的坚韧,太平军却恰恰缺少这种坚韧。可以说,自安庆失陷后,太平军已经注定了失败的命运,曾大帅正在一步一步走向那已成定局的胜利。

　　①赵烈文:《能静居日记》,同治三年六月二十日。
　　②《洪仁玕自述》。

脸谱九：元凶

关于曾国藩的身后声名，章太炎有一句精辟的概括："曾国藩者，誉之则为圣相，谳之则为元凶。"①

细究起来，曾国藩得"元凶"之名，原因无外乎三点：一是"助满人杀汉人"，镇压太平天国起义；二是"以军法理民政"，用严刑峻法审案杀人；三是"屠破城杀已降"，给战区人民带来灾难。曾国藩对此早有准备，曾告诉曾国荃："吾家兄弟带兵，以杀人为业，择术已自不慎……"②《新世说》记载了曾国藩的一则轶事，说他曾与幕僚开玩笑：拼着老命艰苦创业，这不是常人能力所及，"应当在德行、文学、言语、政事四科之外，另设一科，叫'绝无良心科'"③。

曾国藩

范文澜先生对曾国藩的评价，在一定历史时期里具有很大的代表性：

> 曾国藩是被满清付与大权的第一个汉人，因为他以血腥的手段暂时扑灭了汉族人民的大反抗，暂时拯救了满清统治者的大危机。……
>
> 曾国藩学得道学的虚伪，却不曾受束缚于道学的迂腐。……事实上虚伪和残忍是结合在一起的，虚伪乃是残忍的一方面，这两方面正是曾国藩这个反动派代表者的特点。……
>
> 他的才干胜任反革命的内战首魁，因之他也胜任卖国能手。
>
> 曾国藩是封建中国数千年尤其是两宋以下封建统治阶级一切黑暗精神的最大体现者，又是鸦片战争以后百年来一切对外投降对内屠杀的反革命的汉奸刽子手们的"安内攘外"路线的第一个大师。④

客观说来，对于"元凶"的罪名，有些是曾国藩难辞其咎的，有些则需要做辩证的分析。曾国藩自己的理解很耐人寻味："以菩萨心肠，行霹雳手段。"

---

①章太炎：《检论·杂志》。

②《曾国藩全集·家书》，《致沅弟》，咸丰十一年正月二十八日。

③易宗夔：《新世说》。

④范文澜：《中国近代史》上册《附录：汉奸刽子手曾国藩的一生》，河北教育出版社 2002 年版，第 317~336 页。

寥寥十个字,又包含了多少玄机在里面?

一

曾国藩有两个广为人知的绰号,一个是"曾屠户",一个是"曾剃头"。这两个绰号都是他在湖南长沙设审案局期间挣下的。

1853年曾国藩被任命为团练大臣时,其职责一是"练兵",一是"搜匪"。在"搜匪"一事上他非常用心,在公馆中设立了审案局,并把所练"大团"的部分兵力作为弹压群众反抗的武装。为了得到湖南官绅的支持,他先后发出《与湖南各州县书》、《与湖南省城绅士书》、《与湖南各州县公正绅耆书》等,命令各州县官吏迅速从严"剿办土匪",认为"自粤匪滋事以来,各省莠民常怀不肖之心,狡焉思犯上而作乱,一次不惩,则胆大藐法,二次不惩,则聚众横行矣",指出如果各县力量不够,尽可派人前来禀报,审案局立即发兵前往协助剿灭,"惟期迅速,去一匪,则一乡清净,剿一巢,则千家安眠"①。他主张采取治安联防的办法,要求长沙的地主士绅,"贼踪远去已在千里之外,而犹恐其分股回窜长沙重地",所以必须严加预防,"查拿奸细","以本街之良民,查本街之土匪",每一栅栏之中,择良民四五家专司其事,白天留心查访,晚上轮流看守,遇有形迹可疑者,则扭送至审案局查办,这样,"内奸既清,外寇自不得入"②。在要求湖南各州县普遍推行并村结寨、团练保甲经验的同时,曾国藩还以严刑峻法来打击"莠民"的反抗,对那些"素行不法者"、"造言惑众者",由各团练处死也无不可;"其有匪徒、痞棍,聚众排饭,持械抄抢者,格杀勿论";如有"剧盗"成群,啸聚山林,打家劫舍,则发兵"剿杀"无余。③

在长沙城里,曾公馆的审案局一时成了恐怖的代名词。凡遇到被指控为"盗"、"匪"者,重则立即枭首,轻则严刑拷打。有一次长沙城内捆绑了"匪类"解送善化县衙,也被曾国藩强行提到审案局,立即斩首。在这种氛围中,士绅们纷纷告密,捕人送官,动辄擅杀,受到曾国藩的大加鼓励。一时间不少湖南官吏纷纷效仿,如蓝山知县张嗣康在两年任期内,仅清乡就杀戮群众数百人;自称"秉性慈善"的宁远知县刘如玉,在三年之中"实共杀匪一千二百四十七名"④。曾国藩自己承认,对于所谓乱民,"闻信即提来","即时讯供,即时正法,无所期待迁延";处置的方式是,"匪类解到,重则立决,轻则毙之杖下,又轻则鞭之千百。敝处所为,止此三科"。前两科是死,后一科也是非死即残。曾国藩却认为

①《曾国藩全集·书信》,《与湖南各州县书》。
②《曾国藩全集·书信》,《与湖南省城绅士书》。
③《曾国藩全集·书信》,《与湖南各州县公正绅耆书》。
④刘如玉:《自治官书》,《偶存》卷1,《禀复骆中丞批饬严缉逃匪》。

这种手段还算不上严酷,1853 年春天的 3 个月"仅戮五十人,于古之猛烈者,曾不足比数"①。据统计,到同年 8 月,前后杀戮已达 200 多人。②当时李鸿章的哥哥李瀚章在湖南任职,专门给曾国藩写信,"劝以缓刑,公未之从也"③。

直到多年以后,曾国藩仍然认为"乱世用重典"的办法是合理的,并搬出历史上的先例来证明这种做法的必要性:"管子、荀子、文中子之书,皆以严刑为是,以赦宥为非。子产治郑,诸葛治蜀,王猛治秦,皆用严刑,以致义安。为州县者,苟尽心于民事,是非不得不剖辨,……不得不刑恶人,以伸善人之气。"④在奏折中,他向皇帝介绍了湖南的形势,陈述了自己的理由:

时任湖南巡抚骆秉章

　　湖南会匪之多,人所共知。去年粤逆入楚,凡入添弟会(作者按:即天地会)者,大半附之而去,然尚有余孽不尽。此外又有所谓串子会、红黑会、半边钱会、一股香会,名目繁多,往往成群结党,啸聚山谷,如东南之衡、永、郴、桂,西南之宝庆、靖州,万山丛薄,尤为匪徒卵育之区。盖缘近年有司亦深知会匪之不可遏,特不欲其祸自我而发,相与掩饰弥缝,苟且一日之安,积数十年应办不办之案,而任其延宕;积数十年应杀不杀之人,而任其横行,遂以酿成目今之巨寇。今乡里无赖之民,嚣然而不靖,彼见夫往年命案、盗案之首犯逍遥于法外,又见夫近年粤匪、土匪皆猖獗而莫制,遂以为法律不足凭、官长不足畏也。平居造作谣言,煽惑人心,白日抢劫,毫无忌惮。若非严刑峻法,痛加诛戮,必无以折其不逞之志,而销其逆乱之萌。臣之愚见,欲纯用重典以锄强暴,但愿良民有安生之日,即臣身得残忍严酷之名亦不敢辞。但愿通省无不破之案,即剿办有棘手万难之处亦不敢辞。⑤

　　咸丰皇帝对曾国藩的做法表示了支持,他在奏折上批示:"办理土匪,必须从严,务期根株净尽。"⑥

①《曾国藩全集·书信》,《与陈源兖》。
②黎庶昌:《曾国藩年谱》,咸丰三年。
③黎庶昌:《曾国藩年谱》,咸丰三年。
④《曾国藩全集·诗文》,《劝戒浅语十六条》。
⑤《曾国藩全集·奏稿》,《严办土匪以靖地方折》,咸丰三年二月十二日。
⑥黎庶昌:《曾国藩年谱》,咸丰三年。

在长沙设审案局的时间里，平均每天都要杀一人以上，人们对曾国藩的霹雳手段又惊又怕，说他砍人头颅像给人剃头一样轻松，呼之为"曾剃头"。清人笔记中记载了一个故事：一次曾国藩路过一村，遇到一个卖桃人与买桃者争吵，卖者说没有付款，买者说已经付了。经过拘讯，证明是卖者撒谎，他当即下令将其斩杀。一时街市大哗，民众惊呼："钦差杀人也！"因而又得名"曾屠户"①。这类故事的可信度不高，与清人笔记中的许多故事一样，只能是姑妄听之，但"曾剃头"、"曾屠户"的恶名确实是在当时就广为流传了。

曾国藩书法

然而曾国藩不为所动，坚持认为即使"身得武健严酷之名，或有损于阴骘慈祥之说，亦不敢辞"②。客观说来，他的这些措施确实成功地扑灭了太平军过境湖南时所掀起的革命热潮，不少地区的秘密会党宗教遭到严重破坏，骨干力量或者被杀，或者外逃，剩余的则藏匿不敢活动。许多强梁霸道、乘乱打劫、危害民众之徒，也被镇压下去。当太平军再度进攻湖南到长沙、宁乡一带时，响应的力量微乎其微。曾国藩的"霹雳手段"收到了预期成效，并在多年间为湘军营造了一个相对稳定的后方基地。

当然，以曾国藩的思想和学识，他不可能一味追求做酷吏。他在对首恶者施用重典的同时，也十分注意宽严结合，多次强调清理刑狱必须"严禁讹索"、"严禁妄拿"、"禁止滥传滥押"，办案必须"详慎访察"，不准在征剿"土匪"中累及无辜。③ 不过，曾国藩放弃守制墨绖出山，正是满腔热情大显身手的时候，他又历来痛恨官场中那种因循拘泥、不思作为的风气，因此不免急躁冒进。办案不经有司，定罪不问证据，仅凭士绅的一面之词即可置人死地，或就地正法，或杖毙堂下，或瘐死狱中，这些显然不符合司法程序。他又嫌湖南地方审案效率低下，屡屡干涉地方政务，竟强行从湖南"首府首县"善化县衙中提走人犯并处以重刑，这种强梁霸道、"侵官越俎"的行事作风自然引起了湖南官场的反感和抵制，"文法吏大哗"，连湖南巡抚骆秉章也"心诽之"。④

不久又发生了"永顺兵事件"，鲍起豹的提标兵也群起鼓噪，围攻曾公馆，曾国藩"几为所戕"。骆秉章以下湖南官吏均袖手旁观，偏袒绿营，不肯施以援手。

①柴萼：《楚天庐丛录》。
②《曾国藩全集·书信》，《与徐玉山》。
③《曾国藩全集·诗文》，《查拿浏阳征义堂余匪示》。
④王闿运：《湘军志·曾军篇》。

曾国藩羞愧之下,深感继续在长沙待下去阻力重重,不仅与官场的矛盾难以化解,练勇也难有实际成效,于是决意避走衡州,发愤练兵,暂时远离了这块给他带来骂名与羞辱的是非之地。

二

战争必然伴随着流血。攻城则杀人盈城,野战则杀人遍野;杀敌一千,自残八百;古来白骨无人收,天阴雨湿声啾啾……所以老子以军礼为丧礼,孔子对军旅之事不肯与闻。曾国藩在时代风涛中被裹挟着投身军旅,湘军在广阔的战场上连年征战,就不能不与"残忍"、"残酷"、"惨烈"这些字眼联系起来。在曾国藩笔下和湘军营中,各种正常的和不正常的、必要的和不必要的、人道的和不人道的、难以避免的和本可以避免的破坏甚至浩劫,成为经常出现的一幕场景。

在曾国藩留下的文字中,可以发现许多血腥味十足的记录:江西兴国、大冶战后获俘虏 134 人,"一概剜目凌迟";九江城外获俘虏 12 人,立即"凌迟枭示",又生擒 13 人,"就地挖目凌迟";武昌城外太平军新兵战败,"带回 700 余人,全数斩决"。罗泽南回援武汉时,在一次战斗中以全部战俘血祭湘军阵亡将士,并让湘勇生食其肉,残忍程度令人发指。曾国藩根据罗的禀报上奏朝廷:"日暮收队,各路共杀毙九百余名,生擒七十余名,杀之以祭壕头堡阵亡将士。诸勇犹深憾切齿,争啖其肉。"①久历戎行的曾国藩,对于杀俘甚至杀降的情形已经有些见怪不怪了,当曾国荃为在安庆杀人过多而忧惧时,他在信中开导弟弟:"既已带兵,自以杀贼为生,何必以多杀为悔? 天父天兄之教,天燕天豫之官,虽使周孔复生,断无不力谋诛杀之理。既已诛灭,断无以多杀为悔之理。"②"克城以多杀为妥,不可假仁慈而误大事。"③1863 年李鸿章的苏州杀降事件闹得沸沸扬扬、中外侧目,曾国藩却在家书中称:"李少荃在苏州杀降王八人,最快人意。"④

湘军大规模的屠城主要有三次,分别是攻克九江、安庆、天京之后。

九江是太平天国在江西的主要军事据点,主将林启荣忠贞英勇,带领城中军民坚守 6 年之久,给曾国藩和湘军以沉重打击。1858 年 5 月李续宾攻入九江后,将城中近 2 万军民全部屠杀,官文在奏折中描写道:"城外勇冲杀而入,该逆无路可奔,号叫之声惨不可闻,自卯至午,歼除净尽,……尸骸堆积,流水猩红。"并认为被湘军屠杀的平民也是罪有应得:"查九江贼窟已阅六年,万余之贼顽梗

---

①《曾国藩全集·奏稿》,《罗泽南分剿崇阳彭三元殉难折》,咸丰五年十月二十日。

②《曾国藩全集·家书》,《致沅弟》,咸丰十一年正月二十八日。

③《曾国藩全集·家书》,《致沅弟》,咸丰十一年五月十八日。

④《曾国藩全集·家书》,《致澄弟》,同治二年十一月二十四日。

负固,其中决无善类,设有胁从之民,必早投诚,设计逸出。"①参加了攻城之战的
彭玉麟写有一首《攻克九江屠城》,从中可见此战的悲壮:

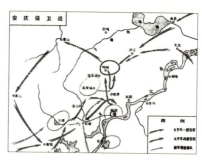

安庆会战形势图

　　燧道潜通屡破谋,我军水陆用深筹。
　　活围寇垒虽三月,死守浔城巳七秋。
　　九派涛红翻战血,一天雨黑洗征裘。
　　直教殄灭无遗种,尸拥长江水不流。②

　　安庆会战牵动全局,战况也极为惨烈。
1861 年,陈玉成、杨辅清等率太平军主力部
队救援安庆,一次次向湘军发动猛烈进攻。曾国藩的幕僚赵烈文记载了当时的
情景:

　　前月中旬援贼至石牌,进扎集贤关,二十日、二十一日扑东门外长壕,二十
二日巳刻扑西北长壕,人持束草,蜂拥而至,掷草填壕,顷刻即满。我开炮轰击,
每炮决血衢一道,贼进如故,前者僵仆,后者乘之。壕墙旧列之炮装放不及,更
密排轮放,调增抬、鸟枪八百杆,殷訇之声如连珠不绝,贼死无算而进不已,积尸
如山。路断,贼分股曳去一层,复冒死冲突,直至二十三日寅刻,我军死者百余
人,用火药十七万斤,铅子五十万斤。③

　　1861 年 9 月 4 日夜,湘军成功地用地道爆破炸开了安庆的北门,安庆被攻
陷了。冲入城内的湘军官兵,先是见男人就砍,见女人就强逼着跟自己走,太平
军被杀者达 1 万余人,城中妇女被掳走者也有 1 万余人,鲜血染红了城中的道
路,哭喊声不绝于耳。随后入城湘军又开始了空前的大掠夺,城中店铺及百姓
都遭了殃,值钱的东西被洗劫一空,不可取的则被毁坏无存,有的勇丁竟一人抢
得金银 700 两,抢不到东西的士兵甚至挖掘坟墓开棺搜寻。
　　赵烈文的日记中记录了此战中湘军屠城、杀降的情况:

　　杀贼凡一万余人,男子髫龄以上皆死。各伪眷属自尽者数十人,余妇女万
余人均为兵掠出。房屋贼俱未毁,金银衣物之富不可胜计……城中凡可取之

　　①第一历史档案馆编:《清政府镇压太平天国档案史料》第 20 册,社科文献出版社 1995 年版,第 227
页。
　　②《彭刚直公诗集》卷 2,《攻克九江屠城》。
　　③赵烈文:《能静居日记》,咸丰十一年八月十三日。

物,扫地而尽,不可取者皆毁之。坏垣掘地,至剖棺以求财物。惟伪英王府备督帅行署,中尚存物十七,余皆悬磬矣。贼绝粮已久,通城惟伪目张朝爵私藏米五石余于屋顶,余处俱无颗粒。人肉价至五十文一两,割新死者肉亦四十文一两。城破入贼居,釜中皆煮手足,有碗盛嚼余人指,其惨至此。……

计是役前后阵诛降贼不计外,其夏间鲍军门攻破援贼刘玱琳,降者四千余,疑其内应,尽杀之。自四月至今,城外各贼营陆续来降亦皆戮死,又八千余人。前月援贼前队驱胁良民死于炮火者一万数千人,今城陷复杀贼及万,共死三万余人,军兴以来,荡涤未有如是之酷者矣。闻收城之日,五鼓攻陷,杀戮至辰巳。时城中昏昧,行路尚须用烛,至今阴惨之气犹凝结不散。尸腐秽臭,不可向迩。嗟乎! 无边浩劫,谁实酿成? 闻之非痛非悲,但觉胸中嘈杂难忍而已。①

曾国藩的亲信李榕也称:"通计前后杀毙援贼、城外垒贼、降贼及城中之贼实有四万余人,军兴以来,杀劫此为最重。"②彭玉麟又有《攻克安庆省城》一诗述其惨烈:

> 操江厂外耀弓旌,肉薄同登破此城。
> 十载练潭容贼有,一朝皖水庆功成。
> 釜中余炙有人脯,屋上饥乌作鬼声。
> 灰烬如来庵尚在,卅年难慰渭阳情。③

天京之战,是湘军扑灭太平天国的最后一战。自 1862 年 5 月 30 日曾国荃率吉字营进驻雨花台开始,至 1864 年 7 月 19 日天京陷落,历时两年之久,以 1862 年的"十三王回救天京"之役最为激烈。其时,李秀成、李侍贤等部 10 多万人约会天京守军,连日向湘军营垒展开猛攻。李秀成亲自督军力攻东路,以洋枪洋炮猛烈轰击,"开花硼炮,横飞入营,烽燧蔽天",太平军将士随之"齐声大噪,束草填壕,岌岌欲上",曾国荃亲自带队策应,也被子弹擦伤,"血流交颐"④。湘军依靠坚固的工事拼死抵抗,双方均有重大伤亡,但太平军伤亡尤重,因为湘军营垒坚固,又装备了一批新式枪炮,火力猛烈,靠人海战术进攻的太平军甚至出现了一天战斗就伤亡七八千人的记录,而湘军阵亡者不过数十人,伤者 200余人。但太平军日夜强攻,湘军仍然有些吃不消,而且在战争伤亡之外,各营又

①赵烈文:《能静居日记》,咸丰十一年八月十三日。
②李榕:《十三峰书屋全集》,转引自洪均:《湘军屠城考论》,载 2008 年 3 月 23 日《光明日报》。
③《彭刚直公诗集》卷 2,《攻克安庆省城》。
④《曾国藩全集·奏稿》,《缕陈金陵各营苦守情形折》,同治元年十月二十七日。

瘟疫流行,致使新招募的湘勇一营中能够出战者不满 80 人,老营也不过 160 多人,战斗力大受影响,形势岌岌可危。不过随着湘军的援军陆续来到,太平军的攻势渐渐弱了下去,在经过了 46 天惊心动魄的大决战之后,湘军埋下的这颗钉子最终牢牢地揿在了天京城下。不过,由于守城将士的顽强抗击,直到两年后湘军才得以攻入天京。

师老兵罢,旷日持久,顿兵坚城之下达两年多的曾国荃及其所部湘军无疑憋了一口气。这股积之不去的恶气,加上长期以来军纪的败坏,使南京这座陷落后的城市充分领略了一场"刀兵之灾",烟波浩渺的秦淮长河又一次遭受了一场空前悲惨的浩劫。

光绪年间绘制的《湘军平定粤战图》之湘军克复安庆省城图

湘军入城后一面与守军巷战,一面大杀大抢。在城破 32 年之后,来南京的人仍能感受到"满地荒凉气象","本地人言发匪(作者按:指太平军)据城时并未焚杀,百姓安堵如故",但湘军"一破城,见人即杀,见屋即烧,子女玉帛扫数入于湘军,而金陵遂永穷矣。至今父老言之,犹深愤恨!"[1]在城破 140 多年后,一位居于湖南的当代学者回忆说:"我们无法准确地说出曾国藩的湘军从金陵以及江浙其他各地掳掠了多少妇女,但湘乡(包括今双峰、涟源部分地域)上了年纪的人至今还能指认出某家某某祖母系由某地掳来,某家之祖曾从某地掳来了几房姨太,等等。"[2]

这仅限于后来人的回忆,赵烈文则留下了这样的记载:"沿街死尸十之九皆老者,其幼孩未满二三岁者亦斫戮以为戏";在"惟知掠夺"的将领带领下,湘勇已经打乱了编制序列,连留守城外的卫兵也"皆去搜括,甚至各棚厮役皆去,担负相属于道"。[3]

①《谭嗣同全集》下册,中华书局 1981 年版,第 466 页。
②梁绍辉:《曾国藩评传》,南京大学出版社 2006 年版,第 175 页。
③赵烈文:《能静居日记》,同治三年六月二十三日。

赵烈文于 1863 年夏天到曾国荃营中充任主稿,直到攻克金陵后曾国荃告假回湖南一直追随其左右,所以他的记录有较强的可信度。同治三年六月十六日的日记中写道:"傍晚,闻各军入城后贪掠夺,颇乱伍,……余恐事中变,劝中丞(作者按:指曾国荃)再出弹压。中丞其时乏甚,闻言,意颇忤,张目曰:'君欲余何往?'余曰:'闻缺口甚大,恐当亲往堵御。'中丞摇首不答。"①正是由于湘军混乱,曾国荃又不出面制止,使城中太平军一部得以缒城外逃,李秀成保护着幼天王于当夜趁乱杀出。李秀成虽因与大队失散被俘,但幼天王的走脱却给曾国藩带来了很大的麻烦。

十七日,局面更加混乱,赵烈文向曾国荃提出四点建议:"上中丞条陈四:一、请止杀,喊令各归各馆,闭门候查;二、设馆安顿妇女,毋使尽遭掠夺;三、立善后局;四、禁米麦出城。"曾国荃同意了后三条而"缓行前一条"。同日城中大火已起,"官军进攻,亦四面放火,贼所焚十之三,兵所焚十之七。烟起数十道,屯结空中,不散如大山"②。

二十三日载:"计破城后,精壮长毛除抗拒时被斩杀外,其余者寥寥,大半为兵勇扛抬什物出城;或引各勇挖窖,得后即行纵放。其老弱及本地人民,不能挑担,又无窖可挖者,尽遭杀死。……妇女四十岁以下者一人俱无。老者无不负伤,或十余刀,或数十刀,哀号之声达于四远。其乱如此,可为发指。"③

如此浩劫,实所罕见,此时曾国荃的禁令也已经失去了效力。"中丞禁杀良民、掳掠妇女、煌煌告示,遍于城中,无如各统领彭毓橘、易良虎、彭春年、萧孚泗、张诗日等,惟知掠夺,绝不奉行,不知何以对中丞?何以对皇上?何以对天地?何以对自己?"赵烈文凭着读书人的良知发出了呼喊,但利令智昏、近乎疯狂的湘军兵将哪里还有心思顾得上这些?即使是幕中的文案人员,也"争购贼物,各贮一箱,终日交相夸示,不以为厌",有一个文案还跑到城里抢人幼子并鞭打孩子的母亲,真是斯文扫地、心肝全无!那位因攻城有功被封为一等男爵并升任福建陆师提督的萧孚泗,"在伪天王府取出金银不赀,即纵火烧屋以灭迹。伪忠酋(作者按:指李秀成)系方山民人陶大兰缚送伊营内,伊既掠美,禀称派队擒获,中丞亦不深究。本地之民一文不赏亦可矣,萧又疑忠酋有存项在其家,派队将其家属全数缚至营中,邻里亦被牵曳,逼讯存款,至合村遗民空村窜匿。丧良昧理,一至如此,吾不知其死所。"萧孚泗受封赏的一个大功劳就是抓获了忠王李秀成,其实忠王是方山人陶大兰绑送来的,萧孚泗夺人之功据为己有,又不给别人一分赏钱,甚至怀疑李秀成有放在陶家的财宝,对其家人及村人用刑逼

①赵烈文:《能静居日记》,同治三年六月十六日。
②赵烈文:《能静居日记》,同治三年六月十七日。
③赵烈文:《能静居日记》,同治三年六月二十三日。

供,真是无耻到了极点,难怪斯斯文文的赵烈文要骂他"不知死所"了。

湘军屠城的原因,正如有学者指出的那样,主要无外乎三点:一是消灭太平天国中坚力量,特别是来自两广地区的首义太平军。这些人不但作战勇敢,而

且意志坚定,极少被诱降,太平军中称之为"老兄弟",湘军则称之为"真贼"。在曾国藩等人眼中,他们是最危险的敌人,认为只有成建制地进行杀戮,才能极大削弱太平天国军事实力,并动摇其他太平军的战斗意志。二是掠夺财物,以缓解湘军由于长期欠饷激发的内部矛盾。三是主将泄愤。湘军攻打九江、安庆、天京等地采用的都是长期围困的方法,攻九江用了 16 个月,攻安庆用了 18 个月,攻天京则用了 2 年有余,旷日持久的战争令湘军官兵劳神焦思、提心吊胆,再加上身体的创伤、丧失亲人和战友的悲痛,都使他们对太平军充满仇恨,故而在城破之日屠杀以

太平军广西"老兄弟"

泄愤。① 曾国藩在攻克金陵后的报捷奏折中写道:"金陵一军围攻二载有奇,前后死于疾疫者万余人,死于战阵者八九千人,令人悲涕,不堪回首。"② 曾国荃在围困天京期间,就受到战伤、重病及幼弟曾国葆阵亡的多重打击,这些不能不对他的心理和情绪产生影响。

三

应该看到,曾国藩对起义军民有残酷凶狠的一面,但他绝不是残暴无度的嗜杀之辈。湘军后期的纪律败坏、扰掠百姓,更与他创建湘军的初衷背道而驰。

自 1853 年在长沙、衡州练兵起,他就一再向湘军将领强调要"以禁止骚扰第一义",甚至有"取民间一草一木不给钱者,即行正法"③的严格规定。1859 年冬,他向部下重申:"凡兵勇与百姓交涉者,总宜伸民气而抑兵勇,所以感召天和者在此,即所以要获名誉者在此,望阁下实心行之,幸勿视为老生常谈也。"④ 1860 年,他又谆谆告诫曾国荃:"弟在军中,望常以爱民诚恳之意,理学迂阔之语,时时与弁兵说及,庶胜则可以立功,败亦不致造孽。当此大乱之世,吾辈立身行间,最易造孽,亦最易积德。吾自三年招勇时,即以爱民为第一义,历年以来,纵未必行得到,而寸心决不敢忘爱民两个字,尤悔颇寡。"⑤第二年又要求弟

---

①参见洪均:《湘军屠城考论》,载 2008 年 3 月 23 日《光明日报》。

②《曾国藩全集·奏稿》,《奏报攻克金陵尽歼全股悍贼并生俘逆酋李秀成洪仁达折》,同治三年六月二十三日。

③《曾国藩全集·书信》,《与刘长佑、王鑫》。

④《曾国藩全集·书信》,《加英坤修片》,咸丰九年十二月初八日。

⑤《曾国藩全集·家书》,《致沅弟》,咸丰十年四月二十六日。

弟:"慎于禁止扰民、解散胁从、保全乡官三端痛下工夫,庶几于杀人之中,寓止暴之意。"①他亲自发布的《初定营规二十二条》、《劝诫营官四条》、《晓谕新募乡勇》、《禁止私押告示》、《禁止掳船告示》、《剿捻告示》、《剿捻告示四条》以及《保守平安歌》、《水师得胜歌》、《陆军得胜歌》、《爱民歌》、《解散歌》②等,都对湘军的纪律特别是不扰民、不抢掠、不杀降等方面做了细致的规定和明确的要求,既有严厉的警告,又有殷切的劝导,可谓苦口婆心。比如《解散歌》中,曾国藩针对湘军应如何处置太平军俘虏和"伪官"及"胁从者",明确表示要宽大处理,不能滥杀无辜。其中写道:

第一不杀老和少,登时释放给护照。第二不杀老长发,一尺二尺皆遣发。
第三不杀面刺字,劝他用药洗几次。第四不杀打过仗,丢了军器便释放。
第五不杀做伪官,被胁受职也可宽。第六不杀旧官兵,被贼围捉也原情。
第七不杀贼探子,也有愚民被驱使。第八不杀捆送人,也防乡团捆难民。③

《爱民歌》是曾国藩用心写就的一首湘军歌曲,用通俗易懂、合辙押韵的语言,深入浅出、耐心细致地对湘军官兵进行"以爱民为第一义"的宣教,因其重要性和典型性,特抄录于下:

三军个个仔细听,行军先要爱百姓。贼匪害了百姓们,全靠官兵来救人。
百姓被贼吃了苦,全靠官兵来作主。第一扎营不要懒,莫走人家取门板。
莫拆民房搬砖石,莫端禾苗坏田产。莫打民间鸭和鸡,莫借民间锅和碗。
莫派民夫来挖壕,莫到民间去打馆。筑墙莫拦街前路,砍柴莫砍坟上树。
挑水莫挑有鱼塘,凡事都要让一让。第二行路要端详,夜夜总要支帐房。
莫进城市占铺店,莫向乡间借村庄。人有小事莫喧哗,人不躲路莫挤他。
无钱莫扯道边菜,无钱莫吃便宜茶。更有一句紧要书,切莫掳人当长夫。
一人被掳挑担去,一家号哭不安居。娘哭子来眼也肿,妻哭夫来泪也枯。
从中地保又讹钱,分派各团并各都。有夫派夫无派钱,牵了骡马又牵猪。
鸡飞狗走都吓倒,塘里吓死几条鱼。第三号令要严明,兵勇不许乱出营。
走出营来就学坏,总是百姓来受害。或走大家讹钱文,或走小家调妇人。
邀些地痞做伙计,买些烧酒同喝醉。逢着百姓就要打,遇着店家就发气。
可怜百姓打出血,吃了大亏不敢说。生怕老将不自在,还要出钱去赔罪。

① 《曾国藩全集·家书》,《致沅弟》,咸丰十一年正月二十八日。
② 均收入《曾国藩全集·诗文》卷。
③ 《曾国藩全集·诗文》,《解散歌》。

要得百姓稍安静，先要兵勇听号令。　陆军不许乱出营，水军不许岸上行。
在家皆是做良民，出来当兵也是人。　官兵贼匪本不同，官兵是人贼是禽。
官兵不抢贼匪抢，官兵不淫贼匪淫。　若是官兵也淫抢，便同贼匪一条心。
官兵与贼不分明，到处传出丑声名。　百姓听得就心酸，上司听得皱眉尖。
上司不肯发粮饷，百姓不肯卖米盐。　爱民之军处处喜，扰民之军处处嫌。
我的军士跟我早，多年在外名声好。　如今百姓更穷困，愿我军士听教训。
军士与民如一家，千记不可欺负他。　日日熟唱爱民歌，天和地和又人和。

咸丰八年在江西建昌大营作①

这首《爱民歌》注明是"咸丰八年在江西建昌大营作"，这正是 1858 年曾国藩复出带兵的时候。《解散歌》注明是"咸丰十一年安徽祁门大营作"，这正是安庆会战的关键时刻。这一时期也正是湘军纪律迅速下滑的时期。容闳曾对湘军的纪律作出过高度评价："湘人素勇敢，能耐劳苦，实为良好军人资格，以故文正得练成极有纪律之军队。"②然而，随着战争的持续，湘军暮气日深、军纪日坏，罗尔纲在《湘军兵志》中将其概括为六点：一为将士厌苦行间；二为沾染官场习气；三为缺额严重；四为骚扰之事时有发生，以致归民有官兵不若长毛之叹；五为将士以军营为传舍，任意远扬，投效他处；六为重蹈八旗绿营兵败不相救的覆辙。③ 更为严重的是，闹饷、结盟、抗官甚至哗变事件在湘军中屡屡发生，让曾国藩等人为之忧心如焚。他之所以在攻克天京后急于裁撤湘军，这正是重要原因之一。

曾国藩家书中关于爱民的论述

湘军后期纪律的败坏是人尽皆知的事情，就连湘军内部的正直之士也看不过眼，屡屡提出批评，而且许多批评集中于湘军中最能战也是军纪最差的鲍超部"霆军"。郭嵩焘说鲍超"所过残灭如项羽"；刘蓉曾写信给曾国藩庆幸"霆军"不入陕西境内："鲍军无意西来，所过又多残暴，诚不愿其复至，恐如梳如篦，遂至如剃。"④曾国藩、左宗棠的好友王柏心之子王家仕不仅痛斥鲍超"军无纪律，旌旗所过，仅存焦土"，更

---

①《曾国藩全集·诗文》，《爱民歌》。
②容闳：《西学东渐记》，岳麓书社 1985 年合刊本，第 107 页。
③罗尔纲：《湘军兵志》，中华书局 1984 年版，第 185 页。
④刘蓉：《养晦堂诗文集》，《致曾相国》。

指责整个湘军："至若一时将帅,使东南数千里民之肝脑涂地,而诸将之黄金填库,民之妻孥亡散,而诸将之美女盈门。"①朱品隆部在占领皖南石棣后,就扒民房做烧柴,又抓丁拉夫,以致"城乡内外房屋完全者百无一二",百姓竟有"官兵不若长毛之叹",并发出了"贼如梳,兵如篦"的感慨。一位塾师曾专门写诗,讽刺湘军将领纵军抢夺百姓家中鸡鸭的行为:"风卷尘沙战气高,穷民香火拜弓刀。将军别有如山令,不杀长毛杀扁毛。"②有人还写出剧本,谱成《梨花雪传奇》十六折,谴责曾国荃军在南京的暴行,广为传唱,影响很大。③

　　湘军纪律的败坏是不可避免的,从根本上说,这是一个体制性问题。尽管曾国藩一直标榜他所练的部队是"官勇",但"勇"毕竟不同于"兵",湘军没有被纳入国家经制兵的行列,从招募到训练再到筹饷,都要靠自己想办法解决。湘军对应征青年的吸引力,全在于四个字:"升官发财"。曾国藩深知这一点,在《水师得胜歌》的最后,他明确告诉湘军将士:"仔细听我得胜歌,升官发财笑呵呵。"④问题在于,越到后期,"升官发财"的许诺越难兑现。湘军将领的"升官"是通过曾国藩向上面保举有战功的人员,由朝廷核准后下达正式的任命(由于战争需要,往往并不到任)。湘军初期军功保案以3%为率,到1856年攻下武昌汉口后,提高到20%,此后遂成常制。1862年,曾国藩感到问题严重,曾一度降为12%。十几万人的湘军转战各地,保案也不断产生,保举人数之多不难想象。曾国藩统计,各省军营,保至武职三品以上者,不下数万人。左宗棠则估计,军兴以来,各省军营所保武职,不下数十万家。全国绿营官职,从一品的提督19员,正二品的总兵56员,从二品的副将108员,正三品的参将152员,从三品的参将310员,总计三品以上者不过645人。但镇压太平天国后,以军功记名的提督即已达8000人之多;三品以下都司、守备、千总、把总、外委、额外外委不过12300余人,而以军功保举记名者

清代顶戴花翎

---

①王家仕:《彤云阁遗稿》,《答耀卿书》。

②徐珂:《清稗类钞》,《不杀长毛杀扁毛》。

③参见柴萼:《楚天庐丛录》卷16,《黄婉梨》。《梨花雪》描绘了天京残破时,湘军杀害黄姓全家,又想霸占黄女,黄女用计杀死仇人而后自杀的故事。此事在《湘乡县志》中也有记载。

④《曾国藩全集·诗文》,《水师得胜歌》。

125

则数以 10 万计。① 官职不够分配,后来者只能是候补、记名,升官美梦成了看得见摸不着的空头名誉,要轮到上任还不知等到几十年以后。凡事滥则贬值,一时间钱贵官贱。至于"发财",同样面临着困难。湘军的薪饷本来较经制兵丰厚,但国库空空,早就无能为力,抽厘办捐,也已罗掘俱穷,随着后期筹饷越来越难,湘军各部常常欠饷达十几个月,官兵议论纷纷,群言沸腾,起哄闹事也时有发生。后期战争更加艰苦,又往往旷日持久,官兵的生理心理都会受到影响,益加暴躁难制。湘军将领自知有亏,渐渐放开纪律,允许部下"自谋生计"以弥补欠饷的困难。此风一开,就如同打开了潘多拉的魔盒,再也难以控制。

国家只能靠一支没有名分的部队来维持生存,却不能制定合理的政策机制和妥当的处置措施,这是晚清政府的可悲之处。只想利用,不想付出,其结果必然是失控。对于一支失去控制的军队而言,真正遭殃的不仅是国家,更是百姓。

被湘军所残的百姓是受害者,广大的湘军士兵也是受害者。烧杀抢掠的受益者是统领、营官、哨长等各级官佐以及士兵中的凶悍霸蛮者。强梁者满载而归,驯良者空空而回,更不幸者则丧命沙场,成为孤魂野鬼。

在一场战争中,无论军民,没有真正的受益者。愈到底层愈是如此,所谓每况愈下是也。

1864 年 7 月,湘军用掘地道爆破的办法攻入南京。3 个月后城墙缺口修复,曾国藩怀着沉重的心情亲撰碑记,末尾铭文为:"穷天下力,复此金汤;苦哉将士,来者勿忘!"②

苦哉将士!

苦哉苍生!

---

① 任恒俊:《晚清官场规则研究》,海南出版社 2003 年版,第 38 页。
② 《曾国藩全集·诗文》,《修治金陵城垣缺口碑记》。

脸谱十:幕主

晚清时期,随着兵事日纷、制度崩坏,尤其是与督抚专政、地方分权的政局变化相呼应,古老的幕府制度重又焕发出勃勃生机,成为一个引人关注的历史现象。其中,尤以曾国藩的幕府最称鼎盛,被誉为"极一时之选"[1]。1863年,从美国归来的容闳到安庆谒见曾国藩后,这样描述对曾幕的印象:

当时各处军官,聚于曾文正之大营中者,不下二百人。大半皆怀其目的而来。总督幕府中亦有百人左右。幕府外更有候补之官员、怀才之士子。凡法律、算学、天文、机器等等专门家,无不毕集,几于举全国人才之精华,汇集于此。此皆曾文正一人之声望道德,及其所成就之功业,足以吸引之罗致之也。[2]

入曾幕长达8年之久的薛福成,后来专门作《叙曾文正公幕府宾僚》一文,认为曾国藩"致力延揽,广包兼容,持之有恒",其幕府中杰出人才即有83人,并按专业特长及分工的不同分为四类:第一类为"治军事、涉危难,遇事赞画者"(22人);第二类为"邂逅入幕,或骤至大用,或甫入旋出,散之四方者"(22人);第三类为"以宿学客戎幕,从容讽议,往来不常,或招致书局,并不责以公事者"(26人);第四类为"凡刑名、钱谷、盐法、河工及中外通商诸大端或以专家成名,下逮一艺一能,各效所长者"(13人)。[3] 在薛福成的统计中,没有把一些既是幕宾,又是湘军将官的人计算在内,又遗漏了为湘军造炮筹饷的黄冕、在湖北抽厘办捐的胡大任、采编《贼情汇纂》的张德坚、参与机要的沈葆桢、审讯李秀成的庞际云、"海归"知识分子容闳以及徐建寅等重要人物,薛氏本人也未入其列。因此,后世学者的统计数据要远远超过这个数字,认为曾国藩幕府总数达到近500人,不仅超过了左右晚清政局40年的李鸿章幕府的304人(含洋员)[4],也超过了以幕府之盛自诩的张之洞之幕府的400余人(含洋员)[5]。因此,曾幕被称之为"晚清第一幕府"毫不为过。

就让我们来领略一下曾国藩这个当之无愧的"晚清第一幕主"的风采吧。

---

①《清史稿·曾国藩传》。

②容闳:《西学东渐记》,岳麓书社1985年合刊本,第110页。

③薛福成:《薛福成选集》,上海人民出版社1987年版,第213~216页。

④朱东安:《曾国藩幕府研究》,四川人民出版社1994年版,第233页。

⑤黎仁凯、钟康模:《张之洞与近代中国》,河北大学出版社1999年版,第229页。

一

始于军事的幕府在中国古已有之。"古者出征为将帅,军还则罢,治无常处,以幕帘为府署,故曰幕府。"①战国时著名的"四公子"(孟尝君、信陵君、平原君、春申君),各养食客达数千人之多,这些人可以看作是早期的幕僚。两汉时代,大将军幕府僚属有长史、校尉、军司马、军司空、从事中郎、军监、史、武库令等,骠骑将军幕府僚属有校尉、鹰击司马、骠姚校尉等,车骑将军幕府僚属有长史、从事中郎、军市令、掾、千人、营军司马等。唐代时,战争频仍,藩镇割据,幕府及幕僚的地位都随之大大提高,并在一定程度上左右军政大局、影响国家安危,"当时布衣韦带之士,或行著乡闾,或名闻镇坞,莫不为方镇所取,至登朝廷,位将相,为时伟人者,亦皆出诸侯之幕"②。杜甫诗"十年出幕府,自可持旌麾"即反映了这一情形。宋代以后,军事意义上的幕府渐趋衰落。至清代,幕府早已超出了军事的范畴,成为各地军政大员储备和使用人才的重要途径,从总督、巡抚直至知府、知县,均有自己的幕僚佐政,府县一级的幕僚即俗称的师爷,如刑名师爷、钱粮师爷等,又以浙江绍兴所出师爷最为有名,故清代官场有"无绍不成幕"的说法。

清代前期也有过专为征战而设的军事幕府,但都是短期性、临时性的机构,

曾国藩

而且佐幕人员由朝廷任命,幕主与幕僚之间没有更多私人情谊和利害关系。晚清太平军兴后,情况发生了重大变化,"延续多年的内战促成了兵制的变法和财政重心的下移,兵气的弥漫,还造成一种入世社会,使天下才智之士多聚汇于疆吏的周围",因此,"古已有之的幕府制度在危难逼来的时候显出了它富有弹性的一面,为这些各怀韬略而没有进入仕途的知识分子提供了另一种事功的路径。由是,曾被龚自珍用诗人的浪漫憧憬过的'不拘一格'便在内战的血火里非常不浪漫地出现了"③。

曾国藩自1853年墨绖出山,就汲汲以取才为要,重视延揽人才入幕。在《讨粤匪檄》中,他公开宣称:"倘有血性男子,号召义旅助我征剿者,本部堂引为心腹,酌给口粮;倘有抱道君子,痛天主教之横行中原,赫然奋怒以卫吾道者,本部堂礼之幕

---

① [唐]司马贞:《史记索引》。
② [北宋]欧阳修:《集古录跋尾》卷8。
③ 杨国强:《义理与事功之间的徘徊——曾国藩、李鸿章及其时代》,三联书店2008年版,第116页。

府,待以宾师。"①到 1865 年北上剿捻时,还在广发"寻访英贤"的告示:"淮徐一路,自古多英杰之士,山左中州亦为伟人所萃。方今兵革不息,岂无奇材崛起?无人礼之,则弃于草泽饥寒之中;有人求之,则足为国家干城腹心之用。本部堂久历行间,求贤若渴。如有救时之策、出众之技,均准来营自行呈明,察酌录用。"②由于曾国藩求才若渴、广为延揽,加上他久居高位、颇负声望,因此其幕府绵延兴盛近 20 年之久,成为天下士人向往之所。

曾国藩幕府的兴衰,经历了一个历史的过程,可分为形成期、发展期、鼎盛期、萎缩期四个不同阶段。③ 从 1853 年曾国藩开始编练湘军到 1857 年委军奔丧离开江西前线,是曾国藩幕府的形成期。这一时期,因湘军事事草创,曾国藩无权无位又屡遭挫折,故而幕僚人数较少,主要是一些至亲好友、降革人员及相从诸生,如郭嵩焘、刘蓉、李元度、李瀚章、李沛苍、程桓生等。从 1858 年曾国藩复出领军到 1861 年湘军攻占安庆,是曾国藩幕府的发展期。这一时期,由于曾国藩领兵渐众,军事日繁,特别是 1860 年受命为两江总督、钦差大臣后,政治地位的改变增强了对士绅的吸引力,因此幕府机构日增、人员益众,设置渐具规模,主要幕僚则有李鸿章、李宗羲、李兴锐、李榕等。从 1861 年曾国藩进驻安庆到 1868 年最后将捻军镇压下去,是曾国藩幕府的鼎盛期。这一时期,曾国藩位高权重、声望更隆,加上恢复地方政权和兴办洋务、文化事业急需人才,因此前来投效者更多,曾幕进入最盛时期,此时入幕的主要幕僚有钱应溥、容闳、李善兰、徐寿、华蘅芳、刘毓崧、刘寿增以及曾门"文学四弟子"张裕钊、吴汝纶、薛福成、黎庶昌等。从 1868 年剿捻战争结束到 1872 年曾国藩去世,是曾国藩幕府的萎缩期。这一时期,战事基本结束,诸事恢复旧制,一些临时机构或简或裁,人员大为减少,加上曾国藩诸事不顺、心情抑郁,常常四处写信劝人不要来营求差、不要再荐幕僚。

曾国藩一生爱才惜才、百般访求,因此其幕僚入幕途径呈现出多样化特点,有慕名投效者,有亲自物色者,有请旨收留者,有朋僚推荐者,有他幕转入者,不一而足。就其幕僚来说,有的是他过去在湘、京时的学友,如罗泽南、陈士杰、吴敏树、刘蓉、郭嵩焘等;有的是由朋友推荐而来,如方宗诚、唐训方等;有的是因诗文受知于曾国藩,如张裕钊、何栻、黎庶昌、钱泰吉、李士棻等;有的因上疏献计献策而招聘入幕,如李元度、薛福成、丁日昌、汪士铎、李鹤章、屈蟠等;有的是由他人之幕转入,如左宗棠、郭崑焘、吴坤修、莫友芝、李鸿裔等;有的师事曾国藩,早年就被发现为人才,如李鸿章、邓辅纶、吴汝纶、洪汝奎等;有的则是在直

①《曾国藩全集·诗文》,《讨粤匪檄》。
②《曾国藩全集·诗文》,《剿捻告示四条》。
③朱东安:《曾国藩传》,百花文艺出版社 2001 年版,第 324～327 页。

接对话,从言谈举止中招聘而来,如容闳、向师棣、罗萱、汪宗沂等;有的因军政才识受知于曾国藩,如彭玉麟、杨载福等;更多的则是在各地访闻而识出众者,如李善兰、华蘅芳、徐寿、成蓉镜、倪文蔚、戴望、刘翰清、方骏谟等。从这些人的籍贯分布情况来看,除了湖南、江苏、浙江、安徽几个重点省区以外,还有江西、湖北、广东、贵州、广西、四川、福建、直隶等省区。[1]

　　当时,天下士人争相入曾氏幕府,一个重要而现实的原因就是以此作为晋升之途。曾国藩幕府中固然有不少学术人才包括科学家,但人数最多的还是从政人员。他们入幕后跟随曾国藩锻炼才干、积累军功,大都能得到较快的提升,从而走上了一条顺水顺风的终南捷径。比如,李鸿章的哥哥李瀚章,本来出身拔贡、才具平常,自1853年以知县入曾国藩幕府"总理粮台",因办事卓有效率被曾国藩一再推荐擢拔,"存擢监司,旋膺疆寄",很快由知州、知府而至巡抚、总督,挂兵部尚书、太子少保衔,烜赫一时。由"廪贡生捐教职"入仕的丁日昌,1861年因失地被革职,转而托身曾国藩幕府,不过一年就经由曾国藩以"随征有劳"奏请"开复原官",后又随李鸿章开府苏南,不几年间就升到江苏巡抚高位。因此,当李鸿章入幕后又因故离开时,郭嵩焘劝他说:"此时崛起草茅,必有因依,试念今日之天下,舍曾公谁可因依者? 即有拂意,终须赖之以立功名。"[2]李鸿章重返曾幕后,果然青云直上,不过数年便超擢江苏巡抚,很快又升至湖广总督、钦差大臣高位,如果不是在曾幕的经历以及曾国藩的鼎力推荐,即使李鸿章再有才干,这样的升迁速度也是不可想象的。因此,当曾国藩有意招致淮军部将刘秉璋时,李鸿章深有体会地对他说:"往也,惟此老翁能致人于方面重任。"[3]

李鸿章

　　据统计,出身曾国藩幕僚而后文职官至督抚者有20多人,其中显著者有大学士2人:文华殿大学士李鸿章、东阁大学士左宗棠;军机大臣2人:左宗棠、钱应溥;督抚堂官23人:沈葆桢、郭嵩焘、刘蓉、丁日昌、李瀚章、刘瑞芬、许振祎、李兴锐、李明墀、李宗羲、何璟、庞际云、陈士杰、陈兰彬、陈宝箴、恽世临、倪文蔚、涂宗瀛、钱鼎铭、郭柏荫、梅启照、黄赞汤、勒方锜;布政使、按察使以下人数

---

①成晓军:《曾国藩的幕僚们》,东方出版中心2007年版,第1页。
②郭嵩焘:《玉池老人自叙》,文海出版社1967年版,第7页。
③刘体智:《异辞录》卷1。

更多。就掌握地方实权的总督而言，全国有 8 个实缺位置，光绪元年至十年间先后担任此职者共有 18 人，其中曾为曾国藩幕僚者就有 6 人，占了三分之一；光绪三四年间，8 名总督中出自曾幕的也有 6 人，占到了四分之三！无怪乎时人有"中兴人物，多由辟幕起家"①的感叹了。

当然，幕主与幕僚之间是一种相互依存的关系，曾国藩对幕僚们也有诸多依赖，许多幕僚对他助力颇多，一定程度上影响到了曾国藩的决策甚至思想。曾国藩幕府的机构庞杂，任务繁重，包括营务处、秘书处、审案局、粮台、报销局、善后总局、采访忠义局、编书局等，仅粮台下又有八所：文案所、内银钱所、外银钱所、军械所、火器所、侦探所、发审所、采编所等，一些临时的机构和人员就更多。数量众多的幕僚们，帮助曾国藩出谋划策、筹办粮饷、承办文案、处理军务、办理善后、兴办洋务等，曾氏每一步成功都有他们的一份心血。每有疑难之事，曾国藩都要向幕僚们征求意见，有时书信咨询，有时当面会商，或者让他们呈递书面意见，择其善者而从之。其中一些重大的或关键的建议，对曾国藩事业的成功产生了巨大影响。如曾国藩在衡州练兵时，郭嵩焘向他推荐黄冕参赞军事，黄指出湘军应该下大力气抓好水师建设："以某观之，陆营不如水师之可恃。省城设立各营规模略同，未足制胜，水师独开一局面，度贼船必不能及，可以任战。"并进而对水师的编制和装备提出了改进建议："惟长江港汉分歧，师船迟重，不能转侧。江南水师有所谓三板者，每营必得十余号，以资逡巡港汉。"②曾国藩据此调整了湘军水师编制，并在与太平军作战中发挥了决定性作用。湘军大营中事务繁剧，草拟奏稿、批札、复函等就是一个大任务，不可能事必躬亲，因此代拟文书特别是奏折的幕僚最受曾国藩重视，却也最为难求，他深感"拟奏拟信拟批者求之较难"。李鸿章、左宗棠、张树声等人都替曾国藩草拟过奏折，其中左宗棠代拟的《遵旨复奏借俄兵助剿发逆并代运南漕折》帮助曾国藩在洋务运动中先声夺人，他为此深为感激；李鸿章代拟的《参翁同书片》，一举参倒了丢城失地、谎报军情却又两代帝师、门第鼎盛的安徽巡抚翁同书，不仅解决了曾国藩的大难题，也使 39 岁的李鸿章和这篇仅 692 字的奏折名声大噪。

对此，时人评价道：曾国藩"以儒臣督师，芟夷蕴崇，削平大难，蔚成中兴之业，固由公之英文钜武，蕴积使然；亦由幕府多才，集众思广众益也"③。

二

晚清以降，曾国藩素有知人之名，后世更是将其相术传得神乎其神，并有伪

---

①陈康祺：《郎潜纪闻二笔》卷 3，《中兴将相多起家幕僚》。
②郭嵩焘：《玉池老人自叙》，文海出版社 1967 年版，第 5 页。
③陈鼐：《求志集》，《序》(赵椿年)，同治十一年刊本。

托曾国藩著的各类相书流传。清人笔记中有《曾文正公知人》篇,就把曾国藩的相术描绘得神乎其技:

近世士大夫多称曾文正公能知人,非妄语也。江忠烈公忠源,初谒公于京邸,既别去,公目送之,曰:"此人必名天下,然当以节烈死。"时天下方无事,众讶其言之不伦。后十余年,忠烈果自领偏师,战功甚伟,嗣殉难庐州。公东征时,沪上乞师,公奏请以今相国合肥李公赴沪,而以参将程忠烈公学启从。临发,公送之登舟,拊忠烈背曰:"江南人誉张国梁不去,君去,亦一国梁也。行闻君克苏州矣,勉之!"李公至沪,由下游进兵,自青浦、昆山转战至江苏行省,拔名城、殪大憝,虽尝借助英法兵,而西人独推忠烈功为淮军诸将最,其声威殊不出张忠武下。嗣克嘉兴,先登,中枪仆地,卒不救。其以死勤事,亦与忠武同。盖升平之际,物色人才,

刘坤一

危急之秋,激昂忠义,精神所感,诚至明生。文正儒臣,岂有相人术哉?呜呼!洵天人矣。①

1858年刘长佑带军途经建昌大营,曾国藩"遍阅军中将士,称刘营有三贤",即刘坤一、江忠义、李明惠。胡林翼闻知后,立即致函向刘长佑表示祝贺,并多方罗致此三人而不可得。② 刘坤一后来果然继左宗棠成为湘军后期的领袖。

显然,相术之说多属虚妄之谈,曾国藩能够知人善任,主要在于他勤于访察人才、长于发现人才、精于观察人才、善于培育人才。即如上面提到的"刘营三贤",就是他观察其言行、了解其战绩的结果:"曾文正知长佑沉毅有容,其营务处江忠义骁果善战,机警有智略,李明惠神气闲定,屡当大敌未受一伤,终当依以办贼。"③

曾国藩认为,上等人才只能靠机缘遇到,中等人才可以通过人力访求,并指出求才之道主要有三点:"曰访察,曰教化,曰督责。探访如鸷鸟、猛兽之求食,如商贾之求财;访之既得,又须察其贤否,察其真伪。教者,诲人以善而导之以其所不能也;化者,率之以躬而使其相从于不自知也。督责者,商鞅立木之法,

①陈康祺:《郎潜纪闻初笔》卷1,《咸同二朝宰相·曾文正公知人》。
②梅英杰等:《湘军人物年谱》,岳麓书社1987年版,第339页。
③郭振墉:《湘军志平议》,岳麓书社1983年合刊本,第238页。

孙子斩美人之意,所谓千金在前,猛虎在后也。"①幕府正是他借以求才育才的主要基地。1862年,曾国藩进一步总结自己的治幕之道为"广收、慎用、勤教、严绳"四条,这体现了他治幕的基本思路和特点。

广收,就是不拘出身,不论尊卑,唯人才是举。曾国藩每至一地,必广为访察人才,发现学有专长、精于一道者,都求之若渴,驰书礼聘,必欲延之幕中而后快。有身为京官的,则具折奏请来营帮办;有流落不知去向的,则致书地方督抚代为查明并礼送来营。在与朋僚的通信中,曾国藩常常以人才相咨询,以荐才相托付。当他听说胡林翼处屡屡有人才投效时,致书表示了羡慕之情:"汪梅村洵积学之士,廉卿亦精励可畏。台端如高山大泽,鱼龙宝藏荟萃其中,不觉令人生妒也。"②曾幕人才之多、数量之众远远超同时期的其他幕府,与曾国藩的这种思想和姿态是分不开的。由于求才若渴,曾国藩还为此上当受骗、闹过笑话:

> (某人)当金陵初复时,冒称校官,往谒曾侯,高谈雄辩,议论风生,有不可一世之概。侯固已心奇之矣,中间论及用人,须杜绝欺弊事,遂正色大言曰:"受欺不受欺,亦顾在己之如何耳。某盱衡当世,略有所见,若中堂之至诚盛德,人自不忍欺;左公之严气正性,人亦不敢欺。至如某某诸公,则人虽不欺而尚疑其欺,或已受欺而不悟其欺者,比比也。"侯不禁大喜。……顾一时未有以处之,姑令督造炮船。未几,忽挟千金遁去,所司以闻,且请急发卒追捕,侯默然良久,曰:"止,勿追也。"所司惘然退。侯乃自捋其须曰:"人不忍欺,人不忍欺。"左右闻者,皆匿笑不敢仰视。③

慎用,就是"取之欲其广,用之欲其慎",既要用其所长,尽其所能,又要量才器使,慎重荐举。曾国藩曾感慨用人之难:"惟用人极难,听言亦殊不易,全赖见多识广,熟思审处,方寸中有一定权衡。"④因此,幕中人才虽众,但他在使用上从不大意草率,而是反复测试、亲自考察、量才使用,如有胆气血性者令其领兵打仗,胆小谨慎者令其筹办粮饷,文学优长者办理文案,讲习性理者采访忠义,学问渊博者校勘书籍,等等。即使对于与自己有私交、私恩的人,他从不无原则地滥施保举;对于那些犯了错误的幕僚,也从不姑息迁就。当然,对于大多数抱有官场升迁期望的幕僚来说,在保举一事上过于保守则很难调动他们的积极性。曾国藩带兵初期保举过于谨慎,减弱了对幕僚的吸引力,"不妄保举,不乱用钱,

---

①《曾国藩全集·日记》,咸丰十年六月二十九日。

②《曾国藩全集·书信》,《与胡林翼》。

③葛虚存:《清代名人轶事》,《曾侯甘心受欺》。

④《曾国藩全集·家书》,《致沅弟》,同治三年正月十七日。

是以人心不附"①。1854年曾国藩攻下武汉,仅保300人,受奖人数占3%;1856年胡林翼再次攻下武汉后,一次就保奏3000多人,比例高达20%还要多。因此,不少人为求官职转而离开曾幕前往胡幕。后来曾国藩"揣摩风会,一变前志",自1861年起开始效法胡林翼,大保幕僚,由是人心更加归附。但曾国藩所保之人,都是不辞劳苦、卓有才干者,对于那些才具平平或才高德薄之人,他以"心欲爱之,实却害之"的教训提醒自己,慎重使用,不肯滥保。

勤教,就是反复训诲,耐心督课,营造笃实勤学的氛围,努力培养实干人才和"读书种子"。曾国藩认为,"山不能为大匠别生奇木,天亦不能为贤主更出异人"②,优秀人才必须靠勤加培养才能造就。对身边的幕僚,他通过谈心、定期考核等方式加以调教;对不在身边的幕僚,则以写信、批牍或定期接见的方法,加以开导启迪,"有师弟课督之风,有父兄期望之意"。他在给朋友的信中描述其

曾幕中的科学家(左起:徐建寅、华蘅芳、徐寿)

幕府:"此间尚无军中积习,略似塾师约束,期共纳于轨范耳。"③在给丁日昌的信中向其传授经验:"局中各员譬犹弟子,阁下及藩司譬犹塾师,勖之以学,教之以身,诚之以言,试之以文,考之以事,诱掖如父兄,董督如严师,数者缺一不可,乃不虚设此局。"④何璟在曾国藩死后奏称,曾氏回任江督后,"自谓稍即怠安,负疚滋重。公余无客不见,见

必博访周咨,殷勤训励。于僚属之贤否,事理之源委,无不默识于心,人皆服其耄年进德之勤。其勉力在此,其致病亦在此"⑤。对于曾国藩勤教以培育人才的效果,薛福成如此形容:"譬之导水,幕府则众流之汇也;譬之力稿,幕府则播种之区也。故其得才尤盛。"⑥另一个幕僚张文虎,对跟随曾国藩在实践中历练的收获之大深有感慨:"所至山川地理之形胜,馈饷之难易、军情之离合、寇形之盛衰变幻,与凡大帅所措施,莫不熟察之。而存于心久,及其措之裕如,固不啻取怀而予。故造就人才,莫速于此。"⑦

严绳,就是明立章程,时刻督责,戒骄奢懒惰之气,杜徇私枉法之风。曾国

①《曾国藩全集·家书》,《致沅弟》,咸丰八年五月十六日。
②赵烈文:《能静居日记》,同治六年八月二十八日。
③《曾国藩全集·书信》,《复莫友芝》。
④《曾国藩全集·书信》,《复丁日昌》。
⑤《曾国藩年谱》,附二:《曾国藩哀荣录·江苏巡抚查明事迹疏》(何璟)。
⑥薛福成:《庸庵文编》卷4,《叙曾文正公幕府宾僚》。
⑦张文虎:《覆瓿集·杂著》乙编上,第7~8页。

藩不仅要求幕僚们要根据各自的分工勤于任事，恪尽职守，更要求他们勤于学习、有所专攻。在祁门大营时，要求幕僚按专业方向读书学习，既有布置也有检查，还进行定期考试，每月两次，亲自出题，亲阅试卷，毫不懈怠。他还专门写有《劝诫委员四条》，从"习勤劳以尽职"、"崇俭约以养廉"、"勤学问以广才"、"戒傲惰以正俗"四个方面对他们进行严格规范，如在"勤学问以广才"方面，指出："今世万事纷纭，要之不外四端：曰军事，曰吏事，曰饷事，曰文事而已。凡来此者，于此四端之中，各宜精习一事。习军事，则讲究战攻战守，地势贼情等件。习吏事，则讲究抚字催科，听讼劝农等件。习饷事，则讲究丁漕厘捐、开源节流等件。习文事，则讲究奏疏条教，公牍书函等件。讲究之法，不外学问二字。学于古，则多看书籍；学于今，则多觅榜样。问于当局，则知其甘苦；问于旁观，则知其效验。勤习不已，才自广而不觉矣。"①可谓言之谆谆。李鸿章回忆初入幕府时的狼狈情况："我老师实在厉害。从前我在他大营从他办事，他每天一早起来，六点钟就吃早饭，我贪睡总赶不上，他偏要等我一同上桌。我没法，只得勉强赶起，胡乱盥洗，瞳朦前去过卯，真受不了。迨日久勉强惯了，习以为常，也渐觉不甚吃苦。所以我后来自己办事，亦能起早，才知道受益不尽，这都是我老师造就出来的。"②对于李鸿章被曾国藩教训的窘状，薛福成有更详细的描写：

　　傅相（作者按：指李鸿章）居幕中，文正每日黎明必召幕僚会食。而江南江北风气与湖南不同，日食稍晏，傅相欲遂不往。一日以头疼辞，顷之差弁络绎而来，顷之巡捕又来，曰："必待幕僚到齐乃食。"傅相披衣跟跄而往。文正终食无言，食毕舍箸，正色曰："少荃既入我幕，我有言相告：此处所尚，惟一'诚'字而已。"遂无他言而散。③

　　正是由于曾国藩访察不懈、督教有方，其幕府方能人才鼎盛，并在很大程度上影响着庙堂决策、天下兴衰。对此，曾国藩的得意弟子俞樾评价道："公豁达大度，含囊万物，天下之士有一艺者，云集而景附。公量能而使之，取节而用之，履屦之间，多得其任。故能动如雷电，发如风雨，桑荫不徒而大功立。……朝廷倚公重，凡有大议，辄就幕府取决焉。"④

三

　　王尔敏指出："领袖的才品作风，学问德行，政治眼光，与其幕府人才的地位

①《曾国藩全集·诗文》，《劝诫浅语十六条》。
②吴永：《庚子西狩丛谈》卷4。
③薛福成：《庸庵笔记》卷1，《李傅相入曾文正公幕府》。
④俞樾：《春在堂杂文》。

与发展有极大关系"，因为"幕府人才的网罗、磨练与教导，职务的安排，功过的考察，无不系于统帅个人明智的权衡，幕府人才辈出，亦足可见统帅的识力才智与胸怀气度；幕府人才的发展，正足以协助军系扩张声势"[①]。李鸿章出身于曾国藩幕府，曾亲眼目睹曾幕人才之盛，赋诗感慨："满堂豪翰济时彦，得上龙门价不贱。"[②]李鸿章作为淮系领袖、晚清重臣，其幕府也位列四大幕府之中[③]，然而较之于曾幕，无论是从规模还是从质量考察，都要差了一个等级。李鸿章在40多年中总共延揽了大约304名幕僚，而曾国藩20年间就有佐幕人物近500名。曾国藩开幕，各方杰出人物争往攀附；李鸿章开幕，"志节之士多不乐为用"，比如被他称为"霸才"的黄遵宪就以"事无可为"而不应招。曾国藩的幕僚中，官至督抚者共有26人，分别出任总督、巡抚47人次和87人次，其中同时与他为督抚者一度达14人之多。而李鸿章幕僚先后为督抚者16人，加上未实授的6人（刘郇膏、李元华、徐文达、吴赞诚、黄彭年、游智开）、统将4人（张树声、刘秉璋、潘鼎新、刘铭传），共26人。这些人共出任总督（含护理、署理）16人次、巡抚（含护理、署理）44人次，其中与李鸿章同时为督抚者至多不过五六人。

幕府之间的差距，与幕主的地位、兴幕的历史时期以及幕主的道德文章等均有关系。李鸿章在晚年的回忆中，也感觉自己的道德文章与人格魅力均不如曾国藩："我老师道德功业，固不待言，即文章学问，亦自卓绝一世；然读书写字，至老不倦。我却愧一分传受不得，自悔盛年不学，全恃一股虚骄之气，任意胡弄，其实没有根底。"[④]曾国藩自律甚严，又勤于身教，使身边的幕僚受益匪浅。吴汝纶回顾自己在曾国藩幕府和李鸿章幕府的日子，作过这样一番比较：

> 吾壮时佐曾文正幕，四十以后佐李文忠幕，遭际亦幸矣。然佐曾公时，日有进益，而佐李公幕十余年，则故我依然。何者？盖曾公每办一事，无适莫心，无入己见，但详告事由，命诸同人各拟一稿以进，择其最善者用之，且遍告曰：某君文佳。倘皆不合，始出己文。如有胜己者，则曰：吾初意云云，今某君文胜吾，吾用之矣，即将己稿弃云。于是人争自琢磨。事理愈细，文思亦愈精。李公则不然。每办一事，必出己意，曰：吾欲云云。合其意者用之，不合其意者摈之，无讨论，无切磋，于是人争揣摩其意，无越范围者，而文思乃日隘。二公之度量性情于此可见，而其能作人与否，亦于是焉殊矣。[⑤]

①王尔敏：《淮军志》，广西师范大学出版社2008年版，第283页。
②黄浚：《花随人圣庵摭忆》。
③指晚清时的曾国藩幕府、李鸿章幕府、张之洞幕府、袁世凯幕府。
④吴永：《庚子西狩丛谈》卷4。
⑤唐文治：《茹经堂文集》。

对此,李鸿章也有类似的回忆,表达了对老师的心悦诚服之情:

　　吾从师多矣,毋若此老翁之善教者。其随时随地随事均有所指示,虽寻常赠遗之物,使幕府皆得见之,且询其意。是时,或言辞,或言受,或言辞少而受多,或言辞多而受少,或取乎此,或取乎彼。众人言毕,老翁皆无所取而独抒己见,果胜于众,然后心悦而诚服,受化于无形焉。①

"奇男子"彭玉麟

　　蒋廷黻评论说:"前清末年的官吏,出自曾文正门下者,皆比较正派,足见其感化力之大。"②这与幕主曾国藩的思想、性格及治幕方法大有关系。曾国藩爱才育才的美名广为传播,他的人格魅力又深为士人所敬仰,所以曾幕中的书局、忠义采访局等机构虽然待遇不算丰厚,"薪俸仅足赡其家",依然"归之者如流水"③。曾国藩在对待幕僚的态度上,颇有礼贤下士的古风,并说:"往时在余幕府者,余亦平等相看,不甚钦敬,洎今思之,何可多得!""求人自辅,时时不可忘此意。"④在总督衙门的府县官厅上,他亲笔撰写一副对联,与幕僚们共勉:"虽贤哲难免过差,愿诸君说论忠言,常攻吾短;凡堂属略同师弟,使僚友行修名立,方尽我心。"⑤

　　一个例外的情况是曾国藩的老友冯卓怀(字树堂)出幕一事。冯与曾国藩长期交厚,曾经放弃优厚的条件而去曾国藩家做教师以便朝夕受教,曾氏兵困祁门时他又放弃四川万安县令之位投入幕府。后因一事不合,曾国藩当众申斥了冯卓怀,冯不堪其辱,愤而决意离开,虽经曾氏再三劝留也不为所动,终于拂袖而去,这成为曾国藩心中的一大遗憾,直到1871年仍在家书中表达了悔意:"渠昔在祁门,余与之口角失欢,至今悔之。今年渠至此间,余对之甚愧也。"⑥

　　前文说过,曾国藩虽以理学修身,却并不呆板,倒是颇有幽默细胞,所以其幕府中别有一番情趣和氛围。李鸿章回忆说:

　　他老人家又最爱讲笑话,讲得大家脖子都笑疼了,个个东歪西倒的。他自家偏一些不笑,以五个指头作把,只管将须,穆然端坐,若无其事,教人笑又不敢

　　①刘体智:《异辞录》卷1。
　　②蒋廷黻:《中国近代史》,上海古籍出版社2004年版,第72页。
　　③姚永朴:《素园丛稿见闻·偶笔》,《曾文正公逸事》。
　　④《曾国藩全集·家书》,《致沅弟》,咸丰八年四月初九日。
　　⑤《曾国藩全集·诗文》,《题金陵督署官厅》。
　　⑥《曾国藩全集·家书》,《致澄弟沅弟》,同治十年六月二十七日。

笑,止又不能止,这真被他摆布苦了。①

攻破南京后,曾国藩被封侯爵,幕僚赵烈文与他打趣说:"此后当称中堂,抑称侯爷?"曾国藩笑道:"君勿称猴子可矣。"②

曾国藩因治幕甚严,凌晨炮响就要求大家同进早餐,众幕僚颇以为苦,曾国藩笑道:"此似进场饭。"1861年攻克安庆后,欧阳兆熊请假回家,临走之前建议曾国藩取消"进场饭":"此间人非不能早起,但食不下咽耳。吾今归矣,欲为诸人求免进场饭何如?"曾国藩笑着答应了。欧阳兆熊得意地写信给李鸿章:"从此诸君眠食大佳,何以报我?古人食时必祭先为饮食之人,君等得不每饭一祝我乎?"李鸿章回信说:"进场饭承已豁免,感荷感荷!惟尚斋、申甫(作者按:指幕僚程桓生、李榕)皆须自起炉灶,恐不免向先生索钱耳。"③

幕僚之间也时常有一些有趣的言行,《异辞录》中就有一段生动的记载:

> 左文襄(作者按:指左宗棠,谥文襄)勋业,以幕客时为始。文襄在军,距曾军数十里程,间日跨马而来,文正辄盛设馔食以待,谓大烹以养圣贤,重之如此。文襄善啖而好谈,入座则杯盘狼藉,遇大块用手掰开,恣意笑乐,议论风生,旁若无人。偶与辩胜,张目而视,若将搏噬之状。称人必以其名,惟于文正则敬之称字。一日,言事有异同,文正出句云:"季子自鸣高,与我心期何太左?"文襄对曰:"藩臣身许国,问君经济有何曾?"以名对字,偶一呼名,所谓箭在弦上,不得不发也。李文忠(作者按:指李鸿章,谥文忠)时在文正幕,辄不相下。曾军湘人为多,值彭刚直(作者按:指彭玉麟,谥刚直)来谒,讥评之中,忽涉皖籍人士。刚直尊人久任合肥青阳司巡检,文忠反唇相稽。刚直遂用老拳,文忠亦施毒手,二公互殴,相扭扑地,座客两解之,乃已。④

幕中人物的音容笑貌,真是呼之欲出。

四

在与幕僚们的交往中,曾国藩并不因自己位高权重而有丝毫倨傲怠慢。在与他们发生矛盾时,还能折节示好,主动发出和解的信号,这是极为难得的。他与左宗棠之间就是如此。

---

①吴永:《庚子西狩丛谈》卷4。
②赵烈文:《能静居日记》,同治三年七月初二日。
③欧阳兆熊、金安清:《水窗春呓》上卷,《进场饭》。
④刘体智:《异辞录》卷1。

1857年3月,曾国藩坐困江西时委军奔丧,后又在家守制不出,有躲避责任的嫌疑,为此左宗棠写了措辞严厉的信,对其进行谴责:"孝子之于亲也,不以病不起而废药石;忠臣之于君也,不以事不可为而奉身以退,其任事也,不以己之不能而他诿之";"老兄之出与不出,非我所敢知也;出之有济与否,亦非我所敢知。区区之愚,但谓勿遽奔丧、不俟朝命,似非礼非义,不可不辨。"①同时,在与朋友的通信中,左宗棠也毫无顾忌对曾国藩此事予以痛批。时人说曾国藩"由军营回籍守制,朝议非之","左恪靖诋之尤甚"②。曾国藩置之不理,两人从此断了来往。后来左宗棠也觉得自己有些过分,在给朋友的信中说:"涤帅自前书抵牾后,即彼此不通音问。盖涤以吾言过亢故也。忠告而不善道,其咎不尽在涤矣。"③在此期间,曾国荃也曾劝曾国藩"与左季高通书问"④,两人才恢复书信往来。一年后曾国藩再起,路过长沙时主动拜访左宗棠,并集"敬胜怠,义胜欲;知其雄,守其雌"十二字为联,请精于篆书的左宗棠书写,以示谦抑之意。于是"交欢如初,不念旧恶"⑤。

对于自己的爱徒李鸿章,曾国藩同样做到了以礼相待。1860年曾国藩率军进驻祁门,决定撤掉一半城墙修筑碉堡,为此众议哗然,纷纷上疏劝阻。李鸿章也上疏建议:"祁门地势如在釜底,殆兵家之所谓绝地,不如及早移军,庶几进退裕如。"曾国藩对他这位得意门生的建议也不采纳,并说:"诸君如胆怯,可各散去。"恰在这时又发生了"李元度事件"。曾国藩因李失守徽州,特别是恋栈在外、久而回营后又不堪训责,负羞而逃,决定予以严参,命李鸿章作稿。李鸿章认为李元度是共历患难之人,功罪相抵,不应严惩,便说:"果必奏劾,门生不敢拟稿。"曾国藩怒不可遏,说:"我自属稿。"李说:"若此,则门生亦将告辞。"曾说:"听君之便。"于是李鸿章愤然辞幕,离开祁门前往南昌。⑥鉴于曾国藩在祁门危险万状的情形和当时众幕僚纷纷准备离去的状况,李鸿章离开曾国藩固然有负气的因素,却也不无借机逃遁的嫌疑,所以后来曾国藩与友人欧阳兆熊说李鸿章"难与共患难耳"⑦。不过两人的联系并未中断。1861年3月,曾国藩主动请李鸿章前来协助他守城;6月25日,曾国藩再一次致函李鸿章:"去年出幕时并无不来之约,今春祁门危险,疑君有曾子避越之情;夏间东流稍安,又疑有穆生去楚之意。鄙人遍身热毒,内外交病,不奏事者五十日矣。如无醋酒之嫌,

①《左宗棠全集·书信》,《致曾涤生》,咸丰七年三月初六日。
②陈漳辑:《睇响斋秘录》,《曾国藩之滑稽》。
③《左宗棠全集·书信》,《致王璞山》,咸丰七年四月。
④《曾国藩全集·家书》,《致沅弟》,咸丰八年三月十三日。
⑤欧阳兆熊:《水窗春呓》卷上。
⑥薛福成:《庸庵笔记》卷1,《李傅相入曾文正公幕府》。
⑦欧阳兆熊:《水窗春呓》卷上。

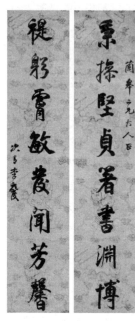

李元度书法

则请速来相助为理。"李鸿章被他老师殷殷相招所感动,重又赶到湘军大营。①

在众多幕僚中,曾国藩最感愧对的要数李元度了。

李元度(1821～1887),字次青,又字笏庭,自号天岳山樵,晚年更号超然老人,湖南平江人。李元度曾长期追随曾国藩,出营入幕,左右相随。曾国藩多次写信给他,称对他有"三不忘":"常念足下与雪琴(作者按:指彭玉麟,字雪琴),皆有亟不忘者。足下当靖港败后,宛转护持,入则欢愉相对,出则雪涕鸣愤,一不忘也;九江败后,特立一军,初志专在护卫水师,保全根本,二不忘也;樟树镇败后,鄙人部下,别无陆军,赖台端支持东路。隐然巨镇,力撑绝续之交,以待楚援之至。三不忘也。生也有涯,知也无涯。回首往事,眷眷于辛苦久从之将士,尤眷眷于足下与雪琴二人。"②并相约与李元度结为亲家,"缔婚姻而申永好,以明不敢负义之心"③;"明岁当与足下索侄女婿耳"④。但李元度军事才能欠佳,曾国藩认为他"实非带勇之才"⑤。李元度失守徽州后,先是在外流连不回,回营后不堪申斥返回湖南,后又重新募勇投奔浙江巡抚王有龄,从而引起了曾国藩的愤怒,为此连续三次参劾李元度,使其丢官罢职,处境艰难。当时有一条集句兼嵌字的对联专门形容李元度的困状:"士不忘丧其元;公胡为改其度",横批"道旁苦李"⑥。久之曾国藩也生悔意,在攻克天京后,曾密上一折保举李元度:"金陵克复,大功粗成,臣兄弟叨窃异数,前后文武各员无不仰荷殊恩;追思昔年患难与共之人,其存者惟李元度抱向隅之感,其没者尚有数人怀不瞑之恨,臣均对之有愧,不得不略陈一二。"⑦后来,他多次向弟弟们表达了这种愧疚之情:"次青(作者按:李元度字次青)之事,弟所进箴规,极是极是。吾过矣!吾过矣!……今得弟指出,余益觉大负次青,愧悔无地。余生平于朋友中,负人甚少,惟负次青实甚。两弟为我设法,有可挽回之处,余不惮改过也";"惟与我昔共患难之人,无论生死,皆

---

①《咸同将相琐闻》,《李合肥轶事》。

②黎庶昌:《曾国藩年谱》,咸丰七年。

③《曾国藩全集·书信》,《与李太夫人》。

④《曾国藩全集·书信》,《复李元度》。

⑤《曾国藩全集·家书》,《致沅弟》,咸丰十年九月二十三日。

⑥小横香室主人编:《清朝野史大观》卷7。

⑦《曾国藩全集·奏稿》,《密陈录用李元度并加恩江忠源等四人折》,同治三年八月十三日。

有令名,次青之名由我而败,不能挽回,兹其所以耿耿耳。"①在给彭玉麟的书信中,也多次提到:"次青之事,鄙人负疚最深。在军十年,于患难之交,处此独薄;""往昔患难相从,为日最久者,惟阁下与次青情谊最挚。今不才幸了初愿,膺此殊荣,所负者惟愧对次青。"②1868年9月,曾国藩在当年参劾李的密折抄件后,写下一段后记:"此片不应说及李元度,尤不应以李与郑并论。李为余患难之交,虽治军无效,亦不失为贤者,此吾之大错。后人见者不可抄,尤不可刻,无重吾过。"③

尤其值得一提的是李元度的态度。他被曾国藩弹劾回乡后,并没有与曾断绝联系,同时潜心研究学问,卓有成就。1864年湘军攻克南京,李元度立即给曾国藩写信,建议他关注民生轻徭薄赋,使战乱之后的百姓休养生息。曾国藩在给李元度主编的《国朝先正事略》所写序言中,称赞李元度"发愤著书,鸿篇立就,亦云勇猛矣"④。1872年曾国藩死后,李元度写下挽诗十二章,其中有诗云:"一夕大星落,风雷薄海惊。九重悲上相,万里失长城。"又写诗怀念自己追随曾国藩、身居幕府的生活:"记入元戎幕,吴西又皖东。追随忧患日,生死笑谈中。末路时多故,前期我负公。雷震与雨露,一例是春风";"慈母虽投杼,还邀解纲仁。乌瞻容反哺,骖赎闵劳新。公冶云非罪,曾参未杀人。至今披疏稿,汗背泣沾巾";"程门今已矣,立雪再生来"⑤。落落词章,殷殷深情,显示了磊落的胸怀和对曾国藩的谅解。后来李元度又被朝廷起用,在中法战争期间任贵州布政使兼按察使,于贵州省政多有建树。李元度以自己的作为,体现了孟子"得志,泽加于民;不得志,修身见于世"的境界,也佐证了后世"出自曾文正门下者皆比较正派"的断语。

①《曾国藩全集·家书》,《致沅弟季弟》,同治元年六月初二日。
②《曾国藩全集·书信》,《致彭玉麟》。
③转引自成晓军:《曾国藩的幕僚们》,东方出版中心2007年版,第280页。
④《曾国藩全集·诗文》,《国朝先正事略序》。
⑤《曾国藩年谱》,附二:《曾国藩哀荣录》,李元度:《哭师》。

舞台三：晚清庙堂上

脸谱十一：卿贰

正如曾国藩自己多次说过的那样，他的科举之路比较顺遂，28 岁中进士、点翰林，在素有"五十少进士"之说的封建时代，可算是少年得志。更令他和家人引以为骄傲的是，他在北京官场上创造了一个奇迹：十年七迁，职兼五部。曾国藩自 1838 年中进士，至 1847 年升授从二品的内阁学士兼礼部侍郎衔，1849 年升授正二品的礼部右侍郎，接着又相继兼任兵部、工部、刑部、吏部侍郎，在六部之中做过除户部之外五部的副职，不能不令人叹为官场异数。曾国藩在写给弟弟们的信中也不无得意地说："湖南三十七岁至二品者，本朝尚无一人。"①

这样，曾国藩年仅 37 岁便官居二品，进入了统治集团中的一个重要阶层——卿贰。所谓卿贰，指次于卿相的朝中高官，主要是二三品的京官，其中"卿"指大理寺正卿等三品京堂，"贰"指六部侍郎。位至卿贰，意味着曾国藩距离满清王朝的政治核心只有一步之遥了。唐浩明先生历史小说《曾国藩》的首篇中，有一副挽曾母江氏联：

> 断杼教儿四十年，是乡邦秀才，金殿卿贰；
> 扁舟哭母二千里，正鄱阳浪恶，衡岳云愁。②

"金殿卿贰"，毫无疑问指的就是曾氏家族的骄傲——曾国藩。曾国藩去世后皇帝的上谕也指出："宣宗成皇帝（作者按：指道光皇帝）特达之，洊升卿贰。"③

数年之后，曾国藩先是回籍守制，继而墨绖出山，连年带兵征战之际头上顶的一直是"前侍郎"这一不伦不类的官衔。早年对他恩宠有加、"迁擢不次"的统治者，这时对他变得极其吝啬苛刻起来，使他在六七年间客寄虚悬、不得其位，欲求一督抚实职而屡屡不能实现，并迫其在家赋闲一年零四个月之久。

这些情况，大概是当年初列卿贰、踌躇满志的曾国藩无论如何料想不到的了。

---

①《曾国藩全集·家书》，《致澄弟沅弟季弟》，道光二十七年六月十八日。
②唐浩明：《曾国藩·血祭》，湖南文艺出版社 1990 年版，第 2 页。
③同治十一年二月十二日上谕。

曾国藩科举之路的顺遂，主要得益于他的勤奋好学，而不是天赋异禀。后人论及曾国藩，多说他是"以中人之资，成伟人之业"；对于自己的智商和天赋，他也从不高估和自诩，常有"吾生平短于才"、"秉资愚柔"之语，虽是自谦之词，却也是实际情形。

民间流传着一个"曾国藩与小偷"的故事：一天晚上，曾国藩在家读书，来了一个小偷蹲守在窗外，准备等他睡觉后入室行窃，不料曾国藩一篇古文读了许多遍仍然不能背下来，小偷实在等不及，在外面大声说：这么笨还读书干什么？我都背下来了！然后将文章背诵一遍，扬长而去。显然这个故事太过夸张，曾国藩虽不是天赋异禀，也决不可能如此愚笨。另据学者考证，故事中主人公的原型应该是曾国藩的一位同乡前辈周贵谋（念忠先生），《念忠先生逸事状》中详细记载了他刻苦读书的事迹，关于遭小偷嘲笑一节完全一致。①

曾国藩跟随父亲苦读 12 年，连续考了 7 次才得中秀才。1832 年的县试中，父中子不中，令他难堪的是主考官在其考卷上写了这样的批语："子城文理欠通，发充佾生。"②佾生是祭孔用的乐舞生，发充佾生本是青年童生的一种荣誉，但此处显然是对曾国藩的一种讥评。直到 1867 年，年近花甲的曾国藩仍对此事耿耿于怀，把这件事列为自己"生平吃数大堑"、"无地自容"的第一件："第一壬辰年发佾生，学台悬牌，责其文理之浅。"③

更让曾国藩终生引为耻辱的是"同进士"。

1830 年起，曾国藩开始到外地上学，先是师从汪觉庵就读于衡阳唐氏家塾，又于 1831 年师从刘元堂就读于湘乡涟滨书院。1833 年，23 岁的曾国藩入县学成为秀才，并进入湖南最高学府岳麓书院学习，在山长欧阳厚均的指点下接受了一年的系统教育。1834 年参加湖南省乡试，首试即中第 36 名举人，并于这年年底动身进京，参加来年的会试。不料 1835 年的会试和 1836 年的恩科都名落孙山，直到 1838 年第三次参加会试时，才考中第 38 名贡士，接着在皇帝主持的殿试中取为三甲第 42 名，赐同进士出身。朝考得一等第 3 名，进呈皇帝钦定时被拔置为第 2 名，旋入翰林院为庶吉士，升到了科举的最高一层。1840 年庶吉士散馆，列二等第 19 名，授翰林院检讨，秩从七品，从此走上了顺风顺水的京官仕途。

---

①李志和：《曾文正逸事考》，载《曾国藩研究导报》第 20 期，第 32～33 页。

②李肖聃：《星庐笔记》。另按：曾国藩乳名宽一，派名传豫，读书时取名子城，字居武，后改字伯涵，自号涤生，1838 年中进士后始改名国藩。

③《曾国藩全集·家书》，《致沅弟》，同治六年三月十二日。

晚清时期北京的科举考场

　　然而,曾国藩在高兴之余,对"赐同进士出身"总有美中不足之感,甚至引为终生遗憾。清代科举制度,殿试名次按考试成绩分为三等,即一、二、三甲。一甲通常只有 3 人,即俗称的状元、榜眼、探花,称为"赐进士及第";二甲不定名额,称为"赐进士出身";三甲也无定额,称为"赐同进士出身"。"同"者"等"也,是相当于的意思,跟后世的"相当学力"差不多,所以凡中同进士者都自觉低人一等。曾国藩也不例外,甚至在成绩公布以后愤而欲归,对此时人有这样的记载:

　　国藩大恚,即日买车欲归。时劳文毅公崇光已官编修,有名公卿间,因往慰国藩,固留之,且许尽力。归,即约善书者数人,馆之家,又假亲友仆马各车,鞍辔以待国藩。已试出,急写其诗分送贵要。既而国藩果列高等,入翰林。然国藩终以不登二甲为恨。[1]

　　劳崇光是湖南善化人,与曾国藩有一定交往,他好言慰留、从中帮忙也是有可能的,但此事不见载于《曾国藩年谱》及《曾国藩全集》。关于曾国藩终生"以不登二甲为恨",流传最广的一个故事是说,他出任两江总督时,有一次与幕僚讨论对联的对仗工整问题,有人说"如夫人"(即妾、小老婆)三字最不好对,座下李元度才思敏捷,脱口而出:"同进士!"这一联语当然绝配,但却刺激了曾国

---

　①朱克敬:《儒林琐记》。

146

藩的隐痛,一时场面非常尴尬。① 这一故事有多个版本,另有一说是关于曾国藩与左宗棠的,曾国藩出联讽刺左"替如夫人洗脚",左宗棠反唇相讥曾"赐同进士出身",并导致两人因此绝交。

　　特殊的科举遭际,使曾国藩一方面为自己"科名早售"、"举业顺遂"而满足,另一方面对自己的实力有着清醒的认识,从不牢骚怨艾,也从不自鸣得意。他对弟弟们说:"吾平生科名极为顺遂,惟小考七次始售。然每次不进,未尝敢出一怨言,但深愧自己试场之诗文太丑而已。至今思之,如芒在背。当时之不敢怨言,诸弟问父亲、叔父及朱尧阶便知。盖场屋之中,只有文丑而侥幸者,断无文佳而埋没者,此一定之理也。"②另外,前文已经提到,他在成名后对科举制度的弊端和误人有许多反思,进而体现在对弟弟和儿子的教导上。他曾说过:"向使至今还未入泮,则数十年人事于钓渡映带之间,仍然一无所得,岂不靦颜也哉? 此中误人终身多矣!"③"如以此(作者按:指科名仕宦)为贤肖,则李林甫、卢怀慎辈,何尝不位极人臣,烜奕一时,讵得谓之贤肖哉?""若不能看透此层道理,则虽巍科显宦,终算不得祖父之贤肖,我家之子弟,若能看透此道理,则我钦佩之至。"④

　　不管怎么说,曾国藩终归是科举制度的幸运儿、受惠者。他28岁中进士、点翰林,开始跻身仕途。到1847年时,十年之间,由从七品升至从二品,从翰林院检讨、侍讲、侍读、侍讲学士直到内阁学士、礼部侍郎,一时中外瞩目。对此,曾国藩既满心高兴又不无惶恐,他在写给祖父曾玉屏的信中说:"六月初二,孙荷蒙皇上破格天恩,升授内阁学士兼礼部侍郎衔,由从四品骤升二品,超越四级。迁擢不次,惶悚实深。"⑤又对弟弟们说:

北京孔庙里的进士题名碑

"顾影扪心,实深惭悚。湖南三十七岁至二品者,本朝尚无一人,予之德薄才劣,何以堪此!"①不过他的官运并没有因此止步,1849 年升授礼部右侍郎,又兼署兵部右侍郎;1850 年兼署工部左侍郎、兵部左侍郎;1851 年兼署刑部左侍郎;1852 年兼署吏部左侍郎。毫无疑问,这一时期曾国藩的仕途是顺遂的,心情也是愉快的,他感激朝廷的破格重用,决心忠贞任事,锐意舒展抱负。这种思想状态,在他 1843 年充任四川乡试正考官时写的《初入四川境喜晴》一诗中即可窥见一斑:

> 万里关山睡梦中,今朝始洗眼朦胧。
> 云头齐拥剑门上,峰势欲随江水东。
> 楚客初来询物俗,蜀人从古足英雄。
> 卧龙跃马今安在? 极目天边意未穷。②

诗中所反映出来的境界、意蕴、格调,与他后期那种谨小慎微、临深履薄、战战兢兢、屡萌退意的情形,显然是判若云泥、别如霄壤。

二

曾国藩的迅速升迁、官场得意,是许多后来人关注他、学习他的一个重要诱因。所谓"做官要学曾国藩,经商要学胡雪岩",现代人更关注的是曾国藩如何逢迎有术、升迁有门。殊不知,他的成功首先靠的是自己的勤奋好学、踏实任事、耿直廉明。从这个角度来说,他并不太会"做官"。现代人想学他的"术",却不知他的成功在于"道";"术"多为"邪术",所谓"奔走逢迎皆有术,大都如草只随风"是也;"道"则为"正道",所谓"天若有情天亦老,人间正道是沧桑"是也。因此有识者一针见血地指出:"为官者要学他,别光惦记着怎么升官、当官、保官,先从学他博览群书如何? 至于他为官做人上的清廉俭朴,那还是第二步。"③

曾国藩的成功,当然也有幕后赏识者、扶持者,他背靠的大树就是权倾一时的穆彰阿。穆彰阿是道光朝重臣,"门人故吏遍于中外,知名之士多被援引,一时号为'穆党'"④。曾国藩 1838 年会试时,正总裁就是穆彰阿,因此两人有师生之谊。由于曾国藩谦虚好学,颇具才干,因此深得穆彰阿赏识。1843 年大考翰

①《曾国藩全集·家书》,《致澄弟沅弟季弟》,道光二十七年六月十八日。
②《曾国藩全集·诗文》,《初入四川境喜晴》。
③傅光明主编:《悲情晚清四十年》,安徽文艺出版社 2009 年版,第 23 页。
④《清史稿·穆彰阿传》。

詹后,总考官穆彰阿派人向曾国藩索取应试诗赋,曾誊写好后亲自送往穆府。①
这次拜访之后,曾国藩开始步步升迁,速度之快与之前形成鲜明对比,不能不说
有穆彰阿的提携之力。野史中对此有一番夸张的描述:有一天曾国藩接到次日
召见的谕旨,当晚先去穆彰阿家暂歇。第二天到了皇宫,却发现并非往日召见
的地方,白白等候半天,只好退回穆宅等候次日再召见。老谋深算的穆彰阿问
曾国藩:"汝见壁间所悬字幅否?"曾国藩答不上来。穆说:"机缘可惜。"便叫来
亲信说:"汝亟以银四百两往贻某内监,属其将某处壁间字幅炳烛代录,此金为
酬也。"第二天召见时,皇帝所问果然"皆壁间所悬历朝圣训也",曾国藩因早有
准备,对答如流,皇帝满意地对穆彰阿说:"汝言曾某遇事留心,诚然。"曾国藩自
此备受皇帝依赖,"骎骎向用矣"。② 曾国藩对穆彰阿的知遇和荐举之恩,一直深
怀感激。穆彰阿被罢斥后,他每次经过穆宅都不免感慨唏嘘。1869 年初他重返
北京期间,还专门拜访穆彰阿故宅。

　　需要指出的是,曾国藩并不是只靠穆彰阿的势力才得以发迹。像上面故事
中的情形,戏剧色彩太浓,在现实中是不太可能的。穆彰阿赏识和推荐曾国藩,
首先是因为曾国藩有才学、肯任事;咸丰初年穆彰阿倒台后,皇帝对曾国藩圣眷
不衰、信用如旧,又可见他不是附草依木的"穆党"人物。公忠耿介、洁身自好、
不与当权大臣拉扯关系,这是曾国藩的一向作风,不论是早年之于穆彰阿,还是
后来之于肃顺,都是如此。因此,这两位朝中的权相不遗余力地推荐他、重用
他,穆、肃二人倒台后曾国藩却能不受影响,恩宠如常,这本身不就说明问题么?

　　考察曾国藩 13 年京官生涯,其升迁有术的秘诀无外乎三个字:"勤"
("劳")、"廉"("清")、"直"。到 1858 年第二次复出后,则略改前辙,变"直"为
"谦",其勤廉之风则一以贯之地坚持下来。他曾对部下黄翼升说:"仆与阁下及
诸君子相处十余年,谆谆以勤廉二字相劝。仆虽衰老,亦尚守此二字兢兢不
懈。"③1862 年对曾国荃、曾国葆说:"余以官位太隆……故将劳、谦、廉三字时时
自惕,亦愿两弟之用以自惕。"④

　　先说其"勤"。

　　曾国藩认为做官要"五勤","五者皆到,无不尽之职矣":"一曰身勤:险远
之路,身往验之;艰苦之境,身亲尝之。二曰眼勤:遇一人,必详细察看;接一文,
必反复审阅。三曰手勤:易弃之物,随手收拾;易忘之事,随笔记载。四曰口勤:
待同僚,则互相规劝;待下属,则再三训导。五曰心勤:精诚所至,金石亦开;苦

　　①《曾国藩全集·日记》,道光二十三年三月二十八日。

　　②徐珂:《清稗类钞》,商务印书馆 1917 年版,第 11 册《荐举类》,第 8~9 页。

　　③《曾国藩全集·书信》,《复黄翼升》。

　　④《曾国藩全集·家书》,《致沅弟季弟》,同治元年五月十五日。

思所积,鬼神亦通。"在京期间,曾国藩"勤于公职,署中办事无虚日。八日一至淀园该班奏事,有事加班,不待期日。在部司员,咸服其条理精密"①。他职兼五部,官居二品,仍能学习不倦,积极掌握任职本领,年谱中记载说:"其在工部,尤究心方舆之学,左图右书,钩校不倦,于山川险要、河漕水利诸大政详求折中。"②公务之暇,他不忘向书本用功,砥砺学识文章,并颇为自信地告诉弟弟:"然我用功,实脚踏实地,不敢一毫欺人。若如此做去,不作外官,将来道德文章必粗有成就。"③后来兼兵部侍郎,又研习兵学,探寻旧制之弊,写出了颇能切中肯綮的奏折,后来他编练湘军时一起步就有板有眼,都与此间打下的军事基础有莫大

清代《官箴》

关系。在军营中,曾国藩虽是一介书生,仍能勤勉治军,不辍公务,"奏牌书札,躬亲经理,不假手于人","益治书史,不废吟诵"④。

身列卿贰的曾国藩,不仅勤于钻研,而且勇于任事,能够考虑民间疾苦,向上为民请命。1851年曾国藩曾上《备陈民间疾苦疏》,奏称:"国贫不足患,惟民心涣散则为大患。目前之急务,其大端有三:一曰银价太昂,钱粮难纳;二曰盗贼太众,良民难安;三曰冤狱太多,民气难伸。"⑤同时,他上递《银钱并用章程》,参酌吴文镕等人的上疏,"拟章程六条"⑥,可见他不是那种徒尚空谈、不能办事的清议一派。

曾国藩生存的时代,正是清王朝腐朽没落、官员贪鄙无为的时期,有两首广为流传的《一剪梅》,专为当时的官员画像:

仕途钻刺要精工,京信常通,炭敬常丰。
莫谈时事逞英雄,一味圆融,一味谦恭。

大臣经济在从容,莫显奇功,莫说精忠。
万般人事要朦胧,驳也无庸,议也无庸。

---

①黎庶昌:《曾国藩年谱》,道光二十九年。
②黎庶昌:《曾国藩年谱》,道光三十年。
③《曾国藩全集·家书》,《致澄弟温弟沅弟季弟》,道光二十四年十二月十八日。
④黎庶昌:《曾国藩年谱》,咸丰六年。
⑤《曾国藩全集·奏稿》,《备陈民间疾苦疏》,咸丰元年十二月十八日。
⑥黎庶昌:《曾国藩年谱》,咸丰元年。

八方无事岁年丰,国运方隆,官运方通。

大家裹赞要和衷,好也弥缝,歹也弥缝。

无灾无难到三公,妻受荣封,子荫郎中。

流芳身后更无穷,不谥文忠,便谥文恭。①

事因难能,故而可贵。在这样的大环境中,曾国藩也算做到了"出污泥而不染",在晚清帝国的落日余晖中,做了一个传统意义上的勤政好官。

再说其"廉"。

"在专制的国家里,贪污便是当然的现象。"②以朱元璋的严厉手段和清代的专制统治,都不能避免官员的贪污腐败,反而愈演愈烈,以至有"三年清知府,十万雪花银"的民谚。曾国藩曾在奏折中痛斥贪污之风,并在 30 岁时立誓:"以做官发财为可耻,以宦囊积金子孙为可羞可恨,故私心立誓,总不靠做官发财以遗后人。神明鉴临,予不食言。""仕宦十余年,现在京所有惟书籍衣服二者,衣服则当差者必不可少,书籍则我生平嗜好在此,是以二物略多。"③以京官的微薄年俸,加上日常必需的种种应酬,即使在种种例行陋规的周济下仍然不免于困窘。曾国藩长期担任京官,又以清廉自砺,因此虽位居卿贰,年俸不过银 300 两,加上饭银 100 两以及他项收入,总计在六七百两左右。在天子脚下而且拖家带口,"居大不易",因此免不了常常囊中羞涩甚至遇事举债,成为典型的"月光族"。他任京官期间,由于经济原因多年未回湖南家乡,"梦寐之中,时时想念堂上老人",至于有家难回的原因,"一则京账将近一千,归家途费又须数百,甚难措办。二则二品归籍必须具折,折中难于措辞"。因此,他盼望被外放学政或充当主考来解决这个难题:"私心所愿者,得一学差,三年任满,归家省亲,上也。若其不能,或明年得一外省主考,能办途费,后年必归,次也。"④1849 年的一封家信中又写道:"予今年考差,颇望得江西主考,冀家中亲属可就至江西一叙天伦之乐。……我私愿不遂,南望家山,常怀堂上,真不知仕宦之略有何味也。"⑤身为六部堂官,连回家省亲的盘缠都难以筹措,京官的清贫与曾氏的清廉,于中可见。有人总结曾国藩这一时期经济困窘的原因是"薪情差、不想贪、反哺家、

①朱克敬:《瞑庵二识》。
②[法]孟德斯鸠著,张雁深译:《论法的精神》,商务印书馆 1963 年版,第 65 页。
③《曾国藩全集·家书》,《致澄弟温弟沅弟季弟》,道光二十九年三月二十一日。
④《曾国藩全集·家书》,《致澄弟沅弟季弟》,道光二十八年正月二十一日。
⑤《曾国藩全集·家书》,《致澄弟温弟沅弟季弟》,道光二十九年六月十四日。

应酬多"，可谓道出了其中情由。

曾国藩小时候品尝过艰难的生活，有过"蒋市街卖菜篮"的经历，入仕后又决意清廉为官，因此终其一生，在生活起居上谨守寒素家风，厌弃奢侈浪费，儿女婚嫁用度都不能超过200两银子。相传曾国藩为官30年着布衣布袜，30岁时曾制天青缎马褂一件，在家时从不轻易穿戴，只在庆贺典礼及新年时偶尔穿上，故而藏之30年，"衣犹如新"。在军营和衙署中，他每日吃饭以一荤为主，有客略增之，时人称其为"一品"宰相。时人称赞他："万钱日费可长叹，手检文书并食单。但饬宾筵供四簋，清风聊率旧同官。"①诗中说的是曾国藩驻节安徽省城安庆时，对官府用餐标准予以限制，一桌只准摆四碗菜，并说："官橱少一双之箸，民间宽一分之力。"一次曾国藩从安庆东下，属下马新贻（即后来"张文祥刺马"案中被刺的两江总督）和朱兰等想宴请他，曾国藩说：如果不吃燕窝就一定来。宴会时，酒菜很简单，果然没有燕窝，曾国藩很高兴。朱兰便说：曾大人您知道现在干什么最苦？曾国藩随声应道：卖燕窝的最苦。众人听后，轰然大笑。②1868年曾国藩北上任直隶总督时，分文不取，只收下1000多篇诗文，人称"只有清风携满袖，江南江北送行篇"③。

对家人和子女，包括几位弟弟，曾国藩严格要求，严禁他们贪污腐化、奢靡浪费。他指出："多欲如好衣、好食、好声色、好书画古玩之类，皆可浪费破家。"④并在大堂上亲书一联："惜食惜衣，不惟惜时兼惜福；求名求利，但知求己不求人。"⑤只是曾国荃听不进大哥的劝诫，终于得了"老饕"的贪名。曾国藩死后，左宗棠送来的400两银子竟被少侯曾纪泽拒之门外，有人把这件事作为曾左交恶、至死不能相容的例证，实际情况则是曾国藩的家人牢记他的遗嘱，坚决不收礼金，连李鸿章也未能例外。

最后说其"直"。

早年的曾国藩，性情耿直，昂然自信，对官场中因循苟且之风深恶痛绝，在上疏中也能直陈己见，毫不畏避，直到带兵之初仍然"愤青"作风。官居二品、位列卿贰后，曾国藩"常慨然有澄清天下之志，每自负"，一般人并不理解，或谓其"大言欺人"，唯倭仁等"数辈信之"⑥。他在写给朋友的信中痛心疾首地说："二三十年来，士大夫习于优容苟安，揄修袂而养跰步，倡为一种不黑不白不痛不痒之风，见有慷慨以鸣不平者则相与议其后，以为是不更事、轻浅而好自见。国藩

①朱孔彰：《题江南曾文正公祠百咏》。
②朱孔彰：《题江南曾文正公祠百咏》。
③朱孔彰：《题江南曾文正公祠百咏》。
④《曾国藩全集·诗文》，《书赠仲弟六则》。
⑤《曾国藩全集·诗文》，《书赠仲弟六则》。
⑥朱孔彰：《中兴将帅别传》卷1，《曾文正公国藩传》。

昔厕六曹，目击此等风味，盖已痛恨次骨。"①他因不避嫌疑、任事果敢，又在会审琦善一案中得罪了名族权贵，处境愈益孤立，"诸公贵人见之或引避，至不与同席"②。

　　咸丰即位后，鼓励大臣有事"据实直陈、封章密奏"，曾国藩受到鼓励，结合自己的职责所系，连续上奏分析时弊、举荐人才、陈述建议，如《应诏陈言疏》、《备陈民间疾苦疏》、《平银价疏》、《议汰兵疏》等，内容涉及人才培养、财政改革、民生疾苦、军事训练等，其中不乏切中时弊之论、激烈直白之词。咸丰的批语中常有"朕详加披览，剀切明辨，切中情事，深堪嘉纳"③之语，曾国藩受到鼓励，更上了一道《敬呈圣德三端预防流弊疏》，险些因此掉了脑袋。

　　在这篇著名的奏折中，曾国藩借表扬三大"圣德"之名，行指斥三大"流弊"之实，事实上毫不客气地批评了皇帝的三大缺点。圣德之一为"敬慎"，其流弊为"琐碎"，批评皇帝的缺点为"于人苟求小见而疏于大局"。奏称："自去岁以来，步趋失接驾，广林以小节被参；道旁叩头，福济、序魁以小节被参；内廷接驾，明训以微仪获咎；都统暂属，惠丰以微仪获咎，而于国家大事则有疏漏而不暇深求。今发往广西人员不为不多，而位置之际未尽妥善"。并指出他推荐的严正基受命办理粮台，"位卑而难资弹压"。圣德之二为"好古"，其流弊为"文饰"，批评皇帝的缺点为"于纳谏徒好文饰而不重实用"。"自去岁求言以来，岂无一二嘉谟至计？究其归宿，大抵以'毋庸议'三字了之。间有特被奖许者，手诏以褒倭仁，未几而疏之尤里之外；优旨以答苏廷魁，未几而斥为乱道之流，是鲜察言之实意而徒饰纳谏之虚文。"圣德之三为"广大"，其流弊为"骄矜"，批评皇帝的缺点为"于己

咸丰皇帝

有骄矜之气而少谦冲之风"。"去岁求言之诏本以用人与行政并举，乃近来两次谕旨，皆曰黜陟大权，朕自持之。在皇上以为中无纤毫之私，而不知天视自民视，天听自民听，国家设立科，正民视民听之所寄也。宸衷无纤毫之私，可以谓之公，未可谓之明也，必国人皆曰贤，乃合天下之明以为明矣。古今人情不甚相远，大率戆直者少，缄默者多，皇上再三诱之使言尚且顾忌濡忍，不敢轻发苟见，皇上一言拒之，谁复肯干犯天威？"同时，曾国藩还抓住咸丰皇帝刊布自己的诗文做文章："前者臣工奏请刊布《御制诗文集》，业蒙允许。臣考列圣文集刊布之年皆在三十、四十以后，皇上春秋鼎盛，若稍迟数年再行刊刻，亦足以昭圣度之

　　①《曾国藩全集·书信》，《复龙启瑞》。
　　②黎庶昌：《拙尊园丛稿》卷3，《曾太傅毅勇侯别传》。
　　③黎庶昌：《曾国藩年谱》，咸丰元年。

谦冲,且明示天下以敦崇实效不尚虚文之意,风声所被,必有朴学兴起,为国家任栋梁之重。"①

客观说来,曾国藩所指的问题无关国计民生大局,但逆了最高统治者的"龙鳞",所持的几条意见言之有据,言之成理,在封建时代实属可贵。在"家天下"的时代,特别是君权高度集中的封建社会晚期,作为国家最高统治者的皇帝,每做出一个决策甚至平时的一言一行,都会对国家和社会产生重大的影响。他应该是抓大放小而不是苛责细究的,应该是求真务实而不是爱好虚名的,应该是谦虚谨慎而不是自视甚高的。聪明的君主或自恃聪明的君主,最容易迷信自己的能力而乾纲独断、放纵性情,成为祸患的源始。作为处在权力金字塔最高层的人,君主又很容易陷入自我陶醉的情绪之中,因为身边会出现很多吹捧他、阿谀逢迎他的人——即所谓"佞臣"之流。喜欢听奉承话,在那些明显言过其实、夸大吹嘘的虚假言辞中飘飘然迷失自我,这是人性共有的致命缺点。曾国藩在皇帝即位之初,从这些细节入手对皇帝进行批评,既是大胆的,也是有意义的。别的不说,单说咸丰年纪轻轻就在朝臣的鼓动下准备刊刻自己的诗文集,确实有些飘飘然不知所以。咸丰的文学功底如何姑且不论,这件事情本身就有些草率,而且对于一个皇帝来说有点不务正业、不得要领。

在奏折的最后,曾国藩引用夏禹谏舜、周公诫成王的话说:"昔禹戒舜曰:'无若丹朱傲。'周公戒成王曰:'无若殷王受(纣)之迷乱。'"②措辞与用字,已经是十分"不敬"。据说咸丰看后冲冲大怒,"掷其折于地",又"立召见军机大臣欲罪之",军机大臣祁寯藻叩头求情,并说"主圣臣直",曾国藩的会试房师季芝昌也为之求情说:"此臣门生,素愚直,惟皇上幸而赦之。"咸丰"良久乃解"③。后来,咸丰还在上谕中为自己解释和反批评了一番:

> 曾国藩条陈一折,朕详加披览,意在陈善责难,预防流弊,虽迂腐欠通,意尚可取。朕自即位以来,凡大小臣工章奏,于国计民生用人行政诸大端有所补裨者,无不立见施行;即敷陈理道有益身心者,均着置左右,用备省览;其或窒碍难行,亦有驳斥者,亦有明白宣谕者,欲求献纳之实,非徒沽纳谏之名,岂遂以"毋庸议"三字置之不论也? 伊所奏,除广西地利兵机已查办外,余或语涉过激,未能持平;或仅见偏端,拘执太甚。念其意在进言,朕亦不加斥责。至所论人君一念自矜,必至喜谀恶直等语,颇为切要。自维藐躬德薄,夙夜孜孜,时存检身不及之念,若因一二过当之言不加节取,采纳不广,是即骄矜之萌。朕思为君之

①《曾国藩全集·奏稿》,《敬呈圣德三端预防流弊疏》,咸丰元年四月二十六日。
②《曾国藩全集·奏稿》,《敬呈圣德三端预防流弊疏》,咸丰元年四月二十六日。
③黎庶昌:《拙尊园丛稿》卷3,《曾太傅毅勇侯别传》。

难,诸臣亦当思为臣之不易,交相咨儆,坐言起行,庶国家可收实效也。①

在当时国内万马齐喑、官场唯诺成风的背景下,曾国藩此举的胆识与勇气确实令人佩服。他将这道奏折抄送一份寄回家中,家人都深为其耿直莽撞而不安。叔父曾骥云在信中称:"所付回奏稿,再四细阅,未免戆直太过。"父亲曾麟书则回信告诫他:"卿贰之职,不以直言显,以善辅君德为要。"②在此前后曾国藩所上的5道奏疏抄件传到湖南后,广为传抄,颇受士论好评,好友刘蓉为之赋诗:"曾公当世一凤凰,五疏直上唱朝阳。"

曾国藩亲笔誊抄的《敬呈圣德三端预防流弊疏》

后来,咸丰也许是觉得曾国藩忠心可尚,也许是借以表示自己的高姿态,一个月后让曾国藩兼署刑部左侍郎,变相升了他的官职,第二年初又让他兼署吏部左侍郎。曾国藩因逆龙鳞而得到升迁,在所上"谢恩折"中,他为"前疏激直未获咎戾,具申感激之意"③。《曾国藩事略》中也说曾国藩奏折中"语多切直,朝士皆忧其获谴,及优诏褒答,一时称盛事焉"④。

三

曾国藩自1853年开始编练湘军,在七八年间率军转战两湖、皖、赣数省,艰辛备历,功劳卓著,但是湘军也好,曾国藩也好,始终没有一个真正的名分。统治者在对曾国藩这个湘军头号人物的封赏上,委实表现得过于吝啬,往往是赏功时吝惜名器、督责时着意讽刺。湘军没有被纳入国家经制之师,筹饷诸事都要靠统帅自行解决,曾国藩则长期挂着一个钦差大臣的空衔,以"前礼部侍郎"、"兵部右侍郎"等身份指挥作战。

——这一时期,湘军是体制外的主力军,曾国藩则成了编外的"卿贰"。

1854年后,湘军兵出衡州,席卷两湖,于兵锋锐利之时连获胜利,进逼武昌,

①黎庶昌:《曾国藩年谱》,咸丰元年。
②转引自唐浩明:《唐浩明评点曾国藩奏折》,华夏出版社2009年版,第29页。
③黎庶昌:《曾国藩年谱》,咸丰元年。
④王定安:《曾国藩事略》卷1。

清廷竟发出这样一道上谕:"塔齐布、曾国藩奏水陆官员大获胜仗一折,办理甚合机宜。塔齐布着交部从优议叙,曾国藩着赏给三品顶戴,仍着统领水陆官军,直捣武汉,与杨霈(作者按:杨霈此时任湖广总督)所统官军会合,迅扫妖氛。"①

要知道曾国藩早在守制之前,就已经职兼五部,是当朝显赫一时的二品侍郎,虽因丁忧去职,但这时再给他"赏给三品顶戴",真不知是奖是惩了。曾国藩哭笑不得之际,上折谢恩道:"臣丁忧在籍,墨绖从戎,常负疚于神明,不敢仰邀议叙,乃荷温纶宠锡,惭悚交增。嗣后湖南一军再立功绩,无论何项褒荣,概不敢受。"与其说是谦辞,倒不如说是发牢骚。皇帝在朱批中道:"知道了。殊不必如此固执!汝能国尔亡家,鞠躬尽瘁,正可慰汝亡亲之志。尽孝之道,莫大于是。酬庸褒绩,国家政令所在,断不能因汝一请,稍有参差。汝之隐衷,朕知之,天下无不知也。"②

曾国藩的母亲江氏病逝于1852年7月,他按制度应守制三年(实为27个月),到1854年9月丧期守满,可以起复候补官职。这一年10月14日,曾国藩督率湘军攻占武汉三镇,声威大震。10月26日,他收到咸丰皇帝的圣旨:"曾国藩着赏给二品顶戴,署理湖北巡抚,并加恩赏戴花翎。"又鼓励他"乘此机会,急思顺流东下,以次攻复沿江诸城"。署理巡抚之职,总算赋予曾国藩以实权,也算是对他所立功劳的正常奖赏。心气渐平的曾国藩照例上折谦虚一下:"奉命署理湖北巡抚,于公事毫无所益,于臣心万难自安。臣统率水师,即日启行,于鄂垣善后事宜不能兼顾。且母丧未除,遽收官职,得罪名教,何以自立?是以不敢接受关防,仍由督臣收存。"③

没想到这个例行公事的谢恩折还没到北京,皇帝的第二道圣旨又到了:"曾国藩着赏给兵部侍郎衔,办理军务,毋庸署理湖北巡抚。陶恩培着补授湖北巡抚。未到任以前,着杨霈兼署。"皇帝收到曾国藩谢恩折后,又下了一道措辞严厉的朱批:"朕料汝必辞,又念及整师东下,署抚空有其名,故已降旨,令汝毋庸署湖北巡抚,赏给兵部侍郎衔。汝此奏虽不尽属固执,然官衔竟不书署抚,好名之过尚小,违旨之罪甚大,着严行申饬!"④

俗话说君无戏言,咸丰皇帝为什么这么快就收回成命呢?曾国藩故作谦辞,在上奏中不书"湖北巡抚"的官衔,并不是什么大的过错,皇帝以"违旨之罪甚大""严行申饬",确有些小题大做的嫌疑。封建帝王的"圣意"自是天威难测,咸丰此举更令人颇费猜疑。是否如人所说,皇帝知道曾国藩以后会不断立

①黎庶昌:《曾国藩年谱》,咸丰四年。
②黎庶昌:《曾国藩年谱》,咸丰四年。
③黎庶昌:《曾国藩年谱》,咸丰四年。
④黎庶昌:《曾国藩年谱》,咸丰四年。

功,怕封赏无以复加,所以先从小恩施起以便使曾"长沐圣恩"呢?还是皇帝听信了他人之言,对在外拥兵的曾国藩已经有了猜忌?

原因在于军机大臣祁寯藻的一句话。

据时人记载:"粤贼之据武昌、汉阳也,进陷岳州以逼长沙,曾文正公以丁忧侍郎起乡兵,逐贼出湖南境,进克武汉黄诸郡,肃清湖北。捷书方至,文宗显皇帝喜形于色,谓军机大臣曰:'不意曾国藩一书生,乃建此奇功。'某公对曰:'曾国藩以侍郎在籍,犹匹夫耳。匹夫居闾里一呼,蹶起从之者万余人,恐非国家福也。'文宗默然变色者久之。由是曾公不获大行其志者七八年。"①这里提到的"某公",一般认为是祁寯藻或彭蕴章。②"某公"这一提醒,咸丰帝默然变色,称赞"老成谋国,所虑即是",并承认是自己一时高兴,没有想到这一层,当即收回了曾国藩任湖北巡抚的成命。从此以后,咸丰帝一直恪守祖训,再不把封疆大权交给曾国藩,使他在领兵作战中处在"客寄虚悬"的地位,处处掣肘,处处受气,整整做了7年无名无分的统帅。1855年9月,曾国藩补授为兵部右侍郎,这是他6年前就担任过的职务之一,既无实权,也无进步,丝毫不能改变他所处的局面。

在江西统兵作战的数年间,曾国藩因为厘金、人事等问题与江西官员闹得不可开交,最后上折弹劾,参倒了进士同年、江西巡抚陈启迈。但与继任者文俊等人的关系同样不能处理好,兼之军事上作战不利,处于内外交困的境地。1872年,江苏巡抚何璟回顾曾国藩这段时期的困窘说:"咸丰之初,曾国藩以在籍侍郎练团杀贼,无尺寸之土地,无涓滴之饷源。饷之巨者丁漕关税,而职在军旅,不敢越俎以代谋;饷之细者劝捐抽厘,而身为客官,州县既不肯奉行,百姓亦终难见信。概系募勇,又不得照绿营之例,拔补实缺,空有保举之名,而无履任之实,名器不属,激励尤难。"③

筹饷之难,是曾国藩在建军之初就认识到的:"圣谕团练乡民一节,诚为此时急务。然团练之难,不难于操习武艺,而难于捐集费资。"④湘军粮饷自筹,曾国藩"客寄虚悬",各省督抚不肯放弃利权,曾国藩为了维持湘军,一方面与太平军斗,一方面还要与地方大员斗智斗力以争取利权。

钱的问题只是表象,问题的实质,在于皮明勇所说的"体制性问题"。虽然

①薛福成:《庸庵文续编》,《书宰相有学无识》。另据李详《药裹慵言》卷4也有类似记载。
②薛福成等人认为是祁寯藻。后世有学者指出应为彭蕴章,如朱东安《曾国藩集团与晚清政局》(华文出版社2007年版,第29页)、皮明勇《湘军》(山西人民出版社2000年版,第90页)。
③《曾国藩年谱》,附二:《曾国藩哀荣录·江苏巡抚查明事迹疏》。
④《曾国藩全集·奏稿》,《敬陈团练查匪大概规模折》,咸丰二年十二月二十二日。

曾国藩为父亲守孝的思云馆

曾国藩自编练之始就企图把湘军纳入官军的行列，却终未能如愿。① 湘军在经制兵之外游离，战略上是替补武装，制度上是无名之师，这样要解决它的作战问题，就必须解决它的生存问题。如果统治者能够授给曾国藩督抚实职，他可以凭借地方的财政收入来支持这支军队的存在，问题在于统治者偏偏迟迟不给他这样一个职务，致使他处处受窘，湘军步履维艰。坐困江西时，曾国藩悲愤而绝望地对好友刘蓉说：我一个在籍侍郎，愤思为国家剿灭太平军，"而所至龃龉，百不遂志。今计日且死矣，君他日志墓，如不为我一鸣此屈，泉下不瞑目也"②。

忍无可忍、无须再忍的曾国藩，终于在1857年向统治者摊牌了。这一年他委军奔丧，回到家乡后坚辞不出——以罢工的姿态争取应得的权益。曾国藩先是上疏称："仍恳天恩，准臣在籍守制，稍尽人子之心。合家感戴皇恩，实无既极！抑或赏假数月，仍赴军营效力之处，听候谕旨遵行。"上谕肯定了他的功绩后，同意"曾国藩着赏假三个月，回籍治丧……俟假满后，再赴江西督办军务，以示体恤"。但到了假期将满时，曾国藩再上一折，恳请终制（即守制三年）。上谕表彰他一通，包括表彰了他的老父，最后要求他："仍遵前旨，假满后即赴江西督办军务，并署理兵部侍郎，以资统率。俟九江克复，江面肃清，朕必赏假，令其回籍营葬，俾得忠孝两全，毫无余憾。"③

这显然不是曾国藩所需要的。

为了复出后能在军事上得心应手，曾国藩吸取此前的教训，决心向皇帝明确提出讨要督抚实职。于是他在一天内连上两折，一方面"请开兵部侍郎署缺"，不再担任这个徒有虚名的官职，另一方面大胆陈述了几年来艰苦奋斗、"客寄虚悬"的三个方面的"办事艰难"之情形：

臣处一军，概系募勇，不特参、游、都、守以上无缺可补，即千、把、外委亦终

① 咸丰十年七月二十三日，曾国藩在所上《派宋梦兰办皖南团练片》中称："臣自咸丰二年奉旨办团，初次折内就奏明自行练勇一千，是臣所办者乃官勇，非团丁也。"

② 刘蓉：《养晦堂诗文集》，《曾太傅挽歌百首》。

③ 咸丰七年五月二十八日上谕。

不能得缺。武弁相从数年，虽保举至二三品，而弃哨长者，仍领哨长饷额。充队目者，仍领队目饷额。一日告假，即时开除，终不得照绿营廉俸之制，长远支领。弁勇互生猜疑，徒有保举之名，永无履任之实。或与巡抚、提督共事一方，隶人衙门，则挑补实缺；隶臣麾下，则长生觖望。臣未奉有统兵之旨，历年在外，不敢奏调满汉各营官兵。实缺之将领太少，大小不足以相维，权位不足以相辖。虽居兵部堂官之位，而势权反不如提镇，此办事艰难之一端也。

国家定制，各省文武黜陟之权，责成督抚。相沿日久，积威有渐。督抚之喜怒，州县之荣辱进退系焉。州县之敬畏督抚，盖出于势之不得已。其奉承旨意，常探乎心之所未言。臣办理军务，处处与地方官相交涉。文武僚属，大率视臣为客，视本管上司为主。宾主既已歧视，呼应断难灵通。防剿之事，不必尽谋之地方官矣。至于筹饷之事，如地丁、漕折、劝捐、抽厘，何一不经由州县之人？或臣营抽厘之处而州县故为阻挠，或臣营已捐之户而州县另有逼勒，欲听之，则深虑事势之窒碍；欲惩之，则恐与大吏相龃龉。……臣身为客官，职在军旅，于劝捐扰民之事，则职分所得为。于吏治、学额、减漕、豁免诸务，则不敢越俎代谋。纵欲出一恺恻详明之告示，以儆官邪而慰民望，而身非地方大吏，州县未必奉行，百姓亦终难见信。此办事艰难之一端也。

臣帮办团练之始，仿照通例，镌刻木制关防，其文曰：钦命帮办团防查匪事务前任礼部右侍郎之关防。咸丰四年八月，臣剿贼出境，湖南巡抚咨送木印一颗，其文曰：钦命办理军务前任礼部侍郎关防。九江败后，五年正月换刻：钦差兵部侍郎衔前礼部侍郎关防。是年秋间补缺，又换刻：钦差兵部或侍郎之关防。臣前后所奉援鄂、援皖，筹备船炮，肃清江面诸谕，皆系接奉廷寄，未经明降谕旨，外间时有讥议。或谓臣系自请出征，不应支领官饷；或谓臣未奉明诏，不应称钦差字样；或谓臣曾经革职，不应专折奏事。臣低首茹叹，但求集事，虽被侮辱而不辞。迄今岁月太久，关防之更换太多，往往疑为伪造，酿成事端。……军中之事，贵取信如金石，迅速如风霆，而臣则势有所不能。斯又办事艰难之一端也。

兹三者其端甚微，关系甚巨。以臣细察今日局势，非位任巡抚有察吏之权者，决不能治军。纵能治军，决不能兼及筹饷。臣处客寄虚悬之位，又无圆通济变之才，恐终不免于贻误大局。凡有领军之责者，军覆则死之；有守城之责者，城破则死之。此天地之常经，古今之通义。微臣讲求颇熟，不敢逾闲。今楚军断无覆败之患，省城亦无意外之虞。臣赴江西，无所容其规避，特以所陈三端艰难情形既如此，而夺情两次，得罪名教又如彼。斯则宛转萦思，不得不泣陈于圣主之前者也。臣冒昧之见，如果贼势猖狂，江西危迫，臣当专折驰奏，请赴军营，以明不敢避难之义。若犹是目下平安之状，则由将军、巡抚会办，事权较专，提挈较速。臣仍吁恳天恩在籍终制，多守数月，尽数月之心；多守一年，尽一年之心，出自圣主逾格鸿慈，不胜惶恐待命之至。①

平心而论，曾国藩在奏折中所述说的"艰难情形"完全是实情，也是数年间诸事不顺、用兵屡挫的一个重要原因。但他近乎直白地索要督抚实职，显然是统治者无法接受的。皇帝明白了曾国藩的本意，也被惹火了。鉴于曾国藩离开后江西前线军事有所好转，咸丰决定顺水推舟，在上谕中称："曾国藩以督兵大员，正当江西吃紧之际，原不应遽请息肩。惟据一再陈请，情词恳切。朕素知该侍郎并非畏葸苟安之人，着照所请，准其先开兵部侍郎之缺，暂行在籍守制。江西如有缓急，即行前赴军营，以资督率。此外各路军营，设有需才之处，经朕特旨派出，该侍郎不得再行渎请，致辜委任。"②

从此，曾国藩在湖南家中度过了近一年半的赋闲生涯。但他对自己在奏折中所分析的情况一直坚持己见，同时这也是湘军领袖人物的共识。1858年，曾国藩劝胡林翼应夺情服官时，又向他阐述了个中道理："唯今日受讨贼之任者，不若地方官之确有凭借。晋、宋以后之都督三州、四州、六州、八州军事者，必求领一州刺史。唐末之招讨使、统军使、团练使、防御使、处置应援等使，远不如节度使之得势。皆以得治土地人民故也。"③1861年，胡林翼劝李续宜速赴安徽巡抚任时也说："理财必先政事，吏事尤为兵事之本。""然处艰巨危难之时，非带兵不可。仅带兵而吏治不饬，民生无依，即日杀千贼无补大

曾国藩赋闲期间手书对联

局。故非兼地方不可。"④

薛福成后来比较曾国藩前期挫折而后期成功的历史，也把"有土地人民之柄"作为主要原因：

曾文正以侍郎剿贼，不能大行其志，及总督两江而大功告成。以其有土地人民之柄，无所需于人也。是故督抚建树之基，在得一行省为之用，而其绩效所

---

①《曾国藩全集·奏稿》，《历陈办事艰难仍吁恳在籍守制折》，咸丰七年六月初六日。

②黎庶昌：《曾国藩年谱》，咸丰七年。

③《曾国藩全集·书信》，《复胡林翼》。

④杜春和、耿来金编：《胡林翼未刊往来函稿》，岳麓书社1989年版，第79页。

就之大小,尤视所凭之地以为准焉。……大抵多事之秋莫急于筹饷,饷源以地丁、漕政、盐政、关税、厘金为大宗。……夫承平时筹饷之权固在户部。疆事糜烂,关税而外户部提拔之檄不常至,至亦坚不应。盖事机急迫,安危系之,斯时欲待户部济饷势所不能;而疆臣竭蹶经营于艰难之中,则部臣亦不能以承平时文法掣之。故疆臣之负才略者,转得从容发舒,以成夷艰济变之功焉。①

　　1858年,在胡林翼、李续宾等人的运作下,曾国藩再次复出。他经历了16个月的赋闲岁月,终于大悟山村,一改前风。尽管这一次圣旨只是命令他统兵援救浙江,关防仍然是"钦命办理浙江军务前任兵部侍郎关防",但曾国藩还是很快地接奉谕旨,痛痛快快地上任了。对此,皇帝也很欣赏:"汝此次奉命即行,足征关心大局,忠勇可尚。俟抵营后,迅将如何布置进剿机宜,由驿驰奏可也。"②君明臣忠,开局良好,似乎已经预示了曾国藩此次出山将会一改以前的被动局面,并很快走上两江总督的新岗位,揭开了顺水顺风的新篇章。

---

①薛福成:《庸庵全集·海外文编》,光绪十三年刊,卷4,第12~13页。
②黎庶昌:《曾国藩年谱》,咸丰八年。

脸谱十二:疆臣

疆臣又称疆吏、疆帅,泛指镇守一方的高级地方官吏。清代总督、巡抚俗称封疆大吏,简称疆吏或疆臣,与中央位居宰辅的"枢臣"相对应。据《清史稿·疆臣年表》,有清一代,"疆帅之重,几埒宰辅","同治中兴,光绪还都,皆非疆帅无与成功"①。《清史稿》所录的疆臣,既包括各省督抚,也包括河道总督、漕运总督以及将军、都统、参赞、办事大臣等"有专地者",显然是侧重于"封疆"之义。

清代各省督抚中,直隶、两江二督地位尤其重要。直隶处京畿要地,政治与战略地位自不待言;两江为天下财赋重地,又是唯一一个管辖三省(江苏、安徽、江西)的总督。此外,晚清时期这两个总督又分别兼任北洋、南洋通商大臣。曾国藩在其生命的最后 12 年中,曾经三任两江总督(全称是"总督两江等处地方提督军务、粮饷、操江、统辖南河事务")、一任直隶总督(全称是"总督直隶等处地方提督军务、粮饷、管理河道兼巡抚事"),直至 1872 年 3 月在两江总督任上去世。

如前文所述,曾国藩的"疆臣"身份来得不容易,清廷也给得不情愿。

赵烈文犀利地指出:"自咸丰二年奉命团练,以及用兵江右,七八年间坎坷备尝,疑谤丛积。迨文宗末造,江左覆亡,始有督帅之授,受任危难之间。盖朝廷四顾无人,不得已而用之,非负扆真能简畀,当轴真能推举也。"②曾国藩及其湘军将帅在镇压太平天国的过程中,实现了中央权力的下移和督抚权力的加强,这也许并非曾国藩等人的初衷,却肯定是清廷所不愿接受的。围绕着权力的下放与回收,作为疆臣的曾国藩与满清政府不时激起矛盾,并在斗智斗勇中寻求对策与解决。其结果,一方面是曾国藩及湘淮集团为代表的疆帅、督抚终成尾大不掉之势,埋下了清代覆亡的伏笔;另一方面是曾国藩对清廷由抱有希望到逐渐失望,在无限苍凉的心境中,离开了他一手挽救的这个衰朽不堪的王朝和风雨飘摇的末世。

一

1860 年 6 月,咸丰皇帝的一道上谕改变了曾国藩的命运:他被任命为署理两江总督,并赏加兵部尚书衔。他终于走出了卿贰的队伍,跨入了疆臣的行列。

对于这个任命,曾国藩盼望了太久,也或明或暗地争了太久,甚至因此赋闲

---

①《清史稿·疆臣年表》。
②赵烈文:《能静居日记》,同治三年四月初八日。

在家长达一年多。他对督抚实职如此孜孜以求,主要还是对长期客寄虚悬、事事掣肘的深刻反思,而不是汲汲于权位。正如有学者指出的:"如果说曾国藩从创立湘军起就怀有个人野心,那是不公允的,就是咸丰七年在家丁忧期间伸手向清政府要地方督抚大权,并因要求得不到满足而坚卧不起,也不能说是完全出于个人的权力欲。……他所以不避嫌疑反复申诉自己的观点,恐怕主要还是为满清统治阶级着想,出于'公忠'之心,并非一己私意。"①然而,由于曾国藩手握重兵,众望所归,反而令统治者疑忌有加,对他一再压制、不肯授权。他荐举、提携的江忠源、胡林翼早在数年前就走上巡抚高位,朝廷却有意让他这个德高望重的湘军之主挂着"兵部侍郎"的头衔只办军务不兼地方;让他带兵去四川却不肯授予四川总督,而稍后改派骆秉章赴川时则一开始就明授川督之职。厚彼而薄此如此,确实让人难以理解。曾国藩只能在日记中空发牢骚:"思身无际,甚多抑郁不适于怀者,一由褊浅,一由所处之极不得位也。"②

　　即使1860年这一次的任命,也不是统治者的主动之举,而是带有被动性的、不得已而为之的选择。客观上,这时太平军二破江南、江北大营,东南战局糜烂,清廷一时难以依靠八旗绿营再组织起有效的防御,只能依靠曾国藩和他的湘军。环望朝野内外,胜任两江总督一职者,舍曾国藩其谁? 因此浙江巡抚王有龄在上奏中呼吁迅速派曾国藩带兵"援苏保浙",并暗示只有他"禀受方略,仗钺专征",才能稳定大局。所以有人说,"曾国藩的两江总督先是李秀成等人打出来的,再是王有龄等人喊出来的,最后才是咸丰皇帝加封认可的"③。此外,肃顺的推荐也起到了关键作用。肃顺时任军机大臣、协办大学士、户部尚书,深得咸丰信任,又对曾国藩、胡林翼等人"颇能倾心推服",盛赞曾国藩之"识量"、胡林翼之"才略"。

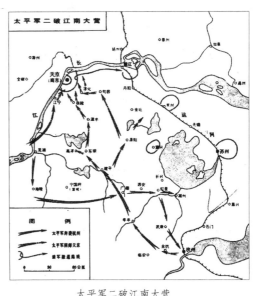

太平军二破江南大营

原两江总督何桂清被革职后,咸丰帝打算让胡林翼署理两江总督,肃顺进言说:"胡林翼在湖北,措注尽善,未可挪动,不如用曾国藩督两江,则上下游俱

　　①朱东安:《曾国藩传》,百花文艺出版社2001年版,第479页。
　　②《曾国藩全集·日记》,咸丰九年十一月初七日。
　　③梁绍辉:《曾国藩评传》,南京大学出版社2006年版,第124页。

得人矣。"①咸丰采纳此议,最终使曾国藩如愿以偿。

1860年署理两江总督,是曾国藩政治生涯的一个重大转折点。此前,他所求不得、诸事蹭蹬,为之愁肠百结、牢骚满腹、流连辗转;此后,他备受恩宠、诸事顺遂,却又时遭打压、临深履薄、屡萌退意。接奉署理江督的谕旨刚过两个月,曾国藩即奉旨实授两江总督,并授为钦差大臣、督办江南军务。1861年11月,又奉旨督办江、皖、赣、浙四省军务,巡抚、提督、总兵以下文武官员皆归其节制,并一再强调:"江浙等处军务,朕唯曾国藩是赖。"②此后数年间,据曾国藩自己统计,之前的两江总督、江南钦差大臣以及督办徽防、督办宁防、督办皖北军务、管辖李世忠苗沛霖两军之钦差大臣这6个重任,他一身兼而有之,因此深以位高权重为忧虑,屡屡上奏请求稍分其权,并派会办大臣来协助自己。此时的清政府环顾无人,不得不一再对曾国藩加官晋爵、依赖有加,在人事权、财权等方面,更是大开绿灯,凡有所请无不照准。甚至曾国藩所辖四省的巡抚、布政使以下大员的任命,都要征求曾国藩的意见,如李鸿章担任江苏巡抚、左宗棠担任浙江巡抚、沈葆桢担任江西巡抚,都是曾国藩密折保举、统治者按单照准的结果。

极盛处即是极衰时。曾国藩深谙个中道理,并以"花未全开月未圆"的求阙之道时时自警。1864年7月湘军攻占天京,太平天国的失败已成定局,曾国藩与统治者的关系开始变得微妙起来。尽管他事事谨慎,又自剪羽翼裁撤湘军,让曾国荃开缺回籍,仍然不时受到朝廷的敲打和压制。显然,这与满族统治者开始着手收回战争期间下放权力的背景大有关系。如曾国藩的几个保案接连为吏部议驳,他在给曾国荃的信中说:"部中新例甚多,余处如金陵续保之案、皖南肃清之案,全行议驳,其余小事,动遭驳诘。而言路于任事有功之臣责备甚苛,措辞甚厉,令人寒心。"③同时,清廷也不愿背上屠杀或压制功臣的名声,加上曾国藩自己谨慎自敛,因此始终未离封疆大吏的岗位,并在名义上有所升迁。

湘军攻占天京后,曾国藩赏加太子太保衔,赐封一等侯爵(次年5月加称"毅勇"侯),世袭罔替,赏戴双眼花翎。1865年5月,奉旨以钦差大臣率军北上剿捻,两江总督由李鸿章署理。1866年12月,奉旨回任两江总督,李鸿章接替为钦差大臣。1868年9月,奉命调任直隶总督。1870年6月,前往查办天津教案;8月,调任两江总督,李鸿章补调直隶总督。

在两处总督任上,曾国藩着手做了一些自己认为重要的工作,如裁军、减赋、安民、治河、练兵,在培育人才和兴办洋务方面用心最多。然而,曾国藩在生命的最后十多年间,虽然高居疆臣之位,真正治理地方的时间和机会并不多。

---

①薛福成:《庸庵笔记》卷1,《肃顺推服楚贤》。
②咸丰十一年十月十八日上谕。
③《曾国藩全集·家书》,《致沅弟》,同治四年十二月十五日。

究其原因，一是戎马倥偬的战事占用了大量的精力；二是由于过短的任期、过频的调动，使施政缺少连续性，而且在当时落后的交通条件下，许多时间都被消耗在旅程之中，比如1866年12月奉命自前线回任两江总督，还驻江宁两江总督衙门时已是第二年的4月10日，1868年9月初奉调直隶总督，又先进京陛见，到达保定督署时已经是第二年的3月9日；三是这一时期曾国藩身体状况不佳，直至右眼完全失明、左眼视线模糊，不得不多次奏请病假，比如在直隶总督任上就先后请假一月、续假一月。

随着对清政府统治集团了解的加深，曾国藩对这个朝廷的失望之情也逐渐增加。1868年他奉调直隶总督后，曾先到北京陛见慈禧太后和同治皇帝。在北京，曾国藩先后四次受到慈禧和同治的召见，两次参加国宴，在庆贺新年的宴会上以武英殿大学士排汉班大臣之首，可谓荣耀之极。慈禧在召见中，重点询问了曾国藩裁撤湘军一事，也对他在直隶任上选将练兵、整顿吏治以及关注海防等问题做了征询和要求。曾国藩通过对慈禧、同治以及奕䜣以下朝中大臣的观察，颇感失望，认为他们才地平庸，不得要领，难以担当起中兴大清的重任。1869年7月，他在保定督署向心腹幕僚赵烈文谈了自己的看法："两宫（作者按：指慈安、慈禧太后）才地平常，见面无一要语；皇上冲默，亦无从测之；时局尽在军机恭邸、文、宝数人（作者按：指恭亲王奕䜣，军机大臣文祥［字柏川］、宝鋆［字佩衡］），权过人主。恭邸极聪明而晃荡不能立足；文柏川正派而规模狭隘，亦不知求人自辅；宝佩衡则不满人口。朝中有特立之操者尚推倭艮峰（作者按：指倭仁），然才薄识短。余更碌碌，甚可忧耳。"①曾国藩的那份悲观失望之情，流露于字里行间。

慈禧太后

曾国藩对清王朝的悲观情绪，早在1867年就已经有所流露了。这年7月21日晚间，他与赵烈文闲聊中谈到对国家"民穷财尽，恐有异变"的担心，赵烈文说："天下治安一统久矣，势必驯至分剖。然主威素重，风气未开，若非抽心一烂，则土崩瓦解之局不成。以烈度之，异日之祸必先根本颠仆，而后方州无主，人自为政，殆不出五十年矣。"曾国藩听后沉默良久，才说："然则当南迁乎？"赵答："恐遂陆沉，未必能效晋宋也。"曾国藩言不由衷地说："本朝君德正，或不至此。"赵又答："君德正矣，而国势之隆，食报已不为不厚。国初创业太易，诛戮太重，后君之德泽，未足恃也。"曾国藩为之沉默，无奈地说："吾日夜望死，忧见宗祏之陨。"②

①赵烈文：《能静居日记》，同治八年五月二十八日。
②赵烈文：《能静居日记》，同治六年六月二十日。

赵烈文是曾国藩最信任和赏识的幕僚之一，也是一个学识渊博、极有见解之人。他生于 1832 年，逝于 1894 年，有生之年并未赶上满清覆亡，因此他日记中的这番话不可能是"后知之明"，而是一位智者的准确预言。他认为清王朝的统治"殆不出五十年"，自 1867 年至 1912 年，果然仅 45 年即有中华民国之建立。他认为清代之亡"必先根本颠仆，而后方州无主，人自为政"，并且不可能像东晋、南宋那样通过南迁来苟延残喘，也被后来的历史发展所证明。而曾国藩的回答，无疑表明他对赵烈文的看法有所思考，并且在很大程度认同了赵的结论。此后一段时间里，他与赵烈文又有过一些探讨，虽有时表示对清王朝的中兴抱有很大希望，但更多的仍然是深切的忧虑。

曾国藩在家书和日记中，也时常流露出这一情绪。在北上剿捻时，所过之处千里萧条，民不聊生，他在日记中写道："经行数千里，除兖州略好外，其余目之所见，几无一人面无饥色，无一人身有完衣。"①1867 年，当他听说湖南地方动荡不安时，在写给曾国潢的信中说："人多言湖南恐非乐土，必有劫数，湖南大乱，则星冈公之子孙自须全数避乱远出。"②可见其悲观的程度。至于自己的处境，他坦言："人以极品为荣，吾今始以为苦恼之境，然时势所处，万不能置身事外，亦惟有做一日和尚撞一日钟而已。"③

二

关于曾国藩与清政府的关系，唐浩明先生指出："曾国藩对清政府是忠而不愚，清政府对曾国藩是用而有疑。"④可谓一语道破天机。

对于清政府来说，曾国藩最大的功绩就是创建湘军并率领湘军镇压了太平天国起义，使清政府渡过了最为严重的一次生存危机。不过，曾国藩等人编练湘军的情形比较特殊，兵勇自募、粮饷自筹，诸多问题非位列封疆不能解决，一旦位列封疆又往往大揽治权、财权、人事权。凡此种种，虽是战争期间不得已的必然选择，毕竟与旧有制度不合，也难以为朝廷主动接受。这种使得清政府既要借重于曾国藩们的力量以维系其统治，又不可避免地会与他们产生利益冲突。朱东安先生认为，从君臣关系的角度看，曾国藩集团同清政府之间曾发生过十次显著的矛盾，对清政府的态度与对策亦相应做过几次较为明显的调整。这十次矛盾是：一是 1851 年曾国藩上《敬呈圣德三端预防流弊疏》批评咸丰皇帝；二是 1854 年咸丰任命曾国藩署理湖北巡抚仅数天便收回成命，致其客寄虚

①《曾国藩全集·日记》，同治六年二月二十日。
②《曾国藩全集·家书》，《致澄弟》，同治六年六月初六日。
③《曾国藩全集·家书》，《致澄弟》，同治六年六月初六日。
④成赛军：《曾国藩研究专家唐浩明娄底讲学》，载《曾国藩研究导报》第 18 期，第 5 页。

悬、难以施展,坐困江西数年之久;三是 1857 年曾国藩委军奔丧,假满不归,又明确提出索要江西巡抚之权,进而"被赋闲"一年零四个月;四是 1860 年英法联军逼进北京,咸丰令曾国藩派鲍超率军北援,曾则采用"按兵请旨"的办法迁延观望,渡过危机;五是 1861 年那拉氏联合奕䜣发动辛酉政变,捕杀肃顺等顾命大臣,曾国藩等人为之虚惊一场;六是 1864 年初在江西巡抚沈葆桢与曾国藩兄弟争夺江西厘金的问题上,清政府袒沈抑曾,使曾国藩既失利权又丢面子,为之惕然警惧;七是 1864 年 7 月湘军攻占天京后,曾氏兄弟功高赏薄,屡受申斥打压,曾国藩着手裁撤湘军,并奏请将曾国荃开缺回籍;八是 1865 年慈禧罢免恭亲王奕䜣一切职务,妄加罪名,曾国藩等人疑为卸磨杀驴的信号,为之恐慌虚惊;九是 1866 年冬曾国藩剿捻暂时失利,清政府中途易帅,令曾国藩大失颜面,进退维谷;十是 1870 年曾国藩办理天津教案充当"替罪羊"成为众矢之的,清政府再次中途换人,命其回任两江总督,终使其威信扫地,悒郁而终。①

朱东安著《曾国藩集团与晚清政局》

以上十次矛盾,只有第一次、第三次是曾国藩主动出击以批评时政、索要实权,第四次是曾国藩运用计谋暗中抵制,其余都是在步步退却中被动地接受现实。可见,在与清政府的历次矛盾冲突中,曾国藩是无力、无奈的,较少有主动的作为,更不用说奋起抗争了。因此,用"恪守臣道,积极进取"来概括曾国藩的应对之策是很恰当的。曾国藩的积极进取,主要在于通过壮大自己的力量、做大自己的事业,用战场上的胜利证明其对于清王朝的重要性,迫其不得不依赖、仰仗和重用自己,设计"湘消淮代"、"曾退李进"更是他的一个大手笔。湘淮军系的成员在其后几十年里出将入相、左右时局,则从事实上证明了曾国藩集团的成功。

第二次鸦片战争期间的"北援"问题,对曾国藩是一次巨大的考验,也是他与朝廷关系的"试金石",其间种种非常耐人寻味。

1860 年 10 月 10 日,实授两江总督整整两个月的曾国藩,接到了一道令他极为头疼的命令。这年夏天,英法联军进逼北京,僧格林沁、胜保两军接连败退,"谁道江南风景佳,移天缩地在君怀"的圆明园被先抢后烧。咸丰皇帝仓皇

①参见朱东安:《曾国藩集团与晚清政局》,华文出版社 2007 年版,第 234~251 页。

出逃热河,并下诏各省兵勇到北京"勤王"。在传达给曾国藩的廷寄中,指名要鲍超率军"兼程前进,克日赴京,交胜保调遣",并告诫曾国藩"勿得借词延宕,坐视国君之急"①。这真是给曾国藩出了一道难题。因为当时湘军正在全力准备安庆会战,太平天国的第二次大规模西征已经拉开序幕,双方的争战进入了关键时刻。鲍超一军是湘军的精锐,也是对抗陈玉成部太平军的主力,一旦抽调北上,前线战局将不堪设想。而不派军去北京救驾,就是"坐视国君之急",会招致"不可拟议"的大祸,将来皇帝如何处置、史书如何记载?② 这些都不能不让曾国藩担忧焦虑,连续几天"通夕不能成寐"③。另外,曾国藩已于16日接到恭亲王奕䜣的咨文,得知咸丰已由圆明园逃往热河,英法联军正由通州进逼北京。以曾国藩为首的湘军领导人意识到,第二次鸦片战争不会牵延太久,朝廷已经决心议和,也已经派出恭亲王奕䜣留京主持议和事宜,这样湘军的主要敌人仍然是太平军,主战场仍然在江南,也就是李鸿章所说的:"夷氛已迫,入卫实属空言,三国连衡,不过金帛议和,断无他变。"④他们认为,北援必须以不破坏江南现有战局为前提,尤其是安庆前线的曾国荃,坚决反对撤围北上勤王,在给曾国藩的信中竟然涉及清廷高层决策与内部皇位之争,引起曾国藩惊惧,在回信中声色俱厉地进行了批评,其中虽然大谈"忠义"等表面文章,而曾国藩的一些真实想法和动机也有所流露:

初九夜所接弟信,满纸骄矜之气,且多悖谬之语。天下之事变多矣,义理亦深矣;人情难知,天道亦难测。而吾弟为此一手遮天之辞、狂妄无稽之语,不知果何所本!恭亲王之贤,吾亦屡见之而熟闻之。然其举止轻浮,聪明太露,多谋多改,若驻京太久,圣驾远离,恐日久亦难尽惬人心。僧王所带蒙古诸部,在天津、通州各仗,盖已挟全力与逆夷死战,岂尚留其有余,而不肯尽力耶!皇上又岂禁制之而故令其不尽力耶?力已尽而不胜,皇上与僧邸皆浩叹而莫可如何。而弟屡次信来,皆言宜重用僧邸,不知弟接何处消息,谓僧邸见疏见轻,敝处并未闻此耗也。……分兵北援以应诏,此乃臣子应尽之分。吾辈所以忝窃虚名,为众所附者,全凭"忠义"二字。不忘君谓之忠,不失信于友谓之义。今銮舆播迁,而臣子付之不闻不问,可谓忠乎?万一京城或有疏失,热河本无银米,从驾之兵难保其不哗溃。根本倘拔,则南服如江西、两湖三省,又岂能支持不败?庶民岂肯完粮,商旅岂肯抽厘,州县将士岂肯听号令?与其不入援而同归于尽,先

① 咸丰十年八月十一日上谕。
② 李恒:《宝韦斋类稿》,《尺牍》卷27,《曾涤生制军》。
③ 《曾国藩全集·日记》,咸丰十年九月初四、五、六日。
④ 徐宗亮:《归庐谈往录》卷1。

后不过数月之间,孰若入援而以正纲常、以笃忠义? 纵使百无一成,而死后不自悔于九泉,不诒讥于百世。弟谓切不可听书生议论,兄所见即书生迂腐之见也。[①]

在复信的结尾,曾国藩还特意加上一句:"嗣后弟若再有荒唐之信如初五者,兄即不复信耳!"需要说明的是,曾国荃写信时间为九月初五(10月18日),曾国藩收信时间为初九(10月22日),复信时间为初十(10月23日)。在收到此信之前的九月初六(10月19日),曾国藩已经采纳了李鸿章等人的意见,即"按兵请旨,且无稍动"[②],决心先拖延观望一番再做计较,并发出了这样一道奏折:

臣既自恨军威不振,甫接皖南防务,旬日之间,两郡失陷。又值夷氛内犯,凭陵郊甸。东望吴越,莫分圣主累岁之忧;北望滦阳,惊闻君父非常之变。且愧且愤,涕零如雨。……窃计自徽州至京,五千余里,步队趱程,须三月乃可赶到。而逆夷去都城仅数十里,安危之几,想不出八九两月之内。鲍超若于十一月抵京,殊恐缓不济急。若逆夷凶顽,犹豫相持,果至数月之久,则楚军入援,岂可仅以鲍超应诏? 应恳天恩,于臣与胡林翼二人中,饬派一人带兵北上,冀效尺寸之劳,稍雪敷天之愤。非敢谓臣与胡林翼二人遂能陷阵冲锋、杀敌致果也,特以受恩最深,任事已久,目前可带湘鄂之勇,途次可索齐豫之饷,呼应较灵,集事较速。鲍超虽号骁雄之将,究非致远之才,兵勇未必乐从,邻饷尤难应手。纵使即日饬令起程,而弁勇怀观望之心,途次无主持之人,必致展转濡致。[③]

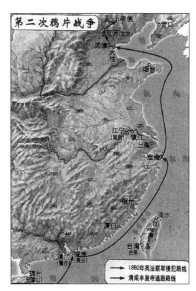

第二次鸦片战争

曾国藩在此折中对时局的分析和摆出的理由,合情合理,无懈可击,统治者也挑不出什么毛病。当然他的出发点是着眼于战略全局而侧重于江南战场,在奏折中请求朝廷指明曾国藩或胡林翼带兵北上,表面看是对朝廷的忠心,实际上是拖延时间的办法。因为奏报至北京,再有

①《曾国藩全集·家书》,《致沅弟》,咸丰十年九月初十日。
②徐宗亮:《归庐谈往录》卷1。
③《曾国藩全集·奏稿》,《奏请带兵北上以靖夷氛折》,咸丰十年九月初六日。

诏书到江南军营,一往一返就需要一个多月的时间。在此期间,北京战事不论是和是战,都应该有了明确的结果。如果议和成功,北援一事自可取消;即使仍需再战,曾、胡中的一人再带兵北上,仍不失"忠心可尚",而且可以为安庆战事赢得宝贵的缓冲时间。这一层意思,他在给曾国荃的第二封复信中说得非常清楚:"安庆决计不撤围,江西决计宜保守",北援则"不必多兵,但吾与润帅二人中,有一人远赴行在,奔问官守,则君臣之义明,将帅之职著",至于北援"有济无济,听之可也"。①

关于李鸿章在"北援议"决策过程中献出妙计的说法,见于徐宗亮《归庐谈往录》。也有研究者指出:徐宗亮的记载存在推测成分,是一则孤证,可信度不高,而且徐混淆了"请旨遵行"与"按兵请旨"的概念,因此这则记载与史实不符。②应该看到,不论是谁影响到了曾国藩的最终决策,这首先是曾氏自己的主意,至少是与他的初衷不谋而合。在如此重大的事情上,曾国藩是不会心中没有定计而受别人意见左右的。笔者认为,献计者应为湘军将领李续宜。曾国藩在信中就告诉胡林翼:"主意系希庵(作者按:指李续宜,字希庵)所定,与侍初计相符。"③还应该看到,曾国藩采取的是一种拖延策略,这是不争的事实,统治者不可能看不出其中玄妙;与咸丰那道草率的谕旨相比,他的分析和决策更切合实际,他的初衷是着眼于战略全局,也就是为了维护清王朝的统治,这应该是统治者在事后没有进行追究的主要原因。此外,曾国藩的拖延并非凭空忽悠,而是做了两手准备,咸丰帝万一令其带兵北援,就拨出兵力1万人、月饷银5万两,由湖北负责筹措和运输。如果是让胡林翼带兵,则由李续宜偕行,大军退守湖北,暂不进兵皖北;如果是让他带兵,则由左宗棠偕行,大军退守江西,暂不进兵皖南。无论属于哪种情况,安庆之围都坚持不撤。④

事实正如曾国藩等人所料,奏折发出不几天,10月24日、25日奕䜣分别与英法两国签订了《北京条约》,第二次鸦片战争结束。此时咸丰帝尚未收到曾国藩自请带兵北援的奏折,于是向他下达了新的谕旨:"现在京师兵勇云集,抚议渐可就绪。皖南正当吃紧,鲍超一军,着毋庸前来。"⑤曾国藩高兴地致信胡林翼:"奉到寄谕,言抚议就绪,鲍军可不北行,初六日请派入卫之疏殆不准行,吾辈得以一意筹议南事,岂非至幸!"⑥接着咸丰又收到了曾国藩、胡林翼自请带兵

①《曾国藩全集·家书》,《致沅弟》,咸丰十年九月十四日。

②胡忆红、许洪梅:《徐宗亮〈归庐谈往录〉中一则史实辨析》,载《学理论(上)》2010年第2期,第147页。

③《曾国藩全集·书信》,《致胡林翼》。

④《曾国藩全集·奏稿》,《奏请带兵北上以靖夷氛折》,咸丰十年九月初六日。

⑤咸丰十年九月二十日上谕。

⑥《曾国藩全集·书信》,《致胡林翼》。

北援的奏疏,当然批复不用前来。曾国藩等人虚惊一场,但总算通过了这场比血雨腥风的战场更为艰险的考验。

三

一说到曾国藩的思想历程,人们都会想到"一生三变"这个说法。在多年的宦海浮沉中,曾国藩的思想经历了诸多发展变化,以"儒→法→道"①、"程朱→申韩→黄老"这样的方式画线,虽有简单定性之嫌,却也比较清晰地勾勒出了一条基本轨迹。

"一生三变"的说法源自曾国藩的至交好友和幕僚欧阳兆熊,并对此有过一番详细的描画和评论:

> 文正一生凡三变。书字初学柳诚悬,中年学黄山谷,晚年学李北海,而参以刘石庵,故挺健之中,愈饶妩媚。其学问初为翰林词赋,既与唐镜海太常游,究心儒先语录,后又为六书之学,博览乾嘉训诂诸书,而不以宋人注经为然。在京官时,以程朱为依归,至出而办理团练军务,又变而为申韩。尝自称欲著"挺经",言其刚也。咸丰七年,在江西军中丁外艰,闻讣奏报后,即奔丧回籍,朝议颇不为然。左恪靖在骆文忠幕中,肆口诋毁,一时哗然和之。文正亦内疚于心,得不寐之疾。予荐曹镜初诊之,言其岐黄可医身病,黄老可医心病,盖欲以黄老讽之也。先是文正与胡文忠书,言及恪靖遇事掣肘,哆口谩骂,有欲效王小二过年,永不说话之语。至八年夺情再起援浙,甫到省,集"敬胜怠,义胜欲;知其雄,守其雌"十二字,属恪靖为书篆联以见意,交欢如初,不念旧恶。此次出山后,一以柔道行之,以至成此巨功,毫无沾沾自喜之色。尝戏谓予曰:"他日有为吾作墓志者,铭文吾已撰:不信书,信运气;公之言,告万世。"故予挽联中有"将汗马勋名,问牛相业,都看作秕糠尘垢"数语,自谓道得此老心事出。盖文正尝言"吾学以禹墨为体,庄老为用",可知其所趋向矣。②

欧阳兆熊所说的"三变",既有学书法的三变(柳公权→黄庭坚→李邕),也有做学问的三变(翰林词赋→儒先语录→六书之学),更重要的则是为官处世的三变(程朱→申韩→黄老)。

京官时期,曾国藩广交师友、砥砺学问,无论是读古文作词赋,还是习书法讲义理,抑或研训诂涉考据,皆不脱儒士本分,而受程朱理学影响尤深。随着职

---

①参见唐浩明:《从儒到法到道——说说曾国藩的一生三变》,载《曾国藩研究导报》第5期,第2~5页。

②欧阳兆熊、金安清:《水窗春呓》卷上,《一生三变》。

务的升迁和阅历的增加,他一方面洁身自好、高尚其志,即朋友所赞扬的"无大僚尊贵之习"①,另一方面对当时官场的因循之风、贪腐之气极为反感,自称:"国藩从官有年,饱历京洛风尘,达官贵人优容养望,与在下者软熟和同之气,盖已稔知之。而惯尝积不能平,乃变而为慷慨激烈,轩爽肮脏之一途,思欲稍易三四十年不白不黑、不痛不痒、牢不可破之习,而矫枉过正,或不免流于意气之偏,以是屡蹈愆尤,丛讥取戾。"②

等到 1853 年墨经出山之后,曾国藩踌躇满志,自视甚高,勇于任事而不顾及其他。在练兵未成时,即使咸丰皇帝一再催促也决不轻易出兵;又屡屡侵权越俎,引起地方官员的不满,因此在官场中落落寡合、诸事不顺。先是在湖南官场受到排斥,又在江西与地方官不合,虽愤而参倒了进士同年、江西巡抚陈启迈,却没有带来实质性的突破。待到 1857 年委军奔丧、坚卧不出,更是与皇帝摊牌,公开索要巡抚实职,并因此长期在家赋闲。他不无感慨地对好友郭嵩焘说:"国藩昔在湖南、江西,几于通国不能相容,六七年间(作者按:指咸丰六年、七年间)浩然不欲复问世事。"③

这一时期,曾国藩效法申韩(指法家代表人物申不害、韩非子),坚持治乱世用重典,甚至不惜杀人树威,为自己挣下了"曾屠户"、"曾剃头"的绰号。他一心报国,勇于任事,不肯和同流俗,作为一名朝廷要员是无可指摘的。然而,不知权变通融而一味强梁使蛮,不仅不会讨得统治者欢欣,在当时的官场之中也步步艰难,处处掣肘,连连碰壁。

曾国藩手书日记

因此,在赋闲的一年多时间里,曾国藩对此前的言行进行了反思,又得欧阳兆熊推荐的曹镜初以黄老之学(指道家奉为始祖的黄帝、老子)开导,指出"岐黄可医身病,黄老可医心病",使其"大悔大悟",一改前辙。1858 年再次出山时,"一以柔道行之",俨然有道家之风了。曾国藩后来在家书中曾如此回忆自己的这段心路历程:"昔年自负本领甚大,可屈可伸,可行可藏,又每见人家不是。自从丁巳、戊午(作者按:指 1857~1858 年)大

①罗汝怀:《绿漪草堂文集》卷 20。
②《曾国藩全集·书信》,《复黄醇熙》。
③《曾国藩全集·书信》,《复郭嵩焘》。

悔大悟之后,乃知自己全无本领,凡事都见得人家几分是处,故自戊午至今九年,与四十岁前迥不相同。"①"吾往年在外,与官场落落不合,几至到处荆榛。此次改弦易辙,稍觉相安。"②

曾国藩在 1858 年以后的"改弦易辙"主要体现在三个方面:一是与人为善,二是无为不争,三是消极思退。

先说与人为善。"与人为善"语出《孟子·公孙丑》,曾国藩对此有自己的理解,他在日记中写道:"思古圣人之道莫大乎与人为善。以言诲人,是以善教人也;以德薰人,是以善养人也。皆与人为善之事也。然徒与人则我之善有限,故又贵取诸人以为善。人有善,则取以益我;我有善,则与以益人。连环相生,故善端无穷;彼此挹注,故善源不竭。君相之道,莫大乎此;师儒之道,亦莫大乎此。"③他还以此教诲曾国荃:"九弟来久谈,与之言与人为善、取人为善之道,……无论为上、为下、为师、为弟、为长、为幼,彼此以善相浸灌,则日见其益而不自知矣。"④对亲信部下也做此要求,如告诫李榕:"前曾语阁下以取人为善,与人为善。……以后望将取诸人者何事,与人者何事,随时开一清单见示,每月汇总帐销算一次。"⑤他自己则颇能折节下士,谦恭待人,不复有昔日倨傲自负的作风。

曾国藩这次复出之后一改前风,令众人大为惊讶,还招致了胡林翼、郭嵩焘的批评。胡林翼批评他再出之后"疾恶不严,渐趋圆熟之风,无复刚方之气"⑥,郭嵩焘批评他"颇务委曲周全","任事之气不如前此之坚也"⑦。对于自己"往岁志在讨贼"、"近岁意存趋时"的转变,曾国藩坦言:"国藩昔年锐意讨贼,思虑颇专,而事机未顺,援助过少,拂乱之余,百务俱废,接人应事,恒多怠慢,公牍私书,或未酬答。坐是与时乖舛,动多龃龉。此次再赴军中,消除事求可、功求成之宿见,虚与委蛇,绝去町畦。无不复之缄咨,无不批之禀牍,小物克勤,酬应少周,借以稍息浮言。"⑧并承认复出之后,"寸心之沈毅愤发,志在平贼,尚不如前次之志;至于应酬周到,有信必复,公牍必于本日完毕,则远胜于前"⑨。不过他这种转型的效果也是明显的,那就是与江西等处地方官以及左宗棠等人的关系大有改善,办事也顺利了不少。

①《曾国藩全集·家书》,《致沅弟》,同治六年正月初二日。
②《曾国藩全集·家书》,《致沅弟》,咸丰八年十二月十三日。
③《曾国藩全集·日记》,同治二年正月二十一日。
④《曾国藩全集·日记》,咸丰十一年八月二十八日。
⑤《曾国藩全集·书信》,《复李榕》。
⑥《曾国藩全集·书信》,《复毛鸿宾》。
⑦《郭嵩焘日记》,咸丰八年十月十九日。
⑧《曾国藩全集·书信》,《复易芝生》。
⑨《曾国藩全集·家书》,《致沅弟》,咸丰八年十二月十三日。

再说无为不争。曾国藩在给皇帝的奏折中,由以前的讨要官职变成了凡事推辞,朝廷每有封赏,曾国藩必上折坚辞;不但自己坚辞,还让曾国荃也坚辞,攻破天京后又让曾国荃称病解职。然而越是这样,皇帝就越要一再升迁他的官职——也许皇帝需要的只是他这样一种姿态而已。真是应了老子所言:"夫唯不争,故天下莫能与之争。"清政府继任命曾国藩为两江总督之后,又让他节制江、浙、皖、赣四省军务,他上疏请辞道:"现在诸道出师,将帅联翩,权位太重,恐开斯世争权竞势之风,兼防他日外重内轻之渐,恳仍收回成命。"①一语道破了清政府最为担心的事情,也因此缓释了朝廷的疑虑。皇帝在谕旨中称赞他"谦卑逊顺,虑远思深,得古大臣之体"之后,以饱含信任的语气写道:"在曾国藩远避权势,自应如此存心,方不至启骄矜之渐,而国家优待重臣,假以事权,从前本有成例。曾国藩晓畅戎机,公忠体国,中外咸知。当此江浙军务吃紧,生民涂炭,我两宫皇太后孜孜求治,南望增忧,若非曾国藩之悃忱真挚,亦岂能轻假军权?该大臣务当力图攻剿,拯生民于水火之中,毋许再行固辞。"②1864 年春,又奉到上谕:"协办大学士两江总督曾国藩督军剿贼,节制东南数省,尽心区画,地方以次削平,举贤任能,克资群力,着交部从优议叙。"③这一年,京察行省督抚奉优叙之旨的,有曾国藩以及官文、骆秉章、左宗棠、李鸿章五人,其中四人是曾国藩集团的人物。曾国藩请辞一切职务、要求朝廷派大臣来前线接替自己时,圣旨中又鼓励他"环顾中外,才力气量如曾国藩者,一时实难其选"④。1863 年曾国荃被任命为浙江巡抚,曾国藩兄弟更是"交疏恳辞":"略云:功名之际,终之殆难;消长之机,盈则必缺。臣与臣弟函商两次,欲固辞,则颇涉矫情,思立异于当世;欲受事,则不自量力,惧贻讥于将来。不如稍安愚拙之分,徐图尺寸之功,恳乞天恩,收回成命,俯准以开缺藩司效力行间。"上谕在表彰了其功绩以后,指出:"在该大臣受宠若惊,固辞恩命,洵属至诚,而朝廷懋赏懋官,权衡悉当。现在军事方亟,时局孔艰,凡在臣工正宜黾勉效忠,共期宏济。该大臣惟当督率曾国荃忠诚报国,以副委任,正不必渎辞朝命也。"⑤

真是你来我往,皆大欢喜,好不融洽。

再说消极思退。曾国藩的屡屡请辞,并不全是虚应形式,在很大程度上是他的真实想法。他之前渴望得到督抚实职,是为了改变"客寄虚悬"的不利形

①《曾国藩全集·奏稿》,《再辞节制四省军务折》,咸丰十一年十一月二十五日。
②王定安:《曾国藩事略》,卷 2。
③黎庶昌:《曾国藩年谱》,同治三年。
④王定安:《曾国藩事略》,卷 2。
⑤王定安:《曾国藩事略》,卷 2。

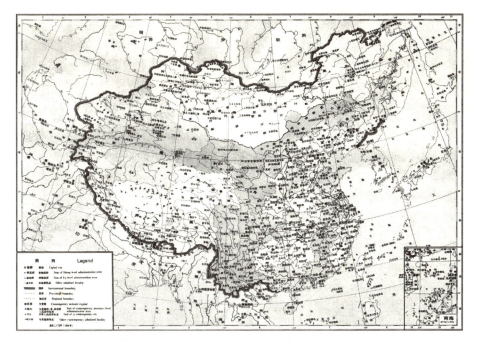

大清疆域图（嘉庆二十五年）

势，以便于湘军的作战和发展，但在位高权重之时，又害怕"物极必反""月盈则亏"，担心权柄过重招致杀身之祸。他不无感慨地说："昔太无权，今太有权，天下事难得恰如题分也。"①特别是成功镇压太平天国之后，随着身体状况越来越差，又眼见满族统治者恩威莫测、刻意打压，这种退意更加强烈。曾国藩曾向大弟曾国潢诉说在总督的高位上的痛苦，认为愁肠百结、毫无快乐，真有生不如死之感："诸事棘手焦灼之际，未尝不思遁入眼闭箱子之中，昂然甘寝，万事不视，或比今日人世，差觉快乐。乃焦灼愈甚，公事愈烦，而长夜快乐之期杳无音信，且又晋阶端揆，责任愈重，指摘愈多。人以极品为荣，吾今实以为苦恼之境。然时势所处，万不能置身事外，亦惟有做一日和尚撞一日钟而已。"②对于那些虚名利禄，他认为是不值得汲汲求之，徒是"求荣反辱"③。对于居功自傲、不知收敛的曾国荃，他苦苦相劝，说自己"自金陵克后，常思退休藏拙"，"望弟平平和和做一两年，送阿兄上岸后，再行轰轰烈烈做去"④；在现存的写给诸弟的最后一封家书中，他仍在强调："宦途险峻，在官一日，即一日在风波之中，能妥帖登岸者实不易易。"⑤只是由于曾国藩特殊的身份和地位，进退出处并不是他一个人的事

①《曾国藩全集·家书》，《致澄弟沅弟》，咸丰十一年十一月十四日。

②《曾国藩全集·家书》，《致澄弟》，同治六年六月初六日。

③《曾国藩全集·家书》，《致沅弟》，咸丰十一年四月初八日。

④《曾国藩全集·家书》，《致沅弟》，同治五年八月二十四日。

⑤《曾国藩全集·家书》，《致澄弟沅弟》，同治十年十一月十七日。

情,因此思退对他来说也是一个奢侈的想法。

曾国藩的消极,还体现在他不结交权贵上。这固然是他的自保之道,主要还是由其一贯性格决定的。对肃顺和奕譞的有意疏远,就是最明显的例子。

咸丰年间,肃顺以敢于任事崭露头角、左右时局,"赞画军事,所见实出在廷诸臣之上"。其为人虽刚愎自用,睥睨一切,却喜好结交汉族名士,"朝士如郭嵩焘、尹耕云及举人王闿运、高心夔辈,皆出入其门,采取言论,密以上陈"①。如前所述,曾国藩获得两江总督一职,与肃顺的鼎力推荐大有关系。然而,据说肃顺被处决后抄家,"搜出私书一箱,内惟曾文正无一字,太后叹息,褒为第一正人。于是天下督抚皆命其考察,凭一言以为黜陟"②。可见曾国藩在与朝中权臣的交往上是非常慎重的。曾国藩不与肃顺发展私交一事,赢得了慈禧太后的赞赏,自此对他更加重用。

1868 年曾国藩出任直隶总督后,醇亲王奕譞曾对其有意拉拢。先是于1869 年春托曾国藩的好友朱学勤转致一信,对曾大加赞扬。曾国藩没有复信,只在复朱学勤信中简单解释道:"醇邸慎所许可,乃独垂青于鄙人,感惭无已。敝处函牍稀少,未便于醇邸忽改常度。"③1870 年春奕譞又托曾的另一好友黄倬转寄诗文,希望得到曾国藩的应和,曾氏仍然没有回信,仅在给黄倬的复信中不冷不热地作了解释:"醇邸于敝处折节下交,拳拳挚爱,极为心感。兹承转寄见赠之作,诗笔既工,用意尤厚。惟奖许过当,非所敢承。理宜奉笺致谢,缘弟处向来书札稀少,朝端贵近诸公多不通问,未便于醇邸特致私爱,致启他嫌。素不工诗,亦未能遽成和章。稍暇当勉成一首奉呈,以答盛意,聊申谢悃。晤时望先生先为代达鄙意,至荷,至荷。"④曾国藩不与醇亲王奕譞通信往来,虽然有碍于制度、恪守臣道的原因,更主要的还是出于远嫌避祸的考虑。朱东安先生分析道,"这样一来却深深地得罪了醇亲王,或则衔恨于心,或则疑为恭党,遂乘天津教案之机对之攻击不遗余力,必欲去之而后快",并认为奕譞此举意在与恭亲王奕䜣一争高下并取而代之,"出于那拉氏的授意,亦未可知"⑤。可惜,不愿蹚浑水、无意做权臣的曾国藩让他们失望了。

①《清史稿·肃顺传》。

②欧阳昱:《见闻琐录》前集卷 5,《曾文正不交权贵》。

③《曾国藩全集·书信》,《复朱学勤》。

④《曾国藩全集·书信》,《复黄倬》。

⑤朱东安:《曾国藩集团与晚清政局》,华文出版社 2007 年版,第 248 页。

脸谱十三：侯爷

1872年曾国藩去世后，朝廷连续发出3道上谕、3篇御赐祭文和1份御制碑文，其中对曾国藩的生平功绩有一段可以说是"盖棺论定"的官方评价：

> 曾国藩器识过人，尽瘁报国。当湘、鄂、江、皖军备棘手之际，倡练水师，矢志灭贼，虽屡经困厄，坚忍卓绝，曾不少渝。卒能万众一心，削平遗寇。功成之后，寅畏小心，始终周慎。其荐拔贤才，如恐不及。尤得以人事君之义，忠诚克效，功德在民。[①]

这段四平八稳的文字，仔细读来颇耐人寻味。它充分肯定了曾国藩"东南底定，厥功最多"的事功，又高度赞扬了他"尤得以人事君之义，忠诚克效"的德业，可以说是字字有意、句句写实。曾国藩以底定东南、再造满清的大功，仅被封为一等侯爵，确实有"功高赏薄"之嫌。加上朝廷对他屡屡打压，使其郁郁寡欢，晚境苍凉，因此时人及后人多有替他打抱不平者。

人们更关心的一个问题是：以曾国藩当时的威望和实力，为什么没有响应部将的拥戴黄袍加身、挥戈北上，而是选择了忍辱负重、自剪羽翼？是不能，是不肯，还是不为？凡此种种，都为曾国藩增添了谜一样的斑斓色彩。

一

1864年7月19日，曾国荃部湘军攻陷天京，太平天国已经在事实上宣告失败，北京紫禁城中的满清统治者终于可以长舒一口气了。

7月27日，曾国藩从安庆驻地出发前往天京（已改称江宁），就在同一天，同治皇帝下旨，曾国藩赏加太子太保衔，赐封一等侯爵（1865年5月又在爵前加号"毅勇"），世袭罔替，赏戴双眼花翎。8月1日，曾国荃赏加太子少保衔，赐封一等伯爵（后加号"威毅"），赏戴双眼花翎；在攻城中立功的李臣典封一等子爵，赏穿黄马褂，赏戴双眼花翎，萧孚泗封一等男爵，赏戴双眼花翎，朱洪章、刘连捷、张诗日、彭毓橘等俱得骑都尉或轻车都尉世职不等。在此前后，官文、李鸿章皆赐封一等伯爵，杨载福、彭玉麟皆赏给一等轻车都尉世职，并赏加太子少保衔，骆秉章赏给一等轻车都尉世职，并赏戴双眼花翎，鲍超赏给一等轻车都尉

[①] 同治十一年四月二十八日上谕。

世职。等到战事基本结束后，又先后封赏了左宗棠（一等伯爵）、沈葆桢等人。

这次大行封赏，可以说是道光朝以来规模最大、规格最高的一次集中封赏。曾国藩在家书中说："我朝酬庸之典，以此次最隆，愧悚战兢，何以报称？"①其实，这只是冠冕堂皇的表面之词罢了，以曾国藩的大功而仅获封侯爵，确实有点"大功不赏"的味道。据曾国藩的幼女曾纪芬说，消息传到湖南时，当地人们都嫌侯爵"太细"（即太小之意）。薛福成《庸庵笔记》记载：

百年侯府毅勇侯第

襄闻，粤寇之据金陵也，文宗显皇帝顾命颇引为憾事，谓"有能克复金陵者，可封郡王"。及曾文正公克金陵，廷议以文臣封王，似嫌太骤，且旧制所无。因析而为四，封侯、伯、子、男各一。②

据清人的统计，清代汉人封王者寥寥无几，仅有开国之初的吴三桂（平西王）、孔有德（定南王）、耿仲明（靖南王）、尚可喜（平南王）、孙可望（义王）等帮助清军打天下有功的明王朝或起义军降将。三藩之乱后，统治者吸取教训，对汉人决不轻易封王，即使公侯以下爵赏也不轻授，而对旗人却格外优容，获封爵位者大有人在。然而在汉人之中，封公、封侯者也不乏其人，如年羹尧以军功封一等公，岳钟琪以平定青海封三等公，孙士毅以平定台湾天地会林爽文起义以及参与平定越南内乱封一等谋勇公。③曾国藩十年统兵征战，统筹东南全局，其功勋不在平定三藩之下，即便不肯封王，封个公爵丝毫不为过，而且也不是"旧制所无"。对于他的功劳大小，朝廷是心知肚明的，1870年曾国藩60岁生日时同治皇帝亲笔御赐"勋高柱石"大匾，便是最好的证明。曾国藩精通历史，熟悉典制，侯爵的分量轻重，自然掂量得出；自己的功劳大小，也自然比较得来。他在攻克天京后报捷的奏折中为统治者算过这样一笔账："嘉庆川楚之役，蹂躏仅及四省，沦陷不过十余城。康熙三藩之役，蹂躏尚止十二省，沦陷亦第三百余城。今粤匪之变，蹂躏竟及十六省，沦陷至六百城之多。"④在攻占天京之前，他曾让曾纪泽查询当年平定三藩之乱后的封赏情况，可见对封赏一事比较看重。

---

①《曾国藩全集·家书》，《致澄弟》，同治三年七月二十一日。
②薛福成：《庸庵笔记》卷2，《曾左二相封侯》。
③朱寿彭：《旧典备征》卷2，《封爵考》。
④《曾国藩全集·奏稿》，《奏报攻克金陵尽歼全股贼并生俘逆酋李秀成洪仁达折》，同治三年六月二十三日。

但曾国藩毕竟老于世故，又常有功成思退之心，不愿务虚名而招实祸，因此相对来说能够接受，倒是曾国荃为之抑郁不平，让作为大哥的曾国藩颇为担心。

曾国荃向来心高气傲，争强好胜，屯兵坚城之下两年之久，好不容易抢得首功，仅被封为一等伯爵，而且同时被封的还有官文、李鸿章、左宗棠等人，不免心生怨气。为此，曾国藩多方开导他："弟肝气不能平伏，深为可虑。究之弟何必郁郁？从古有大勋劳者，不过本身得一爵耳！弟则本身既挣一爵，又赠送阿兄一爵。"[1]

其实，曾国藩自己未必没有不平之气。被封侯爵之后，赵烈文与他打趣说："此后当称中堂，抑称侯爷？"曾国藩笑道："君勿称猴子可矣。"[2]这句话可以理解为曾国藩的诙谐，是不是也可以理解为曾国藩内心不满的一种表达呢？至少，他曾在日记中对曾国荃的发泄表示过理解和赞同："沅弟谈久，稍发抒其郁抑不平之气。余稍阻止劝解，仍令毕其说以畅其怀。沅弟所陈，多切中事理之言。"[3]

其实，让曾国荃为之"抑郁不平"的不只是封赏太低，还有朝廷在功成之际的着意敲打、压制。在攻入内城之前，统治者就在上谕中严厉地批评了曾国荃："该逆死党尚有万余，曾国荃于攻克外城时，即应一鼓作气，将伪城尽力攻拔，生擒首逆。乃因大势粗定，遽回老营，恐将士等贪取财物，因而懈弛万一。该逆委弃辎重，饵我军士而潜出别道，乘我不备，冀图一逞，或伺间奔窜，冲出重围，切不可不虑。着曾国藩饬令曾国荃督率将士，迅将伪城克日攻拔，歼擒首逆，以竟一篑之功，同膺懋赏。倘曾国荃骤胜而骄，令垂成之功或有

一等威毅伯曾国荃

中变，致稽时日，必惟曾国荃是问。"[4]入城之后，又在七月十一日廷寄中训斥："曾国藩以儒臣从戎，历年最久，战功最多，自能慎终如始，永保勋名。惟所部诸将，自曾国荃以下，均应由该大臣随时申儆，勿使骤胜而骄，庶可长承恩眷。"[5]真是寥寥数语，暗伏杀机！

在此前后，围绕着幼天王逃走、擅杀李秀成、天京城中巨额财富下落等问题，朝廷纠缠不休，曾氏兄弟受到来自包括左宗棠、沈葆桢在内各方的攻击，真有"山雨欲来风满楼"的架势。曾国藩的七次保举都被吏部所阻，与之前形成巨

①《曾国藩全集·家书》，《致沅弟》，同治三年七月二十九日。
②赵烈文：《能静居日记》，同治三年七月初二日。
③《曾国藩全集·日记》，同治三年九月初八日。
④同治三年六月二十六日上谕。
⑤赵烈文：《能静居日记》，同治三年七月二十一日。

大反差。而这一切无疑都是得到朝廷支持甚至暗示的。

统治者如此有意打压、百般逼迫,曾国藩兄弟功高赏薄、圣眷骤衰。无限风光的背后,曾国藩又一次站到了风口浪尖上,他该做出怎样的抉择?

二

1864 年 7 月的曾国藩,个人的事业、实力、威望都达到了顶峰,门生故旧遍于天下,所部湘军战绩赫赫,似乎已经有了问鼎中原、窥探神器的能力。部下劝曾国藩帝制自为、黄袍加身的传闻非常多,后世史家也有不少认同此说,把曾国藩列为 19 世纪中国在野而最有希望成为皇帝的 3 个人之一(另外两个是洪秀全、奕䜣)①,萧一山先生在《清代通史》中还专列《曾国藩不做皇帝》一小节,采撷各种逸闻传说,做了生动的描绘。② 清末"难酬蹈海亦英雄"的革命者陈天华,则从反满革命的立场替曾国藩感到可惜:

> 可怜曾国藩辛苦十余年,杀了数百万同胞,仅得一个侯爵;八旗的人,绝不费力,不是亲王,就是郡王。而且大功才立,就把他兵权削了,终身未尝立朝,仅做个两江总督,处处受人的挟制,晦气不晦气! 若是当日晓得我的世仇万不可不灭的,顺便下手,那天下多久是我汉人的,曾国藩的子孙,于今尚是皇帝;湘军的统领,都是元勋,岂不好得多吗? 列位! 你道可惜不可惜呢?③

据清人笔记小说记载,当时对曾国藩劝进的先后有王闿运、彭玉麟、胡林翼、左宗棠、李元度、郭嵩焘、曾国荃等人。

王闿运即后来《湘军志》的作者,胸怀奇学,自负霸才,曾出入曾国藩幕府。他屡次向曾国藩兜售其"帝王术",游说曾氏乘势而起,取满清而代之。曾国藩"以指蘸杯中茶汁,频有所点画",等到他有事出去时,王闿运走过去一看,原来写的都是"荒谬"二字。曾国藩通过这种方式委婉地让王闿运知难而退。王在《别曾幕诸友诗》中有"我惭携短剑,真为看山来"之句,后来常骂"曾大不受抬举",晚年所作自挽联又有"纵横计不售,空留空咏满江山"之句,似乎是为游说不成而懊丧恼怒。王闿运的得意门生杨度在《湖南少年歌》中写道:"更有湘潭王先生,少年击剑学纵横。游说诸侯成割据,东南带甲为连横。曾胡却顾咸相谢,先生大笑披衣下。"显然说的也是这件事。

---

①姜鸣:《难与运相争——奕䜣其人》,《天公不语对枯棋:晚清的政局和人物》,三联书店 2006 年版,第 2~4 页。

②参见萧一山:《清代通史》第 3 册,中华书局 1986 年影印版,第 778~781 页。

③陈天华:《猛回头》,华夏出版社 2002 年合刊本,第 45 页。

彭玉麟是湘军中最为光明磊落、侠肝义胆而又淡泊名利的人物。据说安庆克复后，他派人迎曾国藩前往，又遣一亲信差弁送来一封密信，仅有 12 个字："东南半壁无主，老师岂有意乎？"曾国藩看后脸色大变，连说："不成话，不成话，雪琴还如此试我，可恶！可恶！"将信纸"撕而团之，纳于口而咽焉"①。《投笔漫谈》又载，胡林翼在拜谒曾国藩时，临走前在桌上留了一张纸条，上写"东南半壁无主，我公岂有意乎"。这个故事出自曾国藩的内巡抚官倪人垲之口，据他说当时亲眼看见这张纸条，大为惊骇而迅速退出，而曾国藩送走胡林翼后即返回室内，"当必看到此纸条"②。

左宗棠劝进的方式也比较有趣。他写了一副题神鼎山的对联："神所凭依，将在德矣；鼎之轻重，似可问焉。"请胡林翼转呈曾国藩，并请二人同为删改。胡林翼看后心知肚明，一字不易加封转给曾国藩。曾国藩仅将"似"字改为"未"字，又原样还胡。胡林翼知道劝进失败，在纸上写道："一似一未，我何词费？"③

据说李元度写给曾国藩的劝进字条内容为："王侯无种，帝王有真。"曾国藩不为所动，并"每勉元度戒慎"④。

太平天国后期主要军事领袖忠王李秀成被俘后，曾国藩在进行匆忙的审讯后即将其杀掉，据说一个重要原因就是李秀成劝说曾氏拥兵自立、取大清而代之，并表示愿意招降余部共同反清。这一点并没有留下文字记录，但在曾家后人所讲述的口碑史料中有所反映。清史专家孟森在 1936 年就曾谈到这个传说；1977 年 12 月曾国藩的曾外孙女把李秀成劝曾国藩做皇帝的曾家口碑写给了罗尔纲先生，口碑记录为："李秀成劝文正公做皇帝，文正公不敢。"⑤以罗尔纲先生为代表的一些学者认为，李秀成此举是"袭蜀汉姜维故智，伪降曾国藩以图复兴太平天国"⑥。

最严重的一次劝进行动发生在曾国藩审讯李秀成的当天夜里，其场景颇富戏剧色彩：

一夕，将夜分，亲审李秀成毕，刚入室拟小休。诸将僚佐，约三十许人，忽来集前厅，请白事。左右觉有异，即秉闻。国藩问："九帅（国荃）偕来否？"答未。国藩徐起凝立，凛如天人，指巡弁曰："请九帅！"俄而国荃扶病应命。国藩始出，指众坐。众见国藩严肃至极，迥异平时，仰视之不敢，遑论坐？良久，国藩忽呼

①小横香室主人编：《清朝野史大观》卷 7，《雪琴试我》。
②萧一山：《清代通史》第 3 册，中华书局 1986 年影印版，第 779~780 页。
③萧一山：《清代通史》第 3 册，中华书局 1986 年影印版，第 780 页。
④萧一山：《清代通史》第 3 册，中华书局 1986 年影印版，第 780 页。
⑤罗尔纲：《一条关于李秀成学姜维的曾国藩后人的口碑》，载 1981 年 3 月 2 日《广西日报》。
⑥罗尔纲：《忠王李秀成苦肉缓兵计》，载 1964 年 7 月 24 日《人民日报》。

曾国藩书法

左右取纸笔,左右进以簿书纸,令易大红硾笺,即就案挥一联曰:"倚天照海花无数,流水高山心自知。"掷笔起去,一语不发。众屏息皇悚有顷,国荃就案前视所书,众始敢趋视,则见有咋舌者,有舒臆者,有细味而点首者,亦有叹息者,有热泪承睫者,有木立无所表白者。独国荃始以忿然,继亦凛然,终乃皇然曰:"谁敢有复言者,此事我曾某一人担当。"于是众始惘惘然散。盖其时国荃与攻城诸将,独揽大功,疾之者多谓宝物尽入军中,且有追抄之谣,诸将欲自保,遂为陈桥之变。而国藩斩钉截铁,以十四字示意,其襟怀之磊落,浩气之流转,跃然纸上。以无人无我之意态,见至高至明之哲理,其感人之深,虽国荃亦不敢为赵匡义矣。①

"倚天照海花无数,流水高山心自知。"这是一副集句联,上联出自苏轼《和蔡景繁海州石室》诗,下联出自王安石《伯牙》诗,用在此处珠联璧合、妙语天成,体现了一种超然淡然的大气魄、大胸襟、大境界。据说此联被一个姓朱的人收藏,民国年间其后人把它拿给王闿运看,并请王为之题跋。王闿运惊叹:"有是乎?涤丈襟怀,今日以前,我只知一半,今而后,乃全知。吾老矣,微君相示,几不知文正之所以为文正,左老三(指宗棠)之所以为左老三。"并另书一联:"花鸟总知春浩荡,江山为助意纵横。"并说:"吾不敢著压文正联上,以重污文正。另书此,纪文正之大,且以志吾过。"②

此外,民间还有关于曾国藩是神蟒转生的传说。如黎庶昌《曾国藩年谱》中就记载,曾国藩的曾祖父梦见巨蟒入宅而曾国藩当夜出生。曾宅中有一株古树,树神即为巨蟒,每当曾国藩事业顺遂时,古树便枝繁叶茂,反之则枝枯叶萎,颇为灵验。又说曾国藩有癣病,身上有若鳞甲,起床时必有癣屑一堆,仿佛蛇蜕皮一样。又说曾国藩爱吃鸡肉而怕见鸡毛,收到插有羽毛的紧急文书也不敢亲拆,一次到上海阅兵时,随从人员先到,发现座位后面有一个鸡毛掸子,赶忙让人拿走。因为据《随园随笔》记载,蛇虫之类动物最怕闻到焚烧鸡毛的味道,"闻气即死","公是神蟒转世,故畏鸡毛也"。③

"神蟒转世"当然属于无稽之谈,部属劝进的记录也不见载于正史,多为时

①萧一山:《清代通史》第3册,中华书局1986年影印版,第780~781页。
②萧一山:《清代通史》第3册,中华书局1986年影印版,第781页。
③葛虚存:《清代名人轶事》,《曾文正公巨蟒转生》。

把曾国藩彻底说清楚

人笔记小说所记,因此有学者指出"全属揣测附会之词,是无从稽考的"①。不过,人心藏海,世事难测,空穴来风,必有渊源。在当时的历史条件下,劝进之事发生的可能性还是有的。

在纷纷纭纭的干扰中,曾国藩保持了清醒的头脑。他看到了"坐轿者愿息,抬轿者不肯"②的情况,也进一步确定了自己的抉择。他把左宗棠的对联改成"鼎之轻重,未可问焉",又当面撕毁了李元度的纸条。倒是门下张裕钊呈上的两句诗使曾国藩大为欢喜:"天子预开麟阁待,相公新破蔡州还。"他不要做黄袍加身的赵匡胤,而要做为国平乱的裴度、李愬,不要做问鼎中原的楚庄王,而要做把名字写入麒麟阁、凌烟阁的大功臣。

三

曾国藩为什么甘做一个备受打压的侯爷,而没有像后来的袁世凯那样帝制自为、取而代之呢? 在当时的情势下,有没有这种可能? 对于曾国藩而言,是不可为之,还是不能为之,抑或是不欲为之呢?

结论应该是:非不可也,是不能也;非特不能也,亦且不欲也。

从表面上看,当时曾国藩及其湘系的势力已经达到了鼎盛时期。1861 年至1864 年间,共有 21 位湘军将帅出任总督、巡抚之职;其中毛鸿宾、左宗棠、严树森两次被委任,曾国藩、刘长佑、李续宜、田兴恕三次被委任,曾国藩、田兴恕和李续宜还被任命为钦差大臣。单是 1864 年 7 月,在任督抚者也达到 14 人之多,包括总督 6 人:曾国藩、左宗棠、刘长佑、毛鸿宾、骆秉章、杨载福;巡抚 8 人:阎敬铭、刘蓉、曾国荃、沈葆桢、严树森、恽世临、郭嵩焘、李鸿章。在当时全国 18个行省中,湘系将帅掌握了江苏、安徽、江西、浙江、福建、湖南、湖北、四川、广东、广西、陕西、山东、直隶等省的军政大权,势力之盛古所罕见。

在军事上,1864 年 7 月各省湘军官兵总数大约有 30 万人,包括:曾国藩直辖部队约 12 万人,其中曾国荃"吉字营"5 万多人;左宗棠在浙江辖 6 万余人,包括蒋益澧部在内;沈葆桢在江西辖 1 万余人;刘坤一在广西统辖原刘长佑部、肖荣芳部,合计 1 万余人;刘长佑在直隶统辖约 3000 人;毛鸿宾等在广东辖近6000 人;刘蓉在四川、陕西两省统辖约 4 万人;江忠义、席宝田在湖南统辖约 3万人;李云麟、石清吉和成大吉等在湖北统辖 3 万余人;田兴恕在贵州所遗湘军约 1 万余人。③ 同一时期,清廷所拥有的经制兵绿营在册总数也不过 50 万人,排除虚报之兵尚不满此数,且战斗力低下,在同太平天国的作战中暴露无遗。

---

①朱东安:《曾国藩传》,百花文艺出版社 2001 年版,第 239 页。
②《曾国藩全集·家书》,《致沅弟》,咸丰三年二月十一日。
③皮明勇:《湘军》,山西人民出版社 2000 年版,第 280 页。

如此说来,作为湘军首脑的曾国藩如果要挥师北京、取满清天下而代之,岂不是易如反掌吗?

显然,账不能这样算。

首先,"湘军"不等于"曾家军"。湘勇从一开始就不是曾国藩所创,自从他与王鑫决裂以后,湘军始终存在着两股并行的力量,一股是曾国藩所训练和带出湖南作战的湘军,一股是湖南省内系统的湘军,省内湘军主要是江刘系统湘军,其将领包括王鑫、江忠义、刘长佑、刘坤一等,湖南地方官员也先后派出多路援军加入在省外作战的湘军,同时派出多支湘军援助广东、贵州、四川等省作战并自成体系,如在贵州的田兴恕即是。后世统计湘军数量,都是这个"大湘军"的概念,并不等于曾国藩所统辖的湘军。由于其间曾国藩的职务变动,特别是1857年离开前线在家赋闲长达一年多,直接归他统带的队伍旋得旋更,不断变化。1858年曾国藩再度出山后,原来的主力部队罗泽南部已经归胡林翼指挥,杨载福水师则由江西供应,塔齐布死后所遗部队战斗力已经大不如前,这样曾国藩原来的湘军已经解体,此时归他统辖的是萧启江、张运兰、王开化的部队,

今天的百年侯府富厚堂

以及胡林翼拨给的鲍超部和李续宾拨给的朱品隆、唐义训两营,全军11000多人。1860年曾国藩出任两江总督以后,又陆续扩招了一些湘军,特别是曾国荃所部迅速膨胀,才使"曾家军"日渐壮大起来。而且,许多史料已经证明,"吉字营"的分统以下将领只听命于曾国荃一人,曾国藩的越级指挥也呼应不灵。

其次,"湘系"不等于"曾系"。传统意义上的湘系,泛指与湘军有关的将帅及人物为代表的军政势力。天京之战前后,这个湘系远远不能等同于曾系。以各地督抚来看,且不说田兴恕、刘长佑等与曾国藩关系并不密切,就是原来与他关系很近的左宗棠、刘蓉等人也已经自成一家。阎敬铭本是胡林翼一支,胡林翼死后他虽出任山东巡抚,后来又执掌户部,但与曾国藩一脉关系疏远,谈不到什么渊源,后来曾国藩还对其进行弹劾。与湘军渊源最密切的李鸿章与其淮军,此时已羽翼丰满,虽然始终对曾国藩十分恭敬,但如果曾国藩让他参与造反夺权呢? 这个才高志大的学生多半不会从命。左宗棠刚刚因为曾国荃放走幼天王一事狠狠参劾了曾家兄弟一本,双方正在进行激烈的口舌之争,关系搞得非常僵。何况左宗棠向来只知有己、不知有人,只知有理、不顾情面,既傲视天

下又不肯屈居人下。如果曾国藩敢于拥兵的话，只要清廷一道圣旨，左宗棠无疑会第一个杀将过来，做一个"再造统一"的大功臣。可见，即便是湘系之内，曾系的力量也是很单薄的。

再次，直系湘军内部也已出现严重分化。鲍超是曾国藩最得力的大将之一，平时曾国藩几次将拨往霆军的粮饷武器等截往曾国荃的吉字营，早已使鲍超心怀不满。此时霆军已经拨往江西，协助沈葆桢防守。沈葆桢这位林则徐的贤婿，继承了岳父的耿介之风，目无余子，因为争夺饷源与顶头上司曾国藩闹得不可开交，官司一直打到中央。清政府对他们各打五十大板，饷源均分，但这样已经是明显地压制曾国藩，限制他的权力。曾国藩气得逢人便骂沈葆桢忘恩负义。水师统领杨载福本是曾国藩一手提拔起来的，此时已经升任陕甘总督，超出了曾国藩的控制范围。彭玉麟与曾国藩的关系一直非常友好，称他为"涤丈"，但此人一身正气、刚硬耿直，看不惯曾国藩对曾国荃的偏袒，更痛恨曾国荃的跋扈残暴，甚至两次劝曾国藩杀弟以大义灭亲，又指责湘军纪律日坏、曾氏治军无方。曾国藩去信说："舍弟并无管、蔡叛逆之迹，不知何以应诛？不知舍弟何处开罪阁下，憾之若是？"针对治军问题又说："鄙人在军十年，自问聋聩不至于此。"①1864年秋冬之际，彭玉麟又把曾国藩在水师中的心腹柳寿田割耳撤职，并且不许他离营前往金陵，曾国藩气愤地责问："重责割耳，谓非有意挑衅，其谁信之？""此等举动，若他人以施之阁下，阁下能受之乎？"②

复次，作为长期带兵的统帅，曾国藩深知湘军战斗力下降、"不复可用"的情形。此时的湘军，已经是暮气沉沉，腐朽透顶。特别是将领贪得无厌，大肆搜敛，甚至不惜以非法手段聚财。本来湘军营官以上将领的收入十分可观，如李续宾自咸丰六年接统罗泽南一军，至八年三河败死，就已经积存俸银数万两。但"患莫大于不知足"，为了满足一己私利，他们常常不择手段，"大都带勇专为牟利，其虚籍克饷，智计百出，视绿营又加厉焉"③。也就是说，湘军的腐败已经超过了曾国藩最为痛恨的绿营。如1861年鲍超军1万多人，因病故伤亡及逃走共减员4000多，占总数的三分之一，却仍要千方百计领取全饷。左宗棠曾写信告诉曾国藩，朱品隆、唐义训两军，人数实不足额，仅半数多一点。曾国藩回信说：欲求一破除情面之人前往点名验查，殊不可得。又说，近日各营弊端甚多，不仅缺额一事；若军务不速完峻，正不知迁流之何极耳。上行下效，官兵相率为恶，已经积重难返。各营之中，行军带家室，出外抽洋烟，深夜不归营，已经成了普遍现象。在这种情况下，后期湘军的战斗力可想而知了。在湘军将领

①《曾国藩全集·书信》，《复彭玉麟》。
②《曾国藩全集·书信》，《复彭玉麟》。
③唐炯：《成山老人自撰年谱》卷4。

中，"朱品隆、唐义训、李榕诸将皆以持重不战，全军为上，及李续宜诸将成大吉、毛有铭等，专求自全。湘军锋锐始顿"[1]。曾国藩告诉左宗棠，军兴日久，各将已经不敢出战，催之不动，责之不畏。正如曾国藩所判断的，暮气已深的湘军"不可复用"了。

最后，以曾国藩的思想和性格也绝不会走上自立之路。因为他追求完满、凡事谨慎，又因为他熟读史书，更了解清代的制度。他多次强调做事要追求"花未全开月未圆"的境界，认为这恰是人生最好处。曾国藩的性格，正如费正清说："非常适合于坚持反叛逆和反道德放任的路线。"[2]黄袍加身，需要冒极大的危险，他可以把生死存亡置之度外，但不能把一生功名付诸流水。立德立功立言，他已经接近"三不朽"的至高境界，怎么会轻易去做冒险的事情，成也好，败也好，青史册上如何留名？他一生标榜以一"诚"字处世，岂会自己打自己的耳光？他一生愁苦，疾病缠身，处世悲观，常有"生不如死"、"日夜望死"的感叹，缺乏袁世凯那种精力过人、胆大心细的条件与魄力。曾国藩通读二十四史，知道任何一朝的内乱都会带来长期的动荡，兵连祸结，生灵涂炭，当事人往往遭受后世诟病。唐末五代纷争，契丹乘机入主中原，并割去了幽云十六州之地，百姓五十年间未得休息；明代末年，内乱与外患同时发难，清军入关后又有大顺、大西、南明并立争杀，清王朝花了几十年时间才平息下去。古今中外，"在历史上还没有过垂死的阶级自动下台的事情"。观之国内，"曾记湘军"没有一战而胜的把握，曾国藩也没有振臂一呼举国响应的号召力，战端一起，必然是大军混战，永无宁日。观之国外，强敌环伺不止一日，中国之乱正好为外敌所乘。在这个三千年未有之变局的时代，中国已经没有理由不平息一切战乱隐患、全力争取和局以图自强了。这一点，曾国藩应该是深知的。他只有寄希望于清政府上上下下从此振作自强，以实现王朝的中兴。让他产生希望的是，当时的清政府自上到下确实显示出了发愤自强的全新气象。然而不过几年，曾国藩就看透了这个朝廷的腐朽没落与不可救药，进而产生了深深的失望和忧虑。当然，对于之前的选择，他应该不会感到后悔。

四

晚清政府虽然在西方列强坚船利炮的侵略和"三千年未有之大变局"的冲荡面前手足无措、屡屡失计，但它在对付国内的反抗力量和潜在威胁方面还是颇有权术和手腕的。在大局已定、天下粗安之际，它对曾国藩薄施奖赏、倍加防范，又刻意打压、步步紧逼，主要用意就在于迫使曾国藩迅速做出抉择：要么公

---

①王闿运：《湘军志·江西篇》。
②[美]费正清：《剑桥中国晚清史》上卷，中国社会科学出版社1985年版，第308页。

开反叛,一决雌雄;要么自剪羽翼,永绝隐患。清廷最忌讳的应该是拖延不决,从而使曾国藩等督抚将帅拥兵自重,造成唐代藩镇割据的局面。

为防止曾国藩造反的可能,清政府在军事上做了相应的准备。官文守武昌,据长江上游;富明阿、冯子材分守扬州、镇江,据长江下游;僧格林沁屯兵皖、鄂之交,虎视南京。这样,只要曾国藩及其湘军有异动,四面围剿便可展开。

同时,满清统治者充分发挥其最擅长的就是"居中驭外"、"以汉制汉"之术:扶持左宗棠,使其在短短两三年间从一个四品京堂候补直升到闽浙总督高位;重用李鸿章,使其官阶职务和淮军实力迅速上升;支持沈葆桢,使他在与曾国藩争夺利权中占有上风,并鼓励他自练省军1万。扬左、抬李、祖沈,甚至一再信用才能平庸、坐享其成的官文,如此种种,曾国藩岂能不知个中微妙?

如何急流勇退、避嫌自保,这是曾国藩在此前几年就开始考虑的问题。1862年他就谆谆告诫曾国荃:"阿兄忝窃高位,又窃虚名,时时有颠坠之虞。吾通阅古今人物,似此名位权势,能保全善终者极少,深恐吾全盛之时,不克庇荫弟等;吾颠坠之时,或致连累弟等。惟无事时常以危词苦语互相劝诫,庶几免于大戾。"[1]对于朝廷支持沈葆桢与自己争夺利权一事,他一直耿耿于怀:"去年三四月间,吾兄弟正方万分艰窘,户部尤将江西厘金拨去,金陵围师几将决裂,共事诸公易致龃龉,稍露声色,群讥以为恃功骄蹇。"[2]对最亲近的朋友郭嵩焘和学生李鸿章,他在信中如此袒露心迹:"近来体察物情,大抵以鄙人用事太久,兵柄过重,利权过广,远者震惊,近者疑忌。揆之消息盈虚之常,即合藏热收声,引嫌谢事,拟于近日毅然行之。"[3]"长江三千里几无一船不张鄙人之旗帜,外间疑鄙处兵权过重,利权过大,盖谓四省厘金络绎输送,各处兵

曾国荃书法

将一呼百诺,其疑良非无因";"两接户部复奏之疏,皆疑弟广揽利权,词意颇相煎迫。自古握兵柄而兼窃利权者,无一不凶于国而害于家,弟虽至愚,岂不知远权避谤之道?""万一金陵克复,拟即引退,避贤者路,非爱惜微名,而求自全也。"[4]基于这些思考,早在1863年初曾国藩就下定决心急流勇退,并希望曾国荃能领会自己的意图:"处大位大权而兼享大名,自古曾有几人能善其末路者?

①《曾国藩全集·家书》,《致沅弟》,同治元年六月二十日。
②《曾国藩全集·日记》,同治四年十二月十五日。
③《曾国藩全集·书信》,《复郭嵩焘》。
④《曾国藩全集·书信》,《复李鸿章》。

总须设法将权位二字推让少许,减去几成,则晚节渐渐可以收场耳。"①

曾国藩当时所处的形势,聪明人一眼便知。攻克天京之际,他的老朋友窦垿进言:"大功成矣,意中事也,而可喜也。顾所以善其后者,于国何如,于民何如,于家何如,于身何如,必筹之已熟、图之已预矣。窃尝妄意:阁下所以为民者,欲以'勤俭'二字挽回风俗;所以为家为身者,欲以'退让'二字保全晚节。此诚忧盛危明之定识、持盈保泰之定议也。""刍荛之见,以为大纲既得,而细目亦不可疏;独断乃成,众思尤所宜集。区区欲献者此耳,他无足言。"②这些想法显然与曾国藩不谋而合。

不料,还没等曾国藩采取措施,左宗棠就第一个跳将出来与他打起了笔墨官司。当时,由于湘军进城后纪律混乱,攻击不力,致使幼天王等人逃出天京。而曾国藩在上奏中却说:"又据城内各贼供称:城破后,伪幼主积薪宫殿,举火自焚等语。"③虽语焉不详、曲意模糊,但如此大事,毕竟不可轻言粉饰。不久左宗棠得知真相,于是在汇报湖州军情的奏折中揭穿了曾的谎言:"据金陵逃出难民供:伪幼主洪填福(作者按:原文如此;按太平天国称谓,应为'洪天贵福')于六月二十一日由东坝逃至广德,二十六日,堵逆黄文金迎其入湖州府城",并说,此后这一点星星之火与李世贤、汪海洋等部会合,"亦未可知"④。同时,左宗棠也将此事写信告知曾国藩。清廷果然回头追究曾国藩"谎报战绩"的责任,并要求他"将防范不力之员从重参办"。曾国藩一面为自己辩解,一面反唇相讥,纠出左宗棠收复杭州时"伪康王汪海洋、伪听王陈炳文两股十万之众,全数逸出"的旧账。左宗棠本是好辩之人,当然不肯就此听之,于是上疏辩护,并捎带批评了曾国藩此前的战略战役部署问题。两人你来我往,也许正是统治者最愿意看到的。最后在上谕中各打五十大板:"朝廷有功诸臣,不欲苛求细故。该督于洪幼逆之入浙则据实入告,于其出境则派兵跟追,均属正办。所称'此后公事仍与曾国藩和衷商办,不敢稍存意见',尤得大臣之体,深堪嘉尚。朝廷所望于该督者,至大且远,该督其益加勉励,为一代名臣,以孚厚望。"⑤这道上谕是下达给左宗棠的,其中言辞,明显有安抚左宗棠敲打曾国藩之意。这次正面冲突之后,曾左两人的私人通信完全中断了。

这一事件给曾国藩进一步敲响了警钟,他深知自己必须尽快做出决断。既

①《曾国藩全集·家书》,《致沅弟》,同治二年正月初七日。

②《窦垿致曾国藩函》,中国社会科学院近代史研究所藏《咸同朝函札汇存》,转引自朱东安《曾国藩传》,百花文艺出版社2001年版,第237页。

③《曾国藩全集·奏稿》,《奏报攻克金陵尽歼全股悍贼并生擒逆酋李秀成洪仁达折》,同治三年六月二十三日。

④《左宗棠全集·奏稿》,《攻剿湖郡安吉踞逆迭次苦战情形折》,同治三年七月六日。

⑤同治三年九月十四日上谕。

然他不能也不想拥兵造反,那么就必须立刻拿出急流勇退、自剪羽翼、恪守臣道的实际行动来,决没有中间道路可供选择。历史上像韩信那样既拥兵自重又不肯彻底决裂的,无一例外落得个悲剧下场。曾国藩不顾曾国荃的反对和不解,迅速采取了几项措施:

太平天国玉玺

一是裁撤湘军,自削兵权。首先是裁撤曾国荃所部"吉字营",继而是其他几支湘军,到 1865 年夏曾国藩北上剿捻时,可以调动的主力部队仅有刘松山、易开俊部"老湘营"6000 余人。在此前后,左宗棠所部湘军裁去 4 万余人,江西沈葆桢所部除刘胜祥、孙昌国两部外全部裁撤,湖南境内湘军裁去席宝田一部,湖北先裁成大吉一军,后又裁去 30 多营计 1 万余人。至 1866 年左右,各省数十万湘军裁至 10 万人左右。后来曾国荃复出镇压捻军、左宗棠用兵西北等,都有所招募,但为数均不过 10 万人左右,而且随着局势的稳定,除刘锦棠军保留一部外,又大都被遣散。值得关注的是,在这次裁撤中曾国藩的嫡系湘军水师被改编为长江水师,纳入了国家经制兵的行列。

二是停解厘金,自削利权。厘金是湘军粮饷的主要来源,也使曾国藩兄弟长期背着"广揽利权"的恶名。1864 年 8 月 30 日,曾国藩首先奏请停解广东厘金,当朝廷批复广东厘金仍解送 3 成给湘军时,他坚持全部停解,以示"远利权"之意。3 个月后,又奏请停收江西半厘,将前一年还为之争夺不休的部分利权、兵权让给沈葆桢,摆足了高姿态。1865 年 6 月,又奏请停解湖南东征局厘金。

三是奏请开缺,自削治权。此时功高自负、不知自保的曾国荃成了曾国藩最大的心病。由于曾国荃心高气傲,一时成为众矢之的,"诸宿将如多隆阿、杨岳斌、彭玉麟、鲍超等欲告去,人辄疑与国荃不和,且言江宁镪货尽入军中"①。曾国藩只好以病重为由,主动奏请曾国荃开缺浙江巡抚,以回籍避祸,消除朝廷的疑忌。此举正中清政府下怀,装腔作势地慰留一番后,等到曾国藩第二次奏请时,便顺水推舟地"准其开缺回籍调理"了。可惜曾国荃并不理解大哥的韬晦之计,在曾国藩进城的当天在众人面前大发牢骚,让大哥大为尴尬。3 年后曾国藩对人说起此事仍然不无遗憾:"三年秋,吾进此城行署之日,舍弟甫解浙抚任,不平见于辞色。时会者盈庭,吾直无地置面目。"②

①王闿运:《湘军志·曾军后篇》。
②赵烈文:《能静居日记》,同治六年九月初十日。

后来,阅历渐深的曾国荃明白了曾国藩的一片苦心,在为大哥写的祭文中有"昔我乘气,自谓无前","辜负教训,四十九年"之语,为当年"兄裁以义,翻不谓然"①的举动流露了后悔之意。

五

对曾国藩的选择和作为,后世学者的评价纷纭不已。章炳麟从反满革命的角度对其进行批判:"死三十年,其家人犹曰:'吾祖民贼。'悲夫!虽孝子贤孙,百世不能改也。"又指出:"衡阳(作者按:指王夫之,明末湖南衡阳人,号船山先生)遗书数十种,素未现世,实国藩为之刊行,湘人父老相传,以为国藩悔过之举也。"②

因为王夫之是明末反清志士,同顾炎武、刘宗周等大学者一样,反对清军的铁骑踏进中原,怒斥满洲贵族屠城、圈地等野蛮行为,并积极投入反清复明的斗

争之中。章太炎认为曾国藩刊刻《船山遗书》,表现了他心中对帮助满清屠杀义军而没有完成反满大业的愧疚之情。太炎先生长于考证索隐,但此说显然曲解了曾氏兄弟的本意,有牵强附会之嫌。

梁启超先生的高足萧一山则从思想、道德、性格以及社会环境等角度,对曾国藩此举进行了详细分析:

富厚堂老照片

国藩之所以薄皇帝而不为,后为章炳麟所讥议者,因其以护持名教为帜志,绝不能自毁立场,作反乎礼教之事也。君臣大义,在数千年专制政体积威之下,业已根深蒂固,此为一般人所深信不疑之事。以左宗棠之性格,豪迈不羁,立功边徼,气凌朝右,尚不免懔殿陛之森严,以天威为可畏,足见环境尼人,早与刘季项羽之时代不同矣。国藩以盖世之勋业,圣相之尊严,办理天津教案,毫无差忒。乃以奏劾府县故,竟致谤议纷纭,举国欲杀,更可见旧社会潜势力之大。倘使国藩狐埋狐撍,则不仅召全国之反对,即方伯四岳之威,恐亦有不受号令者,能保其必成功乎?当时之情形,与清末绝不相同,未可以袁世凯之时代视之,即

①《曾国藩年谱》,附二:《曾国藩哀荣录·二十三》,曾国荃祭文。
②章太炎:《检论》。

令能如袁世凯，则亦未必能达成其保国之愿。画虎不成反类犬，此国藩之熟筹深计者，况自始即不存功名之念，泥涂轩冕，天下孰加焉？亦有为有所不为而已。在京《怀郭筠仙诸友》诗云："丈夫举足腾两龙，岂肯趑趄为人后？"①又《感春》诗云："一朝孤凤鸣云中，震断九州无凡响。要令恶鸟变音声，坐看哀鸿同长养。上有日月照精诚，旁有鬼神瞰高朗。"②超超元音，何等胸怀，岂肯欺人寡妇效泼皮之赵检点所为哉？

南京破，国藩抵金陵，见颓垣败瓦，满目凄怆，而将士皆憔悴枯瘠，神色非人，特命于钟山穿石，镵石以识其处，并铭曰："穷天下力，复此金汤，苦哉将士，来者勿忘！"可见国藩心情之沉痛，并不因此而沾沾自喜矣。③

关于曾国荃以下部将集体劝进，以及曾国藩书"倚天照海花无数，流水高山心自知"一联绝其念想，萧一山先生更表示了激赏：

盖其时国荃与攻城诸将，独揽大功，疾之者多谓宝物尽入军中，且有追抄之谣，诸将欲自保，遂为陈桥之变。而国藩斩钉截铁，以十四字示意，其襟怀之磊落，浩气之流转，跃然纸上。以无人无我之意态，见至高至明之哲理，其感人之深，虽国荃亦不敢为赵匡义矣。说者谓国藩之不为帝，恐左宗棠辈掣其肘，真浅之乎视国藩也。读此一联，当可知其胸中本无其事，又何有于顾虑哉？④

他认为曾国藩要维持满清，是出于对历史和现实的深刻洞察："他是深知中国历史的，我国几千年来，每换一次朝代，总要经过长期的割据和内战，然后天下得一统太平。在闭关自守无外人干涉的时代，内乱虽给人民无穷的痛苦，尚不至于亡国。到了19世纪，有帝国主义者环绕着，长期内战就能引起亡国之祸。曾国藩所以要维持满清，最大的理由在此。"⑤

著名史学家蒋廷黻则指出，曾国藩要拯救清王朝、维护清王朝，是"很自然的"、"可原谅的"：

第一，中国的旧礼教既是他的立场，而且士大夫阶级是他的凭依，他不能不忠君。第二，他想满清经过大患难之后，必能有相当觉悟。事实上同治初年的

①此处引用有误，原诗出自《喜筠仙至即题其诗集后》，原句为："丈夫举足骧两龙，岂有赵趄蹑人脚。"

②原诗题为《感春六首》其五，"震断九州无凡响"后原有两句："丹心烂漫开瑶池，碧血淋漓染仙杖。"

③萧一山：《清代通史》第3册，中华书局1986年影印版，第778~780页。

④萧一山：《清代通史》第3册，中华书局1986年影印版，第781页。

⑤萧一山：《曾国藩传》，海南国际新闻出版中心1994年版，第105页。

北京，因为有恭亲王及文祥二人主政，似乎景象一新，颇能有为。所以嘉、道、咸三代虽是多难的时代，同治年间的清朝确有中兴的气象。第三，他怕满清的灭亡要引起长期的内乱。他是深知中国历史的，中国几千年来，每次换过朝代，总要经过长期的割据和内乱，然后天下得统一和太平。在闭关自守、无外人干涉的时代，内战虽给人民无穷的痛苦，尚不至于亡国。到了 19 世纪，有帝国主义者绕环着，长期的内乱就能引起亡国之祸，曾国藩所以要维持满清，最大的理由在此。①

风月无今古，情怀自浅深。始终不曾改变的是那一页历史卷册上的昔人往事，摇曳变化的是后来人的解读和诠释。浅浅深深的情怀里，吐纳出无关他人的今古风月，编织出后人对先贤的多彩认知。曾侯已矣。是耶？非耶？千秋功罪，唯有留与后人评说。

①蒋廷黻：《中国近代史》，上海古籍出版社 2004 年版，第 78～79 页。

脸谱十四：爵相

清承明制，不单设宰相，以内阁为"诸曹总汇之区"，"掌议天下之政，宣布丝纶、厘治宪典，总钧衡之任，以赞上理庶务。凡大典礼，则率百寮以将事"[①]。雍正年间设军机处，以分内阁之权，成为清代中后期的中枢权力机关。但有清一代内阁的地位始终比较尊崇，内阁大学士官居正一品，位极人臣，所以人们习惯称大学士为"相"，当上大学士称为"入阁拜相"，而军机处的领班军机大臣一般也由满族亲王或大学士充任。《清史稿》记载："清大学士满、汉两途，勋高位极，乃以相授。……其品列皆首文班。任军机者，自亲王外，其领袖者必大学士，唐、元三公尚不及也。"[②]

曾国藩

清代内阁大学士均加殿阁头衔，共有"三殿三阁"，按尊贵程度和地位高低依次为：保和殿大学士、文华殿大学士、武英殿大学士、东阁大学士（原为中和殿大学士，居保和殿之前，乾隆十三年改称）、文渊阁大学士、体仁阁大学士。清制规定大学士满、汉各2人，另有协办大学士满、汉各1人（从一品）。保和殿大学士本居诸殿阁之首，但自1748年授傅恒之后终清之世未再授人，故清代中后期以文华殿大学士地位最尊。

1862年1月，曾国藩以两江总督兼协办大学士；1867年6月，补授体仁阁大学士；1868年5月，升授武英殿大学士。因此，部属僚佐多称曾国藩为"曾相"，在他封一等侯爵后，又称之为"侯相"、"爵相"、"曾侯相"等，如薛福成有《上曾侯相书》。

曾国藩以及李鸿章、左宗棠等人，以地方督抚兼大学士，左右朝政，影响时局，开创了一个新的时代："国家旧制，相权在枢府。鸿章与国藩为相，皆总督兼官，非真相。然中外系望，声出政府上，政府亦倚以为重。其所经画，皆防海交邻大计。思以西国新法导中国以求自强，先急兵备，尤加意育才。"[③]

以曾国藩及湘淮军系的崛起为转折点，围绕着满与汉、中央与地方、内阁与督抚的诸多利益冲撞和矛盾纠结，清王朝由"内相"时代迈入了"外相"时代。

①《光绪会典》卷2。
②《清史稿·大学士年表序》。
③《清史稿·李鸿章传》。

皇权与相权争夺的此起彼伏,中央与地方权力的此消彼长,是中国封建社会一支不曾停歇的奏鸣曲。至明清两代,君主专制体制更趋完善,皇帝居中驭外,大权独揽,宰辅与疆吏的作为空间日益局促狭小。明代初年,朱元璋借胡惟庸一案,明令革去中书省,不再设宰相,六部直接对皇帝负责,从而使自己一身而兼君、相二职。清承明制,内阁空有其名而无其实,清初大学士仅为五品官,雍正年间升至一品后则变成荣誉职务。直接对皇帝负责的军机处亦不兼管六部,虽有"政府"、"枢府"之称,实际上不过是秉皇帝意旨行事的僚佐而已。

在地方,自宋代以来吸取唐代藩镇割据的教训,实行强干弱枝、军政分离的办法,极力削弱和分解其权力。清代前期,地方的行政、财政、司法、人事、教育等权力被分割,总督、巡抚、布政使、按察使等互不隶属,各司其职,直接听命于朝廷。因此有人评论说:"东西南北,方制十万余里,手足动静,视中国之头目。大小省督抚,开府持节之吏,畏惧凛凛,殿陛若咫尺。"①遇有战事,将领临时指派,兵马从各处抽调拼凑,粮饷派专人掌管,使其各司一职,无法独立,更谈不到拥兵自重了。至于督抚大员,更是无所作为。对此薛福成有一番描绘:

国家承平余二百年,凡有大寇,兴大兵役,必特简经略大臣及参赞大臣。继乃有佩钦差大臣关防及号为会办、帮办者,皆王公亲要之臣,勋绩久著,呼应素灵。吏部助之用人,户部为拨巨饷,萃天下全力以经营之。总督、巡抚不过承号令、备策应而已,其去一督抚,犹拉枯朽也。故督抚皆奉命维谨,罔敢违异。②

然而,太平天国的兴起和冲击,使清政府原来的老路走不通了。太平军兴之初,清政府动辄搬出平定川楚白莲教起义的经验,却不知此时的情况已经与当年大不相同。1862年,曾国藩对两者进行过这样一番比较:"本朝军务,唯川楚一事最不足称,而今人多言之,亦是古非今之见也。""教匪倡乱,数年未尝破府城,今粤贼则蹂躏及七八省。然彼时调兵半天下,用饷至数千万。今吾与此匪角逐十年,所用额兵不过千人,余皆自募;所用库饷不及十万,余皆自筹。与往日有劳逸之分,难易之别也。"③

八旗绿营的腐败,国家财政的衰竭,地方大吏的贪庸,使得清政府在太平天国的巨大冲击面前无可恃之兵将,无可筹之饷源,无可用之疆吏,陷入了严重的

---

①梅曾亮:《柏枧山房文集》卷2。
②薛福成:《庸庵全集·海外文编》,光绪十三年刊,卷4,第12页。
③赵烈文:《能静居日记》,同治元年六月初十日。

危机之中。以受命于危难之际的高官大吏来说，因作战不力先后被革职乃至丧命的钦差大臣、总督、巡抚及都统、将军达 30 多人。1851 年，广西巡抚周天爵被革职。1852 年，大学士、钦差大臣赛尚阿被革职，先判死刑，后改流放；钦差大臣徐广缙被革职拿问；钦差大臣、两江总督陆建瀛被革职，拟交刑部治罪，旋因城破被太平军斩杀；广西巡抚邹鸣鹤被革职；湖北巡抚常大淳城破被杀。1853 年，钦差大臣祥厚被杀，讷尔经额被革职，安徽巡抚蒋文庆城破被杀。安徽巡抚江忠源战死，安徽巡抚湖

白莲教起义形势图

广总督、曾国藩的座师吴文镕兵败自杀，继任台涌被革职，湖北巡抚崇纶被革职，继任青麐因兵败逃走被按律处死。1855 年，钦差大臣西凌阿被革职，胜保被革职逮问，湖广总督杨霈被革职，湖北巡抚陶恩培城破被杀。1856 年，钦差大臣托明阿被革职，向荣败死，江苏巡抚吉尔杭阿兵败被杀。1859 年，钦差大臣都兴阿兵败被革职。1860 年，钦差大臣张玉良被革职，和春败死，督办宁国军务周天受城破被杀，督办徽州军务张沛被免职，两江总督何桂清被革职拿问并按律处死，浙江巡抚罗遵殿城破被杀，江苏巡抚徐有壬城破被杀。1861 年，杭州将军瑞昌城破被杀，浙江巡抚王有龄城破自尽。1864 年，钦差大臣、西安将军多隆阿重伤致死。1865 年，钦差大臣、蒙古亲王僧格林沁剿捻时兵败被杀。[1] 当时的情景，正如学者指出的："一路延烧的战火，使这些地方守土统兵的朝廷命官一个接着一个成了失败者，他们之中一些人命尽于刀戈之下，另一些人则跌仆之后再也爬不起来。""这些人以自己的跌落和损灭，反照出上流社会里积久而成的颠顸与衰颓。"[2]

在这种情况下，曾国藩等人横空出世，他们别树一帜募练勇营，将自招，勇自募，饷自筹，虽事事不合旧制，统治者却不得不默认并依赖他们，以维系自己的生存。然而，对于一直在体制外存在、与旧有文法相违的曾国藩及其湘军，清廷在接受的过程中却是扭扭捏捏、拖拖拉拉，不肯轻易授以兵权、事权，致使曾国藩长期不得其位，为之惆怅悲愤。

①朱东安：《曾国藩集团与晚清政局》，华文出版社 2007 年版，第 6~7 页。
②杨国强：《义理与事功之间的徊徨——曾国藩、李鸿章及其时代》，三联书店 2008 年版，第 76、77 页。

由于清代统治集团的特殊情况,因此阻力还来自于长期存在的满汉分畛。自清初入关以后,满汉隔离、民族歧视一直存在,名义上满汉一家,实际上暗设藩篱。在满汉兼用的二元政治体制中,六部堂官满汉缺额对等,但实权大多掌握在满尚书手中。据说六部中的满大臣要定期到宫中学习一块御碑,其内容大意为:"本朝君临汉土,汉人虽悉为臣仆,然究非同族。今虽用汉人为大臣,然不过用以羁縻之而已。我子孙必须时时省记此意,不可轻授汉人以大权,但可使供奔走之役云云。"[①]因此,清代素有"近支排宗室,宗室排满,满排汉"[②]之说。这实质上体现的是一种民族自卑心理影响下的过度警戒姿态。

太平天国起义初起时,咸丰虽然陆续起用林则徐、李星沅、徐广缙、向荣等汉族官僚为统兵大帅,但同时满蒙大员如赛尚阿、琦善、僧格林沁、胜保等也被委以督办军务的重任,这种部署既反映了清廷在用人方面的捉襟见肘,也多少暴露了清廷对汉族官僚的防范之心。随着战事的深入,满人大都有负委任,在作战中被太平军打垮,而湘军则越战越强,成为清王朝对抗太平天国不得不依赖的力量。对此,满族统治者一面利用湘军,一面冷落、压制它的统帅曾国藩,并通过扶植其部属、分化其力量的方式加强控制。曾国藩长期做着有实无名的大帅,原因盖出乎此。

有人统计,清代 465 名督抚中,满人计 102 名,蒙古人 9 名,汉军旗人 50 多名,合计占督抚总数的三分之一以上。[③] 实际上,在清代中前期满人督抚所占比例要大得多。曾国藩等人的出现和崛起,大大改变了统治集团满重汉轻、内重外轻的局面。

以咸丰五年至光绪十五年的 25 个(光绪十年增至 26 个)督抚任职情况为例:

咸丰五年汉人、旗人之比为 12:13;

咸丰八年为 14:11,湘系、非湘系之比为 2:23;

咸丰十一年为 15:10,湘系、非湘系之比为 7:18;

同治元年为 19:6,湘系、非湘系之比为 8:17;

同治三年为 24:1,湘系、非湘系之比为 11:14;

同治五年为 23:2,湘系、非湘系之比为 8:17,淮系、非淮系之比为 2:23;

同治八年为 22:3,湘系、非湘系之比为 6:19,淮系、非淮系之比为 4:21;

同治十三年为 23:2,湘系、非湘系之比为 5:20,淮系、非淮系之比为 4:21;

光绪四年为 21:4,湘系、非湘系之比为 7:18,淮系、非淮系之比为 2:23;

①小横香室主人编:《清朝野史大观》卷 3。
②刘体智:《异辞录》卷 4。
③李治安主编:《唐宋元明清中央与地方关系研究》,南开大学出版社 1996 年版,第 130 页。

光绪十年为 23:3,湘系、非湘系之比为 4:22,淮系、非淮系之比为 3:23;

光绪十五年为 21:5,湘系、非湘系之比为 3:23,淮系、非淮系之比为 4:22。①

在满清统治集团内部,文庆、肃顺较早提出重用汉人,同治初年慈禧和奕䜣延续并发展了这一政策,重用汉臣、放权督抚,从而使自己渡过了内忧外患的最困难时期。同治、光绪年间,统治者开始采取措施以收回战时不得不下放的一部分权力,并通过上下相维、内外相制的驭下之术,对曾国藩、李鸿章的湘淮军政集团进行分化和打压。等到晚清末叶,满洲贵族重又弹起满汉隔膜的老调,自树藩篱,自掘坟墓,又埋下了覆亡的引子。关于满汉轻重与政局变迁的互动关系,清人笔记中有颇显功力的见解:

清初定鼎以来,直至咸丰初年,各省督抚满人居十之六七。自洪、杨倡乱,天下分崩,满督抚殉节者有之,而敢抗者无有也。会文宗崩,廷议请太后垂帘,恭亲王辅政,乃变计汰满用汉。同治初,仅一官文为湖广总督,官文罢,天下督抚满臣绝迹者三年。逮英果敏(作者按:指英翰,满洲正红旗人,谥果敏)升安徽巡抚,亦硕果耳。当同治八九年间,十八省督抚提镇,为湘淮军功臣占其大半,是以天下底定,各国相安,成中兴之业者十三年。逮恭王去位,瞀瞍秉政,满人之焰复张。光绪二十年后,满督抚又遍天下矣,以迄于宣统三年而亡。恭王可谓识时务之俊杰哉。②

二

曾国藩被称为"爵相",直接原因固然是当上了内阁大学士。若从事实上考察,他对朝廷大政方针、内外政策的影响并不亚于内阁中的"真相";他作为统兵将帅、地方督抚,手中的实权也远远超过了此前的封疆大吏。

1860 年以后,清廷在不断升迁曾国藩的职务、把东南诸省权力交付给他的同时,在调兵、用人、筹饷等以前决不肯轻易放手的权力方面也大开绿灯。曾国藩自出任江督之后,加大了对部将、幕僚的保举力度,而每次保举,朝廷几乎有请必应、无不照准。朝廷甚至对曾国藩所辖四省的巡抚、布政使以下要员以及相邻的闽浙总督的任命,也要征询他的意见,要求他保奏合适人选。1861 年,曾国藩"叠奉谕旨饬令保举人才","令保封疆将帅",又让他密查江苏巡抚薛焕、

①纪欣:《略论太平天国时期清廷对湘系集团的抑制政策》,载《承德民族师专学报》2001 年第 1 期,第 87 页。

②小横香室主人编:《清朝野史大观》卷 4,《满汉轻重之关系》。

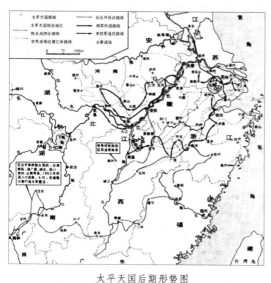

太平天国后期形势图

浙江巡抚王有龄"能否胜任",曾国藩以"该二员似均不能胜此重任"①上奏。1862年,统治者在彭玉麟辞安徽巡抚后又谕令曾国藩保奏安徽巡抚,称:"安徽巡抚现在荐用乏人,着曾国藩于所属司道大员内择其长于吏治、熟悉军情者,不必拘定资格,秉公保奏一二员,候旨简放。"②这一时期曾国藩密保的李鸿章、左宗棠、沈葆桢、李续宜等,都如其所愿走上了巡抚一级高位。在筹饷方面,1862年曾国藩奏请征集广东厘金送解江苏、浙江以充军饷,受到两广总督劳崇光反对,清廷立即罢免劳崇光,而让赴广东办理厘金的曾国藩同年晏端书接任总督,又任命曾国藩的好友黄赞汤为广东巡抚;不久曾国藩因广东厘金征管不力,与晏、黄二人发生冲突,清廷又罢免二人,以曾国藩的好友毛鸿宾、郭嵩焘接任总督、巡抚。从中可见清政府当时对曾国藩的依赖和倚重。

毋庸置疑,曾国藩所荐举的人才如李鸿章、左宗棠、沈葆桢等,大都精明强干,成为独当一面的能员。清政府对曾国藩的支持、依赖和放权,固然是出于维护自身统治地位的考虑,却带有相当大的被动性。内外形势的剧烈冲击,使统治者可选的余地变得很小,如果不支持曾国藩及其湘军系统,他们确实无兵可调、无人可用。然而这种局面的造就和持续,却荡涤了旧有的制度体系,改变了原来的政治格局。

清代地方政权体系中,省一级设有总督、巡抚、布政使、按察使,督抚虽然是一省的最高军政长官,但布政使、按察使并非其属员。布政使掌民政、吏治、考试,分别对中央的户部、吏部、礼部负责;按察使掌司法、监察,分别对刑部、督察院负责。这种上下相维、互为牵制的分权体系,随着湘军的兴起而被破坏了。由于户部无力供饷,带兵的地方督抚通过布政使为之经营财务以充军饷,原本为户部掌管一省财务的布政使转而成了听命于督抚的属员,同时按察使也失去其独立地位转而对督抚负责,原来一省之中"三宪并立"("三宪"指巡抚、布政使、按察使)的局面被打破,督抚开始独揽大权。有人描述曾国藩等人在这一转

---

①《曾国藩全集·奏稿》,《查复江浙抚臣及金安清参款折》,咸丰十一年十一月二十五日。

②《曾国藩全集·奏稿》,《遵保皖抚大员折》,同治元年正月初十日。

变过程中的作用："自曾文正、胡文忠诸公乘时踔起，铲去文法，不主故常，渐为风气，各省自司道府以下，罔不唯督抚令是听。于是，政权复归一。"①王闿运则指出这一变化与湘军之兴起息息相关："湘军日强，巡抚亦日发舒，体日益尊，至庭见提镇、易置两司，兵饷皆自专。"②

"兵饷自专"进而冲击了原有的财政制度。比如1867年，两江总督名下的军事后勤机构"后路粮台"和"金陵粮台"，把"沪厘"、"沪之中国关"、"苏省牙厘"、"地丁"、"淮北票盐"、"洋税（二成）"、"运库课厘（之半）"、"皖省牙厘"等都纳入了自己的进款。③这些原本职有专司的赋税，以及牵扯的更多的事权、利权，都一道被督抚裹挟而去。战争结束后，粮台借战争中的"一时权宜"被督抚集中起来的种种利权，都变相保留下来。1889年的一份上谕中就批评了这种极不正常的情况："从前各省办理军务，创立支应、采办、转运等局，仅属一时权宜，不能视为常例。迨军事敉平，又以善后为名，凡事之应隶藩司者，分设各局。名目众多。盐务则督销分设，局卡林立，大率以候补道员为总办，而会办、随办各员，其数不可胜数。所有专管之藩、运两司，转以循例画诺为了事。"④朝廷虽然着意整顿，却屡屡不能实现，直到1909年（宣统元年）度支部的奏议中仍然把这个问题视为一个老大难："国初定制，各

清军机处

省设布政使司，掌一省钱谷之出纳，以达于户部，职掌本自分明。自咸丰军兴以来，筹捐筹饷，事属创行。于是厘金、军需、善后、支应、报销等类，皆另行设局，派员管理。迨举办新政，名目益繁，始但取便一时，积久遂成为故事。"⑤

对于这些严重后果，曾国藩有着清醒的认识和预见。他在1864年春天就指出："前代之制，一州岁入之款，置转运使主之，疆吏不得专擅。我朝之制，一省岁入之款，报明听候部拨，疆吏亦不得专擅。自军兴以来，各省丁、漕等款，纷纷奏留供本省军需、于是户部之权日轻，疆吏之权日重。"⑥针对朝廷屡次让自己保举大员一事，他在上奏中对督抚权势过大而带来的负面影响进行了郑重

①薛福成：《庸庵文续编》，卷上。

②王闿运：《湘军志·湖南防守篇》。

③赵烈文：《能静居日记》，同治六年五月二十七日。

④《光绪朝东华录》，第2680页。

⑤《政治官报》，第廿册，第五六五号，《各省财政统归藩司综核折》。

⑥《曾国藩全集·奏稿》，《江西牙厘请照旧经收折》，同治三年三月十二日。

提醒：

前此叠奉谕旨，饬臣保举江苏、安徽巡抚，顷复蒙垂询闽省督抚，饬臣保举大员，开列请简。封疆将帅乃朝廷举措之大权，如臣愚陋，岂敢干预。嗣后臣如有所知堪膺疆寄者，随时恭折入告，仰副圣主旁求之意。但泛论人才、以备采择则可，指明某缺径请迁除则不可。不特臣一人为然，凡为地方督抚者，皆不宜指缺保荐督抚。盖四方多故，疆臣既有征伐之权，不当更分黜陟之柄。在圣主虚衷访问，但求投艰而遗大，不惜舍己而从人。唯风气一开，流弊甚长，辨之不可不早，宜预防外重内轻之渐，兼以杜植私树党之端。①

这些话既是曾国藩远嫌避祸的自保之举，也折射出了他深切的忧思和顾虑。那种客寄虚悬、诸事掣肘的局面固然是曾国藩所深恶痛绝的，但那种外重内轻、割据天下的局面更是他所不愿看到的。因此在朝廷任命他节制四省军务时，他即在上奏中称："臣一人权位太重，恐开斯世争权竞势之风，兼防他日外重内轻之渐。机括甚微，关系甚大。"②

可是他所担心的争权竞势、外重内轻的局面还是不可阻止地出现了。湘军集团在对太平军的作战中，孕育了兵饷合一、军政合一以及用人权与军、政、财权合一这个副产品，即曾国藩所指出的"事权归一"，并由此引发一系列连锁反应，使满汉分离的格局被打破，外重内轻的格局逐渐形成。

在这一过程中，令清廷聊感欣慰的是，曾、胡、左、李等中兴将帅既能独当一

左宗棠

面，更能谨守臣道，其权力的增长始终处于"可控"的范围。对于满族统治者来说，不仅在"剿发捻"的战争中要依赖他们，在办理洋务、处置外交这类事情上更是离不开他们。他们的才干、见识、魄力与忠诚，都是统治者所需要的。作为对他们的酬庸，曾国藩、左宗棠、李鸿章三人都曾"入阁拜相"：曾国藩做过协办大学士、体仁阁大学士、武英殿大学士；左宗棠做过协办大学士、东阁大学士；李鸿章在1872年继曾国藩成为武英殿大学士，1875年又被授予文华殿大学士而爬到了权力的最高层，成为清代近300年中唯一获此殊荣的汉人，并在此位置上一直坐到去世。清人评论道："军兴已来，汉臣得大学士者，多以疆臣受钺，弥漫贼氛，劳碌尤多，遂膺爱立。若骆文忠、曾文正及今湘阴相国（作者按：指左宗棠，左是湖南湘阴人，故称）诸公，虽未一日内召，

①《曾国藩全集·奏稿》，《金陵未克以前请不再加恩臣家片》，同治元年正月二十二日。
②《曾国藩全集·奏稿》，《再辞节制四省军务折》，咸丰十一年十一月二十五日。

而丰功茂伐,彪炳琅书,倘人赞纶扉,其相业必有可述。"①李鸿章更是"坐镇北洋,遥执国政,凡内政外交,枢府常倚以为主","朝廷大事,悉咨而后行"②。

那是一个疆吏的时代,外相的时代。

三

曾李交替,湘消淮代,是晚清历史舞台上一幕精彩纷呈而意蕴深远的活剧。

曾国藩是把李鸿章作为自己的接班人来培养的,后来李鸿章的事业越做越大,曾国藩在世时李已隐然有"双峰对峙"之势,后来的职位与影响均超过了曾国藩。但是终李鸿章一生都对曾国藩非常尊重,"启口必称'我老师',敬佩殆如神圣"。他对曾国藩的孙女婿吴永说:

> 文正公你太丈人,是我老师,你可惜未曾见着,予生也晚啊! 我老师文正,那真是大人先生。现在这些大人先生,简直都是秕糠,我一扫而空之。……
> 在营中时,我老师总要等我辈大家同时吃饭;饭罢后,即围坐谈论,证经论史,娓娓不倦,都是于学问经济有益实用的话。吃一顿饭,胜过上一回课。③

曾国藩去世后,李鸿章斟词酌句,写下了那副最为有名的挽联:

> 师事近三十年,薪尽火传,筑室忝为门生长;
> 威名震九万里,内安外攘,旷代难逢天下才。④

可见,李鸿章一直把自己视为曾国藩的"门生"和"传火者"。曾、李二人虽然在思想性格及为人处世上有着明显的不同,但李鸿章的政治和外交思想深受曾国藩影响。后世学者评论说:"合肥、南皮一生所为,其规模皆不出湘乡。世徒咎合肥、南皮之误国,而不知合肥之政术、南皮之学术始终以湘乡为宗,数十年来朝野上下所施行,无一非湘乡之政术、学术也。"⑤

李鸿章(1823~1901),字少荃(又作少泉),安徽合肥人。1847年中进士、点翰林。其父李文安与曾国藩为同年,在京期间过从甚密,曾任刑部郎中。李鸿章与其兄李瀚章均以"年家子"身份受业于曾国藩,得到曾氏的推荐与赏识。

---

①陈康祺:《郎潜纪闻初笔》卷1,《咸同二朝宰相》。
②刘体智:《异辞录》卷2。
③吴永:《庚子西狩丛谈》卷4。
④署名"门下士李鸿章"的挽联。《曾国藩年谱》,附二:《曾国藩哀荣录·联》。
⑤夏震武:《灵峰先生集》卷4。按:合肥指李鸿章(李是安徽合肥人),南皮指张之洞(张是直隶南皮人),湘乡指曾国藩(曾是湖南湘乡人)。

李鸿章

1853 年,李鸿章回安徽参与办团练镇压太平军,先后追随吕贤基、江忠源、福济等,屡屡兵败,事机不顺。后奉母避居江西南昌,投靠正在江西为曾国藩总理粮台报销的兄长李瀚章。曾国藩了解到李鸿章的情况后,破例召之入幕。在湘军营中,李鸿章如鱼得水,有了施展抱负的舞台,对老师的授业与知遇之恩更是感激万分,称:"从前历佐诸帅,茫无指归,至此如识南针,获益匪浅。"①但李鸿章是一个性情高傲、不肯盲从的人,甚至与曾国藩发生了正面冲突。1860 年曾国藩升任两江总督,率军进驻祁门,决定撤掉一半城墙,修筑碉堡。为此众议哗然,纷纷上疏劝阻,李鸿章也上疏建议:"祁门地势如在釜底,殆兵家之所谓绝地,不如及早移军,庶几进退裕如。"曾国藩对他这位得意门生的建议不予采纳,并说:"诸君如胆怯,可各散去。"恰在这时又发生了"李元度事件"。曾国藩因李失守徽州、恋栈在外,回营后又不堪训责、负羞而逃,决定予以严参,命李鸿章作稿。李认为李元度是共历患难之人,功罪相抵,不应严惩,说:"果必奏劾,门生不敢拟稿。"曾国藩怒不可遏,说:"我自属稿。"李说:"若此,则门生亦将告辞。"曾说:"听君之便。"于是李鸿章愤然辞幕,离开祁门前往南昌。②考虑到当时兵困祁门的危险情形,曾国藩认为李鸿章"难与共患难耳"③。不过两人的联系并未中断。1861 年 3 月曾国藩主动请李鸿章前来协助他防守省城;6 月 25 日,曾国藩再一次致函李鸿章:"去年出幕时并无不来之约,今春祁门危险,疑君有曾子避越之情;夏间东流稍安,又疑有穆生去楚之意。鄙人遍身热毒,内外交病,不奏事者五十日矣。如无醋酒之嫌,则请速来相助为理。"④李鸿章被老师的殷殷相招所感动,重又赶到湘军大营。不久,曾国藩为解决战线延长和湘军兵力不足的问题,着手招募和训练淮勇,并把编练淮勇的任务交给李鸿章。李鸿章奉命后,先后收编张树声、刘铭传、周盛波、潘鼎新、吴长庆等原有团练武装,曾国藩又先后拨给他 9 营湘军,至 1862 年 2 月全军已达 9000 余人。军成后,曾国藩"为定营伍之法",又亲自检阅。正在这时,一个绝好的发展机会降临到了李鸿章头上。

机会来自东方。太平军在上海附近的攻势作战,令退守一隅的中外势力惶恐万分,特别是逃到上海租界中避难的江浙一带官绅,把湘军集团视为救命稻

①薛福成:《庸庵笔记》卷 1,《李傅相入曾文正公幕府》。
②薛福成:《庸庵笔记》卷 1,《李傅相入曾文正公幕府》。
③欧阳兆熊:《水窗春呓》卷上。
④《曾国藩全集·书信》,《复李鸿章》。

草。1861年秋,他们派出曾国藩同年之子钱鼎铭为代表,到安庆向曾国藩陈述上海危急情形以及关税厘金收入之巨,甚至为之痛哭,"歔欷流涕,纵声长号"①。他们的恳请正好与曾国藩经略东线、夹击苏南的战略计划相吻合,但曾国藩最初想派往上海的并不是李鸿章,而是曾国荃。可惜曾国荃志不在此,而在独下金陵,于是东征重任就落到了李鸿章头上。曾国藩对爱徒李鸿章大力支持,又把程学启、郭松林两部湘军拨归李鸿章统带。

"一万年来谁著史,三千里外欲封侯。"②1862年4月,曾国藩派李鸿章率领淮军前往上海,开辟东方战线。临行前,他反复告诫李鸿章,要"以练兵学战为性命根本"。此后,李鸿章如蛟龙出水、猛虎下山,施展平生本领效忠清室,在曾国藩的大力提携下,逐渐成为仅次于乃师的重要人物。曾国藩保奏他升为江苏巡抚,后又加太子少保,封一等肃毅伯。李鸿章离开曾国藩军营不到两年,声名几乎与老师相提并论。此后,李鸿章在曾国藩之后紧紧跟随,步步高升。1865年,李鸿章在曾国藩调任钦差大臣赴山东督军"剿捻"时署理两江总督;1866年,继曾国藩担任钦差大臣,专办"剿捻"事宜;1870年,又继曾国藩

李鸿章在德国皇宫留影

担任直隶总督兼北洋大臣。至此,名势已超过了回任两江总督的曾国藩。到1872年曾国藩去世时,已有"薪尽火传"之美。

李鸿章深知,自己的飞黄腾达都是"我中堂夫子积年训植"的结果,因此对曾国藩十分敬重。特别是在1864年进攻天京的关键时刻,他顶住朝廷的压力一拖再拖,坚持不派兵到天京会剿,终于成全了曾国藩兄弟的首功。他在写给曾国荃的信中如此表白心迹:"屡奉寄谕,饬派敝军协剿金陵。鄙意以我公两载辛劳,一篑未竟,不敢近禁脔而窥卧榻。况入沪以来,幸得肃清吴境,冒犯越疆,怨忌丛生,何可轻言远略? 常州克复,附片藉病回苏,及奏报丹阳克复,折尾声明:金陵不日可克。弦外之音,当入清听。富将军之浅躁,左制军之倾挤,鸿章不乐为也。"③据说后来李鸿章到南京时,曾国藩上前拉住他的手说:"愚兄弟薄

①薛福成:《庸庵文续编》卷下,《书合肥伯相李公用沪平吴》。
②《李鸿章全集·遗集》,《入都》。
③《李鸿章全集·朋僚函稿》,《复曾沅帅》,同治三年五月初八日。末尾一句指富明阿欲渡江南下助剿金陵事,以及左宗棠因淮军"冒犯越疆",攻克浙江境内的嘉兴而引发其不满一事。

面,赖子全矣。"①

在往来书信中,李鸿章恭敬地称曾国藩为"侯相"、"爵相";后来李鸿章则被人尊称为"伯相"、"傅相"。"伯相"指他被封为一等肃毅伯(死后晋一等肃毅侯),"傅相"指他被封为太子太傅。

与曾国藩相比,李鸿章有豪放果敢、落拓不羁的一面,他左右晚清朝局40年,对朝政的影响之大,显然超过了"枢府"诸公。时人称:"李文忠以大学士任北洋重镇,虽不入阁办事,而隐持国柄。法越之事,举凡用人、调兵、筹饷、应敌、交邻诸大政,朝廷均谘而后行。"②"文忠坐镇津门,朝廷大事,悉谘而后行。北洋章奏所请,无不予也。淮军将校果有能者,无不用也。臣下弹章,如黄涑兰侍郎、朱蓉生侍御,皆立予谴责,不能动也,较之他日疆吏贿买当国者,殆有异焉。文忠安内攘外,声望极一时之盛,当贤王倚畀之日,正外邦倾服之时。然地位愈高,益自隐晦,威福之柄,殊不自居。"③

师徒二人有一个相同点,那就是都带着深深的遗憾离开这个世界。曾国藩晚年因处理天津教案,"内疚神明,外惭清议",至死都郁郁不安。李鸿章死于《辛丑条约》签订之际,为维护摇摇欲坠的大清用尽了最后一丝气力,也赢得了

身后骂名无数。李鸿章晚年这样回顾自己的一生:"我办了一辈子的事,练兵也,海军也,都是纸糊的老虎,何尝能实在放手办理?不过勉强涂饰,虚有其表,不揭破犹可敷衍一时。如一间破屋,由裱糊匠东补西贴,居然成一净室,虽明知为纸片裱糊,然究竟决不定里面是何等材料。即有小小风雨,打成几个窟窿,随时补葺,亦可支吾应付。乃必欲爽手扯破,又未预备何种补

签订《辛丑条约》的大清"裱糊匠"李鸿章(前排坐者右二)

葺材料,何种改造方式,自然真相破露,不可收拾,但裱糊匠又何术能负其责?"④

李鸿章是大清的"裱糊匠",曾国藩又何尝不是?"各国一变再变而蒸蒸日上,独中土以守法为兢兢,即败亡灭绝而不悔。天耶?人耶?恶得而知其故

①刘体智:《异辞录》卷1。
②刘体智:《异辞录》卷3。
③刘体智:《异辞录》卷2。
④吴永:《庚子西狩丛谈》卷4。

耶?"①处在这样的时代和国度,这是"裱糊匠"们最大的悲哀。

曾国藩与李鸿章都是大时代中的矛盾人物。我们可以从曾国藩与"湘军"、"湘系"的命运来观察这一矛盾性。曾国藩一手创建了湘军,又一手裁撤了湘军。他深知清王朝所面临的内忧外患的形势,深知中国需要保持一支精锐的军队来攘外安内,他的湘军却难担此任。在随后的几十年里,各地湘淮军中保留了一部分勇营,成为湘军留下的可怜遗产,最终又在甲午年的炮声中把自身的腐朽展露无遗,被逐出历史的舞台。一个因地缘、师生、亲友、部属关系联系在一起的被称为"湘系集团"的人才群体,在几十年中出了许多耀眼的政治明星,在晚清阴沉的天幕上划过深深浅浅的痕迹,两江总督的坐席一度成为他们的禁脔。然而,这个并无任何组织形式的所谓集团决然不同于近代意义上的政党,他们在封建专制统治者的权术运用中载沉载浮,成为爱新觉罗家族随心所欲拨来弄去的政治筹码,直到他们意识到命运掌握在谁的手中,直到他们消磨光了满腔的改革锐气与报国豪情,直到他们谨小慎微临深履薄不复有当年的壮志才华。埋没英雄芳草地,消磨壮志夕阳天。湘军最后一个重量级人物刘坤一去世时,已经迎来了新世纪的满天朝霞,也看到了大清帝国的落日残阳。在曾国藩去世40年后,大清亡了,亡于有许多湘籍领袖参加的革命风暴之下,更直接亡在滥觞于湘军的近代军阀手中。曾国藩泉下有知,又当如何?喜耶?忧耶?

李鸿章临终前曾吟诗一首:

劳劳车马未离鞍,临事方知一死难。
三百年来伤国乱,八千里外吊民残。
秋风宝剑孤臣泪,落日旌旗大将坛。
海外尘氛犹未息,诸君莫作等闲看。

字字如含血泪,写尽了孤臣的无限辛酸与苍凉。在这一点上,师徒两人是别无二致的。在他们生前,是一片内忧外患的疮痍;在他们身后,是一部血泪斑斑的痛史。

脸谱十五:师友

欧阳兆熊是曾国藩相交颇深的一位老友,1872年曾国藩去世后,他撰写了两副挽联:

矢志奋天戈,忆昔旅雁传书,道精卫填海,愚公移山,竟历尽水火龙蛇,成就千秋人物;

省身留日记,读到获麟绝笔,将汗马勋名,问牛相业,都看作秕糠尘垢,开拓万古心胸。

平生风义兼师友;
万古云霄一羽毛。[①]

第一副挽联写了曾国藩创业立功之艰辛,特别是赞扬了他思想中虚静自持、淡泊无为的一面,在当时可谓发常人所未发。第二副挽联是集句,上联出自李商隐《哭刘蕡》诗"平生风义兼师友,不敢同君哭寝门"句,下联出自杜甫《咏怀古迹五首》之五"三分割据纡筹策,万古云霄一羽毛"句,妙语天成,既写出了作者与曾氏的特殊关系,又委婉颂扬了曾氏的丰功伟业。

曾国藩一生中有许多风义相从的师友,他们惺惺相惜,切磋琢磨,在学术上互相砥砺,在事功上互相扶持。曾国藩非常重视师友的作用,认为"师友挟持,虽懦夫亦有立志"。特别是在京官任上,他广事交游,遍交益友,对于自己的学业和声望,都产生了积极的影响。有些朋友,如郭嵩焘、刘蓉、陈岱源等,后来还结为儿女亲家。即使如左宗棠这样的诤友、畏友,对曾国藩的影响与作用也不可低估,他们之间的关系也远非后人所能想象的那样简单。

一

曾国藩广交师友主要是在京官时期。自1840年进京散馆,至1852年离京赴江西任乡试正考官(中途得知母亲去世消息而回籍守制),这13年间,曾国藩结交了大量朋友。其中,有些人他以老师待之,如唐鉴;有些人则以师礼事他,如江忠源以及李鸿章兄弟。

---

①欧阳兆熊挽联。《曾国藩年谱》,附二:《曾国藩哀荣录·联》。

对这些兼师兼友、亦师亦友的关系,曾国藩非常珍惜,并颇有相见恨晚之感,他告诉远在家乡的弟弟:"兄少时天分不甚低,厥后日与庸鄙者相处,全无所闻,窃被茅塞久矣。近年得一二良友,知有所谓经学者、经济者,有所谓躬行实践者,始知范韩可学而至也,司马迁韩愈亦可学而至也,程朱亦可学而至也。慨然思尽涤前日之污,以为更生之人,以为父母之肖子,以为诸弟之先导。"①在这一时期的家书中,曾国藩不厌其烦地向父母和弟弟介绍自己的师友,并谈到自己与他们交往的收获与进益,兹摘录数通于下,从中可见曾氏师友砥砺的概貌:

城外朋友,予亦有思常见者数人,如邵蕙西、吴子序、何子贞、陈岱云是也。蕙西常言:与周公瑾交,如饮醇醪,我两人颇有此风味,故每见辄长谈不舍。子序之为人,予至今不能定其品,然识见最大且精,尝教我云:用功譬若掘井,与其多掘数井而皆不及泉,何若老守一井,力求及泉而用之不竭乎?此语正与予病相合,盖予所谓掘井多而皆不及泉者也。何子贞与予讲字极相合,谓我真知大源,断不可暴弃。予尝谓天下万事万理皆出于乾坤二卦,即以作字论之:纯以神行,大气鼓荡,脉络周通,潜心内转,此乾道也;结构精巧,向背有法,修短合度,此坤道也。凡乾以神气言,凡坤以形质言。礼乐不可斯须去身,即此道也。乐本于乾,礼本于坤。作字而优游自得真力弥满者,即乐之意也;丝丝入扣折转合法,即礼之意也。偶与子贞言及此,子贞深以为然,谓渠生平得力尽于此矣。陈岱云与吾处处痛痒相关,此九弟所知者也。②

吾友吴竹如格物工夫颇深,一事一物,皆求其理。倭艮峰先生则诚意工夫极严,每日有日课册,一日之中,一念之差,一事之失,一言一默,皆笔之于书。书皆指字,三月则订一本。自己未年起,已三十本矣。盖其慎独之严,虽妄念偶动,必即时克治,而著之于书,放所读之书,句句皆切身之要药。兹将艮峰先生日课抄三页付归,与诸弟看。余自十月初一日起,亦照艮峰样,每日一念一事,皆写之于册,以便触目克治,亦写楷书。冯树堂与其同日记起,亦有日课册。树堂极为虚心,爱我如兄,敬我如师,将来必有所成。余向来有无恒之弊,自此次写日课本子,可保终身有矣。盖明师益友,重重夹持,能进不能退也。本欲抄余日课册与诸弟阅,因今日镜海先生来,要将本子带回去,故不及抄。十一月有折差,准抄几页付回也。

余之益友,如倭艮峰之瑟僴,令人对之肃然;吴竹如、窦兰泉之精义,一言一事,必求至是;吴子序、邵蕙西之谈经,深思明辨;何子贞之谈字,其精妙处,无一不合,其谈诗尤最符契。故吾自十月来已作诗十八首,兹抄两页付回,与诸弟

①《曾国藩全集·家书》,《致澄弟温弟沅弟季弟》,道光二十二年十二月二十日。
②《曾国藩全集·家书》,《致澄弟温弟沅弟季弟》,道光二十二年九月十八日。

207

舞台三:晚清庙堂上

曾国藩手书日记

阅。冯树堂、陈岱云之立志,汲汲不遑,亦良友也。镜海先生,吾虽未尝执贽请业,而心已师之矣。①

现在朋友愈多,讲躬行心得者,则有镜海先生、艮峰前辈、吴竹如、窦兰泉、冯树堂;穷经知道者,则有吴子序、邵蕙西;讲诗、文、字而艺通于者,则有何子贞;才气奔放,则有汤海秋;英气逼人,志大神静,则有黄子寿;又有王少鹤、朱廉甫、吴莘畬、庞作人,此四君者,皆闻余名而先来拜,虽所造有浅深,要皆有志之士,不甘居于庸碌者也。②

曾国藩所推崇的这些师友,大都是当时的饱学上进之士。曾国藩与他们交往,主要是侧重于"进德"、"修业"上的交流,这些人的专长和思想,都对他有所影响,如唐鉴(镜海先生)的治学经验,倭仁(字艮峰)的"研几"功夫,吴廷栋(字竹如)的理学思想,何绍基(字子贞)的书法技艺等。其中对曾国藩影响最大的,当属唐鉴和倭仁。

唐鉴(1778~1861),字镜海,号翁泽,湖南善化人。唐氏自幼勤奋好学,1807年中进士后入翰林院,历任御史、知府、道员、按察使、布政使等官,1840年内召为太常寺卿。唐鉴服膺程朱之学,是晚清义理学派的大家,素有"理学大家"的盛名,当时许多学者都曾问学于他,曾国藩尊称他为"镜海先生"。1841年8月,曾国藩专程到唐鉴家中求教"检身之要,读书之法",唐告诉他必须"以《朱子全书》为宗",并详细介绍了自己的治学心得:"因道此书最宜熟读,即以为课程,身体力行,不宜视为浏览之书。又言治经宜专一经,一经果能通则诸经可旁及,若遽求兼精,则万不能通一经。先生自言生平最喜读《易》。又言为学只有三门,曰义理,曰考核,曰文章。考核之学多求粗而遗精,管窥而蠡测。文章之学非精于义理者不能至,经济之学即在义理内。"曾国藩比较关心"经世致用"的经济之学,唐鉴告诉他:"经济不外看史,古人已然之迹,法戒昭然,历代典章,不外乎此。"又说:"诗文词曲皆可不必用功,诚能用力于义理之学彼小技亦非所难。"曾国藩听后大受启发,"昭然若发蒙也"③。唐鉴还向曾国藩推荐了一

---

①《曾国藩全集·家书》,《致澄弟温弟沅弟季弟》,道光二十二年十月二十六日。
②《曾国藩全集·家书》,《致澄弟温弟沅弟季弟》,道光二十二年十二月二十日。
③《曾国藩全集·日记》,道光二十一年七月十四日。

把曾国藩彻底说清楚

个学习榜样——倭仁："又言近时河南倭艮峰前辈用功最笃实，每日自朝至寝，一言一动，坐作饮食，皆有札记。或心有私欲不克，外有不及检者皆记出。"①于是，曾国藩后来又专程前去向倭仁请教。

倭仁（1804~1871），字艮峰，蒙古正红旗人，因该旗驻防河南，故唐鉴称之为"河南倭艮峰"，曾国藩则因倭仁中进士比自己早9年而称之为"艮峰前辈"。倭仁也是晚清著名的程朱理学家，后来当过同治皇帝的师傅。曾国藩在日记中详细记载了他向"艮峰前辈"请教的情况："先生言：研几功夫最要紧，颜子之有不善未尝不知，是研几也；周子曰'几善恶'，《中庸》曰'潜曰伏矣，亦孔之昭'；刘念台先生曰'卜动念以知己'，皆谓此也。失此不察，则心放而难收矣。又云：人心善恶之几与国家治乱之几相通。又教予写日课，当即写，不宜再因循。"②所谓"研几"，本义是穷究精微之理。倭仁所说的"几"，指思想或事物发展过程中刚刚露出的某种迹象，所谓"研几"就是抓住这些迹象加以认真研究，从而把握其发展趋势，权衡利害，加以解决。具体措施是通过静坐、札记等自省功夫和相互讨论，狠斗私字一闪念，并在修业进德中逐步提高修身、齐家、治国、平天下的本领。

倭仁书法

在唐、倭二人教导和督促下，曾国藩开始按照"研几"的要求加强修身养性。他坚持每天阅读《朱子全书》，又静坐自省，写出心得，与吴廷栋、冯卓怀（字树堂）、陈源兖（字岱云）等人交流，还经常把日记送请倭仁批阅。倭仁在曾国藩的日记上写下不少眉批，多是一些批评鼓励之语。曾国藩因此渐渐有了理学家之名，常有一些学子慕名前来求教。这一时期，在师友的切磋鼓励下，曾国藩踌躇满志："君子之立志也，有民胞物与之量，有内圣外王之业，而后不忝于父母之所生，不愧于天地之完人。"③当时，曾国藩在朋友之间有较高声望，唐鉴等人对他也十分看重，1852年他在籍守制期间，正是唐鉴向咸丰面荐，他才得以被任命为团练大臣，开始了书生带兵的生涯。

①《曾国藩全集·日记》，道光二十一年七月十四日。
②《曾国藩全集·日记》，道光二十二年十月初一日。
③《曾国藩全集·日记》，道光二十二年十月二十二日。

曾国藩认为应多交"益友"、少交"损友",因此十分注意交友过多过滥的问题:"京师为人文渊薮,不求则无之,愈求则愈出。近来闻好友愈多,吾不欲先去拜别人,恐徒标榜虚声。盖求友以匡己之不逮,此大益也;标榜以盗虚名,是大损也。天下有益之事,即有足报者寓乎其中,不可不辨。"①与朋友交游的内容,大多与学业、德业有关,他们在一起写诗作赋,探讨学术,评论时事,偶尔也有一些娱乐宴请、文墨馈赠之类活动。在朋友圈中,曾国藩的诗词和对联技艺最受推崇,因此这一时期他写下了许多和诗、赠联,包括挽联。据说当时京城中流传着一句话:"包送灵柩江岷樵,包做挽联曾涤生。"江岷樵即曾国藩的好友江忠源,他曾两次为病死在异乡的朋友料理后事,并"扶两友之枢行数千里",使之回乡安葬,被曾国藩称为"真侠士"②。江忠源为人侠义,谈吐不凡,曾国藩一见之下大为倾服,并对人说:"生平未见如此人,当立名天下,然终以节烈死。"③后来江忠源果然在蓑衣渡一战中扬名天下,但到安徽巡抚任上仅3个月就于1854年1月兵败自杀,谥为"忠烈",验证了曾国藩早年的预言。

江忠源

曾国藩通过与师友的交往取长补短,求取进步,但并不完全为他们所左右,而能保持自己思想的独立性。比如唐鉴告诉他"诗文词曲"这类"小技"不必用功,但曾国藩一直没有放弃自己对词章之学的兴趣,并在古文和诗词创作上颇有心得与收获。倭仁在洋务运动中成为顽固派的代表人物,大唱"立国之道,尚礼义不尚权谋;根本之图,在人心不在技艺"的迂腐论调,并反对以科甲官员入同文馆学习,曾国藩则认为"应多派举贡生监"④。曾国藩晚年虽然肯定倭仁有"特立之操",同时也指出他"才薄识短"的缺陷。⑤

1853年以后,曾国藩置身营幕,戎马倥偬,师友交游的情形与之前相比发生了很大变化。一方面,郭嵩焘、刘蓉、欧阳兆熊等老友长期追随,友谊不断加深;另一方面,幕府中的许多宿儒,均与他有着亦师亦友的特殊关系,年轻后进之士以及一些将领如彭玉麟、李续宾等人,更把曾国藩视为师辈,朝夕虚心求教。曾国藩对他们耐心教诲,"勖之以学,教之以身,诚之以言,试之以文,考之以事,诱掖如父兄,董督如严师"⑥,培养和造就了一批人才,其中包括有"曾门四学士"

①《曾国藩全集·家书》,《致澄弟温弟沅弟季弟》,道光二十二年十二月二十日。
②《曾国藩全集·家书》,《秉叔父》,道光二十五年九月十七日。
③郭嵩焘:《江忠烈公行状》。
④《清代之竹头木屑》,《倭文端》。
⑤赵烈文:《能静居日记》,同治八年五月二十八日。
⑥《曾国藩全集·书信》,《复丁日昌》。

之称的黎庶昌、张裕钊、吴汝纶、薛福成以及被他称为"拼命做学问"的俞樾等人。这类情况在本书"幕主"一节中有所涉及,这里不再赘述。

二

曾国藩的朋友之中,若论相交最久、相知最深者,当首推郭嵩焘、刘蓉二人。

曾、郭、刘三人,以文字订私交,以友谊相始终,并结为儿女亲家,其关系之密切深厚,远非其他朋友可比。在《曾国藩全集·诗文》卷中,与郭、刘二人的赠和之作甚多,大多感情真挚而出语亲切,如1855年秋所作《会合诗一首赠刘孟容郭伯琛》,其中有这样几句:"困穷念本根,风雨思君子。艰难复相逢,得非天所祉。回首廿年前,志亢声亦侈。忧患阅千变,返听观无始。老夫苦多须,须多老可鄙。二子苦无髭,无髭亦可耻。自乏谐俗韵,不关年与齿。贞松无春竟,岁晏行可俟。作诗志会合,亦用砭痼

郭嵩焘

痗。"①其中"老夫苦多须,须多老可鄙"、"二子苦无髭,无髭亦可耻"两句,可以看到曾国藩诙谐幽默的性格以及三人之间那种亲切随意的关系。"回首廿年前,志亢声亦侈"一句,则是指1836年三人结识于长沙岳麓书院,因意气相投、志趣相近而一见如故,遂拜帖订交为挚友。

郭嵩焘(1818～1891),字伯琛,号筠仙,湖南湘阴人。晚年更号玉池老人,室名"养知书屋",后世学者又称其为"养知先生"。自幼聪明好学,17岁便考中秀才,遂考入岳麓书院继续深造,在那里遇到曾国藩并结为好友。曾国藩对小自己7岁的郭嵩焘极为欣赏,自此后二人始终保持着密切的联系,互相勉励支持,远胜一般师友。1837年郭嵩焘考中举人,第二年与曾国藩一起参加了会试,却名落孙山。这一年已是第三次会试的曾国藩榜上有名,他欣喜之余并没有忘记两位好友,在《寄怀刘孟蓉》诗中写道:"可怜郭生贤,日夜依我闷。三子展殷勤,五旬恣猖獗。自从有两仪,无此好日月。决渠东西流,人事有蹉跌。……嗟哉趣岂殊,所处良不一。坦荡观皇途,转侧思家室。永怀素心人,悠悠难具述。"②追念了三人朝夕相处的美好时日,倾吐了对两位好友的思念和宽慰之情。1844年春,郭嵩焘第三次赴京参加会试,曾国藩非常高兴,预先为其订好住处,吃饭和学习条件由曾家全面提供。郭嵩焘于4月抵京后受到曾国藩热情接待,并作《喜筠仙至即题其诗集后》:"忆君别我东南行,挽袖牵裾事如昨。五年奔走存骨皮,龟坼砚田了无获。时时音问相照临,语文虽甘情绪恶。岂知今日还相

①《曾国藩全集·诗文》,《会合诗一首赠刘孟容郭伯琛》。
②《曾国藩全集·诗文》,《寄怀刘孟蓉》。

211

逢,席地帷天共一酌。"①自此至次年6月,在400多天的时间里,郭嵩焘在生活和学业上得到曾国藩无微不至的关怀,相互切磋学问,拜师访友,畅谈人生,其乐融融。据曾国藩日记记载,他们几乎天天要坐到一起畅谈,并且郭嵩焘所作诗文不时受到曾国藩的亲自批点,提高很快。5月下旬,郭嵩焘又一次会试落第,曾国藩对其开导,并劝其留京参加第二年的恩科会试。不料次年郭又名落孙山,遂南返家乡。曾国藩作《送郭筠仙南归序》,极尽关怀勉励之言。1847年郭嵩焘第五次赴京应考,仍在曾家吃住数月之久,终于金榜题名,入翰林院为庶吉士。

曾国藩书赠郭嵩焘联

郭嵩焘对曾国藩的事业给予了巨大支持。1853年曾国藩墨经出山,就是郭嵩焘大力劝导催促的结果。其后郭嵩焘时时出入曾国藩幕府,为其组建湘军出谋划策,为其筹措粮饷积极奔走。其实,郭嵩焘本是淡泊名利之人,醉心于词章学术,不愿出山任事,自称"固非功名中人也"。为此曾国藩一再给他写信,责之以大义,动之以私情,又把其弟郭崑焘请到自己幕中。郭氏兄弟作为曾国藩的"后勤部长",劝捐抽厘,罗掘俱用,帮助湘军渡过了最困难的时期。李鸿章后来撰文形容郭嵩焘在当时的作用和声望:"至创厘捐以济师,练战船以剿贼,尤为兵饷大政所系,皆事成而不居功。当时将帅争欲得以为重。"②胡林翼曾以"书招",李续宜为之"奏调",李鸿章托曾国藩"专疏荐达",足见郭嵩焘的重要性。

可惜的是,作为湘军元老的郭嵩焘,虽然屡次得到咸丰皇帝的召见和重用,却没有像曾、胡、左、李那样取得辉煌的事功。终其一生,仕途蹭蹬,旋起旋落,为官最高不过二品衔,而且出山居官在位时间不过10年左右,反倒是在湖南老家赋闲养望的时间居多。究其原因,主要在于郭嵩焘思奇见远、志大才疏,不善于处理繁剧事务和人际关系,是一位"理想主义的实行家",而非治事之才。曾国藩作为与他相交最深的好友,对此有所了解,1862年4月他劝李鸿章不要急于奏调郭嵩焘做其助手,并说:"筠公芬芳悱恻,然著述之才,非繁剧之才也。阁下与筠公别十六年,若但凭人言,冒昧一奏,将来多般棘手,既误筠公,又误公

①《曾国藩全集·诗文》,《喜筠仙至即题其诗集后》。
②李鸿章:《庐陈事实疏》,《玉池老人自叙》。

事,亦何及哉?"①这年 10 月郭嵩焘经李鸿章力保出任苏松粮储道一职,其弟弟郭崑焘特意致书曾国藩说:"度家兄情性,终非能作自了汉者。独其平日待人以诚,而不甚鉴别,常恐为人所误,须得良友辅之乃妙,细思而未得其人也。"②左宗棠的评价则比较尖刻,他认为郭嵩焘、郭崑焘、郭仑焘三兄弟中,"谓德则公兄弟自一而二而三,以天定之序为定;谓才则公兄弟自三而二而一,以人事自下而上也"③。后来,郭嵩焘的广东巡抚任上与前后两任两广总督闹得不可开交,又因军事失利被姻亲左宗棠(郭与左之兄左宗植是儿女亲家)连续弹劾而去职。

1876 年,郭嵩焘奉命出使西方,并任驻英法公使,成为近代中国第一位驻外公使。不久因总理衙门刊印其《使西纪程》,遭到守旧士大夫群起攻击,横加罪名,被认为"有二心于英国,欲中国臣事之",于 1878 年 8 月被清政府召回,从此闲居。郭嵩焘通过对西方的实地考察,以卓越的胆识和勇气主张全面学习西方,包括其先进科技和"朝廷政教",并肯定西方资产阶级的议会民主制远胜于中国的封建君主制,体现了"以先知觉后知,以先觉觉后觉"的大无畏精神,虽不见容于当世,却被后世学者称为晚清时代最开明的士人和资产阶级改良派的先驱。

三

刘蓉(1816~1873),字孟蓉,号霞仙,湖南湘乡人。自幼聪敏自负,不肯随从时俗以应科举,因此 30 多岁时仍未中秀才。但他讲求真才实学,名声遍播湘乡县境,时人称湖南有"三亮"("亮"指诸葛亮),即"老亮"罗泽南、"今亮"左宗棠、"小亮"刘蓉。1833 年,18 岁的刘蓉游学于长沙岳麓书院,结识了正在此深造的曾国藩,自此开始了长达数十年的交往。曾、刘之间的交往堪称道义之交、学术之交,在多年的通信中,他们围绕着学术领域里的诸多问题进行交流和探讨,学术旨趣十分接近,友谊也日益深化。曾国藩曾经集苏东坡诗为联送给刘蓉:"此外知心更谁是? 与君到处合相亲。"后来刘蓉有诗纪念此事:"坡诗殊妙得天然,行里殷勤寄一联。"④对刘蓉潜心学术的钻研精神和扎实功底,曾国藩极为欣赏,称赞他"崛起僻壤,乃能求先王之道,开学术之蔀,甚盛甚盛"⑤。由于曾国藩的大力宣传,刘蓉的"奇才"之名不胫而走,湘乡知县朱孙诒特地嘱咐刘父督促他参加科举考试以取得功名。1851 年,36 岁的刘蓉遵父命参加县试,被录

①《曾国藩全集·书信》,《复李鸿章》。
②《陶风楼藏名贤手札》第 6 册,《郭崑焘致曾国藩》。
③《湖南历代乡贤事略》,《郭侍郎事略附郭京卿崑焘》。
④刘蓉:《养晦堂诗文集》,《曾太傅挽歌百首》。
⑤《曾国藩全集·书信》,《复刘蓉》。

取为第 1 名,补为县学生员。

与郭嵩焘一样,刘蓉对曾国藩的事业做出了极大帮助。1853 年,在曾国藩为要不要出山带兵而犹豫不决时,刘蓉写了一封长信给他,希望他出山以"救治乱"为己任。曾国藩到长沙后,写信力邀刘蓉同出:"吾不愿闻弟谭宿腐之义理,不愿听弟论肤泛之军政,但愿朝挹容晖,暮亲臭味,吾心自适,吾魂自安。"①刘蓉与郭嵩焘不失前约,在曾的力邀下相伴出山,同时提出自己只为朋友道义而来,"不乐仕宦,不专任事,不求保举"。1855 年曾国藩想保举建有军功的刘蓉时,他立即反对说:"汉代萧、朱、王、贡,以转相汲引为贤,盖踵战国余习,非友道之正。士各有志,奚必以此相强?"②就这样,刘蓉长期以友宾的身份赞襄军事,陪伴曾国藩走过了战争初期特别是坐困江西时的艰难岁月。

后来,曾国藩的长子曾纪泽元配夫人贺氏去世,刘蓉主动提出将自己的女儿许配给曾纪泽作继室。以大家闺秀而做人继室,这在当时是不多见的,也反映了两人交情之不同寻常。刘氏过门后与曾家人关系处理得非常好,很受曾家人尊重,后来随曾纪泽出使西方,行事大方而不失国体,倍受赞赏。

1860 年,左宗棠因樊燮案影响而辞去湖南巡抚幕僚职务,特向骆秉章推荐刘蓉接替自己。1861 年骆秉章担任四川总督,前往镇压蓝大顺、李永和农民起义军,刘蓉随同前往。骆秉章像当年信任左宗棠一样重用刘蓉,军政大事言听计从,很快将义军镇压下去,刘因功被任为四川布政使。1862 年石达开所部太平军进入四川,刘蓉建议骆秉章依托大渡河布防,前堵后追,又密调各土司截击后路,迫使太平军陷入全军覆没的危险境地。石达开决心"舍命以全三军",带幼子石定忠及部将赴清营请降,后被杀害于成都。刘蓉对石达开临刑前表现出的无畏气概深为敬佩,在奏折及书信中多次描述了这一心情。由于"亲自指画"、平定四川的军功,刘蓉声名远扬,被称为"赛诸葛"。

刘蓉的成功,得益于他戒浮务实、从容果敢的处事风格。郭嵩焘评价说:"公性沉毅,而阔达开朗,倾诚与人,一无隐饰。至其临大敌,决大计,从容淡定,内断之心,人莫测公所为,相顾惊疑。事定,乃大服。"③与曾国藩一样,刘蓉擅长居中谋划,而不擅长临阵指挥,《清史稿》对他的评语是"抱负非常","优于谋略而短于专将"④,可谓一语中的。因此,当他于 1863 年调任陕西巡抚并督办陕南军务时,军事上屡屡失利,又因整顿吏治触犯了不法官吏的利益,横遭诬陷。刘蓉上疏抗辩,并自请解甲归田,言辞激烈,愤激之气流露于字里行间,虽被曾国

---

① 《曾国藩全集·书信》,《复刘蓉》。
② 陈康祺:《郎潜纪闻三笔》卷 10,《刘蓉力辞曾文正荐章》。
③ 《郭嵩焘诗文集》,《陕西巡抚刘公墓志铭》。
④ 《清史稿·刘蓉传》。

藩称赞为"置身甚高,辞旨深厚,真名作也"①,却被朝廷斥责为"词气失平,殊属非是",予以降调处分。虽然稍后又下旨恢复刘蓉陕西巡抚一职,但刘蓉不免心中抑郁,萌生归意。1867年初,由于清廷策划失当等原因,刘蓉兵败灞桥,最终受到革职回籍的处分。这对他来说恰恰是一种解脱,从其所作《还山篇奉寄曾涤生相国》中,即可以看出他此时的气节与心境:

曾、郭、刘相识并定交的岳麓书院

　　十年心血旌头落,百战威声虎口来。狼烟扫尽狐狸走,雄藩初对姑苏开。只夸金印大如斗,焉知华发霜成堆。勋名富贵定何有,太空云雾浮崔嵬。不见古来公侯著绩处,但余高冢埋苍苔。健儿战骨绾秋草,霸国雄略沉荒台。功成名遂身不退,劬劳鞅掌胡为哉。南岳巍巍固天纵,岩栖要得幽人共。武乡尽瘁事何成,邺侯还山身更重。深山猿鹤自来宾,满腹兵甲欲安用。息肩且放桔槔闲,投戈永谢蛮触哄。……题诗远寄多髯公,唤起黄州春一梦。②

　　刘蓉自此足不出户,潜心学术,并把书斋改称"遂初园",意思是说自己终于可以实现安心读书做学问的最初愿望了。曾国藩一方面为老友的遭遇而不平,同时也为他能够"遂初"而高兴,并多次表示自己的羡慕之情。他在信中说:"仆昔亦有意于作者之林,悠悠岁月,从不操笔为文,去年偶作罗忠节、李忠武兄弟诸碑,则心如废井,冗蔓无似,乃智暮年衰退,才益不足副其所见矣。少壮真当努力,光阴迈往,悔其可追?""南望故乡,恨不能屏弃百事,从阁下一豁襟抱也。"③这期间,他们往来书信的主题大都围绕学术问题展开,刘蓉也取得了更多的令曾国藩羡慕的学术成就。

　　1872年3月,刘蓉听说曾国藩去世的消息后,不胜悲痛,先后作了祭文、挽联、挽诗来怀念这位胜似兄弟的至交好友。其《挽歌百首》第三首云:"海内论交我最先,从容文酒记当年。可怜鹤发支离叟,老向人间哭逝川。"第十五首云:"幕府三年共短檠,一床风雨慰孤情。惊心夜半船头角,吹作苍凉出塞声。"其七

①《曾国藩全集·日记》,同治四年五月十二日。
②刘蓉:《养晦堂诗文集》,《还山篇奉寄曾涤生相国》。
③《曾国藩全集·书信》,《复刘蓉》。

十九首云:"金石论交镂肺肝,旧盟犹在未应寒。回头忆得酸辛语,更展音书百过看。"第八十首云:"万里神交迹转疏,百年磨我费三书。而今永断南来雁,留得精魂入梦无。"最末一首云:"暮哭朝歌泪作团,哀些百曲写心酸。沅湘他日先贤传,莫作诗家隽语看。"[①]字里行间,渗透着泅散不开的浓浓深情,令人在100多年后读来,仍然为之黯然神伤。一年后,刘蓉因病溘然长逝于遂初园中。

四

左宗棠是曾国藩诸多朋友中最为特殊的一个。

曾左二人的交好或交恶,历来是人们感兴趣的话题。关于两人用对联打趣及引发矛盾的逸闻,更是屡见不鲜。据说曾国藩有一次写信给左宗棠,为了表示敬意,末尾用了"右仰"二字以作谦辞,不料左宗棠看后不悦道:你用"右仰",难道让我用"左俯"吗?又说有一次曾国藩拜望左宗棠时,左正在椅子上看小妾洗脚,曾国藩戏作一上联调侃:"看如夫人洗脚",左宗棠随口反讥:"赐同进士出身",弄得曾国藩很下不了台。更有甚者说,曾国藩死后左宗棠听说他谥为"文正",极为不悦地说:他都谥了文正,我们将来不要谥武邪么?[②] 最有趣的一个故事说曾、左二人在一副对联

左宗棠

中嵌入了对方名字并互相攻击,曾国藩说"季子自称高,仕不在朝,隐不在山,与吾意见常相左",左宗棠对"藩臣当卫国,进不能战,退不能守,问你经济有何曾"? 传闻虽不甚可信,联语却是妙趣横生。

揆诸史实,曾国藩与左宗棠在相当长的时间里唇齿相依、水乳交融、互相心仪、互为奥援,又曾几次闹意气、生矛盾,甚至长时间不通音问。晚清史上,曾左二人的关系确实是一个难解之谜,左宗棠作为曾国藩的畏友,是值得大书特书的。

左宗棠(1812～1885),字季高,自号湘上农人,又自称"今亮",湖南湘阴人。年轻时曾有志于科举,但接连三次入京会试不中,遂发狠不再向科举制度讨前程,而在"经世致用"的学问上下工夫。他才大志高,早年书一联以明志:"身无半文,心忧天下;读破万卷,神交古人。"虽然他长期没有中进士和出仕为官,但在湖南一带颇有声名。贺长龄、贺熙龄兄弟和陶澍、林则徐等都对他的学识给予很高评价,称赞他"开口能谈天下事,读书先得古人心","括地九州归指掌"。1850 年林则徐路过湖南长沙时,与他在湘江舟中纵论军务、时政,相谈甚欢。

---

①刘蓉:《养晦堂诗文集》,《曾太傅挽歌百首》。
②李伯元:《南亭笔记》卷8。

太平军起,左宗棠有了施展才华的机会。他先应邀入湖南巡抚张亮基幕府,张亮基调离两湖后,他又应骆秉章之请入湖南省衙,先后佐幕达8年之久。在湖南,左宗棠虽然只是一个小小的巡抚衙门师爷,但他勇于任事,又韬略过人,实际上当了骆秉章的多半个家。据说有一天巡抚骆秉章听到辕门外有号炮声,便问是怎么回事,有人告诉他是左师爷拜发奏折了。拜发奏折而不经过巡抚,这事已足够蹊跷,但骆秉章不以为忤,只是让人把奏稿拿来看看,一笑了之。当时湖南人都戏称左宗棠为"左副都御史",骆秉章作为巡抚,其赏衔也不过是"右副都御史"。左宗棠在湖南主持大局,为曾国藩及其湘军创造了稳定的后方。他一方面通过改革税制增加财政收入,减轻农民负担,一方面编练湘军,镇压省内会党起义,东挡南拒,阻止太平军从江西和广东进入湖南。几年之中,湖南成为了南方数省中"匪情"最轻的一省,并以巨额饷银和源源不断的勇丁支援曾国藩、胡林翼等前方湘军部队,又派出多支部队进入广东、贵州、四川等省,镇压当地的太平军及少数民族起义军。久而久之,左宗棠能干的声名朝野尽知,咸丰帝曾专门向郭嵩焘询问左宗棠的情况,并让他转告左,有意请他为朝廷办大事。不料1860年左宗棠因与湖南永州镇总兵樊燮发生矛盾,被人告以"劣幕误国",险些性命不保。关键时刻,正是靠了胡林翼、郭嵩焘、曾国藩等人的援救和荐举,才得以渡过难关。

曾国藩在衡州练兵期间就曾致书左宗棠,请他协助练兵。左宗棠感到"涤公正人,其将略未知何如",自己"以刚拙之性,疏浅之识,万无以赞高深",于是高卧不出,婉拒了曾国藩的邀请。这次左宗棠经此事变,曾国藩专门上疏求情,称:"左宗棠刚明耐苦,晓畅兵机,……当此需才孔亟之际,或饬令办理湖南团防,或简用藩、臬等官,予以地方;俾得安心任事,必能感激图报,有裨时局。"[1]不久就收到了起用左宗棠的上谕:"左宗棠熟悉湖南形势,战胜攻取,调度有方。……应否令左宗棠仍在湖南本地襄办团练等事,抑或调赴该侍郎军营,俾得尽其所长,以收得人之效?"[2]二十天后,又奉到上谕:"左宗棠著以四品京堂候补,随同曾国藩襄办军务。"[3]从此,出道颇晚的左宗棠开始了他扶摇直上的政治、军事生涯。1860年,他奉命组织一支5000人的湘军开赴前线,1861年间在赣北皖南一带与太平军作战,1862年署理浙江巡抚,1863年任闽浙总督。在短短的三四年间便完成如此升迁,实属罕见。后来北上为清廷剿除捻回,又远征新疆,坐镇福建,可以说哪里兵事最烈,哪里就有他的身影。特别是收复新疆之战,一洗近代以来清政府在军事上的屡败局面,并底定天山,奠定了今日中国版

①《曾国藩全集·奏稿》,《复奏未能舍安庆东下并恳简用左宗棠折》,咸丰十年四月十三日。
②咸丰十年四月初一日上谕。
③咸丰十年四月二十日上谕。

图的基础。

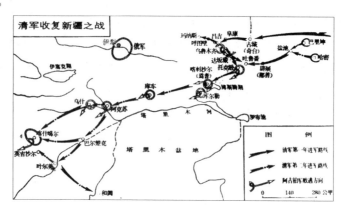

左宗棠收复新疆

左宗棠功业固然是实至名归,但显然离不开曾国藩大力举荐之功。1861年曾国藩奏称:"三品京堂左宗棠迭破巨寇,勋绩甚伟,请御赐珍物,以示旌异。又请将左宗棠改为帮办军务,俾事权渐属,储为大用。"①一年后,清廷命曾国藩督办江浙皖赣四省军务,他又奏称:"(左宗棠)其才实可独当一面,应请皇上明降谕旨,令左宗棠督办浙江全省军务,所有该省主客各军均归节制。"②

曾左关系如此密切,自应唇齿相依、共同进退,其实却不然。从两人的书信及日记中可以看到,曾左有多次交恶的历史,甚至多年不通音讯。

1857年曾国藩坐困江西时委军奔丧,在家守制不出,有躲避责任的嫌疑,为此左宗棠写了措辞严厉的信,对这种逃避行为进行谴责:"孝子之于亲也,不以病不起而废药石;忠臣之于君也,不以事不可为而奉身以退,其任事也,不以己之不能而他诿之";"老兄之出与不出,非我所敢知也;出之有济与否,亦非我所敢知。区区之愚,但谓匆遽奔丧、不俟朝命,似非礼非义,不可不辨。"③以曾左的朋友关系而如此斥责,确实有些言重。时人也说曾国藩"由军营回籍守制,朝议非之","左恪靖诋之尤甚"④。曾国藩置之不理,两人从此断了来往。后来左宗棠也觉得自己有些过分,在给朋友的信中说:"涤帅自前书抵牾后,即彼此不通音问。盖涤以吾言过亢故也。忠告而不善道,其咎不尽在涤矣。"⑤在此期间,曾国荃也曾劝曾国藩"与左季高通书问"⑥,两人又恢复了书信往来。一年后曾国藩再起,路过长沙时与左深谈,并集"敬胜怠,义胜欲;知其雄,守其雌"十二字为

①王定安:《曾国藩事略》卷1。

②《曾国藩全集·奏稿》,《恳辞节制浙省各官及军务等情折》,同治元年正月初十日。

③《左宗棠全集·书信》,《致曾涤生》,咸丰七年三月初六日。

④《睇响斋秘录》,《曾国藩之滑稽》。

⑤《左宗棠全集·书信》,《致王璞山》,咸丰七年四月。

⑥《曾国藩全集·家书》,《致沅弟》,咸丰八年三月十三日。

联,请精于篆书的左宗棠书写,于是"交欢如初,不念旧恶"①。

如前文所述,1864 年湘军攻克天京后,围绕着幼天王逃走以及对李元度的处理等问题,左宗棠再次挑起事端,与曾国藩展开正面冲突,此后两人的私人通信完全中断。有学者这样评价曾左关系:"其关系之疏密,实以左宗棠由湘幕转为襄办为界:前此较密,系曾国藩以兵饷求助于湘中而倾心结交左宗棠,后此较疏,乃左宗棠摆脱曾国藩之控制而图别开生面;其友事之深浅,则曾心中有左,而左心中无曾;其倚赖之轻重,则曾每多借助于左,而左似未求助于曾。至失和之归咎,左虽素负意气而事出有因,曾则刻意牢笼而不免于私。"②1985 年的一次研讨会上,左宗棠的后人指出,曾左之间的这次争闹是一条掩护曾国藩的政治计谋,是以曾左分裂之假象来消除清廷对曾氏的疑忌。不过从两人多年交往的事实和细节来看,这一说法很难成立。

左宗棠对曾国藩虽有许多批评,如称他为"书憨"③,批评他不懂军事、用兵呆拙,但后来对曾氏评价颇高,内心也极为推许,称:"生平惟知曾侯、李伯及胡文忠而已。"④他在写给儿子们的信中说:"吾近来于涤公多所不满,独于赏识寿卿(作者按:指刘松山,字寿卿)一事,最征卓识,可谓有知人之明、谋国之忠。此次捻匪荡平,寿卿实为功首,则又不能不归功于涤公之能以人事君也。私交虽有微嫌,于公谊实深敬服,故特奏请奖曾,以励疆吏。大丈夫光明磊落,春秋之义:'笔则笔,削则削';乌能以私嫌而害公谊,一概抹杀,类于蔽贤妒能之鄙夫哉!人之以我与曾有龃龉者,观此当知我之黑白分明,固非专闹意气者矣。"⑤刘松山原为王鑫老湘军旧部,左宗棠未发现他有过人之处,而曾国藩提拔使用,并最终将刘部调归左氏,令其剿捻,并"足其军食","解饷至一百数十万两之多",保证了左宗棠在西北战场的胜利。对此左十分佩服曾的知人之明和谋国之忠,并在胜利后专门上奏请褒奖曾国藩,"以为疆臣有用人之责者劝"⑥。曾国藩去世后,左宗棠送来了包含同一主题的挽联:

谋国之忠,知人之明,自愧不如元辅;

曾国藩书法

---

①欧阳兆熊:《水窗春呓》卷上。
②王澧华:《论曾国藩与左宗棠的交往及其关系》,载《安徽史学》1996 年第 2 期,第 43 页。
③《左宗棠全集·书信》,《答胡润之》,咸丰四年。
④《左宗棠全集·书信》,《答郭筠仙》,同治五年正月。
⑤襟霞阁主编:《左文襄家书》,《与诸子》,同治七年。
⑥《左宗棠全集·奏稿》,《刘松山转战出力并曾国藩知人之明片》。

同心若金,攻错若石,相期无负平生。①

曾国藩死后 5 年,其子曾纪鸿因家人病重,缺钱医治,托左宗棠向远在新疆的刘锦棠借钱。左宗棠念及旧情及乡谊,以三百金赠之,并写信告诉家人说:"吾与文正交谊,非同泛常。所争者国家公事,而彼此性情相与,固无丝毫芥蒂,岂以死生而异乎? 以中兴元老之子,而不免饥困,可以见文正之清节足为后世法矣。""吾与侯所争者国事兵略,非争权竞势比,同时纤儒妄生揣拟之词,何直一哂耶?"②后来,左宗棠的孙子左念贻还成了曾国藩的侄女婿。左宗棠晚年担任两江总督时,对曾国藩的幼女曾纪芬夫妇照顾有加。

无独有偶,曾国藩早在 1867 年也在家书中告诉儿子:"余于左、沈二公之以怨报德,此中诚不能无芥蒂,然老年笃畏天命,力求克去褊心忮心。尔辈少年,尤不宜妄生气,于二公但不通闻问而已,此外着不得丝毫意见。"③

如前所述,1858 年曾左第一次交恶期间,曾国藩在曾国荃一再劝说下给左宗棠写了一封信,此信今已不见,但左氏的回信却极为感人:

沅浦递到手书,敬悉近状之详,喜慰无似。不奉音敬者一年,疑老兄之绝我也,且思且悲,且负气以相待。窃念频年,抢扰拮据,刻鲜欢惊,每遇忧思郁结之时,酬接之间亦失其故,意有不可,即探纸书之,略无拟议。旋觉之而旋悔之,而又旋蹈之。徒恃知我者不以有它疑我,不以夫词苛我,不以疏狂罪我。望人恒厚,自愆殊疏,则年过而德不进之徵也。来书云晰义未熟,翻成气矜,我之谓矣!……尊恙闻服卫生丸颇效,然否? 若然,则非仅血虚可知。如须此者,当为觅之。弟小兄一岁,近亦颓然,可憎厌也。近代草筹饷一疏上,乞教之。仁先时有书来,言都下事,多令人忧者,不敢寻览。先此略复,余俟续致。④

外人以为水火不相容的曾左二人,原来竟可以这样互相宽容。单说如此襟怀,揆诸今日众生又有几人能做得到呢?

①署名"晚生左宗棠"的挽联。《曾国藩年谱》,附二:《曾国藩哀荣录·联》。
②襟霞阁主编:《左文襄家书》,《与孝宽》,光绪五年。
③《曾国藩全集·家书》,《谕纪泽》,同治七年三月二十八日。
④《左宗棠未刊书牍》,岳麓书社 1989 年版,第 39~41 页。

舞台四：历史长河中

脸谱十六：政治家

曾国藩去世 100 多年来，无论是毁是誉，人们都把他作为近代史上重量级的政治人物来看待。品评人物老辣犀利的梁启超，对李鸿章尚多有批评，却一直把曾国藩视为晚清时期最伟大的政治家："曾文正者，岂惟近代，盖有史以来不一二睹之大人也已"；"岂惟中国，抑全世界不一二睹之大人也已"；"吾以为使曾文正生今日而犹壮年，则中国必由其手而获救矣。彼惟以天性之极纯厚也，故虽行破坏可也；惟以修行之极严谨也，故虽用权变可也。"①

曾国藩洋务事业的得力助手容闳，后来旅居美国时仍然以旁观者清的姿态，对曾氏的事业和人格表示由衷敬仰："文正一生之政绩、忠心、人格，皆远过于侪辈，殆如埃浮立司脱（Everest）高峰，独耸于喜马拉耶诸峰之上，令人望而生景仰之思。"②"其识量能力，足以谋中国进化者也。"③又说他"一生之政绩，实无一污点"，"其才大而谦，气宏而凝，可称完全之真君子，而为清代第一流人物"④。

《清史稿》本传中，对曾氏"行军治政"的功业进行了这样的盖棺论定："国藩事功本于学问，善以礼运。公诚之心，尤足格众。其治军行政，务求蹈实。凡规划天下事，久无不验，世皆称之，至谓汉之诸葛亮、唐之裴度、明之王守仁，殆无以过，何其盛欤！"⑤

曾国藩早年官至二品，职兼五部，对政治局势、典章制度和官场弊病知之颇深，并有所反思，初步形成了自己的政治思想。后来他出山带兵，位列封疆，又倡办洋务，参与外交，得以在一定程度上实施自己的政治主张。他以幕府为基地，汲引和造就了一大批政治、军事、学术人才，特别是培养了接班人李鸿章，"薪尽火传"，人虽亡而政未息，故而清末有学者指出："数十年来朝野上下所施行，无一非湘乡之政术、学术也。"⑥

中国近代史上，像曾国藩这样影响深远的政治家，实在不多见。

---

①梁启超：《饮冰室合集·专集》卷 4，中华书局 1989 年影印本，第 134 页。

②容闳：《西学东渐记》，岳麓书社 1985 年合刊本，第 128 页。

③容闳：《西学东渐记》，岳麓书社 1985 年合刊本，第 121 页。埃浮立司脱（Everest）即珠穆朗玛峰，喜马拉耶即喜马拉雅山。

④容闳：《西学东渐记》，岳麓书社 1985 年合刊本，第 107～108 页。

⑤《清史稿·曾国藩传》。

⑥夏震武：《灵峰先生集》卷 4。

一

曾国藩政治思想的基本特点,可以概括为"博采传统、务实求效"八个字。

所谓博采传统,就是汲取中国传统文化之优长,采撷历代政治制度之精华,用以指导当世的施政方针。曾国藩知识渊博,精通历史,学兼汉宋,因此其政治思想并不局限于某一家一派之说。他在 1861 年的日记中写道:"念周末诸子各有极至之诣,其所以不及仲尼者,此有所偏至,即彼有所独缺。……若游心能如老庄之虚静,治身能如墨翟之勤俭,齐民能以管商之严整,而又持以不自是之心,偏者裁之,缺者补之,则诸子皆可师也,不可弃也。"①可见,他在认为先秦诸子中孔子地位最高的同时,提出"诸子皆可师也,不可弃也",认为道家(老子、庄子)的虚静无为,墨家(墨翟)的勤劳俭朴,法家(管仲、商鞅)的严厉整肃,都可以"裁之"、"补之",以补充儒家思想之不足。

所谓务实求效,就是勇于面对"三千年未有之大变局"的残酷现实,以开明的眼光看世界,摒弃偏颇之见、繁缛之法,崇尚务实之风、简约之道。到了晚年,他在日记中这样反思传统政治的目的:"思古圣王制作之事,无论大小精粗,大抵皆本于平争、因势、善习、从俗、便民、救敝。"又说:"吾曩者志事以老庄为体,禹墨为用,以不与、不遑、不称为法,若再深求六者之旨而不轻于有所兴作,则咎戾鲜矣。"②他看到了天下动荡、内忧外患的形势,因此主张简约文法、不轻兴作,以缓和内外矛盾,与民休养生息;他看到了敌强我弱、落后于世界的现状,因此主张守定和局、徐图自强,以渡过政治危机。只是同时代的人包括统治集团中的大多数人见不及此,在很多时候他的思想是孤独的,他的同志是稀少的。

曾国藩认为,为政的根本在于吏治,吏治的根本在于人才;只有培育人才、整顿吏治,才能挽回风气、改善时局。因此可以说,人才观是曾国藩政治思想的基础。他说过:"细思为政之道,得人治事二者并重。"③又说:"细观今日局势,若不从吏治人心上痛下工夫,涤肠荡胃,断无挽回之理。"④又说:为政的要诀"一在树人,一在立法"⑤。不论是"立法"还是"治事",落脚点都在"用人"

曾国藩

①《曾国藩全集·日记》,咸丰十一年八月十六日。

②《曾国藩全集·日记》,同治八年八月二十日。

③《曾国藩全集·日记》,同治元年四月十三日。

④《曾国藩全集·书信》,《与胡林翼》。

⑤《曾国藩全集·日记》,咸丰九年九月初六日。

上:"吾辈所慎之又慎者,只在用人二字上,此外竟无着力之处。"①在任京官时,他就把"人才"、"财用"和"兵力"作为"天下之三大患",多次"具疏言之",其中对人才问题论述最多。1850 年 4 月咸丰刚刚登基不久,曾国藩在所上《应诏陈言疏》中指出:"今日所当请求者惟在用人一端耳。"关于如何培养人才,他认为:"有转移之道,有培养之方,有考察之法,三者不可废一。"所谓转移之道,就是要使天下人才都能好学上进、忠于职守,并指出最重要的是"自我皇上以身作则,乃能操转移风化之本"。所谓培养之方,分为教诲、甄别、保举、超擢四条。所谓考察之法,包括询事、考言两项。针对官场上人人自保、不肯言事的风气,曾国藩批评道:"乃十余年间,九卿无一人陈时政之得失,司道无一折方地方之利病,相率缄默,一时之风气,有不解其所以然者。科道间有奏疏,而从无一言及主德之隆替,无一弹大臣之过失,岂君为尧舜之君,臣皆稷契之臣乎? 一时之风气,亦有不解其所以然者。"他进一步针对京官和地方官的不同情况,指出了人才和吏治风气问题的症结:"京官之办事通病有二:曰退缩,曰琐屑。外官之办事通病有二:曰敷衍,曰颟顸。退缩者,同官互推不肯任怨,动辄请旨不肯任咎是也。琐屑者,利析锱铢不顾大体,察及秋毫不见舆薪是也。敷衍者,藏头盖面,但计目前剜肉补疮,不问明日是也。颟顸者,外面完全而中已溃烂,章奏粉饰而语无归宿是也。有此四者,习俗相沿,但求苟安无过,不求振作有为,将来一有艰巨,国家必有乏才之患。"②曾国藩的这些意见并没有引起咸丰的足够重视,却被后来的历史发展所证明是正确的。

基于这样的认识,曾国藩后来独当一面、出掌地方时,十分重视汲引、培养和造就人才,以努力培养一批"好官"和"读书种子",并希望以此整饬吏治、转移风气。在两江和直隶,他都对当地一批腐败官员进行参劾,以自己培养和发现的人才填补空缺。在安徽时,他曾对远在湖南的郭嵩焘说:"皖南州县中须换之人甚多,若能物色循吏,远以见饷,则造福于皖者多矣。"③在直隶,他在弹劾一批庸吏的同时,从江南奏调大批幕僚前来待机补缺,包括钱应溥、薛福成、吴汝纶、陈鼐、游智开、赵烈文、方宗诚、萧世本等人,这些人大多在直隶补授实缺官职。

在取才标准上,曾国藩注重德才兼备,以德为本,以才为用:"譬之于水,德在润下,才即其载物、溉田之用;譬之于木,德在曲直,才即其舟楫、栋梁之用。""德若水之源,才即其波澜;德若木之根,才即其枝叶。""德而无才以辅之则近于愚人,才而无德以辅之则近于小人。""二者不可得兼,与其无德而近于小人,毋

①《曾国藩全集·书信》,《复胡林翼》。
②《曾国藩全集·奏稿》,《应诏陈言疏》,道光三十年三月初二日。
③《曾国藩全集·书信》,《复郭嵩焘》。

宁无才而近于愚人。自修之方,观人之术,皆以此为衡可矣。"①他认为人才有两种:"一种官气较多,一种乡气较多。官气多者好讲资格,好问样子,办事无惊世骇俗之象,语言无此防彼碍之弊。其失也,奄奄无生气。凡遇一事,但凭书办、假人之口说出,凭文书写出,不能身到、心到、口到、眼到,尤不能苦下身段去事上体察一番。乡气多者好逞才能,好出新样,行事则知己不知人,语言则瞻前不顾后。其失也,一事未成,物议先腾。""两者之失厥咎维均,人非大贤,亦断难出此两失之外。吾欲以'劳苦忍辱'四字教人,故且戒官气而姑用乡气之人,必取遇事体察,身到、心到、口到、眼到者。"②因此,曾国藩无论是在湘军营中还是在总督幕中,坚持"取人之式,以有操守而无官气、多条理而少大言为要"。③

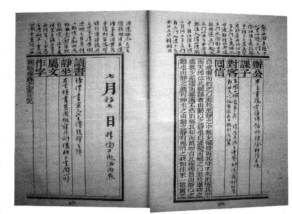

曾国藩日记

在实践中,曾国藩认识到德才兼备之人求之不易,因此在用人时并不求全责备,主张"于人才而无德者,亦当不没其长,而稍远其人"④。晚年,他又对自己重德废才的取向做了反思。他看到:"大抵天下之才无完全无间之人才,亦无完全无隙之交情。大者得正,而小者包荒,斯可耳。"⑤"衡人者但求一长可取,不可因微瑕而弃有用之才,苟于峣峣者过于苛求,则庸庸者反得幸全。"⑥1871年,曾国藩在一篇笔记中对自己用人的弊病进行了反思:"虽有良药,苟不适于病,不逮下品;虽有贤才,苟不适于用,不逮中流";"当战争之世,苟无益胜负之数,虽盛德亦无所用之。余生平好用忠实者流,今老矣,始知药之多不当于病也。"⑦

在曾国藩的政治生涯中,求才、育才、用才始终是一项主要内容,其成就也远远超出同时代的朝野诸公。据朱东安先生统计,曾国藩一生举荐、培养人才400余人,涵盖政治、军事、经济、外交、学术研究、科学文化等各个领域,其中包

①《曾国藩全集·诗文》,《笔记十二篇》。
②《曾国藩全集·书信》,《复李桓》。
③《曾国藩全集·批牍》,《四川试用知府冯卓怀禀奉调大营差委自川启程日期由》。
④《曾国藩全集·家书》,《致沅弟季弟》,同治元年六月初十日。
⑤《曾国藩全集·家书》,《致沅弟》,咸丰十年八月十二日。
⑥《曾国藩全集·书信》,《致恽世临》。
⑦《曾国藩全集·诗文》,《笔记十二篇》。

括李鸿章、左宗棠、郭嵩焘、沈葆桢、丁日昌等数十位督抚一级大员。① 梁绍辉先生认为这仅仅是出自曾氏幕府的人才数量,事实上经曾国藩之手培养提拔或推荐保举的文武人才,总量应当数以千计。②

二

在治官、治民方面,曾国藩是一位传统而务实的政治家。他早年即关注经世致用之学,及至迁升侍郎、领兵作战、总督两江和直隶,在多年的政治生涯中积累了丰富的实践经验。曾国藩的政治思想主要反映在大量的奏稿以及家书、日记中,咸丰末年以后他在一些笔记、谕示等杂著文字中,借劝诫和要求部属、绅民的机会,较为系统地梳理了自己的思想认识,从中可以管窥其政治思想之一斑。

1861 年 10 月,大约在曾国藩奉旨督办四省军务前后,他写下了《劝诫浅语十六条》,分别对州县、营官、委员、绅士四类人员进行劝诫。这十六条劝诫,语言浅显直白,条理清晰对仗,内容务实有用,“分之,则每一等人,各守四条;合之,则凡诸色人,皆可参观”③。

《劝诫州县四条》,主要是针对各级地方官吏的,“上而道府,下而佐杂,以此类推”。一是“治署内以端本”。即治理上房、官亲、幕友、家丁、书办、差役这 6 类“署内之人”。“为官者欲治此六项人,须先自治其身”,要公正廉洁、事必躬亲,则身边之人不敢妄取钱财,承办之人不敢徇私舞弊。二是“明刑法以清讼”。要求各级官员严明法治,“刑恶人,以伸善人之气”,“是非不得不剖辨,谳结不得不迅速”,以达到“惩恶而安良”的目的。三是“重农事以厚生”。认为“惟农夫则无一

慈禧太后

人不苦,无一处不苦”,要求州县官员“以重农为第一要务”,“薄敛以纾其力,减役以安其身;无牛之家,设法购买;有水之田,设法疏消”,使农民“稍有生聚之乐”。四是“崇俭朴以养廉”。认为“节用之道,莫先于人少”,官亲和幕僚家丁等应尽量减少,同时“衣服饮食,事事形俭约;声色洋烟,一一禁绝;一献上司,不肥家产”。这样,“官厨少一双之箸,民间宽一分之力”,“用之于己者有节,则取

①朱东安:《曾国藩传》,百花文艺出版社 2001 年版,第 344 ~ 345 页。
②梁绍辉:《曾国藩评传》,南京大学出版社 2006 年版,第 623 页。
③《曾国藩全集·诗文》,《劝诫浅语十六条》。

之于民者有制矣"。

《劝诫营官四条》，主要是针对湘军各级官兵的，"上而统领，下而哨弁，以此类推"。一是"禁骚扰以安民"。曾国藩指出："官兵若扰害百姓，则与贼匪无殊矣。"百姓最怕的是强掳民夫、强占民房两件事，"掳夫则行者辛苦，居者愁思；占房则器物毁坏，家口流离"，因此营官应当"先禁此二事"，"更于淫抢压买等事一一禁止，则造福无穷矣"。二是"戒烟赌以儆惰"。鸦片和赌博是军营中的大忌，"既费银钱，又耗精神，不能起早，不能守夜，断无不误军事之理"，久惰之军必然暮气深沉，因此必须严戒烟赌。三是"勤训练以御寇"。"训有二端，一曰训营规，二曰训家规。练有二端，一曰练技艺，二曰练阵法。"只有勤加训练，才能使兵勇忠诚朴实、英勇善战。四是"尚廉俭以服众"。认为"兵勇心目之中，专从银钱上着意"，因此，"欲服军心，必先尚廉介；欲求廉介，必先崇俭朴"。

《劝诫委员四条》，主要是针对军营和督署的幕僚，"向无缺额，现有职事之员，皆归此类"。一是"习勤劳以尽职"。勤之道有五，即身勤、眼勤、手勤、口勤、心勤，"五者皆到，无不尽之职矣"。二是"崇俭约以养廉"。强调"欲学廉介，必先知足"，"毋贪保举，毋好虚誉，事事知足，人人守约，则气运可挽回矣"。三是"勤学问以广才"。认为世事繁杂，主要内容不外乎四个方面：军事、吏事、饷事、文事，并要求僚属们从四者之中"精习一事"，勤学善问，刻苦钻研，则"才自广而不觉矣"。四是"戒傲惰以正俗"。告诫"凡委员有傲气者亦必偾事，有惰气者亦必获咎"，要求大家"多做实事，少说大话，有劳不避，有功不矜"，如果人人如此坚持，"则勋业自此出，风俗自此正，人才亦自此盛矣"。

《劝诫绅士四条》，主要是针对地方士绅的，"本省乡绅，外省客游之士，皆归此类"。一是"保愚懦以庇乡"。要求"欲选绅士，以能保本乡愚懦者为上等"，"能保愚懦，虽伪职亦尚呆恕；凌虐愚懦，虽巨绅亦殊可诛"。二是"崇廉让以奉公"。申戒各属绅士"以敬长官为第一义"，"财利之权，归之于官；赏罚之柄，操之于上。即同列众绅，亦互相推让，不争权势"，士绅廉洁奉公，则百姓"皆尊亲而亲上矣"。三是"禁大言以务实"。认为好说大话最误事，"好谈兵事者，其阅历必浅；好攻人短者，其自修必疏"，因此"与诸君子约为务实之学，请自禁大言始；欲禁大言，请自不轻论兵始，自不道人短始"。四是"扩才识以待用"。强调知识和人才都从磨炼中得来，

曾国藩书法

227

希望各级士绅"考信于载籍,问途于已经,苦思以求其通,躬行以试其效,勉之又勉,则识可渐进,才亦渐充","才识足以济世,何患世莫己知哉"!

从某种程度上来说,曾国藩是把这十六条作为自己的施政宣言来使用的:"圣贤之格言甚多,难以备述;朝廷之律例甚密,亦难周知。只此浅近之语,科条在此,黜陟亦在此,愿我同人共勉焉。"①他所谆谆劝诫的这四类人,构成了与他一起施政的各个领域、各个层面的主体。曾国藩对这些人的期望和要求,实际上反映了他心目中理想的吏治状态。曾国藩内心最看重的是"风气",他在政治上所做的许多努力,目的都在于"挽回士风"四字。对此他有一番论述:

> 若夫风气无常,随人事而变迁。有一二人好学,则数辈皆思力追先哲;有一二人好仁,则数辈皆思康济斯民。倡者启其绪,和者衍其波;倡者可传诸同志,和者又可递诸无穷;倡者如有本之泉放乎川渎,和者如支河沟浍交汇旁流。先觉后觉,互相劝诱,譬之大水小水,互相灌注。②

曾国藩对挽回风气抱有很大信心,对中兴清王朝抱有满怀期望,然而在残酷的事实面前他不得不承认这些幻想的破灭,在晚年表现出悲观消极的情绪。他从剿捻战场回任两江总督时,赵烈文等人向他揭发江苏布政使丁日昌贪婪聚敛的问题,并说:"师恒言求吏治,使若辈在位,吏治非江河日下不已。"曾国藩虽知其情,但由于丁日昌办事干练、精通洋务,又实心任事、筹饷有功,此时他与李鸿章对丁都十分倚重,只得叹息道:"丁虽屑人,而筹前敌财用无不精速,吾又何忍不少慰其意也!"③曾国藩自己以身作则,努力做一个"能做事,不爱钱,不怕死"的好官,但他慢慢发现,能做到这三点的人才除了彭玉麟等少数人外实在是凤毛麟角,"能做事"的人大都贪财好名,因此他愤而疾呼:"安得有人乎? 勇于事情者皆有大欲存焉!"④1867 年 6 月的一天,曾国藩皱着眉头对赵烈文说:"今日有四川庶常来见,其言谈举止不类士夫。前日有同乡庶常送诗,排不成排,古不成古。国家所得人物如此,一代不如一代,文章与国运相关,天下事可知矣。"⑤"庶常"即庶吉士,因为他们在翰林院庶常馆学习,故称之为"庶常"。曾国藩在 1838 年考中进士后,又在朝考中取得一等第二名的好成绩,得以改为庶吉士,转入庶常馆深造。现在他发现,这些国家遴选出来的顶级人才,从言谈举

①《曾国藩全集·诗文》,《劝诫浅语十六条》。
②《曾国藩全集·诗文》,《劝学篇示直隶士子》。
③赵烈文:《能静居日记》,同治六年五月十一日。
④赵烈文:《能静居日记》,同治六年九月初四日。
⑤赵烈文:《能静居日记》,同治六年五月十一日。

止到文章道德都每况愈下,不能不引起他的警惕和反思。大厦将倾,独木难支。作为一个衰世,清王朝的吏治已经腐朽到了难以为继的地步,单凭曾国藩一人之力,又能挽回多少呢?

三

洋务思想是曾国藩政治思想的重要内容,首倡和推行洋务运动则是他晚年政治生活的一大创举。

鸦片战争之后的中国确实经历了一段"雨过忘雷"、不思改变的时期。中国的近代化始于湘淮军中,发轫者是曾国藩、李鸿章等人。曾国藩在镇压农民起义的实践和与西方列强的接触中,深切地认识到学习西方先进技术以图自强是"救时之第一要务",强调"讲求洋务,为当今第一艰巨之事"。作为洋务运动的首倡者,曾国藩在洋务运动的早期,在设厂制造、培养人才、创建水师、对外交涉等方面均进行了积极的实践探索,并形成了比较系统的理论,为李鸿章等后来人开拓了道路。

当时,朝中有恭亲王奕䜣、文祥,地方有曾国藩、李鸿章、左宗棠、沈葆桢、丁日昌等人,力主变革自强,内外呼应,出现了统治者颇为自诩的"中兴"局面。曾国藩自然是其中举足轻重的人物,"廷议购机轮,置船械,则力赞其成,复建议选学童习艺欧洲。每定约章,辄诏问可许不可许"[1]。在多年的军旅生涯和洋务活动中,曾国藩痛感中国的落后和西方列强的优势,以时不我待的紧迫感在较短的时间内积极举办洋务事业,取得了一系列突破性成果,如:他筹设了中国第一家近代军事工厂安庆内军械所,并制造出了中国第一艘轮船"黄鹄号";选派容闳赴美购办"制器之器",着手建立正式的近代机器工业;与李鸿章共同创办了江南机器制造局,成为中国第一家大型使用机器生产的近代工厂,并带动和支援了一大批军用民用工矿企业如山东机器局、四川机器局、大冶煤铁矿、徐州煤矿、漠河金矿等的迅速兴起,奠定了中国近代工业的基础;主持在江南制造总局设立翻译馆,大量翻译西方科学技术书籍,促进了中国科学技术的发展和教育的近代化;他采纳容闳的建议奏请派幼童到美

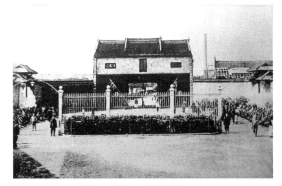

清末江南机器制造局大门

①《清史稿·曾国藩传》。

国留学,揭开了中国向西方派遣留学生的序幕,推动了中西文化交流和中国新式知识分子队伍的形成;他初步统筹和谋划了中国近代海军的建设,后来晚清海军的发展基本是按他制订的蓝图进行的……对此,薛福成在他去世后所上奏折中有这样的汇报:

其所持大纲,自不可易,居恒以隐患方长为虑。谓自强之道,贵于铢积寸累,一步不可蹈空,一语不可矜张。其讲求之要有三:曰制器,曰学技,曰操兵。故于沪局之造轮船,方言馆之翻译洋学,未尝不反复致意。其他如操练轮船,演习洋队,挑选幼童出洋肆业,无非求为自强张本。盖其心就就于所谓绸缪未雨之谋,未尝一日妄也。臣于曾国藩忠勋之迹,谨略陈其大端若此。①

毋庸置疑,曾国藩倡导洋务运动的目的在于自强。他在与西方列强的接触中看到了中国与欧洲先进国家之间的差距,也看到了这种差距之下所潜伏的深刻的内忧外患。1862 年,他在写给李鸿章的信中这样理解兴办洋务的目的:"以忠刚慑泰西之魄,而以精思窃制器之术,国耻足兴。"②反映了雪耻自强的决心。1861 年,曾国藩在一道奏折中写道:"轮船之速,洋炮之远,在英法则夸其所独有,在中华则震于所罕见。若能陆续购买,据为己物,……方募覃思之士,智巧之匠,始而演习,继而试造,不过一二年,火轮船必为中外官民通行之物,可以剿发逆,可以勤远略。"③1862 年,华衡芳、徐寿等人试制成功中国第一台蒸汽机,亲自向曾国藩作试演,曾国藩在当天的日记中为之欣喜不已:"窃喜洋人之智巧,我中国人亦能为之,彼不能傲我以其所不知矣!"④

曾国藩办洋务的最后一个重要成果是力主选派幼童出国留学,这一成果的遭际和结局,可以视为其洋务事业遭际和结局的一个缩影。这一划时代的事件由容闳首倡,得到江苏巡抚丁日昌赞同,曾国藩与李鸿章对此大力支持,并会衔奏请朝廷同意。为了促成这个大手笔,曾国藩先后 5 次上奏,最后一次是在去世前半个月的 1872 年 2 月 27 日。1871 年所上的《拟选聪颖子弟赴泰西各国肄业折》中指出:"西人学求实济,无论为士、为工、为兵,无不入塾读书,共明其理,习见其器,躬亲其事,各致其心思巧力,递相师授,期于月异而岁不同。中国欲取其长,一旦遽图尽购其器,不惟力有不逮,且此中奥秘,苟非遍览久习,则本源无由洞彻,而曲折无以自明。古人谓学齐语者,须引而置之庄岳之间,又曰百闻

---

① 薛福成:《庸庵全集》。
② 《曾国藩全集·书信》,《复李鸿章》。
③ 《曾国藩全集·奏稿》,《复陈购买外洋轮船折》,同治元年八月二十三日。
④ 《曾国藩全集·日记》,同治元年七月初四日。

不如一见,比物此志也。"因此,他与丁日昌商量,"拟选聪颖幼童送赴泰西各国书院学习军政、船政、步算、制造诸书,约计十余年,业成而归。使西人擅长之计中国皆能谙悉,然后可以渐图自强"。他还提出了具体的实施计划:"派员在沪设局访选沿海各省聪颖幼童,每年以三十名为率,四年计一百二十名,分年搭船赴洋在外国肄习,十五年后按年份起挨次回华。"[1]1872 年 8 月,曾国藩去世近半年后,这项计划得以启动。根据这年 9 月 15日《纽约时报》旧金山报道:"昨天到达的30 位中国学生都非常年轻。他们都是优秀的有才智的淑女和绅士,并且外表比从前到访美国的同胞更加整洁。3 位满清

1876 年美国报纸上的中国留学幼童

官史阶层的监护人和他们同行。中国政府拨出 100 万美元作为他们的教育经费。中国政府计划每年选派 30 名学生前往这个国家。"[2]然而仅仅过了 9 年,许多留美学生大学尚未毕业时,这个堪称具有划时代意义的伟大计划就由于受到朝廷内部顽固势力的阻挠破坏而夭折。1881 年 6 月 8 日,总理各国事务衙门奏称:"臣等查该学生以童稚之年,远适异国,路歧丝染,未免见异思迁,……若如陈兰彬所称,是以外洋之长技尚未周知,彼族之浇风早经习染,已大失该局之初心……臣等以为与其逐渐撤还,莫若概行停止,较为直截。相应饬下南北洋大臣,趁各局用人之际,将出洋学生一律调回。"皇帝的上谕与当年同意曾国藩、李鸿章建议的奏折是同样的四个字:"依议,钦此。"容闳等人试图挽回,甚至通过美国著名作家马克·吐温去游说前总统格兰特,但一切努力都于事无补,所有留学生被迫中止学业遣返回国,并受到歧视。国内的官员以为,西方人的奇技淫巧就是船坚炮利,要使这些在国外读过洋书吃过面包的人学以致用,只有去水师中当差。尽管如此,这批留学生中还是出了很多杰出人才,如唐绍仪曾出任中华民国政府的第一任总理,梁敦彦担任清末的外务部尚书,沈寿昌、陈金揆、黄祖莲等作为北洋海军军官壮烈牺牲于中日甲午战争,唐国安曾任北京清华学校的首任校长,詹天佑则成为中国的铁路之父,等等。维新思想家郑观应

---

①《曾国藩全集·奏稿》,《拟选聪颖子弟赴泰西各国肄业折》,同治十年七月初三日。
②1872 年 9 月 15 日《纽约时报》。

感叹留学生"全数遣回,甚为可惜",批评洋务派"浅尝辄止,贻讥中外"①。爱国诗人黄遵宪也写诗感慨:"蹉跎一失足,再遣终无期。目送海舟返,万感心伤悲。"②

洋务运动失败了,表面上看,它直接失败于甲午年的硝烟炮火中。然而,这结局却是早就埋下了伏笔。从根本上来说,"洋务运动企图移西方近代生产技术之花,来接中国封建专制之木,即利用近代生产技术为手段,来实现其维护和巩固封建统治的目的,手段和目的,在这里存在着明显的不可调和的矛盾。这是洋务运动的根本矛盾,正如《共产党宣言》所说的'是想要把现代的生产和交换工具勉强重新塞进旧的所有制关系的框子里去'"③。这一根本矛盾注定了洋务运动失败的命运。李鸿章曾盛赞曾国藩的"挺经":"我老师的秘传心法,有十八条'挺经',这真是精通造化、守身用世的宝诀。""大抵谓,天下事在局外呐喊议论,总是无益,必须躬自入局,挺膺负责,乃有成事之可冀。"④曾国藩、李鸿章等人是清醒的、开明的,也是"躬自入局、挺膺负责"的,然而作为先行者他们是孤独的,在统治集团中他们苦于"有倡无和",被顽固派以及别有用意的最高统治者所阻挠掣肘,这也就是李鸿章所感叹的"天下事无一不误于互相牵掣,遂致一事办不成"⑤。

曾国藩们有心救国,却无力回天。于是,就有了费正清在《剑桥中国晚清史》的开头对19世纪中国史所进行的那一段令人沮丧但又不得不认可的描述:

因此,回顾起来,中国在19世纪的经历成了一出完全的悲剧,成了一次确是巨大的、史无前例的崩溃和衰落过程。这场悲剧是如此缓慢、无情而又彻底,因而它就愈加痛苦。旧秩序为自卫而战,它缓慢地退却,但始终处于劣势;灾难接踵而至,一次比一次厉害,直到中国对外国人的妄自尊大、北京皇帝的中央集权、占统治地位的儒家正统观念,以及由士大夫所组成的统治上层等事物,一个接一个被破坏或被摧毁为止。⑥

①容闳:《西学东渐记》,岳麓书社1985年合刊本,第129页。

②黄遵宪:《人境庐诗草》,《罢美国留学生感赋》。

③黄逸峰、姜铎:《重评洋务运动》,阮芳纪、左步青、章鸣九编:《洋务运动史论文选》,人民出版社1985年版,第48页。

④吴永:《庚子西狩丛谈》卷4。

⑤《李鸿章全集·朋僚函稿》,《复王壬秋山长》,光绪六年十二月二十二日。

⑥[美]费正清、刘广京:《剑桥中国晚清史》,中国社会科学出版社1985年版,第2页。

脸谱十七：军事家

曾国藩作为湘军主帅,军事活动在其一生事业中占有相当比重。后世对他在军事上的成就与贡献给予了高度评价,蔡锷更认为他是"足与古今中外名将相颉颃而毫无逊色"[①]的杰出军事家。

曾国藩对中国近代军事史特别是晚清军事变革的影响是巨大而全面的,举凡军队编制、指挥体制、武器装备、海军倡建、军事教育等,都有他积极参与和带头倡导的身影。多年来,人们对曾国藩的军事变革思想、建军治军思想、军事教育思想等已经有充分的研究和结论,可谓"前人之述备矣",但对他的军事指挥思想与实践还缺乏足够的认识与评介。曾氏说自己是"训练之材,非战阵之材",时人也认为:"曾国藩首建义旗,终成大功,未尝自以为知兵,其所自负独在教练。"[②]其实,曾国藩作为湘军最高统帅和统治者赋予统筹指挥重任的地方大员,其军事指挥能力并非一些人所认为的那样"自将则败"、不堪一提。恰恰相反,正是由于在他亲自制定的一系列战略战术原则指导下,湘军才能屡战而不蹶、屡败而不溃,最终战胜了英勇善战的太平军。

曾国藩是中国近代史上一位重量级的军事家,也是一位当之无愧的军事指挥家。

笔者认为,曾国藩的军事指挥艺术主要体现在四个方面:以上制下、居高控远的战略决策,以活济呆、稳慎徐图的战役指挥,以主待客、奇正结合的战术原则,以水辅陆、呼吸相顾的协同思想。

一

在军事指挥上,曾国藩最为擅长、最为出彩的当属其战略决策。他制定战略时特别注重以上制下、居高控远,从而能够抓住战略问题的关键,在众人尚属茫然之际,敏锐地指明军事上的重点和方向。

太平天国初期,在短短数年间便席卷两湖、东下金陵、北伐京师、西征武昌,战事波及十余省,特别是在长江中下游地区纵横驰骋,建立了相对稳固的政权。这一时期,清廷上下在对太平天国的军事进攻中显得茫然失措,处处被动。曾国藩根据他对起义形势和特点的分析判断,认为"自古平江南之贼,必据上游之

---

①蔡锷:《曾胡治兵语录·将材》。
②王闿运:《湘军志·营制篇》。

势,建瓴而下,乃能成功"①,并最早提出了"谋金陵者必踞上游,法当舍枝叶图根本"②的战略构想。1853年底,他上奏称:"武昌为金陵上游,贼所必争,目今宜力保武昌,然后可以进剿。"③并逐步形成了"以上制下"的战略决策,主张以长江中游的两湖地区为巩固的后方,以沿长江而下的"建瓴之势",依次夺取并保守武昌、九江、安庆等战略据点,与江西、安徽等省防并进,一举攻占金陵(天京),扑灭太平天国起义。

曾国藩在率领湘军挥师北上之初,就主张全力援鄂、确保武昌,以争取上游、"建瓴而下"。他向咸丰帝上奏称:"论目前……庐州为燃眉之急。论天下……则武昌为必争之地。何也? 能得武昌,则能扼金陵之上游,能固荆襄之门户,能通两广四川之饷道。若武昌不保,则恐成割据之势,此最可忧者也。"④1854年10月曾国藩率湘军首克武昌后,继续挥师沿江东下,占湖口、围九江,以继续实现其"以上制下"的战略。由于湘军兵力不足和指挥失误,被石达开率领的西征太平军击败,武昌再度失陷,曾国藩坐困江西达数年之久,至1858年5月李续宾率湘军攻克九江,局面才得以扭转。1859年,复出后的曾国藩奏呈统筹全局折,主张兵分三路,夹江东进,直指金陵。他提出下一步的总体战略进攻计划:"欲廓诸路,必先攻破金陵;……欲攻破金陵,为先驻重兵于滁、和,而后可去江宁之外屏,芜湖之粮路;欲驻兵滁、和,以先围安庆以破陈逆(作者按:指陈玉成)之老巢,兼捣庐州,以攻陈逆之所必救。"⑤为了实现从上游向下游发动战略进攻,逐步推进、持续攻剿、"剪除枝叶,直捣老巢"的战略目标,曾国藩和胡林翼筹划指挥了对湘军和太平军都具有决定性意义的安庆会战。1861年9月,湘军攻陷安庆,太平天国天京西面的战略屏障尽失,陷入全面被动的局面。1862年,曾国藩指挥各路湘军顺流东下,围逼天京。1864年,曾国荃率领的湘军攻克天京,标志着曾国藩"以上制下"战略的成功实现。

"不谋全局者,不足以谋一域。"曾国藩的战略决策,特别善于从全局着眼、从长远谋划,具有"高瞻"、"远瞩"、"大手笔"、"大布局"的特点。他说过:"近年军中阅历有年,益知天下事当于大处着眼,小处下手。"⑥他从政治角度考察,把农民起义分为两种:一是建设政权,拥有固定战略基地,进行统一作战的所谓"窃号之贼";一是未能建立政权,只进行流动作战的所谓"流贼"。"洪秀全据金陵,陈玉成据安庆,私立正朔,伪称王侯,窃号之贼也;石达开等由浙而闽而江

①《曾国藩全集·奏稿》,《苏常无锡失陷遵旨通筹全局并办理大概情形折》,咸丰十年五月初三日。
②《曾国藩年谱》,附二:《曾国藩哀荣录·曾文正公神道碑》(李鸿章)。
③黎庶昌:《曾国藩年谱》,咸丰三年。
④《曾国藩全集·奏稿》,《沥陈现办情形折》,咸丰三年十二月二十一日。
⑤《曾国藩全集·奏稿》,《遵旨会筹规剿皖逆折》,咸丰九年十月十七日。
⑥《曾国藩全集·书信》,《与吴廷栋》,咸丰九年十月二十一日。

而湖南而广西,流贼之象也;宫(龚)、张诸捻之股数众多,分合无定,亦流贼之类也。"①他指出,镇压"流寇"需要四面围堵,镇压"窃号之贼"则需要剪除枝叶、进捣根本,一旦攻其老巢,各路"游贼"就会纷纷回救,官军就可以聚而歼之。据此他确立了先攻安庆,再下滁、和,扫清外围,进逼天京的决策。后来的战争发展基本是按照曾国藩的谋划进行的,完全印证了其战略决断的正确。1865 年 5 月,曾国藩奉命率湘、淮军北上镇压捻军。他根据捻军的特点,形成了"以静制动"、"觅地圈围"、"以有定之师制无定之寇"②的战略,在防

太平天国运动形势图

剿区域内设"四镇六游十三区"③,先采取"重点设防"、"分兵兜剿"的办法,后来又实行"布置河防"、"觅地兜围"的策略。由于清军各派系之间的矛盾以及地方官员对河防之策的消极抵制,致使曾国藩剿捻"日久无功","谤议盈路"④。1866 年 12 月清廷命曾国藩回两江总督本任,先后任命李鸿章、左宗棠为钦差大臣率军剿捻。虽然李、左二人后来剿捻成功,但在战略上基本没有脱离曾国藩的窠臼。正如有学者指出的:"他们攻捻战略的总原则是'以静制动'、'觅地灭贼',首创者是曾国藩,但获得成功的是李鸿章、左宗棠。"⑤

二

曾国藩以儒生带兵,除在靖港等处作战之外,极少冲在一线,自称"用兵十载,未尝亲临前敌"⑥。他一生行事小心谨慎,指挥作战尤其如此。1858 年,曾国藩在给其弟曾国荃的信中书赠一联,传授用兵之道:"打仗不慌不忙,先求稳当,次求变化;办事无声无臭,既要精到,又要简捷。"⑦这是他对带兵不久的曾国

①《曾国藩全集·奏稿》,《遵旨会筹规剿皖逆折》,咸丰九年十月十七日。

②尹耕云等:《豫军纪略》卷 11,《皖匪十八》。

③"四镇"指重兵驻防的江苏徐州、山东济宁、安徽临淮、河南周家口,"六游"指担负追剿任务的六支"游击之师","十三区"指苏、皖、鲁、豫四省驻扎地方部队配合湘淮主力剿捻的十三个府州。

④王闿运:《湘军志·平捻篇》。

⑤徐松荣:《曾国藩、李鸿章、左宗棠攻捻战略比较》,载《军事历史研究》1997 年第 4 期,第 142 页。

⑥黎庶昌:《曾国藩年谱》,同治三年。

⑦《曾国藩全集·家书》,《致沅弟》,咸丰八年正月初四日。

荃的谆谆教诲之语,也是他战役指挥特点的"夫子自道"之辞。其要诀无外乎八个字:"以活济呆,稳慎徐图",具体而言,主要是"以活济呆"求"变化","谋定后战"保"稳当","以众击寡"忌"分兵"。

"以活济呆"求"变化"。"活兵"、"呆兵"之说是曾国藩的首创。他这样阐述对"活兵"、"呆兵"的理解:"进退开合,变化不测,活兵也;屯宿一处,师老人顽,呆兵也。"①在曾国藩看来,大军屯扎于坚城之下、长期和敌人相持、围城硬攻者为"呆兵",灵活机动、来去无定、变化无常、伺机消灭敌人者为"活兵"。湘军与太平军作战,顿兵于坚城之下是经常遇到的问题。"呆""活"并用、以"活"济

曾国荃书法

"呆",正是曾国藩据此而思考的应对之策。在攻城战役中,"呆兵"为围城之师,"活兵"为打援之师;在防御态势下,"呆兵"为坚守之师,"活兵"为策应之师。曾国藩在战役指挥中非常注重保留和运用"活兵"(又称"游击之师"),要求部属"多用活兵,少用呆兵,多用轻兵,少用重兵"②,强调:"军之要务,亦有二语。曰'坚守已得之地,多筹游击之师'而已。"③鲍超所部"霆军",就因"善于各路策应,倏东倏西,风驰电掣,精锐莫当"④,常常被曾国藩用作"活兵",在关键时刻发挥作用。安庆会战中,曾国藩、胡林翼"呆""活"相济,布置四路进兵:第一路由曾国藩亲任,从宿松、石牌进取安庆,担任主攻任务;第二路由多隆阿、鲍超率领,从太湖、潜山进攻桐城,切断安庆和庐州的联系;第三路由胡林翼担任,由英山、霍山取舒城,任务与第二路相同;

第四路由李续宜担任,由商城、固始进攻庐州,牵制陈玉成部太平军(后成为机动兵团)。由于湘军从"攻坚拒援"的战役预想出发,配备了足够的担负"拒援"、"打援"任务的"游击之师"和战役预备队,从而在这场长达17个月的大会战中牢牢掌握了战场主动权,实现了预期目标。1862年,曾国荃孤军深入到天京城下,遭到李秀成率领的救援大军猛烈攻击,虽经拼死抵抗击退了太平军,但其凶险情状令曾国藩惴惴不安,认为此次转危为安是"人事居半,天幸居半"的"至险之着",向曾国荃指出:"弟统三万人,不筹出一支结实可靠之活兵在外纵

①《曾国藩全集·家书》,《致沅弟》,同治元年十月二十日。
②《曾国藩全集·家书》,《致沅弟》,同治元年十月二十日。
③《曾国藩全集·家书》,《致沅弟》,同治二年三月二十九日。
④朱孔彰:《中兴将帅别传》卷11下。

横驰击,而专以合围攻坚为念,似非善计。"①并要求曾国荃将部队"分作两大支,一支呆兵,屯扎金陵;一支活兵,凡金柱、东坝、小丹阳、二漂、句容等处,听弟择地而驻,相机而进。有急则两支互相救应,去金陵总在二百里内外也"②。在曾国藩督促下,曾国荃派出彭毓橘、刘连捷两支"活兵"驰骋于天京周围,后来曾国藩又抽出鲍超一支为活兵,游弋于天京南路东坝、二漂之间,疏清了天京周围的太平军,并往来攻击各路太平军援军,使天京成为一座"孤城"、"死城",最终为湘军攻破。在曾国藩这种"以活济呆"思想指导下,湘军无论是进攻还是防御,都能预留强大的机动兵力,保持攻防作战的弹性,增强了战争的胜算。

"谋定后战"保"稳当"。曾国藩用兵,力戒"狠战浪追",要求部将"谋定后战,切不可蛮攻蛮打,徒伤士卒"③。后人评论说:"其论出师前之准备,宜十分周到。谓一械不精,不可轻出;势力不厚,不可成行,与近今之动员准备,用意相合。"④曾国藩反对"浪战",注重"谋定后战",坚持稳慎徐图,以实现他信守的"打仗不慌不忙,先求稳当,次求变化"的目标。他多次强调要"结硬寨,打呆战",要求湘军"每到一处安营,无论风雨寒暑,队伍一到,立刻修挖墙壕,一时成功。未成之先,不许休息,亦不许与贼搦战";"虽仅一宿,亦须为坚不可拔之计,但使能守我营垒,安如泰山,纵不能进攻,亦无损于大局。"⑤这种战术被胡林翼称赞为"愈持久愈神妙,愈老到愈坚定"⑥的"必胜之道"。其拔营开进,常常每天仅前进四十里,"少或二三十里",以求"步步稳妥"。在战役重点的选择上,曾国藩认为,"肢体虽大,针灸不过数穴;疆土虽广,力争不过数处"⑦,强调抓住关键,夺取"我之必攻,敌之必夺"的战略据点;一旦形成决策,则坚守不移,不肯轻易变更,不为敌人调动。安庆会战期间,曾国藩按照既定的战役计划,排除种种干扰,坚持"非皖莫顾",集中兵力于西线,以保证决战安庆计划的顺利实施。1861年,湘军大后方湖北受到西征太平军的威胁,一向沉着的胡林翼责怪自己是"笨人下棋,死不顾家",调兵回援武昌,甚至亲自"自太湖拔营回鄂省援剿"⑧,曾国藩却在众人对太平军的意图"莫知其所为"⑨时,判断太平军在江西、湖北攻城略地,其真正目的则是为了救援安庆,遂坚持已定之谋绝不动摇,最终调动陈玉成部太平军离鄂返皖并受到沉重打击,安庆也随之落入湘军之手。

①《曾国藩全集·家书》,《致沅弟》,同治二年五月初四日。
②《曾国藩全集·家书》,《致沅弟》,同治元年十月二十一日。
③《曾国藩全集·书信》,《与彭鹏罗萱》,咸丰六年五月十四日。
④蔡锷:《曾胡治兵语录·兵机》。
⑤蔡锷:《曾胡治兵语录·战守》。
⑥蔡锷:《曾胡治兵语录·兵机》。
⑦《曾国藩全集·书信》,《复胡林翼》。
⑧黎庶昌:《曾国藩年谱》,咸丰十一年。
⑨王闿运:《湘军志·曾军后篇》。

"以众击寡"忌"分兵"。曾国藩十分注重集中兵力。他非常赞同孙子所说的："我专为一，敌分为十，是以十攻其一也，则我众而敌寡。能以众击寡者，则吾之所与战者约矣。"①指出："兵分则力单，将分则谋寡"；"兵最怕分，分兵最易误事"；"军无后继，是古来一大忌"；"大筛不可深入，各营不宜散扎。"②他认为以众击寡能保证胜算，更能保持士气："余出兵屡败，然总于未战之先，留一退步，故尚不至覆巢毁卵。"③针对湘军统领张运兰打仗时经常分兵作战的弊病，曾国藩去信批评："阁下用兵事事可法，唯开仗时分支太散，队伍太少，如晨星之落落，不足以慑敌之胆，转足以长贼之气。"④由于曾国藩过于谨慎小心，如他自己所说："长虑却顾，因谨慎而拙滞，此正是用兵之短处。"⑤左宗棠也批评他不懂军事、用兵呆拙，称之为"书憨"⑥。坚定性有余、灵活性不足、用兵略显呆滞是曾国藩的一大缺陷，这也是导致他坐困皖南祁门几陷绝境、剿捻方略正确而未收全功等失误的重要原因。

三

孙子云："凡战者，以正合，以奇胜。"⑦曾国藩自认为生平用兵失之太呆，但他并非一味谨慎拘泥，而是注重随机应变，因势而动，奇正结合，妙算破敌。他告诫曾国荃："古人用兵，最重'变化不测'四字。弟行军太少变化。"⑧曾国藩军事指挥的灵活性，主要体现在以"主客之说"为核心的战术原则上。

蔡锷对曾国藩的"主客之说"极为推崇："曾、胡之论兵，极主主、客之说。谓守者为主，攻者为客。主逸而客劳，主胜而客败。尤戒攻坚围城。"⑨曾国藩称自己用兵"深以主客二字为重"⑩，认为"善用兵者，最善为主，不喜作客"⑪。在曾国藩的战术理论中，"主客之说"与古人"奇正之说"是互相渗透、互有包含的，颇有异曲同工之妙。对于何者为"主"、何者为"客"、何者为"正"、何者为"奇"，他曾做过详细解释："扑营则以营盘为主，扑者为客。野战则以先至战地者为主，后至战地者为客。临阵则以先呐喊放枪者为主，后呐喊放枪者为客"；"中间

---

① 《孙子·虚实篇》。
② 《曾国藩全集·书信》，《复胡林翼》。
③ 赵烈文：《能静居日记》，同治六年六月十五日。
④ 《曾国藩全集·书信》，《复张运兰》。
⑤ 《曾国藩全集·书信》，《复胡林翼》。
⑥ 《左宗棠全集·书信》，《答胡润之》，咸丰四年。
⑦ 《孙子·兵势篇》。
⑧ 《曾国藩全集·家书》，《致沅弟》，同治元年十月十三日。
⑨ 蔡锷：《曾胡治兵语录·兵机》。
⑩ 《曾国藩全集·书信》，《与彭鹏、罗萱》，咸丰六年八月初八日。
⑪ 《曾国藩全集·书信》，《复刘建德、姚体备》，咸丰十年五月初九日。

排队迎敌为正兵,左右两旁抄出为奇兵;屯宿老营与贼相持者为正兵,分出游兵飘忽无常伺隙阻击者为奇兵;意有专向吾所恃以御寇者为正兵,多张疑阵示人以不可测者为奇兵;旌旗鲜明使敌不敢犯者为正兵,羸马疲卒偃旗息鼓本强而故示以弱者为奇兵;建旗鸣鼓屹然不动者为正兵,佯败佯退设伏而诱敌者为奇兵。忽主忽客,忽正忽奇,变动无定时,转移无定势,能一一区别之,则用兵之道过半矣。"①如何才能做到以主待客、掌握主动? 纵观曾氏用兵,实现之途无外乎三端:一是攻势防御,守势进攻;二是以静制动,后发制人;三是善于总结,因敌制胜。

曾国藩书法

攻势防御,守势进攻。在与太平军对阵的过程中,曾国藩率领的湘军在数量上长期处于劣势,为实现以少而精的军队镇压数量众多而战法灵活的太平军的目的,曾国藩采取了"攻势防御"、"守势进攻"的战术,以期反客为主、掌握主动。所谓"攻势防御",即集中局部优势兵力,进攻敌所必救的战略据点,迫使对方在不利条件下与己决战,从而收到以攻为堵、反客为主的成效。也就是曾国藩所说的:"宜使贼来寻我,我不去寻贼。"②所谓"守势进攻",即在进攻城池时,不一味蛮攻,而是采取长期围困的办法,以攻敌必救、围城必破的态势,迫使敌方远道增援和守军主动突围,造成"反客为主"的有利态势。曾国藩强调:"攻城最忌蛮攻。兵法曰:'将不胜其忿而蚁附之,杀士卒三分之一而城不拔者,此攻之罪也。'故仆屡次寄书,以蛮攻为戒。"③湘军在安庆之战时围城打援,在围困天京时迫敌攻坚,都是其"守势进攻"战术的成功实践。湘军围城,通常设置两道长壕,内壕用以围城,外壕用以阻援,进退有据,攻守得宜,使自己立于不败之地,迫使前来进攻的敌人陷于被动。例如曾国荃进兵围安庆时,整整花了一年多的时间在安庆城外挖了两道长壕;进至天京城下的雨花台后,又利用4个月的时间赶挖筑起两道"深沟高垒",所以李秀成率20万太平军反攻却始终不能突破2万多湘军的营垒,围攻四十余天后被迫撤退。这种战术的弊端是旷日持久,如李续宾攻克九江用了16个月,曾国荃攻克安庆用了17个月,攻克天京则用了26个月,其效果却是毋庸置疑的,即使太平军也认为湘军的这一战术"虽然历时长久,但是轻而易

①《曾国藩全集·书信》,《与彭鹏罗萱》,咸丰六年八月初八日。
②《曾国藩全集·书信》,《与彭鹏罗萱》,咸丰六年八月初八日。
③《曾国藩全集·书信》,《与罗萱》,咸丰六年五月二十四日。

举,毫不费力,用不着战斗就可以结束战争"①。

以静制动,后发制人。曾国藩带兵打仗尤其注重"以静制动"的作战理念,他在日记中写道:"思战阵之事,须半动半静,动者如水,静者如山";"又思兵须不得已而用之,常存不敢为先之心,须人打第一下,我打第二下也。"②"凡军行太速,气太锐,其中必有不整不齐之处,惟有一静字可以胜之。不出队,不呐喊,枪炮不能命中者不许敌放一声,稳住一二日,则大局已定。"③他一再告诫湘军将领:"城贼猛扑,凭壕对击,坚忍不出,最为合法,凡扑人之墙,扑人之壕,扑者客也,应者主也。我若越壕而应之,则反主为客,所谓致于人者也。我不越壕,则我常为主,所谓致人而不致于人也。"④"贼初来之日,不必出队与战,但在营内观看,看其强弱虚实,看得千准万准,可打则出营打仗,不可打则始终坚守营盘,或有几分把握。"⑤湘军"以静制动"、"后发制人"的战术依托于牢固的、占据有利地形的营盘,故而曾国藩特别强调依托地形建立稳固的"老营":"嗣后每立一军,则修碉二十座以为老营。环老营之四面方三百里,皆可往来梭剿,庶几可战可守,可奇可正,得四军可靠者,则变化无穷。"⑥由于湘军在扎营方面有严格的标准和丰富的经验,太平军主动进攻湘军营垒往往受挫,湘军在对手进攻受阻、士气沮丧之时发动反击的战术屡屡奏效。在淮北作战时"专以浪战为能"的李鸿章初到湘军营中时,对此不以为然:"吾以为湘军有异术也,今而知其术之无他,惟闻寇至而站墙子耳。"⑦面对兵锋正锐、来去迅疾的太平军,曾国藩以勤加操练、谨慎设防的方式应对,是笨办法却也是有效的办法。他多次叮嘱部下:"营中无事,以勤操为第一要义。操队伍则临阵不至散乱,操枪炮则临阵不至早放。"⑧并告诫曾国荃:"凡与贼相持日久,最戒浪战。……宁可数月不开一仗,不可开仗而毫无安排算计。"⑨

善于总结,因敌制胜。正如前人所评说的那样,曾国藩以儒臣统军,"驰驱戎马,凡十余载,或苦思以求其通,或躬行以试其效,或考信于载籍,或问途于已经,其军事之学识,随经验而并进"⑩,最终在实战检验中成长为一名高级指挥员。曾国藩善于反思、勤于总结的性格,对于他准备研究和揣摩对手以形成正

---

① [英]吟唎著,王维周译:《太平天国革命亲历记》,上海古籍出版社1985年版,第277页。

② 《曾国藩全集·日记》,咸丰九年二月二十八日。

③ 《曾国藩全集·家书》,《致沅弟季弟》,咸丰十一年二月二十二日。

④ 《曾国藩全集·家书》,《致沅弟》,咸丰八年四月十七日。

⑤ 《曾国藩全集·家书》,《致沅弟》,咸丰十年十月初五日。

⑥ 《曾国藩全集·书信》,《复左宗棠》,咸丰十年十二月初八日。

⑦ 刘体智:《异辞录》卷1。

⑧ 《曾国藩全集·书信》,《复江长贵》,同治元年二月初三日。

⑨ 《曾国藩全集·家书》,《致沅弟》,咸丰七年十月十五日。

⑩ 何贻焜:《曾国藩评传》,正中书局1937年版,第370页。

确的战术原则发挥了重要作用。在日记中,他把作战之道与读书之法联系起来思考:"练兵如八股家之揣摩,只要有百篇烂熟之文,则布局立意,常有熟径可寻,而腔调亦左右逢源。凡读文太多,而实无心得者,必不能文者也。用兵宜有简练之营,有纯熟之将领阵法,不可贪多而无实。"[①]1867年初他离开剿捻前线时,还不忘把自己总结的捻军战术特点告诉弟弟曾国荃:"吾观捻之长技约有四端:一曰步贼长竿,于枪子如雨之中,冒烟轻进;二曰马贼周围包裹,速而且匀;三曰善战而不轻试其锋,必待官兵找他,他不先找官兵,得粤匪初起之诀;四曰轻走剽疾,时而数日千里,时而旋磨打圈。捻之短处亦有三端:一曰全无火器,不善攻坚,只要官吏能守城池,乡民能守堡寨,贼即无粮可掳;二曰夜不扎营,散住村庄,若得善偷营者乘夜劫之,胁从者最易逃溃;三曰辎重妇女骡驴极多,若善战者与之相持而别出奇兵袭其辎重,必受大创。此吾所阅历而得之者。"[②]

四

在作战协同方面,曾国藩最成功之处在于创建湘军水师,以水辅陆、共同作战。同时,他强调在湘军系统内部要遇事"函商"、"呼吸相顾",对在外作战的将领只提供战略、战役方向和原则,在具体作战指挥上"不为遥制",这些都是湘军取得成功的重要保证。

曾国藩在组建湘军之初,就充分认识到建立水师、水陆协同作战的重要性:"今之办贼,不难于添兵,而难于筹饷;不难于募勇,而难于带勇之人;不难于陆战,而难于水战。"[③]后来王定安在《湘军记》中记载:"朝廷论平寇功,以曾国藩创立舟师为首。而曾国藩亦言长江既清,贼粮渐匮,故金陵两载而告克。"[④]郭嵩焘在给曾国藩写的挽联中也有"考战绩以水师为著"[⑤]之语。曾国藩不仅在湘军水师建设上花费了很多心血,在探索水陆协同、合力破敌的战术运用上也颇多建树。

太平军自广西北上两湖后,凭借民船组建了"水营",水陆大军在长江上纵横驰骋,给追剿的清军以沉重打击。曾国藩敏锐地认识到,要想最终扑灭太平天国起义,必须建立一支强大的水师力量,取得长江水面的控制权。为此,他先后在衡州、湘潭设立了造船厂,重金招募船户水手数千人,严加训练,又从广东购置洋炮1000余尊,装备水师10营。1854年正式成军的湘军水师虽然在数量

---

①《曾国藩全集·日记》,咸丰十一年十一月二十七日。
②《曾国藩全集·家书》,《致沅弟》,同治五年十二月二十二日。
③黎庶昌:《曾国藩年谱》,咸丰三年。
④王定安:《湘军记·水陆营制篇》。
⑤《曾国藩年谱》,附二:《曾国藩哀荣录》。

上远不如太平军水营,但在质量上、装备上均优于对手,为湘军控制长江、"以上制下"战略的实施创造了条件。

通观湘军与太平军历次重大作战行动,水师可谓"无役不与",曾国藩也十分重视水陆配合、协同作战。在攻取田家镇、九江等长江沿岸重镇的过程中,水师常常穿插敌后、断敌增援、侧击守军,有时则直接担负攻城拔寨的任务。在围困坚城的战斗中,曾国藩注重水陆两军扬长补短,相互配合,如武昌、九江、安庆、天京等战略重镇都是在湘军水陆军长围久困下陷入弹尽粮绝的境地而失陷的。安庆战役中,湘军水师巡游在安庆一带的长江江面,切断长江南北岸的联系,使江南太平军不能北渡增援安庆;又攻克菱湖两岸堡垒,切断城内守军与城外陈玉成部的联系。湘军水师还经常截获太平军用小船接济城内的粮食及城

湘军水师进攻天京

内资送陈玉成部的武器,扣住向安庆运送粮食的外国船只,用高价将其所运粮食买下来。正是由于湘军水师的严密封锁,城内守军才陷入孤军奋战、弹尽粮绝的境地。湘军水师另外一个重要作用是切断太平军水上粮道、确保己方后勤保障畅通无阻。湘

军后勤机构"粮台"一般设在靠近长江的地区,一方面可以依托水师火力掩护,确保物资的安全,另一方面物资可由水师运输到各部队驻地,水路、陆路相互衔接,减少倒运,提高效率。在一些重大战役中,曾国藩把"粮台"甚至指挥部设在战船上。由于湘军水师控制长江水道,太平军的水上运输完全被截断,极大地影响了作战进程。罗尔纲认为"湘军远不是太平军的敌手",只是由于湘军水师控制了长江水道,只靠陆路运输补给的太平军难以持久作战,成为导致最终失败的重要原因。天京战役时,曾国藩一再指示曾国荃:"合围之道,总以断水中接济为第一义。百余里之城,数十万之贼,断非肩挑陆运所能养活,……弟与厚、雪(作者按:指杨载福[字厚庵]、彭玉麟[字雪琴])以全副精神查禁水次接济,则克城之期,不甚远矣。"①

曾国藩的协同思想不仅体现在水师与陆师之间,也体现在将与帅、将与将之间。他早年痛感于绿营"败不相救"的弊端,决心练成一支"呼吸相顾,痛痒相

①《曾国藩全集·家书》,《致沅弟》,同治二年五月二十一日。

关,赴火同行,蹈汤同往,胜则举杯酒以让功,败则出死力以相救"①的劲旅。后来他自诩"湘勇佳处"之一是"齐心相顾,不肯轻弃伴侣"②。后世亦称赞:"湘军之所以无敌者,全赖彼此相顾,彼此相救。虽平日积怨深仇,临阵仍彼此照顾,虽上午口角参商,下午仍彼此救援。"③在用将上,曾国藩采取"统放结合,不为遥制"的艺术:"统"的是忠君爱国的思想,"放"的是临机指挥的权限。他认识到:"战事如鸡之伏卵,如妇之产子,气机惟己独知之,非他人所能遥度也。"④他以"忠义血性"为标准选拔将领,平时通过谈话、写信等方式对他们进行思想教育和感情笼络,"遇有胜仗,以全功归之,遇有保案,以优奖笼之"⑤;在具体的作战指挥上则"不为遥制",适当放权,由一线指挥员便宜行事。如左宗棠在景德镇设防时,曾国藩曾去信告诫战守之策,后又特意致函左宗棠,希望他根据实情用兵,"无以鄙言为意"。

曾国藩在早期的战争中常亲临一线指挥,战事往往不利,如靖港之败以及在江西的坐困。他进而迷信这是天意,"古往今来大战争、大事业,人谋仅占十分之三,天意恒居十分之七"⑥,认为带兵将帅只能尽人力而不能改变和抗逆天命。因此在后期的作战中他基本坐镇后方,不肯亲临一线指挥:"物论多道余身到而目击者,战事辄不顺,余以是惴惴也。"⑦王闿运评价他:"以惧教士,以惧行军,用将则胜,自将则败。"⑧

应该看到,曾国藩的军事才能,更多地体现在他高远的战略眼光、卓越的治军才干、稳健的战术思想和突出的协调能力上,他处处谨慎、"务求踏实"⑨的作战风格,很大程度上限制了其军事指挥才能的发挥。同时,他在军事上的许多挫折与朝廷的"遥制"和瞎指挥不无关系。比如1854年第一次重夺武昌后,曾国藩计划在重整湘军队伍、巩固湖北后方后再挥师东进,咸丰先是授其湖北巡抚后即又收回,又催促其迅速东征。后方不稳,准备不足,加上客寄虚悬、诸事掣肘,成为曾国藩坐困江西的重要原因。安庆决战前后,曾国藩力主集中兵力于安庆,朝廷却催促其东援苏浙,他最终只得拿出折中方案,自己带兵进驻皖南祁门以应付朝廷,又可回顾安庆,这显然是导致一生从不冒险的曾国藩自处窘境、几乎陷于绝地的一个客观原因。

---

① 《曾国藩全集·书信》,《与文希范》,咸丰三年九月初二日。
② 《曾国藩全集·书信》,《复刘蓉》,咸丰三年十一月初一日。
③ 蔡锷:《曾胡治兵语录·和辑》。
④ 《曾国藩全集·书信》,《致左宗棠》,咸丰十年十二月十八日。
⑤ 《曾国藩全集·家书》,《致沅弟》,同治元年四月十一日。
⑥ 《曾国藩全集·家书》,《致沅弟》,同治二年十一月十二日。
⑦ 《曾国藩全集·家书》,《致沅弟》,同治二年二月初一日。
⑧ 王闿运:《湘军志·营制篇》。
⑨ 《清史稿·曾国藩传》。

脸谱十八：外交家

晚清时期所说的"洋务"（"夷务"），包括技术和外交两个层面。曾国藩当时的政治地位和阅历见识，使他享有"知洋务"的名声。他不仅在技术层面上首倡洋务运动，为启动中国的近代化进程躬行实践，也在外交舞台上折冲樽俎，为清政府制定外交方针、处理涉外事务建言献策、独当一面。然而，成也萧何，败也萧何，1870 年因处理天津教案之故，曾国藩受到朝野一致攻击，在"内疚神明，外惭清议"中抑郁难安直至去世，连统治者也说他"文武全才，惜不能办教案"①。

曾国藩自称"于洋务素未研求"②，但左右晚清外交近四十年的李鸿章却对他崇敬有加，并对人说："别人都晓得我前半部的功名事业是老师提挈的，似乎讲到洋务，老师还不如我内行。不知我办了一辈子外交，没有闹出乱子，都是我老师一言指示之力。"③历史的发展已经证明，曾国藩的外交思想有其时代合理性，也有其历史悲剧性。他的基本观点则被李鸿章继承下来，"后曾国藩时代"的晚清外交莫不镌刻着深深的"曾记"印痕。

一

曾国藩最早接触"洋务"即是从外交开始。

咸丰末年，英、法等国鉴于清政府对太平天国作战旷日持久，提出了出兵助剿并运送米粮等要求。咸丰就"借师助剿"征求中外大臣的意见时，曾国藩认为可以趁此改善与列强的关系，并借机提出了学习西方先进技术、兴办近代军事工业的主张："目前资夷力以助剿、济运，得纾一时之忧，将来师夷智以造炮制船，尤可期永远之利。"同时又指出"借兵助剿"一事必须慎重对待："自古外夷之助中国，成功之后，每多意外要求，彼时操纵失宜，或致别开嫌隙。"④辛酉政变后，慈禧上台，恭亲王奕䜣主政，通过了"借师助剿"的决策。曾国藩无法改变这一现状，在上奏中表示："宁波、上海皆系通商码头，洋人与我共其利害，自当共争而共守之"，并提出："彼洋兵以助守上海，共保华洋之财则可，借洋兵以助剿

① 徐凌霄、徐一士：《曾胡谈荟》，《国闻周报》第 6 卷。
② 《曾国藩全集·奏稿》，《密陈津郡教案委曲求全大概情形片》，同治九年六月二十八日。
③ 吴永：《庚子西狩丛谈》卷 4。
④ 《曾国藩全集·奏稿》，《遵旨复奏借俄兵助剿发逆并代运南漕折》，咸丰十年十一月初八日。

苏州,代复中国之疆土,则不可。"①《清史稿》本传中也说:"金陵未下,俄、美、英、法皆以兵助,国藩婉拒之。"②

接着又发生了"阿思本舰队"事件。1861 年,曾国藩曾上疏清廷,要求购置外国船炮以建设中国近代海军。清政府即委托海关总税务司李泰国向英国购买 7 只轮船,然而 1863 年英国支持其海军上校阿思本为舰队司令,并对舰队有绝对指挥权。这意味着清政府将用自己的白银在自己的内海养活一支外国舰队。对此,曾国藩指出:"洋人本有欺凌之心,而授之以可凌之势;华人本有畏怯之素,而又逼处可怯之地。"③表示绝对不能同意英国人的要求。最后清政府以赔钱免灾求得息事宁人,把阿思本舰队全数遣散。

在现实斗争面前,曾国藩敏锐地认识到中国已经处于一个前所未有的大变局之中,他一方面为中国与外国在实力和技术上的巨大差距而恐惧,另一方面又为朝野上下或者畏洋如虎不知所措、或者盲目排外轻言战事而焦虑。李鸿章率淮军到上海后,处在了外事交涉的前沿,曾国藩通过与他书信往还,了解到许多外交事务中的具体情况,并反复向李鸿章传授机宜,在外交方针上进行谆谆指导。他告诉李鸿章:"与洋人交际,其要有四语:曰言忠信,曰行笃敬,曰会防不会剿,曰先疏后亲。"后来又提出"以自立为体,以推诚为用"④等原则。

曾国藩身逢乱世,处在中国从传统外交向近代外交的转型期。他根据自己的知识和理解,努力从传统思想和历史经验中寻求对策,形成了其外交思想的基本原则。曾国藩外交观的精髓有三点:以"诚信"为原则,以"羁縻"为手段,以"自强"为目标。

总理各国事务衙门

以"诚信"为原则。曾国藩从理学思想出发,认为待人处世,万物一理,对待"夷人"也应事事以"诚"字处之。他认为:"夷务本难捕获量置,然根本不外孔子忠、信、笃、敬四字。""笃者,厚也。敬者,慎也。信,只不说假话耳,然却极难,吾辈当从此一字下手。今日说定之话,明日勿因小利害而变。"1870 年 8 月底,李鸿章到天津接替曾国藩处置天津教案时,曾国藩向李鸿章传授了自己"以诚为本"的外交原则,多年后李鸿章仍

①《曾国藩全集·奏稿》,《议复借洋兵剿贼片》,同治元年正月二十二日。
②《清史稿·曾国藩传》。
③江世荣编注:《曾国藩未刊信稿》,中华书局 1959 年版,第 177 页。
④《曾国藩全集·书信》,《复李鸿章》。

然对当时的情景念念不忘：

老师见面之后，不待开口，就先向我问话道："少荃，你现在到了此地，是外交第一冲要的关键。我今国势消弱，外人方协以谋我，小有错误，即贻害大局。你与洋人交涉，打配作何主意呢？"我道："门生只是为此，特来求教。"老师道："你既来此，当然必有主意，且先说与我听。"我道："门生也没有打什么主意。我想，与洋人交涉，我只同他打痞子腔(痞子腔盖皖中土语，即油腔滑调之意)。"老师仍以五指捋须，良久不语，徐徐启开曰："呵，痞子腔，痞子腔，我不懂得如何打法，你试打与我听听？"我想不对，这话老师一定不以为然，急忙改口曰："门生信口胡说，错了，还求老师指教。"他又捋须不已，久久始以目视我曰："依我看来，还是用一个诚字，诚能动物，我想洋人亦同此人情。圣人言忠信可行于蛮貊。这断不会有错的。我现在既没有实在力量，尽你如何虚强造作，他是看得明明白白，都是不中用的。不如老老实实，推诚相见，与他平情说理；虽不能占到便宜，也或不至于吃亏。无论如何，我的信用身份，总是站得住的。脚踏实地，蹉跌亦不至于过远，想比痞子腔总靠得住一点。"我碰了这钉子，受了这一番教训，脸上着实下不去。然回心细想，我老师的话实在有理，是颠扑不破的。我心中顿然有了把握，急忙应声曰："是是，门生准遵奉老师训示办理。"后来办理交涉，不论英俄德法，我只捧着这个锦囊，用一个诚字，同他相对，果然没有差错，且有很收大效的时候。古人谓一言可以终身行，真有此理。要不是我老师的学问经济，如何能如此一语破的呢？[1]

曾国藩提出以诚为本，是针对当时清政府对外交往中的一些弊病而言的。郭嵩焘曾一针见血地用12个字概括了清廷的外交政策："一味蠢"，"一味蛮"，"一味诈"，"一味怕"。对此，曾国藩认为大国外交必须讲诚守信，正视差距，即使是不平等的城下之盟，一旦签订和约之后也应该谨守不移，不能出尔反尔、左欺右瞒，失信于国际。

以"羁縻"为手段。曾国藩与李鸿章都认识到，在敌强我弱的形势下，必须设法守定和局，"内自图强，外羁縻之"，才能逐步缩小差距，迎头赶上，真正在外交上争得平等的发言权。1870年底，刚接任直隶总督兼北洋通商大臣的李鸿章写信给曾国藩："洋人所图我者，利也，势也，非真欲夺我土地也。自周秦以后驭外之法，征战者后必不继，羁縻者事必久长，今之各国又岂有异？惟练兵制器相去甚远。正须苦做下学，工夫做到那处，说到那处。吾师弟在位一日，不得不于

①吴永：《庚子西狩丛谈》卷4。

此致力一日耳。"①曾国藩在 1871 年 1 月的复信中，肯定了李的观点："承示驭夷之法以羁縻为上，诚为至理名言。"同时他也指出了国内舆论的压力："自宋以来，君子好痛诋和局而轻言战争，至今清议未改此态。虽知战不可恃，然不敢一意主和，盖恐群情懈弛，无复隐图自强之志。"②他对朝中以醇亲王奕譞等人为代表的主战派无视现实、一意主战的态度十分担心，告诫统治者"目下不可不委曲求全而又不可不暗中设防"③。1871 年 12 月下旬，曾国藩回顾自己查办天津教案期间的情形，评价了当时存在的"论理"、"论势"两种倾向，"论理"者认为"当趁此驱逐彼教，大张挞伐，以雪显皇之耻而作义民之气"；"论势"者认为"兵端一开，不特法国构难，各国亦皆约人同仇。能御之于一口，不能御之于七省各海口；能持之于一二年，不能持之于数十百年。而彼族则累世寻仇，不胜不休"。他告诉刘蓉："鄙人为言势者所惹，以致办理过柔。谤议丛积，神明内疚，至今耿耿。"④曾国藩承认自己"偏信于论势者之言，冀以消弭衅端"，然而在近代历史上以"羁縻"为手段办理外交始终面临着巨大的现实阻力，国内那些激进的爱国者不理解，步步进逼的外国侵略者也不允许，这是曾国藩的困境所在。

以"自强"为目标。曾国藩兴洋务、讲诚信、守和局，根本目的在于"隐图自强"。在与西方列强的接触中，他深为其坚船利炮所震慑，称"西洋之落地开花炮""惊心动魄"，在家书中有"不怕柴狗子，只怕洋鬼子"⑤之语，并为"夷人"入侵带来的巨大威胁而忧惧："四更成寐，五更复醒。念夷人纵横中原，无以御之，为之忧悸。"⑥因此，他主张在"驭夷"时外表"十分和让"的同时，必须要"内怀勾践栖会稽、田单守即墨之志"，"柔远之道在是，自强之道亦在是"⑦。1862 年夏，曾国藩曾与幕僚李鸿裔等谈论"夷务"：

> 与幕府诸君畅谈，眉生（作者按：指李鸿裔，字眉生）言及夷务，余以为欲制夷人，不宜在关税之多寡、礼节之恭倨上着眼，即内地民人处处媚夷艳夷而鄙华、借夷而压华，虽极可恨可恶，而远识者尚不宜在此等着眼。吾辈着眼之地，前乎此者洋人十年八月入京，不伤毁我宗庙社稷；目下在上海、宁波等处助我攻剿发匪。二者皆有德于我。我中国不宜忘其大者而怨其小者。欲求自强之道，总以修政事、求贤才为急务，以学做炸炮、学造轮舟等具为下手工夫。但使彼之

①《李鸿章全集·朋僚函稿》，《复曾相》，同治九年闰十月二十一日。
②《曾国藩全集·书信》，《复李鸿章》。
③赵烈文：《能静居日记》，同治八年五月二十八日。
④《曾国藩全集·书信》，《复刘蓉》。
⑤《曾国藩全集·家书》，《致沅弟》，咸丰十一年二月二十九日。
⑥《曾国藩全集·日记》，咸丰十一年十月初二日。
⑦《曾国藩全集·书信》，《复李鸿章》。

长技我皆有之,顺则报德有其具,逆则报怨亦有其具。若在我者挟持无具,则曲固罪也,直亦罪也;怨之罪也,德之亦罪也。内地之民人人媚夷,吾固无能制之;人人仇夷,吾亦不能用之也。①

曾国藩认为英法联军入侵北京后"不伤毁我宗庙社稷"以及协助"攻剿发匪",都是洋人的大德,显然对侵略者的本质缺乏深刻认识。但他认识到只有发愤"师夷长技","使彼之长技我皆有之",才能于顺逆之来皆持之有具,否则只能是"曲固罪也,直亦罪也;怨之罪也,德之亦罪也",显然是看到了"弱国无外交"这一本质问题。正是基于这一认识,他才反对不顾实力轻意言战,而把"徐图自强"作为内政外交政策的最终目标:"以为不量彼己而轻挑强故,是以国注也;不修备而始久无事,是自削也。是以戢锐养威,对外一务为怀柔,而内自愤发,以徐图自强之术。"②也就是说以"羁縻"之策维持和局,积极争取自强的和平空间。

曾国藩书法

中国人办事自古注重"经""权"之分,即坚持原则与讲究变通的辩证结合。曾国藩在与外国交涉中,对涉及到国家体面、名教尊严、生民利益的大问题,往往坚持不放,如反对"借师助剿"与遣散"阿思本舰队";对于一些无关大计的细枝末节,则能变通处理,如针对外国使节要求大清皇帝接见、清廷向外派遣使臣和外国人要求传教等问题,提出了灵活处理的意见。向外国派遣使臣本是近代外交的基本原则,对于清廷内部有人借口担心使臣辱命以及开支巨大等情况,曾国藩指出:"中外既已通好,彼此往来,亦属常事。论者或恐使臣之辱命,或惮费用之浩繁,此皆过虑之词。""纵或有一二不能专对之臣,亦安知无苏武、班超、富弼、洪皓者流出乎其中,为国家扬威而弭患?"③从而打消了统治者的顾虑。

曾国藩反对崇洋媚外,对一部分江浙士人"奉洋若神,积非胜是"的风气非常反感,当买办官员杨坊在上海遭洋枪队的白齐文痛打之后,他在致李鸿章的信

① 《曾国藩全集·日记》,同治元年五月初七日。
② 张裕钊:《濂亭遗文》。
③ 《曾国藩全集·奏稿》,《遵旨预筹与外国修约事宜密陈愚见以备采择折》,同治六年十一月十五日。

中表达了闻之大快的情绪:"白齐文痛殴杨道,足使挟洋人自重者爽然若失。"①
他自己在处理外交事务时,也不忘一个"争"字诀。如 1867 年西方列强借中外
修约之际提出在中国设电报、筑铁路等要求时,曾国藩在奏折中强烈表示反对,
甚至认为即使"因此而致决裂,而我以救民生而动兵,并非争虚议而开衅","中
无所惧,后无可悔也"②。这固然反映了他思想中保守的一面,也反映了他在维
护权益阻止侵略上的决心。可惜由于国势孱弱,曾国藩在很多时候"据理"也难
"力争",不得不做出违心的让步。对此他沉痛地总结道:"近日凡关涉夷务者,
初则壮于顽,后则缄其口,牵一发而全神俱动,往往不克自伸。即如去岁十月禁
止民船假张洋旗闯关一案,至今思之不快。又如江西二月拆毁教堂一案,京中
责令赔修,沈帅虽自请严议,恐亦尚非了义。以此类推,凡小事,苟无大悖,且以
宽舒处之","皆可置之不论"③。

　　曾国藩意想不到的是,他在这一思想指导下秉承清政府的旨意处理天津教
案时,却遭遇了人生中最大的一次挫折,积年清望,毁于一旦,并被朝廷中途换
将黯然南下,一年多后郁郁而终。

二

　　1870 年上半年,曾国藩在保定直隶总督任上肝病加重,左眼视线模糊,右眼
则完全失明。5 月,他向朝廷奏请病假一月;6 月 20 日,因病情未见好转又续假
一月。不料,就在他续假的第二天,发生了著名的天津教案。24 日,曾国藩即接
到赴天津查办教案之命。

　　上谕中说:"崇厚奏津郡民人与天主教起衅,现在设法弹压,请派大员来津
查办一折。曾国藩病尚未痊,本日已再行赏假一月,惟此案关系紧要,曾国藩精
神如可支持,着前赴天津,与崇厚会商办理。"④接到上谕后,曾国藩只得扶病启
程。他深知教案问题之棘手,何况这次又击毙了法国驻天津领事丰大业。曾国
藩对此行的艰难早有预见,在前往天津之前,他给两个儿子写下了一封相当于
遗嘱的家书,对后事做了安排,开头即写道:"余即日前赴天津,查办殴毙洋人焚
毁教堂一案。外国性情凶悍,津民习气浮嚣,俱难和叶,将来构怨兴兵,恐致激
成大变。余此行反复筹思,殊无良策。余自咸丰三年募勇以来,即自誓效命疆
场,今老年病躯,危难之际,断不肯吝于一死,以自负其初心。恐猝近及难,而尔

　　①《曾国藩全集·书信》,《复李鸿章》。
　　②《曾国藩全集·奏稿》,《遵旨预筹与外国修约事宜密陈愚见以备采择折》,同治六年十一月十五
日。
　　③《曾国藩全集·书信》,《复姚体备》。
　　④同治九年五月二十五日上谕。

等诸事无所禀承,兹略示一二,以备不虞。"①接下来,对自己死后灵柩的护送、丧事的处理、文稿的录存以及对子女的遗训等,一一叮嘱,通篇饱含沉痛凄凉之情,也可见曾国藩对此行的悲观程度。

果然不出曾国藩预料,天津之行使他名誉扫地,受到朝野内外的攻击,骂声不绝于耳,使他生命的最后岁月完全生活在此事罩上的阴影之中。

曾国藩在出发前,就已经从上谕中了解到了天津教案的基本情况。1870年春,天津不断发生迷拐幼童案件,官府捕获拐犯王三等人,供词都与教堂有关。与此同时,法国天主教堂婴儿因瘟疫流行、照顾不周导致死亡三四十人,尸体溃烂。因当地百姓一直传说天主教堂的育婴堂迷拐小孩、挖眼剖心,于是部分乡民组织起来告发教堂。在天津知府张光藻带人初查而无法落实时,围观百姓与教堂因口角发生冲突,但行为仅限于丢石头、扔垃圾之类。法国领事丰大业闻讯后,"像一头受伤的野兽",迅速带人闯入三口通商衙门和天津知府衙门,要求通商大臣崇厚、天津知府张光藻调兵镇压,遭到拒绝后开枪恫吓崇厚。行至狮子林浮桥时,丰大业又对遇到的静海知县刘杰开枪射击,打死了挡在前面的家人刘七。围观群众愤怒,当场殴死丰大业及其随从,又冲入法国教堂,扯碎法国国旗,打死外国传教士20多人,并火烧望海楼教堂。事后,法、英、美、俄、德、比、西七国联合向清政府提出抗议,并调遣军舰到天津海口及烟台一带示威,扬言"将天津化为焦土"。三口通商大臣崇厚惊慌失措,一面自行请罪,一面奏请清政府速派"通晓洋务"的曾国藩到天津主持局面。

曾国藩抵达天津后,同法国公使罗淑亚等进行了反复交涉。双方对惩办元凶和修复教堂没有异议,要害的争端在于法方要求"天津地方官员抵命"和预先限定捕杀乡民的最低人数,而曾国藩认为拿官员抵命不可接受,因为"有损朝廷尊严,也于国法不合"。但在法方的强硬外交和清廷害怕引发战争而下令曾氏作出让步的情况下,曾国藩违心地答应了法方的要求。最后议定的结果:天津知府张光藻、知县刘杰发往黑龙江效力赎

晚清时期教会办的育婴堂

①《曾国藩全集·家书》,《谕纪泽纪鸿》,同治九年六月初四日。

罪；赔偿法、俄、英、美4国损失和抚恤费50万两白银；以杀人罪抵偿洋人死亡数处死民众20人，以抢劫和伤人罪判处充军杖徒各刑25人，而因拐骗人口而引起天津教案的王三、安三和武兰珍却逍遥法外。尽管曾国藩在谈判期间为维护国家尊严做了很大努力，在他的力主下天津地方官员最终未被抵命，仍然因"卖国媚夷"而受到内外攻击责骂，名毁津门。查看曾国藩在办理此案后期与亲友的通信，"数月来查讯津案，办理既多棘手，措施未尽合宜，内疚神明，外惭清议"之语比比皆是。"内疚神明，外惭清议"，曾国藩此间的凄凉心态与落魄处境，尽在此寥寥八字之中展现出来。

自7月8日到天津，到10月17日由天津出发回北京，短短3个多月的时间里，曾国藩为处理天津教案殚精竭虑，夙夜不安。曾国藩抱着守定和局的初衷委曲求全，一面要应对侵略者的步步进逼和军事讹诈，一面要顶住主战派和国内民众的舆论压力，深感心力交瘁，因身体不支奏请朝廷又派来工部尚书毛昶熙为会办、江苏巡抚丁日昌为协办，一同处理此案。从法理来看，此案并不复杂，曾国藩在7月21日的上奏中即分析了此案发生的背景：

至挖眼剖心，则全系谣传，毫无实据。此等谣传，不特天津有之，各省皆然。以理决之，必无是事。至津民所以生愤者，则亦有故：教堂终年扃闭，莫能窥测，其可疑者一；中国人民至仁慈堂治病，恒久留不出，其可疑者二；仁慈堂死人，有洗尸封眼之事，其可疑者三；仁慈堂所医病人，虽亲属在内，不得相见，其可疑者四；堂中掩埋死人，有一棺而两三尸者，其可疑者五。百姓积此五疑，众怒遂不可遏。仰恩明降谕旨，通饬各省，俾知谣传之说多系虚诬，以雪洋人之冤，以解士民之惑。[1]

鉴于洋人"挟制多端"，在上奏中他要求朝廷"将天津道、府、县三员均撤任听候查办"，"将知府张光藻、知县刘杰二员革职，交刑部治罪"[2]。据《曾国藩年谱》记载，曾国藩本不想处置府县二官，徇崇厚之情勉强会奏，等到奏疏拜发之后，"意痛悔之，病势渐剧"[3]。5天后，曾国藩感到张光藻、刘杰交部治罪已属过当，外国又要求将二人在天津正法，他认为这一过分要求"万难允准"："惟罗淑亚欲将三人议抵，实难再允所求。府、县本无大过，送交刑部，已属情轻法重。彼若不拟构衅，则我所断不能者，当可徐徐自转；彼若立意决裂，虽百请百从，仍

①《曾国藩全集·奏稿》，《查明津案大概情形折》，同治九年六月二十三日。
②《曾国藩全集·奏稿》，《请将天津府县官交刑部片》，同治九年六月二十三日。
③黎庶昌：《曾国藩年谱》，同治九年。

恭亲王奕䜣

难保其无事。"①同时他又认为,在敌强我弱、外国论势不论理的情况下,此案的解决途径只有在做好战、和两手准备的同时,"立意不与开衅",采取"委曲求全之法":

中国目前之力,断难遽起兵端,惟有委曲求全之一法。臣于五月二十九日复奏折内,曾声明立意不与开衅。匝月以来,朝廷加意柔远,中外臣民亦已共见共闻。臣等现办情形,仍属坚持初议,而罗酋肆意要挟,卒未稍就范围。谕旨所示"洋人诡谲性成,得步进步,若事事遂其所求,将来何所底止?是欲弭衅而仍不免启衅",确中事理,洞悉敌情。臣等且佩且悚。目下操纵之权主之自彼,诚非有求必应所能潜弭祝机。此后彼所要求,苟在我稍可曲徇,仍当量予转圜。苟在我万难允从,亦必据理驳斥。惟洋人遇事专论强弱,不论是非,兵力愈多,挟制愈甚。若中国无备则势焰张,若其有备和议或稍易定。现令张秋全队九千人拨赴沧州一带,略资防御。李鸿章前在潼关,臣已致函商谕,万一事急,恐须统率所部由秦入燕。……

伏见道光庚子以后办理夷务,失在朝和夕战,无一定之至计,遂至外患渐深,不可收拾。皇上登极以来,外国盛强如故,惟赖守定和议,绝无变更,用能中外相安,十年无事。此已成之事效。津郡此案,因愚民一旦愤激,致成大变,初非臣僚有意挑衅。倘即从此动兵,则今即能幸胜,明年彼必复来,天津即可支持,沿海势难尽备。朝廷昭示大信,不开兵端,此实天下生民之福。虽李鸿章兵力稍强,然以外国之穷年累世专讲战事者尚属不逮,以后仍当坚持一心曲全邻好。惟万不得已而设备,乃取以善全和局。兵端决不可自我而开,以为保民之道;时时设备,以为立国之本。二者不可偏废。臣此次以无备之故,办理过柔,寸心抱疾,而区区愚虑不敢不略陈所见。②

从奏折中可以看到,面对列强的要挟,曾国藩做了和、战两手准备。他在家信中说:"如再要挟不已,余惟守死持之,断不再软一步。"③然而,当时的湘军主力已经裁撤殆尽,所余的刘松山部以及左宗棠部都在西北镇压回民起义,李鸿章统率淮军也已赶赴陕西一带作战,唯一能调往天津防御的只有驻山东张秋的淮军刘铭传部9000人和曾国藩本人在保定新练的2000人。为此,曾国藩接连致函奕䜣要求将李鸿章和刘铭传的军队移驻近处以备不虞,并致信刘铭传,要

①黎庶昌:《曾国藩年谱》,同治九年。
②《曾国藩全集·奏稿》,《密陈津郡教案委曲求全大概情形片》,同治九年六月二十八日。
③《曾国藩全集·家书》,《谕纪泽》,同治九年六月二十九日。

求他"速即束装赴军,勿稍迟缓"。刘铭传的9000兵马很快调到了天津附近的沧州御防,清政府又命李鸿章率军驰援,并从东北抽调2000马队到天津驻防。不过说到底,这些战备措施还是为了更好地促成和局,因为当时清政府和曾国藩都希望竭力避免同列强开战,以实现其"和戎"的既定战略方针。曾国藩在复宝鋆的信中说:"目下中国海上船炮全无预备,陆兵则绿营固不足恃,勇丁亦鲜劲旅,若激动众怒,使彼协以谋,我处处宜防,年年议战,实屑毫无把握。此等情势,弟筹之至熟,故奏牍信函,屡持此论。"①

曾国藩因为在天津"办理过柔",不仅受到奕譞等主战派的攻击,左宗棠、王闿运等人也不以为然,李鸿章、曾纪泽也提出过不同意见,认为曾国藩一味对洋人讲诚信,处理"太过老实"。针对天津知府张光藻、知县刘杰被革职充军发配到黑龙江,有人编了民谣讽刺曾国藩:"升平歌舞和局开,宰相登场亦快哉。知否西陲绝域路,满天风雪逐臣来。"一时间,"诟詈之声大作,卖国贼之徽号竟加于国藩。京师湖南同乡尤引为乡人之大耻",会馆中所悬曾国藩"官爵匾额""悉被击毁"②,并将名籍削去,即不再承认他是湖南籍人;有人愤怒地跑到长郡会馆(长沙驻京会馆),把楹柱上曾国藩题写的联语"同科十进士,庆榜三名元"用刀划伤。曾国藩闻之,"引为大恨,中经几许周折,财、力兼施,始不过将甚难堪之外貌略为掩饰而已"③。

8月底,清廷命李鸿章调补直隶总督并接替曾国藩查办天津教案,曾国藩调任两江总督。9月20日李鸿章到达天津,10月17日曾国藩由天津启程进京,20天后自北京南下,离开了这片令他名声狼藉的伤心之地。

三

天津教案只是中国近代史上发生的众多教案之一,它对曾国藩的影响却是巨大的。去天津之前,他虽然年老体衰,地位声望却无人可及;离开天津时,他名声扫地,"举国欲杀",心力交瘁,受到极为沉重的打击。关键时刻,甘做替罪羊的曾国藩没有得到朝廷的体恤和支持,反而受到申斥,并派李鸿章代替他处理善后,等于宣告了曾国藩处理天津教案的失败。

与晚清大大小小的教案一样,天津教案有着特殊的社会历史背景,远远超出了一件刑事案件的范围。在中国历史上"洋教"侵入是"古已有之"的事情,佛教、伊斯兰教、景教等的传入并没有受到这样大的阻力,甚至比中国土生土长的道教更受欢迎,本土化了的佛教几度成为国教,对于中国社会和人民思想的

①《曾国藩全集·书信》,《复宝鋆》。
②徐凌霄、徐一士:《曾胡谈荟》,《国闻周报》第6卷第38期。
③[英]宓克:《支那教案论》(严复译),南洋公学译书院版,第28页。

影响几与儒学比肩。但当基督教在列强坚船利炮的保护下侵入中国时,却受到了人们异乎寻常的抵制。究其原因,在于这次"传教"不是和风细雨的进入,而是在炮火硝烟后的侵入,虽然不能将手捧《圣经》的传教士与手握洋枪的侵略者一概而论,但前者显然代为承受了他们的同胞在中国大地上激发的强烈而偏执的民族情绪。同时,当年许多在华的外国人包括许多传教士,其所作所为也已经激起了百姓的愤慨。单以案发地的天津而言:"自通商以后,百货皆用外国轮船装载","轮船进口碰伤民船莫敢究诘,民船偶碰轮船则立擒船户置黑舱中勒赔,修价必厌其所欲";

曾国藩看地球仪图

"本处商民或欠洋人债项,被控到官,勒限三日必还。洋商铺伙有欠本处账目者,控之则抗不到案,官莫能追";"有洋人乘马疾驰践踏人命之案,尸亲控县,莫能指名,洋人亦置不理。"①曾国藩在分析迷拐传闻盛行终致引发教案的深层原因时也说,平时"凡教中犯案,教士不问是非,曲庇教民,领事亦不问是非,曲庇教士。遇有民教争斗,平民恒曲,教民恒胜。教民势焰益横,平民愤郁愈甚。郁积必发,则聚众而群思一逞。"②连当时有的外国人也意识到,天津教案的发生是当地民众"对洋人的深恶痛绝突然间冒了出来","这些感情有些是深信诱拐传闻的自然结果;但如果以为所有都可以归结于这个根源,那将是一种错觉。很明显,早已怀有但被压抑着的恶感,正在乘机发泄出来。讲老实话,百姓关于屠杀(外国人)的普遍心情是庆幸,在某些情况下简直是幸灾乐祸。"③美国学者费正清则以旁观者的角度指出:"用中国人的眼光看,大概基督教和伊斯兰教的最大差异在于:早期从西亚传来的商业和科学风气对于儒家帝国建立已久的秩序威胁很小,而19世纪的基督教却是欧洲现代工业和军事力量的组成部分。中国统治阶级感到直接受了威胁,因而排斥了这个外来宗教。这样,把基督教带到中国去的西方扩张本身,使它在那里不受欢迎。"④

①张光藻:《同治庚午年津案始末》,《北戍草》"附录"。

②《曾国藩全集·奏稿》,《查明津案大概情形折》,同治九年六月二十三日。

③《耶士摩致镂斐迪函》,《中国近代史资料丛刊续编·清末教案》第5册。耶士摩当时任美国驻汕头领事。

④[美]费正清著,刘尊棋译:《伟大的中国革命》,世界知识出版社2003年版,第101页。

法律问题宗教化,宗教问题政治化,政治问题民族化,民族问题情绪化,这就是曾国藩"文武全才,惜不能办教案"的症结所在。在天津教案中,法国领事丰大业的骄纵蛮横、行凶杀人,显然是酿成血案的直接导火索。天津民众在群情激愤之下,打死24名外国人(其中既包括丰大业,也包括许多无辜的修女、神父、领馆人员和侨民),打死打伤神父和教徒数十人,烧毁了包括法国领事馆、望海楼教堂、仁慈堂以及英美等国教堂多座,其中呈现出的过激与残忍也超出了抵制侵略的范围。曾国藩、李鸿章按照"一命一抵了事"的办法进行处理,即使有失当之处,但显然与"投降卖国"相去甚远。而且曾国藩顶住了法国人的压力,拒绝外国人参与审判,拒绝了杀提督(陈国瑞)、府县抵罪的无理要求。有学者从法理的视角分析了曾国藩悲剧的原因:"一个群情激昂的刑事案子导致的对外交涉,本身就是很难处理的事件。曾国藩既要照顾国内的民族情绪,又要根据刑事案子本身的性质,根据事务的是非曲直和国家之王法处理,这是他面临的困境。杀人抵命是古今中外的基本法则,况且此案完全在中国法律体制内处理。是集体的非理性影响了此案的处理,以及百年后对曾国藩的评价。""他的锦囊妙计可以帮助他成就内政方面的伟业,却不能帮助他逃过民族纠纷的大劫。"①

曾国藩做了集体非理性情绪的活靶子,也做了朝廷的替罪羊。统治者在发给他的第一道上谕中,就已经把处置原则进行告知:"匪徒迷拐人口,挖眼剖心,实属罪无可逭。既据供称牵连教堂之人,如查有实据,自应与洋人指证明确,将匪犯按律惩办,以除地方之害。至百姓聚众将该领事殴死,并焚毁教堂,拆毁仁慈堂等处,此风亦不可长。着将为首滋事之人查拿惩办,俾昭公允。地方官如有办理未协之处,亦应一并查明,毋稍回护。曾国藩务当体察情形,迅速持平办理,以顺舆情而维大局。"②"顺舆情而维大局",这是一个充满悖论味道的要求,清政府何尝不知道,"顺舆情"就难以"维大局","维大局"势必不能"顺舆情"。曾国藩捧着这样一个烫手山芋走向天津,无怪乎他洞见到了身败名裂的结局,并做了死难的准备而写下遗嘱。李鸿章也清楚地看到了其中的吊诡之处:"将欲迁就和局,断难尽厌所求。若欲慑以兵威,又非虚声可制。筹思再四,善处两难。吾师身在局中,

慈禧太后

幸逐渐维持,勿遽诿退,以负众望。"③纵观整个处理过程,曾国藩的处理方针与

①李扬帆:《晚清三十人》,世界知识出版社2008年版,第54页。
②同治九年五月二十五日上谕。
③《李鸿章全集·朋僚函稿》,《复曾相》,同治九年七月十六日。

朝廷大致相同,他也是事事请示并按照统治者的意见来行事的。李鸿章接替曾国藩之后,最后仍以曾国藩的奏报结案,并无实质性改观,只是由于俄国提出被杀的4人只要赔款不要抵命,而将原定死刑20名改为16名,仅此而已。

针对天津教案的处理结果为曾国藩赢来的骂名,清末就有人为他辩白:"于时议者纷纷,曾公以时方多事,不肯遽启兵端,恬然犯众谤,以成国家之至计。今日曾公往矣,而一代伟人之胸襟擘画,千载下尚有以相也。而彼佟然以道学经济自命者,其心地之正大明白,不必如曾公;他日之建树,不必如曾公;即令易地以处,其能慎密坚忍,为国家善事而弭患者,亦不必果如曾公。而旁观坐啸,徒欲以其气矜凌躐乎曾公之上。"①对此统治者心知肚明,慈禧后来召见曾纪泽时,还念念不忘称赞"曾国藩真是公忠体国之人"②。120 年后,袁伟时先生有一段精彩的论述,为外交舞台上曾国藩的悲剧性命运作了鲜活的注解:"历史应该教会我们的人民在处理重大的国际国内问题的时候一定要审时度势,在各种复杂情况下最好地维护本国人民的利益和推动社会前进。在今天,任何国家的领导人在面对外国的侵略和威胁时如果只懂得硬拼,我们在赞颂其爱国热忱的同时,必将为其幼稚或僵化摇头叹息。分析 19 世纪中国的史事,我们也没有什么理由只能讴歌反抗,而把一切妥协和退让视作出卖国家利益的大逆不道之举。不必要的或危及人民根本利益的妥协、退让当然应该谴责,但一部好的史书不能引导人们走向极端。"③

往事已矣,曾国藩留给后人的智慧、经验与反思,正未有穷期。

①王先谦:《葵园四种》。
②转引自唐浩明:《唐浩明评点曾国藩家书》下册,岳麓书社 2002 年版,第 417 页。
③袁伟时:《晚清大变局中的思潮与人物》,海天出版社 1992 年版,第 277 页。

脸谱十九：思想家

在 1995 年全国首届曾国藩学术研讨会上，曾国藩被定位为中国近代文化的发轫者、湖湘文化的典型代表人物、中国传统文化集大成者和中国封建社会最后一尊大儒。这使我们想起赞颂曾国藩的一副著名对联：

立德立功立言三不朽，
为师为将为相一完人。

曾国藩少年时勤奋用功、锐意科举，入翰林院后开始博采百家、好学善思，又广事交游、师友砥砺，因此其道德文章名重一时。因为较早地擢升高官，后来又戎马倥偬、政务繁杂，使得他没有更多条件在学术上有所创造。据说光绪年间，有人向清廷建议以曾国藩从祀文庙，"清廷下礼部议奏，部议国藩无著述，于经学亦无发明，且举王湘绮的挽词证之，事遂中止"①。所谓"王湘绮的挽词"，指的是王闿运（字壬秋，号湘绮）为曾国藩所作的挽联："平生以霍子孟张叔大自期，异代不同功，戡定仅传方面略；经术在纪河间阮仪征之上，致身何太早，龙蛇遗憾礼堂书。"意思是，曾国藩虽然平生以西汉霍光和明代张居正这两位名相自期，但因时代不同，功业相差甚远，将太平天国革命镇压下去之后仅留下一些用兵方略；儒术超过著名经学家纪昀和阮元，而因过早擢升高官，没有写出什么学术著作。

这副挽联没有被选入《曾国藩哀荣录》，因为"上联讥其无相业，下联讥其无著述"，据说曾纪泽看到后大怒，骂王闿运"诚妄人而已矣"，并把此联撕毁。②当然，这并不影响后人对曾国藩作为中国历史上杰出思想家的评价。曾国藩去世后，同治帝在上谕中称赞他："学问纯粹，器识宏深。"③《清史稿》称赞他："学有本源，器成远大，忠诚体国，节劲凌霜，德埒诸葛，功迈萧曹，文章无愧于韩欧。"④思想学问俱称一流的梁启超，认为"《曾文正集》不可不日三复也"⑤；蒋廷黻认为"曾国藩是中国旧文化的代表人物，甚至于理想人物"⑥。中国思想家研

①高伯雨：《中兴名臣曾胡左李》，香港波文书局 1977 年版，第 34 页。
②陶菊隐：《近代轶闻》，《王闿运》。
③《曾国藩年谱》，附二：《曾国藩哀荣录》，上谕一。
④《清史稿·曾国藩传》。
⑤梁启超：《饮冰室合集·专集》卷 4，中华书局 1989 年影印本，第 134 页。
⑥蒋廷黻：《中国近代史》，上海古籍出版社 2004 年版，第 34 页。

曾国藩故居新貌

究中心推出的《中国思想家评传丛书》中，梁绍辉先生的《曾国藩评传》占有重要一席，并以全书一半以上的篇幅集中对曾国藩的学术思想进行了研究分析。

曾国藩作为一位集中国传统文化之大成的思想家，已经越来越引起后人关注和研究的兴趣。

一

曾国藩早年的读书治学，主要是为了应付科举考试。1838 年考中进士后，开始了环境相对稳定的京官生涯，这一时期他广交师友，精研学问，涉猎典籍，修养品性，为其一生的学术事业打下了全面的基础。他写信告诉弟弟："兄少时天分不甚低，厥后日与庸鄙者相处，全无所闻，窃被茅塞久矣。近年得一二良友，知有所谓经学者、经济者，有所谓躬行实践者，始知范韩可学而至也，司马迁韩愈亦可学而至也，程朱亦可学而至也。慨然思尽涤前日之污，以为更生之人，以为父母之肖子，以为诸弟之先导。"①

如前文所述，他在唐鉴、倭仁、刘传莹、刘蓉等师友的挟持带动下，开始接触理学，并广泛涉猎考据、文史、典章、经济等学问，进步很快。这时的曾国藩开始在学术上形成了自己的独立见解，并对未来的学问与事业道路满怀信心，"毅然有效法前贤，澄清天下之志"②，他在家书中写道："君子之立志也，有民胞物与之量，有内圣外王之业，而后不忝于父母之生，不愧为天地之完人。"③

①《曾国藩全集·家书》，《致澄弟温弟沅弟季弟》，道光二十二年十二月二十日。
②黎庶昌：《曾国藩年谱》，道光十八年。
③《曾国藩全集·家书》，《致澄弟温弟沅弟季弟》，道光二十二年十月二十六日。

曾国藩幼读孔孟之书,长习义理之学,人们大都把他视为理学家和儒家文化的代表人物。其实,曾国藩学术思想的最大特点是"集大成",他博采传统文化之长,深悟诸子百家之要义,调和汉宋之争,讲求经世致用,坚持躬行实践,试图与解决中国所面临的社会现实困境相结合,并走上了洋务派的道路。朱东安先生指出:"曾国藩既不算一个纯粹的理学家,也不算纯粹的儒学家,而是

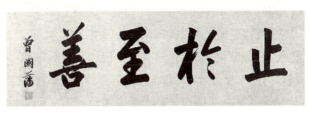

曾国藩书法

一个以理学为核心、儒学为主体,集中国古今思想之大成的杂家。"①真是一语道出了曾国藩思想的本质。

通观曾国藩的治学之道,他以博求通,以杂求用,而又万变不离其宗,不失其一定之规。笔者认为,其主要特征体现为三个方面:儒学为干,百家为枝;老庄为体,禹墨为用;义理为源,经济为流。

儒学为干,百家为枝。曾国藩以书生起家,尊崇儒术,讲求理学,终生不移。但他又不受儒家学派唯我独尊思想的干扰,对于各家学问都能公允看待,积极求取其中有益精华。在儒家内部,他讲求理学却不独尊程朱,相反对周敦颐和张载更为看重,认为学问"能深且博而属文复不失古圣之谊者,孟氏而下惟周子之《通书》,张子之《正蒙》,醇厚正大,邈焉寡俦。许郑亦且深博,而训诂之文或失则碎;程朱亦且深博,而指示之语或失则隘"②。在儒家之外,他对诸子百家都保持了浓厚兴趣,认为先秦诸子的思想皆有可取,他们与儒学思想互为补充,甚至可以弥补孔子思想未能尽发的"有所不言"之意:"圣人有所言有所不言。积善余庆所言者也,万事由天不由人其所不言者也;礼乐刑政、仁义忠信所言者也,虚无清静、无为自化其所不言者也。吾人当以不言者为体,以所言者为用;不以言者存诸心,以所言者勉诸身;以庄子之道自怡,以荀子之道自克。其庶为闻道之君子乎?"③他曾精选古今圣哲32人,命曾纪泽"图其一像,都为一卷,藏之家塾"④,作为读书治学的依归,并作《圣哲画像记》一文,从一个侧面反映了他的学术旨趣。这32人虽然大都是儒家人物,但治学内容涉及各个领域,既有文(王)、周(公)、孔(子)、孟(子)这类儒家圣人,也有班(固)、马(司马迁)、左(丘明)、庄(子)这类以文史见长的人物,以及葛(诸葛亮)、陆(贽)、范(仲淹)、

---

①朱东安:《曾国藩传》,百花文艺出版社2001年版,第445页。

②《曾国藩全集·书信》,《致刘蓉》。

③《曾国藩全集·日记》,咸丰九年十一月初四日。

④《曾国藩全集·诗文》,《圣哲画像记》。

马(司马光)这类政治家，周(敦颐)、程(颐)、朱(熹)、张(载)这类哲学家，韩(愈)、柳(宗元)、欧(阳修)、曾(巩)这类文学家，李(白)、杜(甫)、苏(轼)、黄(庭坚)这类诗人，许(慎)、郑(玄)、杜(佑)、马(端临)这类经史学家，顾(炎武)、秦(蕙田)、姚(鼐)、王(念孙)这类经学家、文学家。刘蓉批评他不应推崇司马迁、韩愈的文章，曾国藩复信反驳说："今论者不究二子之识解，辄谓迁之书愤懑不平，愈之书傲兀自喜。而足下或不深察，亦偶同于世人之说，是犹睹《盘》、《诰》之聱牙而谓《尚书》不可读，观郑、卫之淫乱而谓全《诗》可删，毋乃漫于一概而未之细推也乎？"[1]不仅如此，他甚至以不懂天文算学知识以及书法不精等为大耻，并要求儿子替他"雪耻"："学问各途，皆略涉其涯矣，独天文算学，毫无所知，虽恒星五纬亦不识认，一耻也；每作一事、治一业，辄有始无终，二耻也；少时作字，不能临摹一家之体，遂致屡败而无所成，迟钝而不适于用，近岁在军，因作字太钝，废阁殊多，三耻也。尔若为克家之子，当思雪此三耻。"[2]

曾国藩《圣哲画像记》

老庄为体，禹墨为用。曾国藩对道家的虚静无为思想和墨家的积极入世思想颇为看重，认为二者虽然性质不同，却可以作为人生哲学的有益补助。曾国藩认为诸子百家的思想都可以作为儒家思想的补充："念周末诸子各有极至之诣。其所以不及仲尼者，此有所偏至，即彼有所独缺，亦犹夷、惠之不及孔子耳。若游心能如老庄之虚静，治身能如墨翟之勤俭，齐民能以管商之严整，而又持以不自是之心，偏者裁之，缺者补之，则诸子皆可师也，不可弃也。"[3]其中，他又认为"老庄为体，禹墨为用"对修身和治政都是最为切实有益的指导思想："立身之道，以禹墨之勤俭兼老庄之虚静，庶于修己治人之术两得之矣。"[4]"吾曩者志事以老庄为体，禹墨为用，以不与、不遑、不称为法，若再深求六者之旨而不轻于有所兴作，则咎戾鲜矣。"[5]对墨家学派的后人"豪侠"，他认为有不少方面如薄利重义、忘己济人、轻死重节等，都与"圣人之道"相一致："昔人讥太史公好称任侠，以余观，此

①《曾国藩全集·书信》，《致刘蓉》。
②《曾国藩全集·家书》，《谕纪泽》，咸丰八年八月二十日。
③《曾国藩全集·日记》，咸丰十一年八月十六日。
④《曾国藩全集·日记》，咸丰十一年八月十六日。
⑤《曾国藩全集·日记》，同治八年八月二十日。

数者乃不悖于圣贤之道,然则豪侠之徒未可深贬。"①因此,清末学者夏震武曾尖锐地批评他:"湘乡训诂、经济、词章皆可不朽,独于理学则徒以其名而附之,非真有镜于唐镜海、倭艮峰、吴竹如、罗罗山之所讲论者,其终身所得,'以老庄为体、禹墨为用'耳。"②曾国藩早年积极进取,终生勤奋不懈,崇尚"禹墨为用"固然可以理解。他早年科举顺遂,仕途顺利,为何对老庄思想情有独钟?笔者以为,这大概与他一生疾病缠身、愁苦不断的遭遇有关,特别是1853年带兵以后,先是客寄虚悬、事机不顺,又几次在战场上陷于危境;晚年功高身危,屡受打压,屡萌退意又不得自由。这些客观情况应该会对他在思想上转向无为不争、虚静自守的一面产生重要影响。据欧阳兆熊回忆,曾国藩在1857年赋闲在家时有人"以黄老医心病讽之",遂一改前风,复出后"一以柔道行之",显然只是原因之一。

义理为源,经济为流。曾国藩自受唐鉴启发,遂以义理之学作为源头,认为"切于吾身心不可造次离者,则莫急于义理之学"③。同时他又不偏执一端,对考据、词章等学问同样重视,更把经济之学上升到与义理之学同等重要的地位。之前的学者如姚鼐等人认为"学问之途有三:曰义理,曰考据,曰词章"④,曾国藩则指出:"为学之术有四:曰义理,曰考据,曰词章,曰经济。"他进一步指出了每门学问研究的内容:"义理者,在孔门为德行之科,今世目为宋学者也。考据者,在孔门为文学之科,今世目为汉学者也。词章者,在孔门为言语之科,从古艺文及今世制义诗赋皆是也。经济者,在孔门为政事之科,前代典礼、政书,及当世掌故皆是也。"⑤他从担任侍郎起,就开始就各部的实际工作和前朝典制,认真研究其中经国济世的学问,吸取前代政治、经济、军事等方面的治理经验。他在日记中记下了对经济之学的理解:"天下之大事宜考究者凡十三宗:曰官制、曰财用、曰漕务、曰钱法、曰冠礼、曰婚礼、曰丧礼、曰祭礼、曰兵制、曰兵法、曰刑律、曰地舆、曰河渠。"研究经济之学的方法,"皆以本朝为主而上溯前代之沿革本末,衷之以仁义,归之于简易。前代之袭误者可以自我更之,前世所未及者可以自我创之。其苟且者知将来之必敝,其至当者知将来之必因,所谓虽百代可知也。"⑥

综上可知,曾国藩思想的要义是以传统文化为根基、以经世致用为目的、以博采旁求为方法,"吸收一切对统治阶级有用的思想,不论是何家何派,也不论

①《曾国藩全集·诗文》,《劝学篇示直隶士子》。
②夏震武:《灵峰先生集》卷4。
③《曾国藩全集·诗文》,《劝学篇示直隶士子》。
④《曾国藩全集·诗文》,《圣哲画像记》。
⑤《曾国藩全集·诗文》,《劝学篇示直隶士子》。
⑥《曾国藩全集·日记》,咸丰元年八月二十一日。

是外来的或中国固有的,加以融会贯通,心领神会,形成自己复杂的思想体系";"摈除门户之见,对于整个封建社会积累起来的大量可资以为治的有用知识,都采取兼收并用的态度,并在运用中加以整理和发展,错者改之,缺者补之,不仅要解决社会现实中提出的一些具体问题,还要总结出一整套经验,形成一定的规章制度"①。这就是曾国藩思想的基本脉络。

二

理学在曾国藩思想体系中居于重要地位,是他一生学问、事业、道德的依归。

曾国藩研习理学是唐鉴引导和教诲的结果,自称"国藩本以无本之学寻声逐响,自从镜海先生游,稍乃粗识指归"②。1845年唐鉴撰《国朝学识小案》一书,曾国藩为其校字付梓,并作《〈国朝学识小案〉序》。他多次在家书中向弟弟传授"义理为本"的治学之道:"读经以研寻义理为本,考核名物为末。""兄之私意以为,义理之学最大,义理明则躬行有要,经济有本。词章之学亦所以发挥义理者也。"③直到晚年,他在《劝学篇示直隶士子》中仍持此观点:"人之才智,上哲少而中下多,有生又不过数十寒暑,势不能求此四术遍观而尽取之。是以君子贵慎其所择而先其所急,择其切于吾身心,不可造次离者,则莫急于义理之学。""苟通义理之学,而经济该乎其中矣。""今与直隶多士约:以义理之学为先,以立志为本","志之所向,金石为开,谁能御之?志既定矣,然后取程朱所谓居敬、穷理、力行、成物云者精研而实体之;然后求先儒所谓考据者,使吾之所见证诸古制而不谬;然后求所谓词章者,使吾之所获达诸笔札而不差。择一术而坚持,而他术未敢竟废也。"在他最后一天的日记中,仍然可见他拖着病体研习理学的记载:"早饭后清理文件,阅《理学宗传》。围棋二局。至上房一坐。又阅《理学宗传》。中饭后阅本日文件。李绂生来一坐。屡次小睡。核科房批稿簿。傍夕久睡。又有手颤心摇之象。起吃点心后,又在洋床小睡。阅《理学宗传》中张子一卷。二更四点睡。"④曾国藩对理学的坚持,可以说是生命不息、潜研不止了。

理学思想对曾国藩的影响可谓深矣。从哲学思想到修身方法,从治军理念到施政方略,从外交原则到洋务措施,处处可以看到理学思想的印记。同时,他又不拘泥于理学的藩篱,对考据、词章、经济领域均深入探研,特别致力于调和

①朱东安:《曾国藩传》,百花文艺出版社2001年版,第445~447页。
②《曾国藩全集·书信》,《致贺长龄》。
③《曾国藩全集·家书》,《禀父母》,道光二十三年正月十七日。
④《曾国藩全集·日记》,同治十一年二月初三日。

262

汉宋之争,所以《清史稿》说他"论学兼综汉、宋,以谓先王治世之道,经纬万端,一贯之以礼"①。

所谓"宋学"是指义理之学,"汉学"则指考据之学。汉学、宋学之争由来已久,互不相能,汉学攻击宋学"空疏",宋学攻击汉学"破碎"。至清代乾嘉时期,汉学在学术界占了主流地位,理学家大都以门户之见攻击汉学。着眼于经世致用的根本目的,曾国藩一度崇宋学而轻汉学,尤其反对琐碎的考据之学,并多次对汉学家提出严厉批评。他在《朱慎甫遗书序》写道:"嘉道之际,学者承乾隆季年之流风,袭为一种破碎之学。辨物析名,梳文栉字,刺经典一二字,解说或至数千万言。繁称杂引,游衍而不得所归。张己伐物,专抵古人之隙,或取孔、孟书中心性仁义之文,一切变更故训,而别创一义,群流和附,坚不可易。有宋诸儒周、程、张、朱之书,为世大诟。间有涉于其说者,则举世相与笑讥唾辱,以为彼博闻之不能,亦逃之性理空虚之域,以自盖其鄙陋不肖者而已矣。"②但他并不以理学家的门户之见刻意攻击汉学,而是希望在学术上谋求汉学与宋学的会通:"于汉宋二家构讼之端,皆不能左袒以附一哄;于诸儒崇道贬文之说,尤不敢雷同而苟随。""欲兼取二者之长,见道既深且博,而为文复臻于无累。"③又说:"乾嘉以来,士大夫为训诂之学者,薄宋儒为空疏;为性理之学者,又薄汉儒之支离。鄙意由博乃能返约,格物乃能正心。必从事于礼经,考核于三千三百之详,博稽乎一名一物之细,然后本末兼该,源流毕贯。虽极军旅战争食货凌杂,皆礼家所应讨论之事。故尝谓江氏《礼书纲目》、秦氏《五礼通考》可以通汉宋二家之结,而息顿渐诸说之争。"④因此,钱穆在《中国近三百年学术史》中评价他:"其言皆极持平,与当时牢守汉宋门户互相轻薄者不同,又进而为汉宋谋会通,则归其要于礼家。"⑤

的确,曾国藩理学思想的一大特点就是突出了"礼"的核心地位,这也是与此前的多数理学家不同的。他认为:"先王之道,所谓修己治人、经纬万事者,何归乎?亦曰礼而已矣。秦来书籍,汉代诸儒之所掇拾,郑康成之所以卓绝,皆以礼也。杜君卿《通典》,言礼者十居其六,其识已跨越八代矣!有宋张子、朱子之所讨论,马贵与、王伯厚之所纂辑,莫不以礼为兢兢。我朝学者,以顾亭林为宗。国史《儒林传》襃然冠首。吾读其书,言及礼俗教化,则毅然有守先待后,舍我其谁之志,何其壮也!厥后张蒿庵作《中庸论》,及江慎修、戴东原辈,尤以礼为先

①《清史稿·曾国藩传》。
②《曾国藩全集·诗文》,《朱慎甫遗书序》。
③《曾国藩全集·书信》,《致刘蓉》。
④《曾国藩全集·书信》,《致刘蓉》。
⑤钱穆:《中国近三百年学术史》,商务印书馆 1997 年版,第 638 页。

务。而秦尚书蕙田,遂纂《五礼通考》,举天下古今幽明万事,而一经之以礼,可谓体大而思精矣。"①"昔仲尼好语求仁,而雅言执礼。孟氏亦仁礼并称,盖圣王所以平物我之情,而息天下之争,内之莫大于仁,外之莫急于礼。自孔孟在时,老庄已鄙弃礼教,杨墨之指不同,而同于贼仁。厥后众流歧出,载籍焚烧,微言中绝,人纪紊焉。汉儒掇拾遗经,小戴氏乃作记,以存礼于什一。又千余年,宋儒远承坠绪。横渠张氏乃作《正蒙》,以讨论为仁之方。船山先生注《正蒙》数万言,注《礼记》数十万言,幽以究民物之同原,显以纲维万事,弭世乱于未形。其于古昔明体达用,盈科后进之旨,往往近之。"②难怪时人说他:"经世宰物、纲维万事,无他,礼而已矣。"③

　　曾国藩对以程朱为代表的理学也进行了一定程度的反思。一次,当幕僚赵烈文谈到春秋以来人心不正,淫乱成风,"纳人心使日就范围亦宋儒之功",曾国藩反驳说:"古人再醮(作者按:古代称寡妇改嫁为再醮)为常事,今并有未嫁守节者,然桑濮之风亦不绝,论其优劣何如?"赵答道:"互有长短。"曾国藩道:"允

曾国藩书法

哉,断狱也。"④可见,曾国藩对宋明理学通过"存天理,灭人欲"在"正人心"方面所发挥的作用提出了质疑。到了晚年,他因在政治、外交等事务上被未谙大势的言官所阻所劾,对一味"谈性理者"进行了批判,他在复郭嵩焘的信中,对持有同样观点的郭氏的观点表示赞同:"尊函痛陈自宋以来言路之蔽,读之乃正搔着痒处。船山先生《宋论》,如宰执条列时政,台谏论宰相过失及元祐诸君子等篇,讥之特甚,咎之特深,实多见道之言。尊论自宋以来多以言乱天下,南渡至今言路持兵事之长短,乃较王氏之说尤为深美。仆更参一解云:性理之学愈推愈密,苛责君子愈无容身之地,纵容小人愈得宽然无忌,如虎飞而鲸漏。谈性理者熟视而莫敢谁何,独于一二仆讷君子攻击

惨毒而已。"⑤

　　曾国藩早年视为师友、共研理学的倭仁晚年沦为顽固派,曾氏在肯定他"有特立之操"的同时,又指出他"才薄识短"⑥,不足以谋大事。因此,这就出现了一种反常的现象:在近代史上理学家多主张对外抵抗,思想趋于保守,反对"用

①《曾国藩全集·诗文》,《圣哲画像记》。

②《曾国藩全集·诗文》,《王船山遗书序》。

③《曾国藩年谱》,附二:《曾国藩荣哀录》,郭嵩焘:《曾文正公墓志铭》。

④赵烈文:《能静居日记》,同治六年九月初四日。

⑤《曾国藩全集·书信》,《复郭嵩焘》。

⑥赵烈文:《能静居日记》,同治八年五月二十八日。

夷变夏"；洋务派多主张对外妥协，"师夷长技"，以适应形势发展的需要。显然二者在思想上是尖锐对立不能相容的，在曾国藩身上却二者兼得。曾国藩能兼跨理学与洋务，与他注重经世致用的抱负息息相关。正因为如此，他才能学得理学的稳健、保守而不为其所囿，并以包容的心态、开阔的眼界、务实的思想挺膺入世、有所作为。正如许多学者指出的那样，曾国藩应该被称为"理学经世派"更为确切。

正因为这样，清末学者夏震武认为曾国藩不是一位真正的理学家："儒者学孔孟程朱之道，当独守孔孟程朱，不必以混合儒墨并包兼容为大也。""以杂为通，以约为陋，为正为党，博学多能，自命通人，足以致高位取大名于时而已，不当施之于讲学。""湘乡讥程朱为陋，吾正病其未脱乡愿之见耳。"①殊不知，这位独尊程朱的老先生不承认曾国藩是理学家，恰恰印证了曾国藩所批评的门户之见之陋。

曾国藩认为，圣人之学不外乎"即物求道"和"身体力行"，前者是所谓"致知"工夫，后者是所谓"力践"工夫。两者都应以"至诚"为理想境界，"至诚"就是"不欺"、"无私"、"至虚"，"是故天下之至诚，即天下之至虚者也"②。因此，他称理学为"克己之学"，终其一生非常注重以克己为核心的修身工夫，着力把自己修炼成"内圣外王"的"今古完人"。

薛福成对曾国藩的道德操守给予很高的评价：

曾国藩讲求先儒之书，剖析义理，宗旨极为纯正，其清修亮节，已震一时。平时制行甚行，而不事表暴于外；立身甚恕，而不务求备于人。故其道大而能容，通而不迁，无前人讲学之流弊。继不轻立说，专务躬行，进德尤猛。其在军在官，勤以率下，则无间听宵；俭以奉身，则不殊寒素，久为众所共见。其素所自勖而勖人者，尤畏难取巧为深戒，虽祸患在前，谤议在后，亦毅然赴之而不顾。与人共事，论功则推以让人，任劳则引为己责。盛德所感，始而部曲化之，继而同僚谅之，终则各小从而慕效之。所以转移风气者在此，所以宏济艰难亦在此！③

苏同炳在《中国近代史上的关键人物》中也盛称曾国藩的道德文章："曾国

①夏震武：《灵峰先生集》卷4。
②《曾国藩全集·日记》，道光二十二年十一月十五日。
③薛福成：《庸庵全集》。

藩虽然是清代末年的伟大人物,但他不是天才。他的成功,得力于他的勤学不懈与终生笃实践履。他的朋辈与僚属受到他的感化,人人以进德修养及负责尽职自期,所以才能团结众心,群策群力,夷平大难,转移风气。曾国藩的道德文章,即使不能说是千古以来所罕有,至少在清代是第一流的人物。尤其是在道光咸丰以后,人心日偷,整个国家社会都有分崩离析之危险的时候,竟然能有曾国藩这样一个节行文章俱属卓尔不凡的人出来挽救国家危亡,转移社会风气,实在可说是国家与人民的福分。"①

所谓修身,主要是用传统道德规范和圣贤言论约束自己的一切言行。曾国藩勇于修身,善于修身,形成了一套自己的修身理论和修身方法。比如著名的"日课十二条":

一、主静:无事时整齐严肃,心如止水;应事时专一不杂,心无旁骛。

二、静坐:每日须静坐,体验静极生阳来复之仁心,正位凝命,如鼎之镇。

三、早起:黎明即起,绝不恋床。

四、读书不二:书未看完,绝不翻看其他,每日须读十页。

五、读史:每日至少读二十三史十页,即使有事亦不间断。

六、谨言:出言谨慎,时时以"祸从口出"为念。

七、养气:气藏丹田,修身养性。

八、保身:节劳节欲节饮食,随时将自己当作养病之人。

九、日知其所亡:每日记下茶余偶谈一篇,分为德行门、学问门、经济门、艺术门。

十、月无忘所能:每月作诗文数首,不可一味耽搁,否则最易溺心丧志。

十一、作字:早饭后习字半小时,凡笔墨应酬,皆作为功课看待,绝不留待次日。

十二、夜不出门:临功疲神,切戒切戒!②

可见,"十二条"的基本精神是养成有规律的生活习惯,以强健身体、促进学业、日有所思、提高修养。除了养气、谨言、静坐等值得商榷以外,其他日课对今人依然具有借鉴意义。此外还有"五箴"(一曰立志,二曰居敬,三曰主静,四曰谨言,五曰有恒)、"三字箴"("清"字箴、"慎"字箴、"勤"字箴)、"八本"(读书以训诂为本,作诗文以声调为本,事亲以得欢心为本,养生以戒恼怒为本,立身以不妄语为本(即不扯谎也),居家以不晏起为本,作官以不要钱为本,行军以不扰

①苏同炳:《中国近代史上的关键人物》上册,中华书局1988年影印版,第3页。
②《曾国藩全集·诗文》,《课程十二条》。

民为本)等。这些修身方法,曾国藩不但自己努力践行,也教导和督促弟弟、儿子们效仿,并逐渐发展成为曾氏家训。

在担任京官期间,曾国藩受倭仁等人的影响,坚持记日记以反省自己,终其一生,只在一小段时间里有间断,其余则一天不落地坚持下来。在日记中,他以理学家的特有口吻,对自己的言行密切监督,"狠斗私字一闪念",发现不良倾向或苗头则大批臭批。通过这些文字记载,我们知道曾国藩"犹人也",也有着普通人的思维和欲望,他的修身历程,是一次与"本我"斗争的人生苦旅。至于同时代的人如左宗棠以一个"伪"字骂他,后人也多有附会以"伪君子"、"假道学"者,则实在有点冤枉了他。

"舜犹人也",曾国藩的修身目标与他的现实状况往往有着不小的差距。他以临深履薄的谨慎,批斗自己,克除弊病,向着"内圣外王"的目标努力。在日记中,他针对自己贪睡而做不到"黎明即起",就痛骂"一无所为,可耻"①;喜欢在与朋友聊天时争上风,占便宜,就自责为"好妄语",发誓若再犯就"明神殛之"②;偶尔跟朋友讲黄色笑话,见到朋友纳了美妾而动心,则自骂"真禽兽"③;有抽水烟的习惯,"三十岁前最好吃烟,片刻不离"④,于是"将水烟袋捶碎","从此永禁吃烟"⑤……

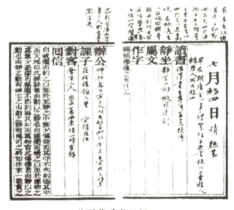
曾国藩手书日记

有人批判曾国藩的修身是"用破一生心",从上面几则记载中便可以看出这一点。他太追求完美,追求至善,对自己的苛求一至于此!我们在为之叹服的同时也为之叹惋,在为之击节的同时也为之遗憾——这样的人生固然可称圆满,但这样的生活着实了无趣味。

他顾虑太多,想要八面玲珑,处处求全,因此活得太累。

他为自己捆绑上过于沉重的包袱,因此走得步履艰难。

当然,曾国藩的思想是多元的,他的性情也是多面的。他威严整肃,又诙谐幽默;他积极进取,又虚静自持;他坚忍好强,又悲观低调;他疾恶如仇,又宅心

①《曾国藩全集·日记》,道光二十二年十月二十一日。
②《曾国藩全集·日记》,道光二十二年十一月九日。
③《曾国藩全集·日记》,道光二十二年十二月十六日。
④《曾国藩全集·家书》,《谕纪泽纪鸿》,同治元年四月二十四日。
⑤《曾国藩全集·日记》,道光二十一年九月初一日。

仁厚；他峻法杀人，又宽容待物……比如，曾国藩曾对吴敏树、郭嵩焘两人说："我身后碑铭，必属两君。他任掑饰，铭辞结句，吾自有之。"曰："不信书，信运气。公之言，告万世。"①再比如，他在日记中有一大段内心独白：

> 细思古今亿万年，无有穷期，人生其间数十寒暑，仅须史耳；大地数万里，不可纪极，人于其中寝处游息，昼仅一室耳，夜仅一榻耳；古人书籍，近人著述，浩如烟海，人生目光之所能及者，不过九牛之一毛耳；事变万端，美名百途，人生才力之所能办者，不过太仓之一粒耳。知天之长而吾所历者短，则遇忧患横逆之来，当少忍以待其定；知地之大而吾所居者小，则遇荣利争夺之境，当以退让以守其雌；知书籍之多而吾所见者寡，则不敢以一得自喜，而当思择善而约守之；知事变之多而吾所办者少，则不敢以功名自矜，而当思举贤而共图之。②

这里的曾国藩，与那个叱咤风云、拥兵十万的湘军统帅，与那个讲仁讲理、克己修身的今古完人，与那个勤政廉洁、积极入世的中兴名臣，显然有着较大的距离。哪一个才是真正的曾国藩呢？

有一次，赵烈文在曾国藩的内室中看到一本被理学夫子们斥为"淫书"的《红楼梦》，于是大笑道："督署亦有私盐耶！"③曾国藩还建议两个弟弟阅读纪昀的《阅微草堂笔记》这种"多言狐鬼及因果报应之事"④的书籍。其思想之开明、涉猎之广泛，显然绝非那些迂腐呆板的理学夫子们可比。

攻克金陵以后，曾国藩组织人力疏浚多年未整治的秦淮河。在唐浩明先生的历史小说中，曾国藩派赵烈文主持恢复以前"十里秦淮"风月之地的原貌，赵大吃一惊，觉得这全然不像曾国藩的性格。对此，曾国藩推心置腹地说了下面这番话：

> 三十年前，我是心向往游冶而不敢游冶；三十年后，我是心不想游冶而不禁别人游冶。三十年前血气方刚，声色犬马，常令我心驰神往，但我求功名，求事业，不能沉湎此间。我痛自苦责，常不惜骂自己为禽兽，为粪土，而使自己警惕。经过十多年的静、敬、谨、恒的立志与修养，终于做到了心如古井，不为所动。三十年后的今天，我身为两江总督，处理事情则不能凭一己之好恶。我要为金陵百姓恢复一个源远流长、大家喜爱的游乐场所，要为皇上重建一个人文荟萃、河

---

①朱克敬：《瞑庵杂识》。
②《曾国藩全集·日记》，同治元年四月十一日。
③赵烈文：《能静居日记》，同治六年六月十三日。
④《曾国藩全集·家书》，《致澄弟沅弟》，同治十年五月初十日。

山锦绣的江南名城。芸芸众生，碌碌黔首，有几个能立廊庙，能干大事业？他们辛苦赚钱，也要图个享受快乐。酒楼妓馆，画舫笙歌，能为他们消忧愁，添愉悦，也就有兴办的价值。我身为金陵之主，能不为这千千万万的凡夫俗子着想吗？且游览秦淮河，如同读一部六朝至前明的旧史，几度兴废，几多悲喜，亦足令读书君子观古鉴今，励志奋发，居安思危，为国分忧。……范文正公称赞滕子京治岳州时是"政通人和，百废俱兴"，这话说得好！有政通人和，才有百废俱兴，而百废俱兴了，又体现出政通人和。秦淮河初具规模后，还要修复鸡鸣寺、莫愁湖、台城、胜棋楼、扫叶楼，乃至城外雨花台、孝陵卫、燕子矶等等，将六朝旧迹、前明文物一一恢复，使龙盘虎踞的石头城再放光彩。[①]

唐先生真是个中高手。他以小说家言的形式，描画了一个更加丰满的曾国藩的形象。

在曾国藩下令疏浚修复的十里秦淮河上，夫子庙一带尤属繁华之地。夫子庙有一副著名的对联：

都是圣人，且领略六朝烟水；
暂留过客，莫辜负九曲风光。

人生九曲，风光无限。进以修养身心道德，退以怡享常人之乐。我们愿以此揣测于曾国藩，寄望于后来人。

---

①唐浩明：《曾国藩·野焚》，湖南文艺出版社1991年版，第527~528页。

脸谱二十：文学家

曾国藩早年在京师以精研理学闻名，中年以后以镇压太平天国、中兴大清的事功而备受朝野推崇，然而他自己认为兴趣最大、用功最多、探索最苦的还是"词章之学"，并且不止一次说过："古文与诗，二者用力颇深。"①

曾国藩的古文和诗歌创作在当时即享有盛名，后世也给予很高评价。《清史稿》说他："天性好文，治之终身不厌，有家法而不囿于一师。"②晚清名士李慈铭读过《曾文正公全集》后大为赞赏，认为其文章有的情感真挚，有的叙事质实，有的笔力苍劲，有的文字传神，可谓"近代之杰作"③。梁启超指出，曾国藩即使没有什么"事业"，仅就文章而言"亦可以列入文苑传"④。民国文人徐一士兄弟认为"国藩文章诚有绝诣，不仅为有清一代之大文学家，亦千古有数之大文学家也"⑤。曾国藩的得意弟子黎庶昌更盛赞曾氏文章"冠绝古今"："湘乡曾国藩出，扩姚氏而大之，并功、德、言为一途，挈揽众长，轹归掩方，跨越百氏，将遂席两汉而还之三代，使司马迁、班固、韩愈、欧阳修之文绝而复续，岂非所谓豪杰之士、大雅不群者哉。盖自欧阳氏以来，一人而已。"⑥这显然是感情用事的过誉之词了。

曾国藩凭着发愤用功的劲头、勤学善思的优势和培育人才的热情，振桐城文派之衰势，发同光诗体之先声，成为晚清时期卓荦有为的文学大家，这早已成为学界定论。有研究者把他列为"明清八大家"，认为他是与明代的刘基、归有光、王世贞和清代的顾炎武、姚鼐、张惠言、龚自珍并列的古文巨擘。这种定位对于曾国藩来说，当属实至名归。

一

曾国藩一生喜读书、善作文，始终把文章作为"终生不辍"的事业。1835 年他进京会试落第，寓居京师长沙郡馆读书以便来年的"恩科"再考，这段时期他"穷研经史，尤好昌黎韩氏古文，慨然思躐而从之，治古文词自此始"⑦。进入翰

---

①《曾国藩全集·家书》，《谕纪泽》，咸丰十一年三月十三日。
②《清史稿·曾国藩传》。
③徐凌霄、徐一士：《凌霄一士随笔》，《国闻周报》第 11 卷第 32 期。
④徐凌霄、徐一士：《凌霄一士随笔》，《国闻周报》第 11 卷第 17 期。
⑤徐凌霄、徐一士：《曾胡谈荟》，《国闻周报》第 6 卷第 33 期。
⑥黎庶昌：《续古文辞类纂叙》，《拙尊园丛稿》卷 2。
⑦黎庶昌：《曾国藩年谱》，道光十五年。

林院以后,曾国藩更加注重读书治文之道,"困知勉行,期有寸得","可以无愧词臣,尚能以文章报国"①。在京城为官的这段时间里,曾国藩苦学勤练、师友勉励,在文坛已经颇享盛名,郭嵩焘称他"入翰林,天下称其学行,以为文学侍从之选无逾公"。唐鉴曾告诫他:"诗文词曲皆可不必用功,诚能用力于义理之学彼小技亦非所难。"②曾国藩对此不以为然,他告诉刘蓉:"国藩既从数君子后与闻末论,而浅鄙之资兼嗜华藻,好司马迁、班固、杜甫、韩愈、王安石之文章,日夜诵之不厌也。"③自1843年起,曾国藩因过于劳累大病一场,愈益将精力用于古文诗词,他在信中告诉弟弟:"余近来读书无所得","唯古文各体诗自觉有进境,将来此事当有所成就。"④又说:"若如此做去,不做外官,将来道德文章必粗有成就。"⑤

自1852年出京直到晚年,曾国藩戎马倥偬,政务繁剧,不再像以前那样有大量的时间研究词章之学,常常为此感到苦恼。但他对古诗文的学习、研究和创作一直没有停止,自称:"生平好读《史记》、《汉书》、《庄子》、韩文四书。"⑥1861年他困守祁门,危险万状,在写给曾纪泽的遗嘱中说:"此次若遂不测,毫无牵恋","惟古文与诗二者用力颇深,探索颇苦,而未能介然用之,独辟康庄;古文确有依据,若遽先朝露,则寸心所得,遂成广陵之散。"⑦第二年又说:"余近年颇识古人文章门径,而在军鲜暇,未尝偶作,一吐胸中之奇。"⑧直到1867年,他仍然不无遗憾地说:假使我有暇读书,较之梅曾亮、何绍基数子,"或不多让"⑨。这一年刘蓉罢官还山,潜心学术,曾国藩去信表示羡慕之情:"仆昔亦有意于作者之林,悠悠岁月,从不操笔为文,去年偶作罗忠节、李忠武兄弟诸碑,则心如废井,冗蔓无似,乃智暮年衰退,才益不足副所见矣。少壮真当努力,光阴迈往,悔其可追?""南望故乡,恨不能屏弃百事,从阁下一豁襟抱也。"⑩

曾国藩早年锐意于文学,自视甚高。他曾与桐城派传人梅曾亮(字伯言)交游,见其以古文名重京师,"心独不肯下之";等到晚年"视梅伯言之文,反觉有过人之处,往者之见,客气多耳"⑪。事实上,人们评说曾国藩的古文创作,历来与

①《曾国藩全集·日记》,道光三十年六月初七日。
②《曾国藩全集·日记》,道光二十一年七月十四日。
③《曾国藩全集·书信》,《致刘蓉》。
④《曾国藩全集·家书》,《致温弟沅弟》,道光二十四年三月初十日。
⑤《曾国藩全集·家书》,《致澄弟温弟沅弟季弟》,道光二十四年十二月十八日。
⑥《曾国藩全集·家书》,《谕纪泽》,咸丰六年十一月初五日。
⑦《曾国藩全集·家书》,《谕纪泽纪鸿》,咸丰十一年三月十三日。
⑧《曾国藩全集·家书》,《谕纪泽》,同治元年八月初四日。
⑨赵烈文:《能静居日记》,同治六年八月二十一日。
⑩《曾国藩全集·书信》,《复刘蓉》。
⑪赵烈文:《能静居日记》,同治六年八月二十一日。

"桐城派"的中兴联系在一起。曾国藩最初步入文坛就是受到桐城文派的影响，因而黎庶昌说"曾氏之学，盖出于桐城"①，他自己也说"粗解文章，由姚先生启之"②。但曾国藩并不完全倾心桐城文派，他在回复吴敏树的一封信中说："至尊缄有云：'果以姚氏为宗，桐城为派，则侍郎之心，殊未必然。'斯实搔着痒处。"并说自己"往在京师，雅不欲溷入梅郎中（作者按：指梅曾亮）之后尘"③。在"桐城三祖"中，曾国藩推崇方苞、姚鼐，而不喜刘大櫆。曾国藩以渊博的学识、宏通的见识、雄直的气势入古文，从而一改桐城派衰弱之弊，其名篇《欧阳生文集序》则历来被看作中兴桐城派的宣言书。他的努力，被认为延长了桐城派五六十年的文运。胡适、钱基博等人则认为，曾国藩在实际上于桐城之外别开湘乡一派："厥后湘乡曾国藩以雄直之气，宏通之识，发为文章，而又据高位，自称私淑于桐城，而欲少矫其懦缓之失；……此又异军突起而自为一派，可名为湘乡派。一时流风所被，桐城而后，罕有抗颜行者。门第子著籍甚众，独武昌张裕创，桐城吴汝纶号称传其学。"④朱自清更认为曾国藩的古文成就胜过了韩愈："曾国藩出来，中兴了桐城派。……桐城文的病在弱在窄，他却能以深博的学问、弘通的见识、雄直的气势，使它起死回生。他才真回到韩愈，而且胜过韩愈。"⑤

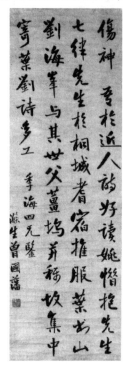

曾国藩书信中论及姚鼐及桐城派

由于曾国藩致身太早，事务太繁，因此"龙蛇遗憾礼堂书"，限制了他在文学上的更大发展。他不无遗憾地说："学未成官已达，从此与簿书为缘，素植不讲。比咸丰以后奉命讨贼，驰驱戎马，益不暇。"⑥即使如此，曾国藩仍然为后世留下了煌煌1500万言的文字，其中《诗文》卷48万字。他的文学思想、文学成就同样体现在数量众多、内容繁富、蕴涵深厚的奏稿、家书、批牍、书信、日记、读书录等等之中。他在病逝前仍赶写《刘忠壮公墓志铭》（作者按：刘忠壮公指湘军将领刘松山），"病发辍笔"，仅完成300余字。他的日记一直记到了生命的最后一天。他的家书达到近1500封、100余万字，奏稿、书信数量更多。曾国藩对文字的钟爱与执著，从中可见一斑。

①黎庶昌：《续古文辞类纂叙》，《拙尊园丛稿》卷2。

②《曾国藩全集·诗文》，《圣哲画像序》。

③《曾国藩全集·书信》，《复吴敏树》。

④钱基博：《现代中国文学史》，世界书局1935年版，第34页。

⑤朱自清：《经典常谈》，上海古籍出版社1999年版，第111页。

⑥赵烈文：《能静居日记》，同治六年八月二十一日。

二

曾国藩的古文创作,上承韩愈、欧阳修、周敦颐、张载、姚鼐等人"文以载道"的传统,重"明道经世",不发无用之论。他认为衡量人物高下的标准有二,一是见道之多寡,二是为文之醇驳,而前者居于主要地位:"所谓见道多寡之分数何也? 曰深也,曰博也";"深则能研万事微芒之几,博则能通万物之情状而不穷于用","文之醇驳"取决于"道之多寡","见道尤多者,文尤醇焉","次多者醇次焉;见少者,文驳焉;尤少者,尤驳焉"。进而他认为,"苟于道有所见,不特见之,必实体行之;不特身行之,必求以文字传之后世"①。他怀抱经世之志,写作振衰之文,正是对"文以载道"思想的躬行实践。

曾国藩对古文的研究,涉及欣赏、批评、创作等领域,钻研不辍,颇有心得。1851 年,他在日记中写道:"念余于古文一道,十分已得六七,而不能竭智力于此,匪特世务相扰,时有未闲,亦实志有未专也。此后精力虽衰,官事虽烦,仍当笃志斯文,以卒吾业。"②1862 年,他在公务之余仍不忘专心"文事",夜间仍苦苦思索:"留心文事,须从恬吟声调,广征古训下手。……灯后,于文事加意。以一缕精心,运用于幽微之境,纵不日进,或可免于退乎?"③在古文鉴赏和创作方面,曾国藩的主要心得包括"四象"、"八诀"等。

他借鉴《周易》的阴阳刚柔理论,提出"古文四象"之说,认为好文章贵有四象即气势、识度、情韵、趣味,"识度即太阴之属,气势则太阳之属,情韵少阴之属,趣味少阳之属"④。他把自己的这一理论反复向弟弟和儿子传授,指出文章有气则有势,有识则有度,有趣则有味,有情则有韵,"古人绝好文字,大约于此四者之中,必有一长"⑤。他注重道法自然,强调奇横之趣,认为诗文趣味有两种:"一曰诙诡之趣,一曰闲适之趣。诙诡之趣,惟庄、柳之文,苏、黄之诗。韩公诗文,皆极诙诡。此外实不多见。闲适之趣,文惟柳子厚游记近之,诗则韦、孟、白傅均极闲适。""古文之道,亦须有奇横之趣,自然之致,二者并进,乃为成体之文。"⑥

《曾文正公诗文集》

①《曾国藩全集·书信》,《致刘蓉》。
②《曾国藩全集·日记》,咸丰十一年正月二十六日。
③《曾国藩全集·日记》,同治元年八月十九日。
④《曾国藩全集·家书》,《致沅弟》,同治五年十二月初二日。
⑤《曾国藩全集·家书》,《谕纪泽纪鸿》,同治四年六月一日。
⑥《曾国藩全集·家书》,《谕纪泽》,同治六年三月二十二日。

姚鼐曾说过古文之法分为阳刚、阴柔两种，曾国藩深为赞同。他又进一步衍化为"八字诀"："文章阳刚之美莫要于'涌直怪丽'四字，阴柔之美莫要于'忧茹远洁'四字。"①后来又略作改动，定为"雄直怪丽、茹远洁适"八个字，并对每个字进行了精练的阐述：

雄：划然轩昂，尽弃故常，跌宕顿挫，扪之有芒。
直：黄河千曲，其体仍直，山势如龙，转换无迹。
怪：奇趣横生，人骇鬼眩，易玄山径，张韩互见。
丽：青春大泽，万卉初葩，诗骚之韵，班扬之华。
茹：众义辐辏，吞多吐少，函独咀含，不求共喻。
远：九天俯视，下界聚蚊，窈寐周孔，落落寡群。
洁：冗意陈言，类字尽芟，慎尔褒贬，神人共监。
适：心境两闲，无营无待，柳记欧跋，得大自在。②

　　其中，曾国藩认为阳刚之美、雄直之气最为可贵："四象表中惟气势之属太阳者，最难能而可贵。古来文人虽偏于彼三者，而无不在气势上痛下工夫。"③据此，他提出了"为文全在气盛"的观点，强调"行气为文章第一要义"④，"古文之法，全在气字上用工夫"⑤；"雄奇以行气为上，造句次之，选字又次之"，"文章之雄奇，其精处在行气，其粗处全在造句选字也"⑥。因此，他写文章十分注重那种如长江大河的奔腾之势、如行云流水的流泻之姿，以"雄直之气，宏通之识"见长，从而一改桐城文风之弊，"化雅洁为刚劲"⑦，成为"桐城古文的中兴大将"，并影响了一大批人，"一时为文者，几无不出于曾氏之门"⑧。

　　在义理、考据、词章的关系问题上，他秉承姚鼐"三者不偏废"的立场，强调"必义理为质，而后文有所附，考据有所归"，并主张以考据之学辅词章之道，自谓"私窃有志，欲以戴、钱、段、王之训诂，发为班、张、左、郭之文章"。在他眼中，"汉人词章，未有不精于小学训诂者，如相如、子云、孟坚于小学皆专著一书，《文选》于此三人之文著录最多。余于古文，志在效法此三人，并司马迁、韩愈五家，

---

①《曾国藩全集·日记》，同治二年九月二十三日。
②《曾国藩全集·日记》，同治四年正月二十二日。
③《曾国藩全集·家书》，《谕纪泽纪鸿》，同治四年七月初三日。
④《曾国藩全集·家书》，《谕纪泽》，同治元年八月初四日。
⑤《曾国藩全集·日记》，咸丰十一年十一月初八日。
⑥《曾国藩全集·家书》，《谕纪泽》，咸丰十一年正月初四日。
⑦张静：《曾国藩文学研究》，岳麓书社 2008 年版，第 127 页。
⑧杨怀志、潘忠荣主编：《清代文坛盟主桐城派》，安徽人民出版社 2002 年版，第 95 页。

以此五家之文精小学训诂,不妄下一字也。"①"小学"即文字训诂之学。"以精确之训诂作古茂之文章"②,代表了曾国藩晚年的古文创作理念,这与姚鼐提出的考据与义理、词章三者合一的观点是一致的,其目的在于保证古文写作中知识运用的精确性,避免因疏于考据而出现常识性错误,而这一点正是历来考据学家攻击桐城派文章的一个原因。

歌枕旧游来眼底
掩书馀味在胸中

曾国藩书法

曾国藩传世的古文约有150余篇,其中寿文、碑记占到一半以上,包括为牺牲的湘军将士所写的《金陵楚军水师昭忠祠记》、《李忠武公神道碑铭》、《李勇毅公神道碑铭》、《江忠烈公神道碑》、《林君死难碑记》等。为朋友和同僚所写的送序、为师友和晚辈所写的序跋等,在曾氏文章中也占有相当比例。前者如《送唐先生南归序》、《送郭筠仙南归序》,后者如《书〈书案小识〉后》、《书〈归震川文集〉后》、《欧阳生文集序》等。此外,曾国藩的家书、批牍、日记、书信等都是他驱遣文字、驰骋思想的载体,其文采、情感、思想均可圈可点,值得"一日三复之"。他的奏稿,多达11册3041件,被称为"晚清时期的天下第一奏折"③。

虽然后期一些奏折为他人所代拟,但大多数出自曾氏手笔,是研究他的政治、经济、军事、学术思想包括作文之道的宝贵材料,许多奏稿"写得气势豪迈,情理交融,不失为一篇好文字"④,许多点睛之笔更是广为流传,堪称经典,如"每闻春风之怒号,则寸心欲碎;见贼帆之上驶,则绕屋彷徨"⑤;"细察今日之势,非位任巡抚、有察吏之权者,决不能以治军;纵能治军,决不能兼及筹饷"⑥;"论兵则已成强弩之末,论饷则久为无米之炊"⑦;"恐开斯世争权竞势之风,兼防他日外重内轻之渐"⑧,等等。胡林翼说过:"天下奏牍,仅三把手,而均在洞庭以南。"⑨所谓"三把手",指的是曾国藩、左宗棠以及胡林翼自己。后人指出,曾国藩、左宗棠、胡林翼三人奏议各有所长,"均为有清大手笔","若以文字学要底论",则以曾

①《曾国藩全集·家书》,《谕纪泽》,同治元年五月十四日。
②《曾国藩全集·家书》,《谕纪泽》,同治二年三月初四日。
③唐浩明:《唐浩明评点曾国藩奏折·前言》,岳麓书社2004年版,第1页。
④傅光明主编:《悲情晚清四十年》,安徽文艺出版社2009年版,第22页。
⑤《曾国藩全集·奏稿》,《统筹全局折》,咸丰五年二月二十七日。
⑥《曾国藩全集·奏稿》,《沥陈办事艰难仍吁恳在籍守制折》,咸丰七年六月初六日。
⑦《曾国藩全集·奏稿》,《沥陈饷绌情形片》,同治三年四月十二日。
⑧《曾国藩全集·奏稿》,《再辞节制四省军务折》,咸丰十一年十一月二十五日。
⑨《胡林翼集·书牍》,《致左宗棠》,咸丰九年正月初一日。

国藩为"独优"①。

三

曾国藩的诗歌创作同样值得大书特书。他的诗作"兼取唐宋诗风,留有同光余响"②,在有清一代占有重要一席。曾国藩早年对自己的诗歌创作满怀信心:"惟古文各体诗,自觉有进境,将来此事当有成就;恨当世无韩愈、王安石一流人与我相质证耳。"③直到晚年仍颇为自信,同时对自己无暇潜心研究和创作而深感遗憾:"人生读书做事,皆仗胸襟。今自问于古诗人中,如渊明、香山、东坡、放翁诸人,亦不多让。而卒卒无暇,不能以笔墨陶写出之。惟此一事,心中未免不足。"④

在《曾国藩全集》的《诗文》卷中,收录了他的存世诗词、联语共计389首,其中诗272首、词2首、联语115首。另据张静《曾国藩文学研究》统计,曾氏现存诗318首。曾国藩的诗歌创作,以1852年出京为界,分为前后两个时期。其前期诗作大多言志抒情,意气恢弘,对社会现实也有所反映,且数量较多,他的大多数作品都创作于前期。其后期诗作多了"冲淡之气"、"和谐之味",意蕴和功底胜过前期,气势和情怀则不如前期。就体裁而言,以五言古诗最多,达90多首;七律次之,约80首;七绝30余首,五绝仅1首。⑤ 就内容而言,包括抒怀言志、思亲送友、题记画图、批判现实等,其中以"缘情"最为突出。他认为:"凡作诗文,有情极真挚,不得不倾吐之时",否则就容易陷入"雕饰字句"、"巧言取悦"、"作伪日拙"、"巧伪媚人"⑥等弊病。通览曾国藩的诗作,"情"字是贯穿始终的一条主线,包括忧国忧民之情、思念家乡之情、兄弟手足之情、朋友交谊之情等等,不一而足。⑦ 忧国忧民之情如《失题四首》之三:

> 金堤旧溃高家堰,复道今年盛昔年。
>
> 自古尘沙同浩劫,斯民涂炭岂前缘?
>
> 沉江欲祷王尊壁,击楫谁挥祖逖鞭?
>
> 大厦正须梁栋拄,先生何事赋归田?

---

①徐凌霄、徐一士:《曾胡谈荟》,《国闻周报》第6卷第40期。

②张静:《曾国藩文学研究》,岳麓书社2008年版,第253页。

③《曾国藩全集·家书》,《致温弟沅弟》,道光二十四年三月初十日。

④赵烈文:《能静居日记》,同治六年六月十五日。

⑤张静:《曾国藩文学研究》,岳麓书社2008年版,第228页。

⑥《曾国藩全集·日记》,道光二十二年十一月十七日。

⑦胡清芳:《"诗缘情"——曾国藩诗歌初探》,载《曾国藩研究导报》第16期,第18～20页。

又如《题朱伯韩侍御之尊人诗卷手迹》：

近闻汴州赤大地，千里涤涤无罂粮。
析骸易子都穷尽，公之旧部亦流亡。
河北枯骴相枕藉，关西寇盗仍披昌。
安得如结且千辈，散布都邑苏痍伤。

思念家乡之情如《题箸篑谷图》：

我家湘上高嵋山，茅屋修竹一万竿。
春雨晨锄劚玉版，秋风夜馆鸣琅玕。
自来京华昵车马，满腔俗恶不可删。
洞庭天地一大物，一从北渡遂不还。

又如《岁暮杂感十首》之二：

高嵋山下是侬家，岁岁年年平物华。
老柏有情还忆我，天桃无语自开花。
几回南国思红豆，曾记西风浣碧纱。
最是故园难忘处，待莺亭畔路三叉。

兄弟手足之情如《寄弟三首》之一：

去年长已矣，来日尚云赊。
身弱各相祝，家贫倘有涯。
乡心无住著，望眼久昏花。
寥落音书阔，多疑驿使差。

又如《早发武连驿忆弟》：

朝朝整驾趁星光，细想吾生有底忙？
疲马可怜孤月照，晨鸡一破万山苍。
日归日归岁云暮，有弟有弟天一方。
大壑高崖风力劲，何当吹我送君旁！

曾国藩书法

舞台四：历史长河中

277

朋友交谊之情如《怀刘蓉》：

我思竟何属？四海一刘蓉。
具眼规皇古，低头拜老农。
乾坤皆在壁，霜雪必蟠胸。
他日余能访，千山捉卧龙。

又如《送王少鹤》：

待尔双双至，春回又一年。
开尊皆旧友，发箧半新篇。
荔子红时雨，芭且绿外天。
江乡好风景，话向酒杯前。①

　　在宗承关系上，曾国藩学习各家之长，兼取唐宋诗风，受李白、杜甫、韩愈、苏轼、黄庭坚以及陶渊明、李商隐、陆游、元好问等人影响最大。倡导"诗界革命"的黄遵宪称赞他："诗笔韩黄万丈光，湘乡相国故堂堂。"钱仲联在《梦苕庵诗话》中说："自姚姬传（鼐）喜为山谷诗，而曾涤生（国藩）祖其说，遂开清末西江一派。文正（国藩）诗早年五古学《选》体；七古学韩，旁及苏、黄；近体学杜，参以义山、遗山。自谓短于七律。同治以后，自课五古，专读陶潜、谢朓二家；七古专读韩愈、苏轼两家；五律专读杜；七律专读黄；七绝专读陆游。然于山谷尤有深契，诗字多宗之。石遗老人论诗绝句所谓'湘乡文字总涪翁'也。"②"黄山谷"指黄庭坚，字鲁直，自号山谷道人，晚号涪翁，故有"湘乡文字总涪翁"之句。
　　曾国藩诗歌中表现出的意境，也反映着他的人生阅历和思想发展。"男儿未盖棺，进取谁能料？"③锐意进取之情见乎词章。"苍天可补河可塞，只有好怀不易开。"④忧愁落寞之意不言而喻。"竟将云梦吞如芥，未信君山划不平"⑤踌躇满志之状跃然于纸上。到了晚年总督两江，嫌公牍上所列官衔太长，遂题一绝句："官儿尽大有何荣？字数太多看不清。减去数行重刻过，留教他日作铭旌。"⑥所谓"铭旌"，指竖在灵柩前标识死者官职和姓名的旗幡。曾国藩这首诗

①以上均据《曾国藩全集·诗文》。
②钱仲联主编、涂小马选注评点：《曾国藩文选》，苏州大学出版社2001年版，第404页。
③《曾国藩全集·诗文》，《小池》。
④《曾国藩全集·诗文》，《赠吴南屏》。
⑤《曾国藩全集·诗文》，《岁暮杂感十首》其四。
⑥《曾国藩全集·诗文》，《题公牍》。

明白如话而幽默风趣，既反映了他"喜诙谐"的性格特征，也折射出他晚年淡泊利禄、虚静自持的思想境界。

制作联语是曾国藩的强项。他早年为京官时，就有"包做挽联曾涤生"之誉；胡林翼等人去世后，他不但自己做挽联，还主动向曾国荃提出自己"可作枪手，撰一挽联，弟自书之"①，可见他对制联的热衷与自信。他存世的 100 余副联语中，涉及题、挽、赠等门类，以挽联数量最多。其联语大都内容贴切、感情真挚、对仗工整、意境开阔，堪称同类作品的上佳之作。如《题江西吴城望湖亭》：

曾国藩书法

> 五夜楼船，曾上孤亭听鼓角；
> 一尊浊酒，重来此地看湖山。

把当年战事的惨烈与今日重游的闲适，巧妙地熔于一炉。又如《挽李勇毅公续宜》：

> 我悲难弟，公哭难兄，旧事说三河，真成万古伤情地；
> 身病在家，心忧在国，弥留当十月，正是两淮平寇时。

把对李续宜的哀挽与其兄李续宾联系起来，与自己弟弟曾国华的阵亡联系起来，与当前的战争形势联系起来，措辞贴切而情意深致。又如《格言十二首》中的几副：

> 不为圣贤，便为禽兽；
> 莫问收获，但问耕耘。

> 战战兢兢，即生时不忘地狱；
> 坦坦荡荡，虽逆境亦畅天怀。

> 丈夫当死中图生，祸中求福；
> 古人有困而修德，穷而著书。

---

①《曾国藩全集·家书》，《致沅弟》，咸丰十一年九月十四日。

打仗不慌不忙,先求稳当,次求变化;

办事无声无臭,既要老到,又要精明。①

其哲理之精要、对仗之工整、语言之巧妙,不能不令人叹服。

值得一提的是,曾国藩还创作了《保守平安歌三首》、《水师得胜歌》、《陆军得胜歌》、《爱民歌》、《解散歌》等通俗歌谣形式的作品,虽在《曾国藩全集》中归入"杂著"类,其实也应视为诗歌之属。这类作品是以告示形式出现的,对象主要是底层民众和湘军兵勇,因此语言深入浅出、通俗易懂,甚至杂以俚词口语,读来明白如话。然而从内容上来看,却都是曾国藩深思熟虑、苦心孤诣之作,包含着丰富而深刻的军事思想。前文对此已有论及,这里不做举例。

四

在曾国藩的所有文章之中,最有名的当数《讨粤匪檄》了。

檄文是中国军事文化的一大特色,"下马草檄文,上马立功勋"的儒将更是人们心目中的理想人物。《说文解字》释"檄":"二尺书,从木敫声。"其注曰:"以木简为书,长尺二寸,用以号召;若有急则插鸡羽而遗之,故谓之羽檄,言如飞之急也。"最早把檄文作为一种军事文体专门加以研究的是南朝时的刘勰,他指出:"檄者,皦也。宣露于外,皦然明白也。"②檄文作为战争一方用来声讨敌方的战争文书,其滥觞可上溯到远古时期,到夏商周"三代"时期,《甘誓》、《汤誓》、《牧誓》等的出现,都被视为檄文的初萌。中国作为传统的礼仪之邦,即使在兵凶战危的战场上也要讲究"师出有名"、"吊民伐罪",并通过发布檄文宣扬自己的正义、争取舆论和民心的支持,所谓"齐桓征楚,话苞茅之阙;晋厉伐秦,责其部之焚"。檄文的另一个目的是吹嘘自己的威势,以图收到"传檄而定"、"不战而屈人之兵"的效果,只是这个目的极少实现,而且必须有强大的军事实力作后盾才可。

古代檄文中文笔风流者比比皆是、名篇颇多,以骆宾王的《代徐敬业传檄天下文》(即《讨武曌檄》)最为经典,其中一些名句广为流传,如"入门见疾,蛾眉不肯让人;掩袖工谗,狐媚偏能惑主","人神之所共疾,天地之所不容","暗鸣则山岳崩颓,叱咤则风云变色","眷恋穷城,徘徊歧路","请看今日之域中,竟是谁家之天下",等等。后人能够记得徐敬业那次规模甚小的军事反抗的人并不多见,只有这篇"雄文劲采,足以壮军威而作义勇"的檄文一直传唱不衰,可见文字的魅力了。1854 年初,曾国藩带领湘军水陆人马离开衡州,开始北上与太

---

①以上均据《曾国藩全集·诗文》。
②[南朝]刘勰:《文心雕龙·檄移》。

平天国作战。作为一位痴迷古文、钻研古文的文臣,他自然要作出一篇"剑气冲南斗,班声动北风"的雄文,为自己的水陆大军以壮行色,这就是著名的《讨粤匪檄》。

我们先来看一看曾国藩的这篇得意之作:

讨粤匪檄

为传檄事。逆贼洪秀全、杨秀清称乱以来,于今五年矣。荼毒生灵百万,蹂躏州县五千余里。所过之境,船只无论大小,人民无论贫富,一概抢掠罄尽,寸草不留。其胁入贼中者,剥取衣服,搜括银钱,银满五两而不献贼者,即行斩首。男子日给米一合,驱之临阵向前,驱之筑城濬濠;妇人日给米一合,驱之登陴守夜,驱之运米挑煤。妇女不肯解脚者,则立斩其足以示众妇;船户而阴谋逃归者,则倒抬其尸以示众船。粤匪自处于安富尊荣,而视我两湖、三江被胁之人,曾犬豕牛马之不若,此其残忍惨酷,凡有血气者,未有闻之而不痛憾者也!

自唐虞三代以来,历世圣人,扶持名教,敦叙人伦,君臣父子,上下尊卑,秩然如冠履之不可倒置。粤匪窃外夷之绪,崇天主之教,自其伪君伪相,下逮兵卒贱役,皆以兄弟称之,谓惟天可称父,此外凡民之父,皆兄弟也;凡民之母,皆姊妹也。农不能自耕以纳赋,而谓田皆天王之田;商不能自贾以取息,而谓货皆天王之货;士不能诵孔子之经,而别有所谓耶稣之说、《新约》之书;举中国数千年礼仪人伦、诗书典则,一旦扫地荡尽。此岂独我大清之变,乃开辟以来名教之奇变,我孔子、孟子之所痛哭于九原!凡读书识字者,又乌可袖手安坐,不思一为之所也!

自古生有功德,没则为神,王道治明,神道治幽,虽乱臣贼子,穷凶极丑,亦往往敬畏神祇。李自成至曲阜,不犯圣庙;张献忠至梓潼,亦祭文昌。粤匪焚郴州之学宫,毁宣圣之木主,十哲两庑,狼藉满地。嗣是所过郡县,先毁庙宇,即忠臣义士,如关帝、岳王之凛凛,亦皆污其宫室,残其身首;以至佛寺、道院、城隍、社坛,无庙不焚,无像不灭。斯又鬼神所共愤怒,欲雪此憾于冥冥之中者也!

本部堂奉天子命,统师二万,水陆并进。誓将卧薪尝胆,殄此凶逆,救我被胁之船只,拔出被胁之民人。不特纾君父宵旰之勤劳,而且慰孔孟人伦之隐痛;不特为百万生灵报枉杀之仇,而且为上下神祇雪被辱之憾。是用传檄远近,咸使闻知。倘有血性男子,号召义旅,助我征剿者,本部堂引为心腹,酌给口粮。倘有抱道君子,痛天主教之横行中原,赫然奋怒以卫吾道者,本部堂礼之幕府,待以宾师。倘有仗义仁人,捐银助饷者,千金以内,给予实收部照,千金以上,专折奏请优叙。倘有久陷贼中,自拔来归,杀其头目,以城来降者,本部堂收之帐下,奏授官爵。倘有被胁经年,发长数寸,临阵弃械,徒手归诚者,一概免死,资

281

遣回籍。

在昔汉、唐、元、明之末，群盗如毛，皆由主昏政乱，莫能削平。今天子忧勤惕厉，敬天恤民，田不加赋，户不抽丁，以列圣深厚之仁，讨暴虐无赖之贼，无论迟速，终归灭亡，不待智者而明矣。若尔被胁之人，甘心从逆，抗拒天诛，大兵一压，玉石俱焚，亦不能更为分别也。

本部堂德薄能鲜，独仗"忠信"二字为行军之本。上有日月，下有鬼神，明有浩浩长江之水，幽有前此殉难各忠臣烈士之魂，实鉴吾心，咸听吾言。檄到如律令，无忽！①

《讨粤匪檄》与太平天国的《奉天讨胡檄》是针锋相对的。1852年夏，洪秀全率领太平军出广西入湖南，攻克道州，并在这里以杨秀清、萧朝贵的名义（当时太平天国中各类谕檄大都以杨、萧二人的名义会衔颁布）发布了《奉天讨胡檄布四方谕》、《奉天讨胡救世安民谕》、《救一切天生天养中国人民谕》等几篇檄文，宣传反清革命理论和政治口号，其中以《奉天讨胡檄》最具代表性和号召力。在这篇檄文中，太平天国批判了清王朝的腐朽统治，号召人民大众起来反抗，特别是檄文中以民族大义相号召，历数了清王朝施行民族压迫的种种罪行，要求汉族人民效法文天祥、史可法誓死不事"胡"的义举，"肃清胡氛，同享太平之乐"。这些主张，对于当时处于水深火热中的底层劳动人民，具有很强的吸引力，所以太平军在两湖期间不仅壮大了队伍，还扩建了水营、土营等新的兵种。但是，太平军在檄文中极力宣传拜上帝教思想，反对崇尚孔孟之道，把反清斗争的宗教意义提到民族意义之上，使太平天国的宗教色彩浓于民族革命的色彩，从而极大地降低了天国纲领在深受中国传统文化熏陶的普通民众中的接受度，为革命的长久发展埋下了隐患。

在《讨粤匪檄》中，曾国藩以富有气势和煽动性的语言与《奉天讨胡檄》展开了针锋相对的文字对战。他首先诬蔑太平军"荼毒生灵百万，蹂躏州县五千余里"，极力描述其"残忍惨酷"之状，特别是说太平军裹挟两湖、三江地区人民并极尽虐待之事，试图以此激起群众对太平天国的仇恨。进而，他浓墨重彩地铺排描述了太平天国对旧有文化制度的巨大冲击和破坏："士不能诵孔子之经，而别有所谓耶稣之说、《新约》之书；举中国数千年礼仪人伦、诗书典则，一旦扫地荡尽"，"所过郡县，先毁庙宇，即忠臣义士，如关帝、岳王之凛凛，亦皆污其宫室，残其身首；以至佛寺、道院、城隍、社坛，无庙不焚，无像不灭。"这样，曾国藩就准确地抓住了太平天国运动的一大致命弱点——对于中国传统文化的全盘

① 《曾国藩全集·诗文》，《讨粤匪檄》。

否定和无建设性破坏。

曾国藩故居全景

梁启超曾指出："洪秀全之失败,原因虽多,最重大的就是他拿那种'四不像的天主教'做招牌,因为这是和国民心理最相反的。他们那种残忍的破坏手段,本已给国民留下莫大恶感,加以宗教招牌,贾怨益甚。"①范文澜在其所著《中国近代史》中,也指出太平天国这一文化政策的失败。毛泽东于 1926 年在广州农民运动讲习所讲课时,总结这段历史说:"洪秀全起兵时,反对孔教,提倡天主教,不迎合中国人的心理,曾国藩即利用这种手段,扑灭了他。这是洪秀全的手段错了。"②西方人也称太平天国及其拜上帝教"只是按照一支主旋律演奏出来的带有西方情调的变曲"③。冯友兰更从文化冲突的角度切入,指出:"洪秀全和太平天国在南京以西方的基督教为教义,以神权政治为动力,以太平军的武装力量为支持,三位一体,力量雄厚。曾国藩以宋明道学为理论,以满清政权为靠山,以湘军的武装力量为支持,与太平天国的三位一体势均力敌。曾国藩和太平天国的斗争,是中西两种文化、两种宗教的斗争,即有西方宗教斗争中所谓'圣战'的意义。这是曾国藩和太平天国斗争的历史意义。曾国藩认识到,在这个斗争中所要保护的是中国的传统文化,特别是其中的纲常名教。从这一点说曾国藩是守旧的,他反对中国进步。笼统地说是这个样子,但分析起来看,守旧和进步是相对而言的。纲常名教对于神权政治来说还是进步的。"④曾国藩据此发出号召:"此岂独我大清之变,乃开辟以来名教之奇变,我孔子、孟子之所痛哭于九原,凡读书识字者,又乌可袖手安坐,不思一为之所也!"这种呼唤在当时是颇有号召力的。因此,这篇檄文被称为"清代理学经世派的文化宣言",更有学者指出从近代特殊的文化大背景看,"《讨粤匪檄》事实上开启了一个时代","完全可以说,曾国藩等理学经世派赖以向太平天国公开宣战并取得最终胜利、

①《梁启超论清学史二种》,复旦大学出版社 1985 年版,第 122 页。
②《广州农民运动讲习所资料选编》,人民出版社 1987 年版,第 195 页。
③〔美〕柯文著,林同奇译:《在中国发现历史》,中华书局 1989 年版,第 65 页。
④冯友兰:《中国哲学史新编》第六册,人民出版社 1989 年版,第 75 页。

揭开中国近代化序幕的思想武器,不是别的,而是主要来源于《讨粤匪檄》"①。

就这样,曾国藩率领着他一手编练的 17000 名水陆湘勇,踏着《讨粤匪檄》的激昂节拍,走向了镇压太平天国运动的战场。这时正是 1854 年 2 月,距离曾国藩中进士、入仕途已经过去 16 年,距离他成功镇压太平天国还有 10 年,距离他去世的 1872 年还有 18 年。曾国藩那饱含着精彩与荣耀、凄清与苍凉,那为他带来芳名与臭名、威名与骂名的人生悲喜剧,都在这一刻真正拉开大幕。

于是,客串着多种角色的曾国藩,在时代的夹缝中错步上前,走向属于他的舞台。

①成晓军:《清代理学经世派的文化宣言》,载《社会科学辑刊》2001 年第 1 期,第 26 页。

附录

曾国藩大事年表

1811 年

11 月 26 日　农历十月十一日，出生于湖南湘乡县荷塘都大界里白杨坪村（今属双峰县荷叶镇）。

1812 年

胡林翼出生于湖南益阳。

左宗棠出生于湖南湘阴。

江忠源出生于湖南新宁。

1814 年

洪秀全出生于广东花县。

1816 年

开始入家塾识字读书，以陈雁门为问字师。

1817 年

从其父曾麟书读书。

1820 年

曾国潢出生。

1822 年

曾国华出生。

1823 年

李鸿章出生于安徽合肥。

李秀成出生于广西藤县。

1824 年

从父赴长沙应童子试,未取。

曾国荃出生。

1826 年

应长沙府试(童子试),取第 7 名。

1828 年

曾国葆出生。

1830 年

就读衡阳唐氏家塾,从师汪觉庵。取名子城,字居武。

1831 年

入湘乡涟滨书院。改号涤生。

1832 年

与父曾麟书同赴省城参加院试。曾麟书考取秀才,入湘乡县学;曾国藩备取,以佾生注册,因"学台悬牌,责其文理之浅",引为终生耻辱。

1833 年

考取秀才,入县学。

娶妻欧阳氏,衡阳欧阳沧溟之女。

是年,入长沙岳麓书院。诗文深得山长欧阳厚均嘉许。

结识同乡儒生刘蓉(今娄底茶元人),与之订交。

1834 年

是年秋,乡试中第 36 名举人。

是年冬,入京准备会试,寓居京都朱氏学舍。

1835 年

会试落第,留京读书。

1836 年

恩科会试再次落第,离京返家。

是在金陵借钱买回一套二十三史,"泛览百家,足不出户者几一年"。

是年,经刘蓉介绍与郭嵩焘(湘阴人)相识,三人朝夕纵谈,换帖订交。

1837 年

是年冬,赴京准备会试。

1838 年

4 月　会试中第 38 名贡士。正总裁为穆彰阿,二人遂有师生之谊,穆令其改名国藩。

5 月　殿试取三甲第 42 名,赐同进士出身,引为终生遗憾。

6 月　朝考一等第 2 名,改庶吉士,入翰林院庶常馆深造。

1839 年

长子曾纪泽出生。

1840 年

5 月　庶士吉散馆,取二等第 19 名,授翰林院检讨。

6 月　英军入侵广东,第一次鸦片战争爆发。

7 月　病倒万顺客店,幸得同寓欧阳兆熊(湘潭人)尽心医护。二人结为挚友。

1841 年

8 月　与倭仁往谒理学大师唐鉴,请教读书之法、检身之要。开始研读《朱子全集》。

11 月　任国史馆协修官。

1842 年

7 月　中英《南京条约》签订。

1843 年

3 月　翰詹官大考,取二等第 1 名,以翰林院侍讲升用。

7月　任四川乡试正考官。

8月　补授翰林院侍讲。

12月　充任文渊阁校理。

1844 年

9月　经郭嵩焘引见,与江忠源(新宁人)结识,二人一见如故,江自此师事曾国藩。

1845 年

6月　升授右春坊右庶子,不久转补左庶子。

10月　升授翰林院侍讲学士。

是年,李鸿章投其门下受业。

1846 年

夏秋间　养病城南报国寺,向同寓刘传莹学习汉学,刘向其学习理学。

11月　湖南京官奏事首次以曾国藩领衔,此后相沿成习。

1847 年

7月　升授内阁学士兼礼部侍郎衔。

11月　钦派武会试正总裁,殿试阅卷大臣。

是年,郭嵩焘、李鸿章同科中进士。

1848 年

8月　曾国荃科考一等,补廪膳生。

是年,次子曾纪鸿出生。

1849 年

2月　升授礼部右侍郎。

9月　兼署兵部右侍郎。

是年,祖父曾玉屏去世。

1850 年

2月　道光帝去世,咸丰即位。

7月　兼署工部左侍郎。

11 月　兼署兵部左侍郎。

1851 年
1 月 11 日　金田起义爆发。

5 月　上《敬呈圣德三端预防流弊疏》批评咸丰皇帝,险些获罪。

6 月　兼署刑部左侍郎。

7 月　江忠源募新宁勇在广西参加对太平军作战。

1852 年
2 月　兼署吏部左侍郎。

6 月　江忠源率楚勇在广西全州蓑衣渡设伏,击败太平军。

7 月　奉命充任江西乡试正考官。

8 月　行至安徽太湖县小池驿时闻母丧讯,转道回籍奔丧,10 月 6 日抵家。

是年,太平军自广西入湖南,围长沙,取岳州,转湖北。

1853 年
1 月 21 日　接到咸丰帝命其帮办湖南团练之旨。郭嵩焘赶来劝其墨绖出山。

1 月 25 日　与罗泽南等率湘勇 3 营离开湘乡,前往长沙。

1 月 30 日　在长沙上奏,借举办团练之名,行编练湘军之实。

3 月 19 日　太平军攻占南京,定为首都,改称天京。

3 月 21 日　奏明在团练大臣行辕设审案局,镇压湖南会党及民众的反抗活动。

5 月 19 日　太平天国遣师西征,溯长江,兵锋指向安徽、江西和两湖。

7 月 23 日　会同湖南巡抚骆秉章派遣罗泽南率湘勇东征江西,增援驻守南昌的江忠源,是为湘军出省作战之始。

9 月 16 日　因永顺兵事件,避走衡州继续练兵,改革军制,着手组建湘军水师。

10 月 21 日　江忠源任安徽巡抚。

12 月 26 日　因清廷一再催其出兵,是日上奏表示:船炮不齐,决不出征。

1854 年
1 月 8 日　制定湘军营制,以 500 人为 1 营,每营分 4 哨,每哨分 8 队,另有亲兵 1 哨 6 队,火器刀矛各居其半。又每营编长夫 180 人。全营官兵共 685 人。

289

1 月 15 日　太平军攻克庐州,江忠源投水自杀。

2 月 12 日　太平军攻毁清军黄州堵城大营,湖广总督吴文镕投水自杀。原由吴奏调湖北的贵东道胡林翼退回湖南,归依曾国藩部下。

2 月 23 日　湘军编练成军,陆师 13 营,水师 10 营,加上长夫等辅助人员,全军共 17000 人。水师有快蟹船 40 号,长龙船 50 号,舢板 150 号,另有民船百余号装运辎重。

2 月 25 日　率湘军水陆师自衡州启程,到湘潭集结,准备正式与太平军作战。出征前夕,发表《讨粤匪檄》。

4 月 7 日　太平军西征军进攻岳阳,湘军水陆师迎战失利,退返长沙。此为曾国藩率湘军首次与太平军交战。

4 月 28 日　亲率湘军水陆各营进攻靖港,大败;愤而投水自杀,被章寿麟救起。

5 月 1 日　湘军塔齐布等攻占湘潭,大败太平军西征部队。

10 月 14 日　湘军占领武汉,自此声名大噪。

10 月 26 日　咸丰帝赏给二品顶戴,令其署理湖北巡抚。

11 月 2 日　咸丰皇帝收回成命,仅赏给兵部侍郎衔,命其迅速东下,进取江西、安徽。

1855 年

2 月 11 日　水师遭太平军夜袭,座船被俘,再次投水自杀未遂。

4 月 18 日　胡林翼署理湖北巡抚。

10 月 14 日　补受兵部右侍郎。

是年,塔死罗走,诸事掣肘,曾国藩与湘军坐困于江西。

1856 年

4 月 12 日　罗泽南因伤死于武昌城下,李续宾接统其军。

5 月 7 日　曾国华等率湘军 4100 人从武昌进向江西,以救援曾国藩。

9 月 2 日　太平天国发生天京事变,东王杨秀清以下 2 万多人被杀,太平军元气大伤。

9 月　曾国荃从湖南募勇 2500 人赴江西作战,谋攻吉安,由吉安知府黄冕供饷,称"吉字营"。

12 月 25 日　胡林翼实授湖北巡抚。

1857 年

3 月 6 日　在江西瑞州大营接到其父曾麟书讣闻,旋带曾国华回籍奔丧,24

日抵家。

7月27日　在上奏中指出非位任巡抚不能治军兼及筹饷,希望得到督抚实权。咸丰帝恼怒,下谕开去兵部侍郎官缺,准其在籍守制,从而使其赋闲在家一年零四个月之久。

1858 年
7月1日　经胡林翼等奏请,曾国藩奉命起复,率湘军东援浙江。

11月15日　李续宾部湘军败没于皖北三河镇,李续宾、曾国华等5000余人战死。

1859 年
1月14日　李鸿章至江西建昌大营,遂入曾国藩幕府。

3月　奏呈统筹全局折,主张兵分三路,夹江东进,直指南京。

7月2日　奉旨赴四川办理军事,阻截石达开入川。旋因未得四川总督之职,由胡林翼通过官文奏留湖北,合军进攻安徽。

9月28日　在湖北黄州与胡林翼商定四路进攻安徽之策。

11月18日　指挥各路湘军向安徽推进,开始执行安庆会战计划。

1860 年
6月　湘军曾国荃等部完成对安庆的合围,多隆阿、李续宜等部湘军也分别到达指定位置,准备攻打前来援救的太平军。

6月9日　左宗棠以四品京堂候补随同曾国藩襄办军务,旋奉曾国藩命募湘军6000人(其中包括老湘军1000多人),自成一军。

6月10日　以兵部尚书衔署理两江总督。

7月28日　留曾国荃继续围困安庆,亲率湘军万余人渡长江入皖南,进驻祁门。

8月10日　实授两江总督、钦差大臣,办理江南军务,所有大江南北各军均归节制。

10月10日　因英法联军逼近北京,清廷下旨令其速派鲍超率勇两三千兼程赴援。采纳李鸿章的建议,以"按兵请旨,且无稍动"之策拖延观望。

12月1日　李秀成部太平军攻占皖南黟县,距湘军祁门大营仅60里,曾国藩写下遗嘱,准备一死。次日,得鲍超等部湘军之救脱险。

1861 年
5月6日　从祁门移驻东流,就近指挥安庆作战。

8 月 21 日　咸丰皇帝病死于热河。

9 月 5 日　曾国荃部湘军攻陷安庆,太平军伤亡 16000 余人,湘军从此完全掌握了战争主动权。

9 月 30 日　胡林翼病死于武昌。

11 月 2 日　"辛酉政变"发生,肃顺等顾命八大臣或杀或贬,次日慈禧太后宣布垂帘听政,改年号为"同治"。

11 月 20 日　清廷命曾国藩统辖江、浙、皖、赣四省军务,巡抚、提督以下文武官员悉受节制。

11 月 26 日　为癣疾所困,纳妾陈氏代为爬搔。

12 月　在安庆创设内军械所,制造枪炮弹药,为晚清第一家制造近代武器的工厂。

1862 年

1 月 23 日　经其保奏,左宗棠补授浙江巡抚,沈葆桢授江西巡抚。

1 月 10 日　以两江总督兼协办大学士。

3 月　曾国藩下令湘军向天京发动全面进攻,并决计采取"欲拔根本,先剪枝叶"的稳慎方针。

4 月 6 日　李鸿章率淮军及湘军一部自安庆启程,乘轮船赴援上海。本月奉旨署理江苏巡抚。

5 月 30 日　曾国荃率所部湘军进驻南京雨花台,开始对天京城的围攻。

10 月 13 日　李秀成率大军援救天京,日夜猛攻雨花台曾国荃大营,历时 46 天。

12 月 3 日　李鸿章实授江苏巡抚。

1863 年

1 月 7 日　曾国葆(贞幹)病死于雨花台湘军营中。

3 月 17 日　从安庆出发前往天京巡视湘军营盘,以定进退大计。

4 月 5 日　返回安庆,认为各军壕墙坚固,撤销退兵之议。

5 月 5 日　曾国荃补受浙江巡抚,左宗棠升受闽浙总督。

5 月 7 日　就阿思本事件致函总理各国事务衙门,坚决反对舰队由外国人控制。

6 月 15 日　妾陈氏在安庆病逝,20 天后被安葬于安庆城外十五里茅岭冲山中。

8 月 13 日　郭嵩焘补授广东巡抚。

1864 年

2月28日　曾国荃部湘军攻陷天堡城,进扎太平门、神策门外,天京完全合围。

7月3日　曾国荃率军攻存地堡城,反受清廷严旨批评。

7月19日　曾国荃部湘军攻陷天京城,太平天国起义宣告失败。

7月27日　清廷赏加曾国藩太子太保衔,赐一等侯爵,世袭罔替,赏戴双眼花翎。是日由安庆动身前往江宁。

8月1日　清廷赏加曾国荃太子少保衔,赐一等伯爵;李臣典赐一等子爵;萧孚泗赐一等男爵。三人皆赏戴双眼花翎。

8月7日　杀害李秀成。

8月14日　下令裁撤南京城内外湘军25000名。

9月27日　以病势日增为由,奏请让曾国荃开浙江巡抚缺,回籍调养。

10月10日　接清廷上谕,批准曾国荃开缺回籍。

11月11日　接奉上谕,命其驰赴鄂皖一带,督军进剿捻军和太平军。

12月3日　接奉上谕,撤销前令,毋庸赴皖。

是年底,安庆内军械所迁江宁,后改名金陵机器制造局。

1865 年

5月1日　霆军在湖北金口全军哗变,索饷闹事,急令鲍超从四川原籍前去处理善后。

5月14日　接奉廷寄,加称一等侯爵为"毅勇"侯。

5月27日　接奉上谕,督率各军赴山东一带剿捻,两江总督暂由李鸿章署理。

6月2日　上疏奏陈万难迅速前赴山东情形。是日接奉谕旨,督办直隶、山东、河南三省军务,所有旗、绿各营及地方文武员弁皆归节制。

6月18日　由江宁启程北上,赴徐州督军剿捻。

7月21日　抵临淮关驻扎,指挥各军对捻军作战。

9月13日　补参陈国瑞只身逃走、不顾主将之罪,请撤其帮办军务衔,褫去黄马褂。

9月23日　抵徐州驻扎。

是年秋,金陵机器制造局迁上海虹口,与李鸿章的炮局等合并,并加容闳从美购回的全部机器,建成江南制造总局,任命徐寿总理局务。

1866 年

2 月 18 日　奏报由湘军水师所改立之长江水师事宜 30 条、营制 24 条,提督驻太平府,下辖四总兵。湘军水师转为国家经制兵。

3 月 12 日　曾国荃调任湖北巡抚。

3 月 25 日　由徐州启程赴济宁,4 月 4 日抵达。

7 月 18 日　至山东嘉祥拜谒曾子庙和曾子墓,并与曾参后人连宗。

7 月 25 日　采纳刘铭传的建议,奏定防守贾鲁河、沙河之策,决心以防河破捻军。

9 月 17 日　抵驻周口。

9 月 20 日　因病请假一月,在营调养。

9 月 24 日　赖文光、张宗禹率捻军乘夜突破河南防区急趋山东,防河之策受挫。

10 月 21 日　奏请续假一月。是月曾国荃上疏弹劾湖广总督官文,引起曾国藩惊慌。

11 月 19 日　以病难速愈为由,奏请开协办大学士、两江总督缺,并陈请暂将封爵注销,以示自贬。

12 月 1 日　接奉上谕,赏假一月,在营调理,钦差大臣暂由李鸿章署理,待调理就愈即行来京陛见。

12 月 12 日　接奉上谕,回任两江总督,李鸿章接任钦差大臣,专办剿捻事宜。

1867 年

2 月 10 日　由周口启程赴徐州。

2 月 23 日　接两江总督、通商事务大臣关防及两淮盐政印信。

3 月 21 日　由徐州启程返江宁。

4 月 10 日　抵达江宁,还驻两江总督衙门。

5 月　会同李鸿章将江南制造局由上海虹口迁高昌庙新址,规制进一步扩大。

6 月 10 日　补授体仁阁大学士,仍留两江总督任。

1868 年

1 月 16 日　因追剿捻军之功,赏云骑尉世职。

5 月 16 日　改授武英殿大学士。是月,自江宁东下视察江南水陆各营。

5月31日　至上海视察江南制造局各项工程,乘轮船返回。

9月6日　调为直隶总督兼北洋大臣。

9月28日　江南造船所制成的第一艘轮船驶至江宁,登船试航,取名"恬吉"。

11月12日　曾国荃告病开湖北巡抚缺回籍。

12月17日　启程北上赴直隶总督任。

12月27～31日　陛见慈禧太后与同治皇帝,会见军机大臣及内阁、翰林院各官。对朝中风气颇为失望。

1869 年

2月26日　赴乾清宫廷臣宴,列班汉官之首,与满大学士倭仁东西对坐于同治皇帝座前,极尽荣耀。

3月4日　从北京启程赴保定直隶总督任,9日抵达。

6月30日　奏请以湘军军制改造直隶练军。

8月14日　作《劝学篇示直隶学子》,提出儒学有义理、考据、词章、经济四科,而以义理为治学之根本。

10月　核定直隶练军章程,以湘军军制全面取代绿营军制。

11月　自保定出发巡视,沿途查勘河工,在天津校阅洋枪队后返回保定。

1870 年

4月　肝病渐重,左眼视力模糊,右眼完全失明。

5月21日　奏请病假一月。

6月20日　续假一月。

6月21日　天津教案发生,奉旨前往查办。

7月1日　预见到天津之行危难重重,写下遗嘱,以防不测。

7月8日　抵达天津开始处理教案。因"办理过柔"受到中外攻击,"内疚神明,外惭清议",为之心力交瘁。

8月28日　调任两江总督,李鸿章调补直隶总督,接手处理天津教案。

10月17日　由天津启程进京。

10月19日　与李鸿章领衔奏请选派聪颖幼童赴美留学,"使西人擅长之技,中国皆能谙习,然后可以徐图自强"。

11月7日　由北京启程南下。

12月12日　抵达江宁,暂住江宁盐巡道衙门。

是年,曾国藩60初度,同治皇帝亲笔御赐"勋高柱石"之匾。

1871 年

1 月 19 日　开始与刑部尚书郑敦谨处理张文祥刺马一案。

6 月　处理李昭寿（世忠）、陈国瑞寻仇斗殴案，奏请李昭寿革职，陈国瑞以都司降补。

8 月　与李鸿章会奏派委刑部主事陈兰彬、江苏同知容闳选同子弟赴美留学。

9 月 27 日　自江宁登舟启程巡视，先后到扬州、清江浦、徐州、丹阳、常州、常熟、苏州、松江等地检阅军营。

11 月 19 日　抵达上海，查阅江南制造总局所属各厂。

11 月 23 日　是日为农历十月十一日，设席庆祝 61 岁生日。

11 月 25 日　由上海乘轮船返江宁。

1872 年

1 月 2 日　两江总督衙门翻新，是日移住新署。

2 月 10 日　看望老友吴廷栋，言及昔年故交零落殆尽，黯然而别。

3 月 2 日　自即日起，时发脚麻之症，舌蹇，不能语。

3 月 12 日　发脚麻、舌蹇之症，病逝于两江总督衙门。

3 月 20 日　同治帝发布上谕，辍朝三日，追赠太傅，谥曰"文正"。

6 月 14 日　葬于长沙南门外之金盆岭。

1874 年

12 月　改葬于善化县湘西平塘伏龙山（今望城县坪塘镇桐溪村伏龙山南），与欧阳夫人合葬。

主要参考书目

《曾国藩全集》,岳麓书社 1994 年版。

《胡林翼集》,岳麓书社 1999 年版。

《左宗棠全集》,岳麓书社 1987 年版。

《李鸿章全集》,时代文艺出版社 1998 年版。

《刘蓉集》,岳麓书社 2008 年版。

《曾纪泽遗集》,岳麓书社 1983 年版。

江世荣编注:《曾国藩未刊信稿》,中华书局 1959 年版。

黎庶昌:《曾国藩年谱》,岳麓书社 1986 年版。

薛福成:《薛福成选集》,上海人民出版社 1987 年版。

容闳:《西学东渐记》,岳麓书社 1985 年合刊本。

赵烈文:《能静居日记》,上海古籍出版社 1995 年影印本。

[英]呤唎著,王维周译:《太平天国革命亲历记》,上海古籍出版社 1985 年版。

朱孔彰:《中兴将帅别传》,岳麓书社 1989 年版。

吴永:《康子西狩丛谈》,岳麓书社 1985 年版。

梅英杰等:《湘军人物年谱》,岳麓书社 1987 年版。

王闿运:《湘军志》,岳麓书社 1983 年合刊本。

王定安:《湘军记》,岳麓书社 1983 年版。

朱德裳:《续湘军志》,岳麓书社 1983 年合刊本。

郭振墉:《湘军志平议》,岳麓书社 1983 年合刊本。

罗尔纲:《湘军兵志》,中华书局 1984 年版。

钱穆:《中国近三百年学术史》,商务印书馆 1997 年版。

蒋廷黻:《中国近代史》,上海古籍出版社 2004 年版。

萧一山:《清代通史》,中华书局 1986 年影印本。

萧一山:《清史大纲》,上海古籍出版社 2005 年版。

萧一山:《曾国藩传》,海南国际新闻出版中心 1994 年版。

何贻焜:《曾国藩评传》,正中书局 1937 年版。

苏同炳:《中国近代史上的关键人物》,中华书局 1988 年影印本。

高伯雨:《中兴名臣曾胡左李》,波文书局 1977 年版。

朱东安:《曾国藩传》,百花文艺出版社 2001 年版。

朱东安：《曾国藩集团与晚清政局》，华文出版社2007年版。

杨国强：《义理与事功之间的徘徊——曾国藩、李鸿章及其时代》，三联书店2008年版。

梁绍辉：《曾国藩评传》，南京大学出版社2006年版。

董蔡时：《曾国藩评传》，苏州大学出版社1996年版。

成晓军：《曾国藩家族》，重庆出版社2006年版。

罗绍志、田树德：《曾国藩家世》，江西人民出版社1996年版。

田树德：《曾国藩家事》，江西人民出版社2008年版。

朱东安：《曾国藩幕府研究》，四川人民出版社1994年版。

成晓军：《曾国藩的幕僚们》，东方出版中心2007年版。

成晓军主编：《名人评曾国藩》，重庆出版社2006年版。

唐浩明：《唐浩明评点曾国藩家书》，岳麓书社2002年版。

唐浩明：《唐浩明评点曾国藩奏折》，华夏出版社2009年版。

唐浩明：《曾国藩》，湖南文艺出版社1991年版。

王澧华：《曾国藩诗文系年》，广西师范大学出版社1993年版。

王澧华：《曾国藩家藏史料考论》，广西师范大学出版社1996年版。

龙盛运：《湘军史稿》，四川人民出版社1990年版。

王盾：《湘军史》，湖南大学出版社2007年版。

皮明勇：《湘军》，山西人民出版社2000年版。

谭伯牛：《战天京：晚清军政传信录》，中国工人出版社2003年版。

牛贯杰：《原来曾国藩》，重庆出版社2006年版。

张云、韩洪泉：《曾国藩与湘军》，辽宁人民出版社2008年版。

张静：《曾国藩文学研究》，岳麓书社2008年版。

袁伟时：《晚清大变局中的思潮与人物》，海天出版社1992年版。

姜鸣：《天公不语对枯棋：晚清的政局和人物》，三联书店2006年版。

傅光明主编：《悲情晚清四十年》，安徽文艺出版社2009年版。

[美]费正清、刘广京：《剑桥中国晚清史》，中国社会科学出版社1985年版。

[美]费正清：《伟大的中国革命》，世界知识出版社2003年版。

曾国藩研究会办公室编：《曾国藩研究导报》（1～24期）。

后　记

"盖棺公论定,不泯是人心。"这是宋代人的期望。"恩怨尽时方论定,封疆危日见才难。"这是清代人的感慨。晚清重臣曾国藩以自己生前身后的遭际,为"盖棺论定"之艰难做了最鲜活的注脚。

2011年11月26日是曾国藩诞辰200周年纪念日。200年以降,曾国藩仍然留给后人一个谜一般的模糊背影。

历史也好,人生也罢,都是由一个个舞台和场景构成的。不同的人固然有属于他的特定的时空舞台,同一个人也会在不同的舞台上扮演着不同的角色。具体到曾国藩身上,我们感到,多样舞台、多维角色决定了他的多重性格、多彩人生,也注定了他身后的多般毁誉、多番起落。从多样舞台、多维角色入手,无疑是解读曾国藩人生密码的一把钥匙。

基于这样的认识,我们在本书中试图通过一种特殊的视角和架构,对曾国藩作一番全面而真实的解读。基本思考是打破以时间、空间或事件为轴线对曾国藩展开研究的套路,把他的一生分为4个舞台、20个角色,以"二十张脸谱"为切入来展现其多彩的一生。"脸谱"虽多,却意在避免对曾国藩的认识和论断走向"脸谱化"的弊病,并力求得出客观公允的结论。

在写作过程中,我们始终把握着几条原则,借用一句翻译术语,就是"信"、"达"、"雅"。所谓"信",就是坚持史学规范,做到持之有据、征之有凭,从可信的原始史料出发得出我们的结论,并参考和介绍了一部分学界最新研究成果和共识。所谓"达",就是廓清叙事脉络,做到结构明晰、行文顺畅,在以4个舞台和20张脸谱作为章节架构的基础上,每一节又分3~6小节不等,做到有综述有分论、有史实有评析、有概观有个案,分合自如、张弛有度,使结构兼具张力与弹性。所谓"雅",就是注重文史结合,兼顾知识性、思想性与趣味性,努力于陈旧材料中写出新意,于寻常描述中理出特点。当然,这些只是我们的努力和期望,能否实现,还要由读者诸君评判。

本书中关于曾国藩及其同时代人的年龄,大都根据我国传统习惯用了虚岁,这主要为了与《曾国藩年谱》等征引文献中的记载一致,避免行文中的混乱。这是需要加以说明的。

本书的成稿,是在学界前辈及同仁的辛勤劳动和丰硕成果的基础上起步的,凡是引用的文字和观点,均在书中——作了注引。我们要特别感谢唐浩明、朱东安、杨国强、成晓军、王澧华、胡卫平、梁绍辉、皮明勇诸先生,他们对于曾国藩的深入研究和独到见解使我们受益匪浅。我们还要特别感谢曾国藩故居管理处的胡卫平、刘建海两位先生,他们提供了数百帧珍贵图片,极大地提升了本书插图的质量,这种学术为公、乐助其成的慷慨风范令我们感念不已!重庆出版集团陈慧、罗玉平编辑以其专业性的敏锐和细腻,提出了宝贵的修改意见并付出了大量的辛勤劳动,我们向他们致以特别的敬意!

由于水平有限,纰漏及不当之处自知不免,我们恳切地期待着广大专家和读者的批评教正。

作者
2011 年 3 月于上海